KÜMMERLE Jagdrecht in Baden-Württemberg

Jagdrecht in Baden-Württemberg

**mit einschlägigen Regelungen des
Tierschutz-, Naturschutz- und Waffenrechts**

von
Gustav Kümmerle,
Erster Polizeihauptkommissar a. D.

Vierte Auflage 1990

Richard Boorberg Verlag Stuttgart · München · Hannover

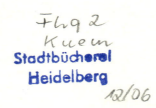

P.91490218

CIP-Titelaufnahme der Deutschen Bibliothek
Kümmerle, Gustav:
Jagdrecht in Baden-Württemberg: mit einschlägigen Regelungen d. Tierschutz-, Naturschutz- u. Waffenrechts / von Gustav Kümmerle. – 4. Aufl. – Stuttgart; München; Hannover: Boorberg, 1984.
  ISBN 3-415-01562-9

Herstellung im Druckhaus Rombach + Co GmbH, Freiburg im Breisgau
© Richard Boorberg Verlag GmbH & Co,
  Stuttgart · München · Hannover 1979

Vorwort zur 1. Auflage

Das Fehlen einer zusammenfassenden Darstellung der die Jagd und den Jäger begleitenden Rechtsvorschriften hat mich bewogen, das vorliegende Buch für die jagdliche Praxis zu erarbeiten. Es enthält neben dem Jagdrecht die einschlägigen Regelungen des Tierschutz-, Naturschutz- und Waffenrechts sowie im Anhang ergänzende bundes- und landesrechtliche Bestimmungen.

Bei den Erläuterungen habe ich praxisbezogene Schwerpunkte gebildet, wobei das Gebiet „Eingriffsbefugnisse im Jagdschutz" besonders berücksichtigt wurde.

Das Buch soll dem Jäger im jagdlichen Alltag als Nachschlagewerk dienen und dem angehenden Jungjäger eine Hilfe zur Vorbereitung auf die Jägerprüfung sein.

Waidmannsdank den befreundeten Waidgenossen für ihre Anregungen und Hinweise. Besonders danken möchte ich Herrn Leitenden Oberstaatsanwalt Dr. Wetterich, Konstanz, und Herrn Leitenden Polizeidirektor Lang, Freiburg, für ihre wertvolle Unterstützung.

Konstanz, an Hubertus 1979

Vorwort zur 4. Auflage

Die erforderliche Neuauflage wurde überarbeitet und erweitert. Sie entspricht dem Rechtsstand vom 30. September 1990.

September 1990 *Der Verfasser*

Inhalt und Gliederung

(Besondere Inhaltsübersichten zu Beginn der einzelnen Teile)

	Seite
Abkürzungen und Literatur	7
ERSTER TEIL. Jagdrecht in Baden-Württemberg	9
ZWEITER TEIL. Tierschutzrecht	151
DRITTER TEIL. Naturschutzrecht	173
VIERTER TEIL. Waffenrecht	230
FÜNFTER TEIL. Anhang (Bundes- und landesrechtliche Vorschriften)	303
Sachregister	413

Abkürzungen und Literatur

Abs.	Absatz
Amtl. Begr.	Amtliche Begründung
ÄndG	Änderungsgesetz
ÄndVO	Änderungsverordnung
Anh.	Anhang
Art.	Artikel
BArtSchV	Bundesartenschutzverordnung
BGB	Bürgerliches Gesetzbuch
BGBl. I	Bundesgesetzblatt Teil I
BJG	Bundesjagdgesetz
BNatSchG	Bundesnaturschutzgesetz
BT-Drs.	Drucksache des Deutschen Bundestages
BWildSchV	Bundeswildschutzverordnung
BWaldG	Bundeswaldgesetz
BW	Baden-Württemberg
FlHG	Fleischhygienegesetz
GABl.	Gemeinsames Amtsblatt des Landes Baden-Württemberg
GBl.	Gesetzblatt für Baden-Württemberg
GG	Grundgesetz für die Bundesrepublik Deutschland
ggf.	gegebenenfalls
GVG	Gerichtsverfassungsgesetz
i. d. F.	in der Fassung
i. V. m.	in Verbindung mit
i. S.	im Sinne
Kraft	Das Jagdrecht in Baden-Württemberg – 12. Auflage Stuttgart, 1979
Künkele/ Schillinger	Naturschutzrecht für Baden-Württemberg – Kommentar – Stuttgart, 1976
LJagdGDVO	Verordnung zur Durchführung des Landesjagdgesetzes
LArtSchVO	Landesartenschutzverordnung
LJG	Landesjagdgesetz

Abkürzungen

Lorz	Tierschutzgesetz – Kommentar – 2. Auflage, München, 1979
LWaldG	Landeswaldgesetz
Mitzschke/ Schäfer	Kommentar zum Bundesjagdgesetz 3. Auflage, Hamburg, 1971
NatSchG	Naturschutzgesetz Baden-Württemberg
NatSchVO	Naturschutzverordnung
OWiG	Gesetz über Ordnungswidrigkeiten
PolG	Polizeigesetz für Baden-Württemberg
RegBl.	Regierungsblatt
ReitSchVO	Reitschadenausgleichsverordnung
Schürer	Polizei und Waffenrecht, 3. Auflage, Stuttgart, 1979
StGB	Strafgesetzbuch
StPO	Strafprozeßordnung
TierKBG	Tierkörperbeseitigungsgesetz
TierSchG	Tierschutzgesetz
VO	Verordnung
WaffG	Waffengesetz
1. WaffV	Erste Verordnung zum Waffengesetz
3. WaffV	Dritte Verordnung zum Waffengesetz
WaffVwV	Allgemeine Verwaltungsvorschrift zum Waffengesetz
WaldSpVO	Waldsperrungsverordnung

ERSTER TEIL

Jagdrecht in Baden-Württemberg

(Stand 30. September 1990)

VORBEMERKUNG:

Auf dem Gebiet des Jagdwesens hat der Bundesgesetzgeber nach Artikel 75 des Grundgesetzes das Recht, rahmenrechtliche Vorschriften zu erlassen. Hiervon hat der Bund Gebrauch gemacht und am 29. November 1952 das **Bundesjagdgesetz** (BJG) verabschiedet, das durch die Änderungsgesetze vom 16. März 1961, vom 28. September 1976 und vom 28. Juni 1990 den jeweiligen Entwicklungen auf den Gebieten des Jagdrechts, des Naturschutzes, des Tierschutzes und des Waffenrechts angepaßt wurde.

Entsprechend seinem Charakter als Rahmengesetz hat das Bundesjagdgesetz das Jagdrecht nicht erschöpfend geregelt, so daß die Länder im Rahmen der Ermächtigungen ergänzende Vorschriften erlassen mußten.

Der Landtag von Baden-Württemberg hat am 15. März 1954 (GBl. S. 35) das **Landesjagdgesetz** (LJG) verabschiedet, das auf Grund des Änderungsgesetzes zum BJG vom 28. September 1976 durch Gesetz vom 17. Oktober 1978 (GBl. S. 555) geändert und den Erfordernissen angepaßt wurde. Das LJG in der Fassung der Bekanntmachung vom 20. Dezember 1978 (GBl. S. 12, berichtigt GBl. 1979 S. 116) wurde zuletzt durch das Gesetz zur Anpassung des Landesrechts an das Landesverwaltungsverfahrensgesetz und zur Aufhebung entbehrlicher Rechtsvorschriften vom 4. Juli 1983 (GBl. S. 265) geändert.

Am 15. Oktober 1980 ist die Verordnung des Ministeriums für Ernährung, Landwirtschaft, Umwelt und

Forsten zur Durchführung des Landesjagdgesetzes (LJagdGDVO) vom 5. September 1980 (GBl. S. 562) in Kraft getreten. Gleichzeitig traten die Erste und Zweite Durchführungsverordnung zum LJG sowie die VO über das Aussetzen von Dam-, Sika-, Gams- und Muffelwild vom 29. Mai 1978 (GBl. S. 343) außer Kraft.

Das Jagdrecht ist im wesentlichen durch folgende Vorschriften geregelt:

- **Bundesjagdgesetz** (BJG) in der Fassung der Bekanntmachung vom 29. September 1976 (BGBl. I S. 2849), zuletzt geändert durch Gesetz vom 18. September 1990 (BGBl. II S. 885)
- **Landesjagdgesetz** (LJG) in der Fassung der Bekanntmachung vom 20. Dezember 1978 (GBl. 1979 S. 12, berichtigt GBl. 1979 S. 116), zuletzt geändert durch VO vom 13. März 1989 (GBl. S. 101)
- **Verordnung zur Durchführung des Landesjagdgesetzes** (LJagdGDVO) vom 5. September 1980 (GBl. S. 562, ber. 1982 S. 71), geändert durch Verordnung vom 6. März 1990 (GBl. S. 95).

In diesem Buch sind die o. a. Vorschriften entsprechend dem sachlichen Zusammenhang in der genannten Reihenfolge abgedruckt. Die in Klammern gesetzten Paragraphenüberschriften sind nichtamtlich.

Auf ergänzende Rechtsvorschriften wird in den Erläuterungen hingewiesen.

Inhalt   **Jagdrecht**

1.
Bundesjagdgesetz

in der Fassung der Bekanntmachung vom 29. September 1976
(BGBl. I S. 2849), geändert durch Gesetz vom 28. Juni 1990
(BGBl. S. 1221)

§	Inhaltsübersicht	Seite
	I. Abschnitt	
	Das Jagdrecht	
1	Inhalt des Jagdrechts	18
2	Tierarten	21
3	Inhaber des Jagdrechts; Ausübung des Jagdrechts	23
	II. Abschnitt	
	Jagdbezirke und Hegegemeinschaften	
	1. Allgemeines	
4	Jagdbezirke	24
5	Gestaltung der Jagdbezirke	24
6	Befriedete Bezirke; Ruhen der Jagd	27
	2. Eigenjagdbezirke	
7	Zusammensetzung	30
	3. Gemeinschaftliche Jagdbezirke	
8	Zusammensetzung	33
9	Jagdgenossenschaft	35
10	Jagdnutzung	36
	4. Hegegemeinschaften	
10 a	Bildung von Hegegemeinschaften	39
	III. Abschnitt	
	Beteiligung Dritter an der Ausübung des Jagdrechts	
11	Jagdpacht	41
12	Anzeige von Jagdpachtverträgen	43
13	Erlöschen des Jagdpachtvertrages	51
13 a	Rechtstellung der Mitpächter	52
14	Wechsel des Grundeigentümers	53

Jagdrecht Inhalt

§		Seite
	IV. Abschnitt	
	Jagdschein	
15	Allgemeines	56
16	Jugendjagdschein	61
17	Versagung des Jagdscheines	62 ✗
18	Einziehung des Jagdscheines	65 ✗
	V. Abschnitt	
	Jagdbeschränkungen, Pflichten bei der Jagdausübung, Beunruhigen von Wild	
19	Sachliche Verbote	66 ✗
19a	Beunruhigen von Wild	72
20	Örtliche Verbote	74
21	Abschußregelung	75 ✗
22	Jagd- und Schonzeiten	80
22a	Verhinderung von vermeidbaren Schmerzen oder Leiden des Wildes	87 ✗
	VI. Abschnitt	
	Jagdschutz	
23	Inhalt des Jagdschutzes	92
24	Wildseuchen	92
25	Jagdschutzberechtigte	96
	VII. Abschnitt	
	Wild- und Jagdschaden	
	1. Wildschadenverhütung	
26	Fernhalten des Wildes	111
27	Verhinderung übermäßigen Wildschadens	112
28	Sonstige Beschränkungen in der Hege	112
	2. Wildschadenersatz	
29	Schadenersatzpflicht	113
30	Wildschaden durch Wild aus Gehege	115

§		Seite
31	Umfang der Ersatzpflicht	115
32	Schutzvorrichtungen	116

3. Jagdschaden

33	Schadenersatzpflicht	117

4. Gemeinsame Vorschriften

34	Geltendmachung des Schadens	118
35	Verfahren in Wild- und Jagdschadenssachen	119

VIII. Abschnitt
Inverkehrbringen und Schutz von Wild

36	Ermächtigungen	123

IX. Abschnitt
Jagdbeirat und Vereinigungen der Jäger

37	Jagdbeiräte	130

X. Abschnitt
Straf- und Bußgeldvorschriften

38	Straftaten	137
39	Ordnungswidrigkeiten	137
40	Einziehung	141
41	Anordnung der Entziehung des Jagdscheins	142
41 a	Verbot der Jagdausübung	143
42	Landesrechtliche Straf- und Bußgeldbestimmungen	145

XI. Abschnitt
Schlußvorschriften

43	Ablauf von Jagdpachtverträgen	145
44	Sonderregelungen	147
44 a	Unberührtheitsklausel	148
45	Berlin-Klausel	148
46	Inkrafttreten des Gesetzes	148

2.
Landesjagdgesetz

in der Fassung der Bekanntmachung
vom 20. Dezember 1978
(GBl. 1979 S. 12, ber. GBl. S. 116), zuletzt geändert am 13. Juli 1989
(GBl. S. 101)

§		Seite
	I. Abschnitt	
	Das Jagdrecht	
1	Wirkung des Jagdrechts gegen Dritte	20
	II. Abschnitt	
	Jagdbezirke	
2	Abrundung der Jagdbezirke	25
3	Befriedete Bezirke; Ruhen der Jagd	27
4	Eigenjagdbezirke	32
5	Gemeinschaftliche Jagdbezirke	34
6	Jagdgenossenschaft	36
6a	Hegegemeinschaften	40
	III. Abschnitt	
	Beteiligung Dritter an der Ausübung des Jagdrechts	
7	Jagdpacht...	44
8	Mehrzahl von Jagdpächtern	47
9	Jagderlaubnis.....................................	48
10	Nichtigkeit von Jagdpachtverträgen und Jagderlaubnisverträgen	49
10a	Erlöschen des Jagdpachtvertrags	51
11	Tod des Jagdpächters	49
	IV. Abschnitt	
	Jagdschein	
12	Jagdscheinerteilung	58

Inhalt **Jagdrecht**

§		Seite

V. Abschnitt
Besondere Rechte und Pflichten bei der Jagdausübung; Jagdbeschränkungen

13	Wegerecht	54
14	Jagdeinrichtungen	55
15	Wildfolge	89
16	Krankgeschossenes oder schwerkrankes Wild	90
17	Wildseuchen, Erlegen von kümmerndem Wild	88, 92
18	Wildfütterung	93
19	Verwendung von Jagdhunden	91
20	Sachliche Verbote	70
20a	Wildschutzgebiete	73
21	Abschußregelung	76
22	Ermächtigungen	126

VI. Abschnitt
Jagdschutz

| 23 | Befugnisse der Jagdschutzberechtigten | 98 |
| 24 | Jagdschutzberechtigte | 96 |

VII. Abschnitt
Wildschaden

| 25 | Wildschäden an Weinbergen | 117 |
| 25a | Vorverfahren | 119 |

VIII. Abschnitt
Aufbau und Verfahren der Jagdverwaltung

26	Jagdbehörden	130
27	Jagdbeirat	131
28	Untere Jagdbehörde	133
29	Sachliche Zuständigkeit	134
30	Örtliche Zuständigkeit	134
31	Vereinigungen der Jäger	136
32	Staatseigene Jagden	134

Jagdrecht Inhalt

§		Seite
	IX. Abschnitt	
	Ordnungswidrigkeiten	
33	Ordnungswidrigkeiten	139
33a	Verbot der Jagdausübung	144
	X. Abschnitt	
	Schlußvorschriften	
34	Treibjagd, Gesellschaftsjagd	62, 71 ⋋
35	Anhängige Genehmigungsverfahren	146
36	Überleitung von Jagdpachtverträgen	146
37	Aufhebung von Abrundungen	147
38	Inkrafttreten des Gesetzes	149

3.
Verordnung des Ministeriums für Ernährung, Landwirtschaft, Umwelt und Forsten zur Durchführung des Landesjagdgesetzes (LJagdGDVO)

vom 5. September 1980 (GBl. S. 562, ber. GBl. 1982 S. 71), geändert durch Verordnung vom 6. März 1990 (GBl. S. 95)

1	Satzung der Jagdgenossenschaft	37
2	Einberufung, Bekanntgabe und Durchführung der Versammlung der Jagdgenossenschaft	38
3	Verpachtung gemeinschaftlicher Jagdbezirke	45
4	Öffentliche Versteigerung gemeinschaftlicher Jagdbezirke	45
5	Einholen schriftlicher Gebote	46
6	Niederschrift	46
7	Abschußplan	78
8	Ausnehmen von Gelegen	82
9	Aussetzen von Wild	113
10	Schutzvorrichtungen	116
11	Wildschadensschätzer	120
12	Schadensanmeldung	120
13	Gütliche Einigung	121

§		Seite
14	Vorbescheid	121
15	Verfahrenskosten	122
16	Rechtskraft, Vollstreckbarkeit	122
17	Klageerhebung	123
18	Bestätigung von Hegegemeinschaften und Beteiligung nach § 21 Abs. 1 LJagdG	40
19	Erteilung von Jagdscheinen	59
20	Erteilung von Falknerjagdscheinen	59
21	Ordnungswidrigkeiten *(nicht abgedruckt)*	
22	Inkrafttreten *(nicht abgedruckt)*	

4.
Verordnung über die Jagdzeiten

vom 2. April 1977 (BGBl. I S. 531)   83

5.
Verordnung des Ministeriums für Ernährung, Landwirtschaft und Umwelt über die Jagdzeiten

vom 19. April 1990 (GBl. S. 126, ber. 1990 S. 104)   86

6.
Verordnung der Landesregierung zu den Schutzvorschriften für Rabenvögel

vom 9. Juli 1990 (GBl. S. 14)   94

I. ABSCHNITT

Das Jagdrecht

BJG § 1

Inhalt des Jagdrechts

(1) Das Jagdrecht ist die ausschließliche Befugnis, auf einem bestimmten Gebiet wildlebende Tiere, die dem Jagdrecht unterliegen (Wild), zu hegen, auf sie Jagd auszuüben und sie sich anzueignen. Mit dem Jagdrecht ist die Pflicht zur Hege verbunden.

(2) Die Hege hat zum Ziel die Erhaltung eines den landschaftlichen und landeskulturellen Verhältnissen angepaßten artenreichen und gesunden Wildbestandes sowie die Pflege und Sicherung seiner Lebensgrundlagen; auf Grund anderer Vorschriften bestehende gleichartige Verpflichtungen bleiben unberührt. Die Hege muß so durchgeführt werden, daß Beeinträchtigungen einer ordnungsgemäßen land-, forst- und fischereiwirtschaftlichen Nutzung, insbesondere Wildschäden, möglichst vermieden werden.

(3) Bei der Ausübung der Jagd sind die allgemein anerkannten Grundsätze deutscher Waidgerechtigkeit zu beachten.

(4) Die Jagdausübung erstreckt sich auf das Aufsuchen, Nachstellen, Erlegen und Fangen von Wild.

(5) Das Recht zur Aneignung von Wild umfaßt auch die ausschließliche Befugnis, krankes oder verendetes Wild, Fallwild und Abwurfstangen sowie die Eier von Federwild sich anzueignen.

(6) Das Jagdrecht unterliegt den Beschränkungen dieses Gesetzes und der in seinem Rahmen ergangenen landesrechtlichen Vorschriften.

Inhalt des Jagdrechts § 1 BJG

Erl. zu § 1 BJG

1. Der gesetzliche Inhalt (Gegenstand) des Jagdrechts ist die **ausschließliche** Befugnis, auf einem bestimmten Gebiet (Jagdbezirk) Wild zu **hegen**, die **Jagd** auf Wild **auszuüben** und sich Wild sowie Sachen, die dem Jagdrecht unterliegen, **anzueignen**, soweit nicht diese Befugnis durch Vorschriften des BJG und des LJG eingeschränkt ist.

2. Grundsätzlich steht das Jagdrecht dem **Eigentümer** auf seinem Grund und Boden zu; ausgeübt werden darf es aber nur in Jagdbezirken nach Maßgabe der §§ 4 ff. BJG. Deshalb ist zwischen **Jagdrecht** und **Recht zur Ausübung** der Jagd (**Jagdausübungsrecht**) zu unterscheiden.

3. **Wildlebende** Tiere sind herrenlos, solange sie sich in Freiheit befinden (vgl. § 960 BGB, abgedruckt Anhang 1). Der Jagdausübungsberechtigte erwirbt nach § 958 BGB Eigentum am Wild, wenn er es in Aneignungsabsicht in Besitz nimmt. Jagdaufseher, Jagdgäste und Treiber sind Besitzdiener des Jagdausübungsberechtigten (vgl. § 855 BGB, abgedruckt Anhang 1).
Die Tierarten, die dem Jagdrecht unterliegen, sind in § 2 BJG abschließend aufgezählt.

4. Das **Recht** und die **Pflicht** zur Hege sind gleichermaßen Bestandteil des Jagdrechts. Zielsetzung der Hegemaßnahmen ist die Erhaltung eines den landschaftlichen und landeskulturellen Verhältnissen angepaßten **artenreichen** und **gesunden** Wildbestandes sowie die Pflege und Sicherung seiner Lebensgrundlagen (Biotophege). Andererseits muß die Hege so durchgeführt werden, daß Wildschäden **möglichst** vermieden werden.
Bezüglich sonstiger Beschränkungen in der Hege vgl. § 28 BJG und Erl. hierzu.

5. Der **Begriff** der deutschen **Waidgerechtigkeit** ist in keiner Rechtsvorschrift umschrieben. Es ist ein unbestimmter (und deshalb veränderlicher) Rechtsbegriff.
Die Grundsätze deutscher Waidgerechtigkeit sind seit Jahrhunderten in unserem Jagdwesen verwurzelt. Ein nicht unwesentlicher Teil der Grundsätze hat inzwischen Eingang in die jagdrechtlichen Vorschriften gefunden (vgl. §§ 19, 21, 22, 22a BJG, 15, 16, 17, 18, 19 und 20 LJG).
Bei schweren oder wiederholten Verstößen gegen **allgemein** anerkannte Grundsätze deutscher Waidgerechtigkeit kann der Jagdschein versagt oder eingezogen werden (vgl. §§ 17 Abs. 2 Nr. 4 und 18 BJG).

6. Das **Aufsuchen** von Wild zum Beobachten oder Fotografieren ist kein Aufsuchen i. S. von § 1 Abs. 4 BJG, da es nicht zum Zwecke der Jagdausübung geschieht (vgl. hierzu jedoch § 19a BJG – Störungsverbot –).

§ 1 BJG (§ 1 LJG) Inhalt des Jagdrechts

7. Wer (mindestens bedingt) vorsätzlich fremdes Jagdrecht verletzt, begeht **Jagdwilderei** nach § 292 StGB (vgl. Anhang 1).
Die Verletzung fremden Jagdrechts kann durch eine Notstandshandlung gerechtfertigt sein. Ein Pilzsucher, der angreifendes Wild tötet, verletzt objektiv zwar fremdes Jagdrecht, handelt aber gemäß § 228 BGB nicht widerrechtlich. Das Wild darf er sich jedoch nicht aneignen. Bei Inbesitznahme besteht Ablieferungs- oder Anzeigepflicht (vgl. § 1 LJG).

LJG
§ 1
Wirkung des Jagdrechts gegen Dritte

(1) Wer an Orten, an denen er zur Ausübung der Jagd nicht berechtigt ist, Besitz- oder Gewahrsam an lebendem oder verendetem Wild oder an sonstigen Gegenständen im Sinne des § 1 Abs. 5 des Bundesjagdgesetzes erlangt, hat diese unverzüglich entweder dem Jagdausübungsberechtigten, der nächsten Gemeindebehörde oder Polizeidienststelle abzuliefern oder anzuzeigen. Die Gemeindebehörde oder Polizeidienststelle hat unverzüglich die Anzeige an den am Fundort Jagdausübungsberechtigten weiterzuleiten und ihm die abgelieferten Gegenstände zur Verfügung zu stellen. Besteht die Gefahr des Verderbs, so sind die Gegenstände im Interesse des Jagdausübungsberechtigten zu verwerten. Ist der Jagdausübungsberechtigte nicht festzustellen, so sind die Gegenstände oder der Erlös wohltätigen Zwecken zuzuführen.

(2) Zur Anzeige nach Absatz 1 sind auch die Führer von Fahrzeugen verpflichtet, welche Schalenwild an- oder überfahren.

Erl. zu § 1 LJG

1. § 1 LJG erfaßt die Fälle, in denen getötetes oder fluchtunfähiges Wild oder sonstige Gegenstände des Jagdrechts **zufällig** oder durch eine Notstandshandlung in die Hände eines Nichtjagdausübungsberechtigten gelangen. Die Pflicht zur **unverzüglichen** Ablieferung oder Anzeige

besteht nur dann, wenn lebendes oder verendetes Wild, Abwurfstangen oder Eier von Federwild in Besitz oder Gewahrsam genommen werden.

Erfolgt die Inbesitz- oder Gewahrsamnahme in der Absicht der rechtswidrigen Zueignung, wird der Tatbestand der Jagdwilderei nach § 292 StGB (vgl. Anh. 1) erfüllt.

2. Wer **Schalenwild** an- oder überfährt, ist in jedem Falle zur **unverzüglichen** Anzeige verpflichtet, auch wenn er an dem Wild nicht Besitz oder Gewahrsam erlangt.

BJG § 2

Tierarten

(1) Tierarten, die dem Jagdrecht unterliegen, sind:

1. Haarwild:

Wisent (Bison bonasus L.),
Elchwild (Alces alces L.),
Rotwild (Cervus elaphus L.),
Damwild (Dama dama L.),
Sikawild (Cervus nippon TEMMINCK),
Rehwild (Capreolus capreolus L.),
Gamswild (Rupicapra rupicapra L.),
Steinwild (Capra ibex L.),
Muffelwild (Ovis ammon musimon PALLAS),
Schwarzwild (Sus scrofa L.),
Feldhase (Lepus europaeus PALLAS),
Schneehase (Lepus timidus L.),
Wildkaninchen (Oryctolagus cuniculus L.),
Murmeltier (Marmota marmota L.),
Wildkatze (Felis silvestris SCHREBER),
Luchs (Lynx lynx L.),
Fuchs (Vulpes vulpes L.),
Steinmarder (Martes foina ERXLEBEN),
Baummarder (Martes martes L.),

Iltis (Mustela putorius L.),
Hermelin (Mustela erminea L.),
Mauswiesel (Mustela nivalis L.),
Dachs (Meles meles L.),
Fischotter (Lutra lutra L.),
Seehund (Phoca vitulina L.);

2. Federwild:

Rebhuhn (Perdix perdix L.),
Fasan (Phasianus colchicus L.),
Wachtel (Coturnix coturnix L.),
Auerwild (Tetrao urogallus L.),
Birkwild (Lyrurus tetrix L.),
Rackelwild (Lyrus tetrix x Tetrao urogallus),
Haselwild (Tetrastes bonasia L.),
Alpenschneehuhn (Lagopus mutus MONTIN),
Wildtruthuhn (Meleagris gallopavo L.),
Wildtauben (Columbidae),
Höckerschwan (Cygnus olor GMEL.),
Wildgänse (Gattungen Anser BRISSON und Branta SCOPOLI),
Wildenten (Anatinae),
Säger (Gattung Mergus L.),
Waldschnepfe (Scolopax rusticola L.),
Bläßhuhn (Fulica atra L.),
Möwen (Laridae),
Haubentaucher (Podiceps cristatus L.),
Großtrappe (Otis tarda L.),
Graureiher (Ardea cinerea L.),
Greife (Accipitridae),
Falken (Falconidae),
Kolkrabe (Corvus corax L.).

(2) **Die Länder können weitere Tierarten bestimmen, die dem Jagdrecht unterliegen.**

(3) Zum Schalenwild gehören Wisente, Elch-, Rot-, Dam-, Sika-, Reh-, Gams-, Stein-, Muffel- und Schwarzwild.

(4) Zum Hochwild gehören Schalenwild außer Rehwild, ferner Auerwild, Steinadler und Seeadler. Alles übrige Wild gehört zum Niederwild.

Erl. zu § 2 BJG

1. Baden-Württemberg hat von der Ermächtigung nach § 2 Abs. 2 keinen Gebrauch gemacht.
   Durch die 2. Novelle zum BJG wurde der Katalog der jagdbaren Tierarten, insbesondere der des Federwildes, wesentlich gekürzt.
2. Wildlebende Tierarten, die dem Jagdrecht **nicht** unterliegen, werden sämtlich vom Naturschutzrecht erfaßt und sind durch entsprechende Vorschriften **allgemein** oder **besonders** geschützt (vgl. hierzu §§ 29 ff. NatSchG, BArtSchVO und LArtSchVO mit Erläuterungen im dritten Teil).
3. Die Begriffe Hoch- und Niederwild haben in Baden-Württemberg keine rechtliche Bedeutung.

BJG § 3
Inhaber des Jagdrechts; Ausübung des Jagdrechts

(1) Das Jagdrecht steht dem Eigentümer auf seinem Grund und Boden zu. Es ist untrennbar mit dem Eigentum am Grund und Boden verbunden. Als selbständiges dingliches Recht kann es nicht begründet werden.

(2) Auf Flächen, an denen kein Eigentum begründet ist, steht das Jagdrecht den Ländern zu.

(3) Das Jagdrecht darf nur in Jagdbezirken nach Maßgabe der §§ 4 ff. ausgeübt werden.

Erl. zu § 3 BJG

1. Das **Jagdrecht** erstreckt sich nicht nur auf die Erdoberfläche, sondern auch auf den Erdkörper unter der Oberfläche und auf den Luftraum (vgl. § 905 BGB).

2. Eine Ausnahme von den Grundsätzen der Untrennbarkeit des Jagdrechts mit dem Eigentum am Grund und Boden und des Reviersystems besteht für die Jagd auf Wasservögel auf dem Untersee und dem Rhein bei Konstanz (vgl. Vogeljagdordnung vom 21. 6. 1954 – GBl. S. 99 – und DVO vom 23. 10. 1954 – GBl. S. 145 –).

II. ABSCHNITT
Jagdbezirke und Hegegemeinschaften

1. Allgemeines

BJG § 4

Jagdbezirke

Jagdbezirke, in denen die Jagd ausgeübt werden darf, sind entweder Eigenjagdbezirke (§ 7) oder gemeinschaftliche Jagdbezirke (§ 8).

Erl. zu § 4 BJG

Während § 3 Abs. 3 des BJG bestimmt, daß das Jagdrecht grundsätzlich nur in **Jagdbezirken** ausgeübt werden darf, ist in § 4 BJG festgelegt, daß solche Jagdbezirke entweder **Eigenjagdbezirke** oder **gemeinschaftliche** Jagdbezirke sein müssen.

BJG § 5

Gestaltung der Jagdbezirke

(1) Jagdbezirke können durch Abtrennung, Angliederung oder Austausch von Grundflächen abgerundet werden, wenn dies aus Erfordernissen der Jagdpflege und Jagdausübung notwendig ist.

(2) Natürliche und künstliche Wasserläufe, Wege, Triften und Eisenbahnkörper sowie ähnliche Flächen bilden, wenn sie nach Umfang und Gestalt für sich allein eine ordnungsgemäße Jagdausübung nicht gestatten, keinen

Jagdbezirk für sich, unterbrechen nicht den Zusammenhang eines Jagdbezirkes und stellen auch den Zusammenhang zur Bildung eines Jagdbezirkes zwischen getrennt liegenden Flächen nicht her.

LJG

§ 2
Abrundung der Jagdbezirke

(1) Jagdbezirke können durch schriftliche Vereinbarung der Beteiligten (Jagdgenossenschaft, Eigenjagdbesitzer) abgerundet werden. Die Vereinbarung bedarf der Genehmigung der unteren Jagdbehörde und wird erst mit deren Erteilung rechtswirksam; dies gilt auch für die Aufhebung und die Änderung einer Vereinbarung.

(2) Kommt eine Vereinbarung nicht zustande, so kann die untere Jagdbehörde die Abrundung von Amts wegen vornehmen.

(3) Abrundungen sind nur zulässig, wenn und soweit sie aus Erfordernissen der Jagdpflege und Jagdausübung notwendig sind und wenn dadurch nicht ein Jagdbezirk seine gesetzliche Mindestgröße verliert. Durch Abrundung soll die Größe der Jagdbezirke möglichst wenig verändert werden.

(4) Grundflächen, die zu keinem Jagdbezirk gehören, hat die untere Jagdbehörde nach den Erfordernissen der Jagdpflege und Jagdausübung benachbarten Jagdbezirken anzugliedern.

(5) In laufende Jagdpachtverhältnisse darf nur mit Zustimmung der Vertragsparteien eingegriffen werden. Wird der Abrundung nicht zugestimmt, so tritt diese erst mit Beendigung des Jagdpachtverhältnisses der nicht zustimmenden Vertragspartei, bei mehreren nicht zustimmenden Vertragsparteien mit Beendigung des am längsten laufenden Jagdpachtvertrages der nicht zustimmen-

§ 5 BJG (§ 2 LJG) Jagdbezirke

den Vertragsparteien in Kraft. Der Zustimmung bedarf es insoweit nicht, als Jagdpachtverträge vor ihrem Ablauf verlängert oder neu abgeschlossen werden und im Zeitpunkt der Verlängerung oder des Neuabschlusses ein Abrundungsverfahren bereits anhängig ist.

(6) Bei der Angliederung von Grundflächen an einen Eigenjagdbezirk hat dessen Inhaber an den Eigentümer der angegliederten Grundflächen jährlich im voraus eine angemessene Entschädigung zu zahlen.

(7) Abrundungen nach Absatz 2 und Absatz 4 können aufgehoben oder geändert werden, wenn ihre Voraussetzungen nachträglich ganz oder teilweise entfallen; Absatz 5 gilt entsprechend.

(8) Erstreckt sich eine Abrundung auf das Gebiet mehrerer Kreise und ist ein Einvernehmen der unteren Jagdbehörden nicht zu erzielen, so ist die obere Jagdbehörde zuständig. Abrundungen über die Landesgrenze hinweg bedürfen unbeschadet der Zuständigkeit der unteren Jagdbehörde (Absätze 1 und 2) der Bestätigung der oberen Jagdbehörde.

Erl. zu §§ 5 BJG und 2 LJG

1. **Abrundungen** bestehender Jagdbezirke durch Abtrennung, Angliederung oder Austausch von Grundstücken sind grundsätzlich nur dann zulässig, wenn und soweit sie aus zwingenden **jagdlichen** Erfordernissen notwendig sind und wenn dadurch nicht ein Jagdbezirk seine gesetzliche Mindestgröße verliert.
   Dies bedeutet, daß Abrundungen nicht gestattet sind, wenn sie lediglich aus Zweckmäßigkeitsgründen oder etwa aus ökonomischen Erwägungen (z. B. Bildung eines neuen Jagdbezirks) erfolgen sollen.
2. Die in § 5 Abs. 2 BJG genannten Grundflächen, die zu keinem Jagdbezirk gehören, muß das Kreisjagdamt nach den Erfordernissen der Jagdpflege und Jagdausübung benachbarten Jagdbezirken angliedern.
3. Sofern die gesetzlichen Voraussetzungen vorliegen, können die Beteiligten im Wege der **schriftlichen** Vereinbarung abrunden. Als Beteilig-

Befriedete Bezirke (§ 3 LJG) § 6 BJG

te i. S. des § 2 LJG gelten nur Eigenjagdbesitzer und Jagdgenossenschaften, nicht die Jagdpächter. Die Vereinbarung bedarf der Genehmigung durch das Kreisjagdamt, das den Vertrag ggf. beanstanden muß.

Abrundungsverträge auf freiwilliger Basis sollen grundsätzlich **unbefristet** abgeschlossen werden. Die oberste Jagdbehörde hat jedoch mit Erlaß vom 16. November 1982 AZ. 65–6655 mitgeteilt, daß entgegen früheren Regelungen auch zeitlich befristete Abrundungsverträge **genehmigungsfähig** sind, wenn die sonstigen gesetzlichen Voraussetzungen erfüllt sind.

Erst wenn eine Vereinbarung nicht zustande kommt, **kann** das Kreisjagdamt von Amts wegen die Abrundung vornehmen.

Durch § 2 Abs. 5 LJG ist sichergestellt, daß am Verfahren Beteiligte eine im Interesse der Jagdpflege und Jagdausübung notwendige Abrundung nicht auf Dauer verhindern können.

BJG § 6
Befriedete Bezirke; Ruhen der Jagd

Auf Grundflächen, die zu keinem Jagdbezirk gehören, und in befriedeten Bezirken ruht die Jagd. Eine beschränkte Ausübung der Jagd kann gestattet werden. Tiergärten fallen nicht unter die Vorschriften dieses Gesetzes.

LJG § 3
Befriedete Bezirke; Ruhen der Jagd

(1) Befriedete Bezirke sind:

1. Gebäude, die zum Aufenthalt von Menschen dienen, und Gebäude, die mit solchen Gebäuden räumlich zusammenhängen;

2. Hofräume und Hausgärten, die unmittelbar an ein für den ständigen Aufenthalt von Menschen bestimmtes Wohngebäude anstoßen und durch irgendeine Umfriedung begrenzt oder sonst vollständig abgeschlossen sind;

3. Friedhöfe.

§ 6 BJG (§ 3 LJG) Befriedete Bezirke

(2) Öffentliche Anlagen und Grundflächen, die durch Einzäunung oder auf andere Weise gegen den Zutritt von Menschen abgeschlossen und deren Eingänge und Einsprünge absperrbar sind, sowie Gehege oder ähnliche Einrichtungen nach § 34 des Landeswaldgesetzes und Gehege nach § 32 des Naturschutzgesetzes können durch Anordnung der unteren Jagdbehörde ganz oder teilweise befriedet werden.

(3) Zuständig für die Anordnungen nach § 6 Satz 2 des Bundesjagdgesetzes ist die untere Jagdbehörde.

(4) Auf Grundflächen, auf denen die Jagd ruht, dürfen die Eigentümer oder Nutzungsberechtigten sowie die von ihnen Beauftragten Wildkaninchen, Füchse, Steinmarder, Baummarder, Iltisse, Hermeline, Mauswiesel und Dachse jederzeit fangen oder töten und sich aneignen. Eines Jagdscheines bedarf es nicht. Anderes als das in Satz 1 genannte Wild ist, wenn es lebensfähig in den Besitz des Grundeigentümers oder Nutzungsberechtigten kommt, im Jagdbezirk in Freiheit zu setzen. Verendetes oder nicht lebensfähiges Wild darf sich der Jagdausübungsberechtigte des Jagdbezirks aneignen; § 1 Abs. 1 gilt entsprechend.

Erl. zu §§ 6 BJG und 3 LJG

1. Grundflächen, die zu keinem Jagdbezirk gehören, muß das Kreisjagdamt benachbarten Jagdbezirken angliedern (vgl. § 2 Abs. 4 LJG).

2. **Tiergärten** i. S. des § 6 BJG sind Einrichtungen, in denen Wild zu anderen als zu jagdlichen Zwecken gehalten wird. Das in Tiergärten gehaltene Wild ist auch nicht herrenlos (vgl. § 960 Abs. 1 BGB).

3. **Gebäude** i. S. des § 3 Abs. 1 Nr. 1 LJG sind unbewegliche Bauwerke, die fest mit dem Boden verbunden sind. Hierzu gehören auch Wochenendhäuser, nicht jedoch z. B. Feldscheunen, Viehhütten oder Wohnwagen. Voraussetzung für die Befriedung in jagdrechtlichem Sinne ist, daß es sich um Gebäude handelt, die dem (zumindest zeitweisen) Auf-

Befriedete Bezirke (§ 3 LJG) § 6 BJG

enthalt von Menschen dienen, oder um Gebäude, die mit solchen räumlich zusammenhängen.

4. Der Begriff „durch **irgendeine Umfriedung** begrenzt" i. S. von § 3 Abs. 1 Nr. 2 LJG bedeutet, daß alle die Maßnahmen des Eigentümers oder Nutzungsberechtigten ausreichend sind, die eine Abgrenzung nach außen hin für jedermann kenntlich macht. Die an Wochenendhäuser anstoßenden Grundstücke zählen auch dann nicht zum befriedeten Bezirk, wenn sie durch Zäune oder auf andere Weise umfriedet sind. Das gleiche gilt für andere umfriedete Grundstücke (z. B. Obstanlagen) im Jagdbezirk, sofern sie nicht durch Anordnung des Kreisjagdamtes nach § 3 Abs. 2 LJG ganz oder teilweise befriedet wurden.

5. In **befriedeten** Bezirken **ruht** die Jagd, d. h. die zur Jagdausübung befugten Jäger dürfen solche Bezirke ohne Einwilligung des Eigentümers oder Nutzungsberechtigten (Pächter, Mieter) weder betreten noch irgendwelche jagdlichen Handlungen vornehmen. Zuwiderhandlungen erfüllen den Tatbestand der Jagdwilderei, wenn unbefugt in fremdes Jagdrecht eingegriffen wird.

6. Im Rahmen des § 3 Abs. 4 LJG haben die Eigentümer oder Nutzungsberechtigten und die von ihnen Beauftragten (das können auch Jäger sein) innerhalb befriedeter Bezirke ein **beschränktes** Jagdausübungsrecht. Eines Jagdscheines bedarf es nicht.
Das **jederzeit** (also auch während der Schonzeit) erlaubte Fangen oder Töten der in § 3 Abs. 4 LJG aufgeführten Tierarten, die dem Jagdrecht unterliegen, muß unter Beachtung der sachlichen und örtlichen Verbote (§§ 19 und 20 BJG) sowie tierschutzgerecht erfolgen.
Anderes Wild als **Wildkaninchen, Füchse, Steinmarder, Baummarder, Iltisse, Hermeline, Mauswiesel** und **Dachse** muß, wenn es lebensfähig in Besitz des Eigentümers, Nutzungsberechtigten oder deren Beauftragten kommt, im **Jagdbezirk** in Freiheit gesetzt werden. Verendetes oder nicht lebensfähiges Wild darf sich der **Jagdausübungsberechtigte** aneignen. Die Anzeige- oder Ablieferungspflicht gemäß § 1 Abs. 1 LJG gilt auch in diesen Fällen.
Vorsätzliche Verstöße gegen das beschränkte Jagdausübungsrecht haben hinsichtlich ihrer Ahndung unterschiedliche Auswirkungen. Wenn ein Eigentümer innerhalb des befriedeten Bezirks (mindestens bedingt) vorsätzlich z. B. einen Hasen tötet, handelt er nach § 39 Abs. 1 Nr. 1 BJG „nur" ordnungswidrig. Der Tatbestand der Jagdwilderei nach § 292 StGB liegt deshalb nicht vor, weil er durch seine Handlung nicht in **fremdes** Jagdausübungsrecht eingegriffen hat. Begeht dieselbe Handlung ein Nutzungsberechtigter, liegt Jagdwilderei vor, da fremdes Jagdrecht, dessen Inhaber der Eigentümer des Grundstücks ist, verletzt wurde.

7. Der Gebrauch von **Schußwaffen** im Rahmen des beschränkten Jagdausübungsrechts ist jagdrechtlich grundsätzlich zulässig, jedoch ist eine Reihe waffenrechtlicher Vorschriften zu beachten.

Nach § 45 Waffengesetz ist das Schießen mit einer Schußwaffe außerhalb von Schießstätten erlaubnispflichtig. Die Vorschrift ist u. a. nicht anzuwenden auf das Schießen durch den Inhaber des **Hausrechts** oder mit dessen Zustimmung im **befriedeten Besitztum**

a) mit Schußwaffen, deren Geschossen eine Bewegungsenergie von nicht mehr als 7,5 J erteilt wird oder deren Bauart nach § 21 Abs. 1 Satz 1 Nr. 1 zugelassen ist,

b) mit Randfeuerschrotpatronen mit einem Durchmesser bis 9 mm,

c) mit Schußwaffen, aus denen nur Kartuschenmunition verschossen wird,

und in den Fällen der Buchstaben a) und b) die Geschosse das Besitztum nicht verlassen können.

Hinsichtlich des Erwerbs und des Führens der genannten Schußwaffen und Munition wird auf die waffenrechtlichen Vorschriften im 4. Teil verwiesen.

„Befriedetes **Besitztum**" im Sinne des Waffenrechts ist weitgehender als der Begriff „befriedeter **Bezirk**" im Sinne des Jagdrechts.

Für den Begriff „befriedetes Besitztum" sind die Auslegungen zu § 123 StGB (Hausfriedensbruch) maßgebend. Danach ist ein Besitztum befriedet, wenn es der Berechtigte in äußerlich erkennbarer Weise gegen das **unbefugte** Betreten gesichert hat. Als „befriedetes **Besitztum**" gelten somit alle Grundstücke in einem Jagdbezirk, die durch Zäune, Gräben, Hecken oder auf andere Weise eingefriedet sind. Im Rahmen der befugten Jagdausübung dürfen solche Grundflächen betreten werden.

Soweit „befriedetes Besitztum" nicht auch als „befriedeter Bezirk" i. S. von § 3 Abs. 1 und 2 LJG gilt, ist eine beschränkte Jagdausübung durch den Eigentümer oder Nutzungsberechtigten unzulässig. Bei Zuwiderhandlungen liegt der Tatbestand der Jagdwilderei nach § 292 StGB vor.

2. Eigenjagdbezirke

BJG §7
(Zusammensetzung)

(1) Zusammenhängende Grundflächen mit einer land-, forst- oder fischereiwirtschaftlich nutzbaren Fläche von 75 Hektar an, die im Eigentum ein und derselben Person

oder einer Personengemeinschaft stehen, bilden einen Eigenjagdbezirk. Die Länder können abweichend von Satz 1 die Mindestgröße allgemein oder für bestimmte Gebiete höher festsetzen. Soweit am Tag des Inkrafttretens des Einigungsvertrages in den Ländern eine andere als die in Satz 1 bestimmte Größe festgesetzt ist, behält es dabei sein Bewenden, falls sie nicht unter 70 Hektar beträgt. Die Länder können, soweit bei Inkrafttreten dieses Gesetzes eine solche Regelung besteht, abweichend von Satz 1 bestimmen, daß auch eine sonstige zusammenhängende Fläche von 75 Hektar einen Eigenjagdbezirk bildet, wenn dies von Grundeigentümern oder Nutznießern zusammenhängender Grundflächen von mindestens je 15 Hektar beantragt wird.

(2) Ländergrenzen unterbrechen nicht den Zusammenhang von Grundflächen, die gemäß Absatz 1 Satz 1 einen Eigenjagdbezirk bilden. In den Fällen des Absatzes 1 Satz 3 besteht ein Eigenjagdbezirk, wenn nach den Vorschriften des Landes, in dem der überwiegende Teil der auf mehrere Länder sich erstreckenden Grundflächen liegt, für die Grundflächen insgesamt die Voraussetzungen für einen Eigenjagdbezirk vorliegen würden. Im übrigen gelten für jeden Teil eines über mehrere Länder sich erstreckenden Eigenjagdbezirks die Vorschriften des Landes, in dem er liegt.

(3) Vollständig eingefriedete Flächen sowie an der Bundesgrenze liegende zusammenhängende Grundflächen von geringerem als 75 Hektar land-, forst- oder fischereiwirtschaftlich nutzbaren Raum können allgemein oder unter besonderen Voraussetzungen zu Eigenjagdbezirken erklärt werden; dabei kann bestimmt werden, daß die Jagd in diesen Bezirken nur unter Beschränkungen ausgeübt werden darf.

§ 7 BJG (§ 4 LJG) Eigenjagdbezirke

(4) In einem Eigenjagdbezirk ist jagdausübungsberechtigt der Eigentümer. An Stelle des Eigentümers tritt der Nutznießer, wenn ihm die Nutzung des ganzen Eigenjagdbezirkes zusteht.

LJG § 4

Eigenjagdbezirke

(1) Die Mindestgröße der Eigenjagdbezirke beträgt 75 Hektar.

(2) Ist Eigentümer oder Nutznießer eines Eigenjagdbezirks eine Personenmehrheit oder eine juristische Person und wird die Jagd weder durch Verpachtung noch durch angestellte Jäger (§ 10 Abs. 2 Bundesjagdgesetz) oder durch Jagdaufseher (§ 25 Bundesjagdgesetz und § 24 dieses Gesetzes) ausgeübt, so ist jagdausübungsberechtigt derjenige, der von dem Verfügungsberechtigten der unteren Jagdbehörde benannt wird. Die untere Jagdbehörde kann dem Verfügungsberechtigten hierzu eine angemessene Frist setzen. Wird innerhalb der Frist keine geeignete Person benannt, so kann die untere Jagdbehörde die zur Ausübung und zum Schutze der Jagd erforderlichen Anordnungen auf Kosten des Verfügungsberechtigten treffen. Als Jagdausübungsberechtigte dürfen auf Jagdbezirken bis zu 250 Hektar nicht mehr als zwei Personen und für jede weitere angefangene 150 Hektar je eine weitere Person zugelassen werden.

(3) Das Ministerium Ländlicher Raum kann durch Rechtsverordnung Vorschriften über die Erklärung der im § 7 Abs. 3 des Bundesjagdgesetzes genannten Flächen zu Eigenjagdbezirken erlassen und die Jagdausübung in diesen Bezirken beschränken.

Erl. zu den §§ 7 BJG und 4 LJG

1. **Eigenjagdbezirke** entstehen und bestehen kraft Gesetzes, wenn und soweit **zusammenhängende** Grundflächen mit einer land-, forst- oder fischereiwirtschaftlichen **nutzbaren** Fläche von **75 Hektar** im Eigentum ein und derselben (natürlichen oder juristischen) Person oder Personengemeinschaft stehen.
Zusammenhang ist gegeben, wenn Grundflächen sich auch an nur einem Punkt berühren.
2. **Jagdausübungsberechtigt** ist der Eigentümer oder der Nutznießer, wenn ihm die Nutzung des **ganzen** Eigenjagdbezirks zusteht. Nutznießer ist, wem der Nießbrauch zusteht (§ 1030 BGB).
Nutznießer kann auch eine Personenmehrheit sein.
3. Eine Rechtsverordnung gemäß § 4 Abs. 3 wurde bisher nicht erlassen.

3. Gemeinschaftliche Jagdbezirke

BJG § 8

Zusammensetzung

(1) Alle Grundflächen einer Gemeinde oder abgesonderten Gemarkung, die nicht zu einem Eigenjagdbezirk gehören, bilden einen gemeinschaftlichen Jagdbezirk, wenn sie im Zusammenhang mindestens 150 Hektar umfassen.

(2) Zusammenhängende Grundflächen verschiedener Gemeinden, die im übrigen zusammen den Erfordernissen eines gemeinschaftlichen Jagdbezirks entsprechen, können auf Antrag zu gemeinschaftlichen Jagdbezirken zusammengelegt werden.

(3) Die Teilung gemeinschaftlicher Jagdbezirke in mehrere selbständige Jagdbezirke kann zugelassen werden, sofern jeder Teil die Mindestgröße von 250 Hektar hat.

(4) Die Länder können die Mindestgrößen allgemein oder für bestimmte Gebiete höher festsetzen.

§ 8 BJG (§ 5 LJG)   Gemeinsch. Jagdbezirke

(5) In gemeinschaftlichen Jagdbezirken steht die Ausübung des Jagdrechts der Jagdgenossenschaft zu.

LJG §5
Gemeinschaftliche Jagdbezirke

(1) Einem Antrag auf Zusammenlegung zu einem gemeinschaftlichen Jagdbezirk (§ 8 Abs. 2 Bundesjagdgesetz) ist stattzugeben, wenn er von Grundstückseigentümern gestellt wird, die zusammen über mehr als die Hälfte der zusammenhängenden Grundflächen verfügen.

(2) Die Teilung eines gemeinschaftlichen Jagdbezirks in mehrere selbständige Jagdbezirke (§ 8 Abs. 3 Bundesjagdgesetz) ist zuzulassen, wenn die Jagdgenossenschaft sie beschlossen hat und auf jedem Teil eine den Erfordernissen der Jagdpflege entsprechende Jagdausübung möglich ist.

(3) Zuständig für die Entscheidung nach § 8 Abs. 2 und 3 des Bundesjagdgesetzes ist die untere Jagdbehörde, bei Gemeinden verschiedener Kreise die nächsthöhere gemeinsame Jagdbehörde.

(4) § 4 Abs. 2 findet entsprechende Anwendung.

Erl. zu den §§ 8 BJG und 5 LJG

1. Vom **gemeinschaftlichen** Jagdbezirk werden **alle** Grundflächen einer politischen Gemeinde erfaßt, die nicht zu einem Eigenjagdbezirk gehören, gleichviel, ob sie land-, forst- oder fischereiwirtschaftlich nutzbar sind oder ob auf ihnen das Jagdrecht ausgeübt werden darf oder nicht.

   Ein gemeinschaftlicher Jagdbezirk entsteht und besteht kraft Gesetzes, wenn die Grundflächen im Zusammenhang mindestens **150 Hektar** umfassen.

   Die **Ausübung** des **Jagdrechts** steht der **Jagdgenossenschaft** zu.

2. Größere gemeinschaftliche Jagdbezirke **können** auf Beschluß der Jagdgenossenschaft in mehrere **selbständige** Jagdbezirke aufgeteilt werden, sofern **jeder** Teil die Mindestgröße von **250 Hektar** hat **und** in

jedem Jagdbezirk eine den Erfordernissen der Jagdpflege entsprechende Jagdausübung möglich ist.

Die Teilung in rechtlich selbständige Jagdbezirke hat zur Folge, daß für **jeden** dieser Jagdbezirke eine Jagdgenossenschaft entsteht.

Die **Teilung** nach den §§ 8 Abs. 3 BJG und 5 Abs. 2 LJG ist nicht zu verwechseln mit der zulässigen **Verpachtung** von **Teilbezirken** gemeinschaftlicher Jagdbezirke unter den Voraussetzungen der Vorschriften in den §§ 11 Abs. 2 BJG und 7 Abs. 1 LJG.

3. Durch die Gemeindereform ist eine große Zahl bisher selbständiger Gemeinden zu neuen politischen Gemeinden vereinigt worden. Kraft Gesetzes (§ 8 BJG) sind die gemeinschaftlichen Jagdbezirke solcher Gemeinden untergegangen und Bestandteil des gemeinschaftlichen Jagdbezirks der neuen politischen Gemeinde geworden.

   Soweit Teilungen in mehrere selbständige Jagdbezirke nach den Vorschriften der §§ 8 Abs. 2 BJG und 5 Abs. 2 LJG **vor** Gemeindezusammenschlüssen zugelassen wurden, bleiben sie bestehen. Unberührt bleiben auch Jagdpachtverträge, die vor Neugliederungen abgeschlossen wurden.

BJG § 9
Jagdgenossenschaft

(1) Die Eigentümer der Grundflächen, die zu einem gemeinschaftlichen Jagdbezirk gehören, bilden eine Jagdgenossenschaft. Eigentümer von Grundflächen, auf denen die Jagd nicht ausgeübt werden darf, gehören der Jagdgenossenschaft nicht an.

(2) Die Jagdgenossenschaft wird durch den Jagdvorstand gerichtlich und außergerichtlich vertreten. Der Jagdvorstand ist von der Jagdgenossenschaft zu wählen. Solange die Jagdgenossenschaft keinen Jagdvorstand gewählt hat, werden die Geschäfte des Jagdvorstandes vom Gemeindevorstand wahrgenommen.

(3) Beschlüsse der Jagdgenossenschaft bedürfen sowohl der Mehrheit der anwesenden und vertretenen Jagdgenossen als auch der Mehrheit der bei der Beschlußfassung vertretenen Grundfläche.

BJG § 10
Jagdnutzung

(1) Die Jagdgenossenschaft nutzt die Jagd in der Regel durch Verpachtung. Sie kann die Verpachtung auf den Kreis der Jagdgenossen beschränken.

(2) Die Jagdgenossenschaft kann die Jagd für eigene Rechnung durch angestellte Jäger ausüben lassen. Mit Zustimmung der zuständigen Behörde kann sie die Jagd ruhen lassen.

(3) Die Jagdgenossenschaft beschließt über die Verwendung des Reinertrages der Jagdnutzung. Beschließt die Jagdgenossenschaft, den Ertrag nicht an die Jagdgenossen nach dem Verhältnis des Flächeninhaltes ihrer beteiligten Grundstücke zu verteilen, so kann jeder Jagdgenosse, der dem Beschluß nicht zugestimmt hat, die Auszahlung seines Anteils verlangen. Der Anspruch erlischt, wenn er nicht binnen einem Monat nach der Bekanntmachung der Beschlußfassung schriftlich oder mündlich zu Protokoll des Jagdvorstandes geltend gemacht wird.

LJG § 6
Jagdgenossenschaft

(1) Die Jagdgenossenschaft ist eine Körperschaft des öffentlichen Rechts. Sie steht unter der Aufsicht des Staates; die Aufsicht wird von der unteren Jagdbehörde ausgeübt.

(2) Die Jagdgenossenschaft hat eine Satzung aufzustellen, die der Genehmigung der unteren Jagdbehörde bedarf. Das Ministerium Ländlicher Raum kann im Einvernehmen mit dem Innenministerium durch Rechtsverordnung Mindestforderungen für die Satzungen aufstellen,

Vorschriften über die Einberufung, Bekanntgabe und Durchführung der Versammlung der Jagdgenossenschaft erlassen und das Verfahren bei der Verpachtung gemeinschaftlicher Jagdbezirke regeln. Kommt die Jagdgenossenschaft der Aufforderung der unteren Jagdbehörde zur Aufstellung einer Satzung nicht innerhalb einer ihr gesetzten angemessenen Frist nach, so kann die untere Jagdbehörde eine Satzung für die Jagdgenossenschaft erlassen.

(3) Für gemeinschaftliche Jagdbezirke, die durch Zusammenlegung (§ 8 Abs. 2 Bundesjagdgesetz) entstanden sind, kann der Jagdvorstand, vorbehaltlich der Wahl durch die Jagdgenossenschaft, von der zuständigen Jagdbehörde bestimmt werden.

(4) Umlagen der Jagdgenossenschaft können wie Gemeindeabgaben beigetrieben werden.

(5) Durch Beschluß der Jagdgenossenschaft (§ 9 Abs. 3 Bundesjagdgesetz) kann die Verwaltung der Jagdgenossenschaft dem Gemeindevorstand mit dessen Zustimmung übertragen werden. Die Jagdgenossenschaft hat gleichzeitig über die Verwendung des Reinertrages der Jagdnutzung zu beschließen. Überträgt die Jagdgenossenschaft die Verwaltung auf den Gemeindevorstand, so kann von der Aufstellung einer Satzung (Absatz 2) abgesehen werden.

(6) Gemeindevorstand im Sinne dieses Gesetzes und des § 9 Abs. 2 Satz 3 des Bundesjagdgesetzes ist der Gemeinderat. Die Kosten seiner Geschäftsführung trägt die Jagdgenossenschaft.

LJagdGDVO § 1

Satzung der Jagdgenossenschaft

Die Satzung der Jagdgenossenschaft muß Bestimmungen enthalten über

§ 10 BJG (§ 2 LJagdGDVO) Jagdgenossenschaft

1. die Verpflichtung des Jagdvorstandes, ein Verzeichnis der Jagdgenossen unter Angabe der Flächenbeteiligung zu führen,
2. die Zusammensetzung und die Befugnisse des Jagdvorstandes,
3. die Führung der Kassen- und Rechnungsgeschäfte und
4. die Form öffentlicher Bekanntmachungen der Jagdgenossenschaft.

LJagdGDVO § 2
Einberufung, Bekanntgabe und Durchführung der Versammlung der Jagdgenossenschaft

(1) Die Versammlung der Jagdgenossenschaft wird vom Jagdvorstand einberufen. Sie ist einzuberufen, wenn dies mindestens ein Zehntel der Jagdgenossen, die mindestens ein Zehntel der Grundfläche der Jagdgenossenschaft vertreten, verlangt.

(2) Die Einberufung der Versammlung der Jagdgenossenschaft ist mindestens zwei Wochen zuvor öffentlich bekanntzumachen.

(3) Soweit in Absatz 1 oder in anderen Bestimmungen dieser Verordnung die Tätigkeit des Jagdvorstandes geregelt ist, gelten diese Bestimmungen entsprechend für die Fälle, in denen die Geschäfte des Jagdvorstandes vom Gemeindevorstand wahrgenommen werden (§ 9 Abs. 2 Satz 3 des Bundesjagdgesetzes, § 6 Abs. 5 Satz 1 des Landesjagdgesetzes).

Erl. zu den §§ 9 u. 10 BJG, § 6 LJG u. §§ 1 u. 2 LJagdGDVO

1. In der **Jagdgenossenschaft** sind kraft Gesetzes alle **Eigentümer** der Grundflächen eines gemeinschaftlichen Jagdbezirks zusammengeschlossen, auf denen die Jagd ausgeübt werden darf. Sie ist eine Körperschaft des öffentlichen Rechts und unterliegt der Aufsicht des Staates, die vom Kreisjagdamt ausgeübt wird.
2. **Organe** der Jagdgenossenschaft sind die **Genossenschaftsversammlung** und der **Jagdvorstand,** der von den Jagdgenossen gewählt wird. Wenn durch Beschluß der Genossenschaft ihre Verwaltung dem Gemeinderat übertragen wird, kann von der Aufstellung einer Satzung abgesehen werden.

3. Für eine rechtswirksame Beschlußfassung ist erforderlich, daß die Mehrheit der **anwesenden** und **vertretenen** Jagdgenossen zustimmt **und** daß diese Mehrheit auch die Mehrheit der bei der Beschlußfassung vertretenen **Grundfläche** vertritt.
   Beschlußfähig ist eine ordnungsgemäß einberufene Genossenschaftsversammlung immer. Auf die Zahl der Anwesenden und den Umfang der durch sie vertretenen Grundfläche kommt es nicht an.
4. Die Jagdgenossenschaft beschließt sowohl über die Jagdnutzung (der Regelfall ist die Verpachtung) als auch über die Verwendung des Reinertrages der Jagdnutzung.
   Unbeschadet des Beschlusses über die Verwendung des Reinertrages kann jeder Jagdgenosse, der dem Beschluß nicht zugestimmt hat, innerhalb der in § 10 Abs. 3 BJG festgesetzten Frist die Auszahlung seines Anteils verlangen.

4. Hegegemeinschaften

BJG

§ 10a
Bildung von Hegegemeinschaften

(1) Für mehrere zusammenhängende Jagdbezirke können die Jagdausübungsberechtigten zum Zwecke der Hege des Wildes eine Hegegemeinschaft als privatrechtlichen Zusammenschluß bilden.

(2) Abweichend von Absatz 1 können die Länder bestimmen, daß für mehrere zusammenhängende Jagdbezirke die Jagdausübungsberechtigten zum Zwecke der Hege des Wildes eine Hegegemeinschaft bilden, falls diese aus Gründen der Hege im Sinne des § 1 Abs. 2 erforderlich ist und eine an alle betroffenen Jagdausübungsberechtigten gerichtete Aufforderung der zuständigen Behörde, innerhalb einer bestimmten Frist eine Hegegemeinschaft zu gründen, ohne Erfolg geblieben ist.

(3) Das Nähere regeln die Länder.

§ 10a BJG (§ 6a LJG, § 18 LJagdGDVO) Hegegemeinschaften

LJG

§ 6a
Hegegemeinschaften

Die Jagdbehörden wirken auf die Bildung von Hegegemeinschaften nach § 10a Abs. 1 des Bundesjagdgesetzes hin, wenn dies aus hegerischen Gründen geboten ist. Entspricht eine Hegegemeinschaft nach ihrer räumlichen Abgrenzung den Erfordernissen der Hege, so ist sie von der unteren Jagdbehörde auf Antrag zu bestätigen.

LJagdGDVO

§ 18
Bestätigung von Hegegemeinschaften und Beteiligung nach § 21 Abs. 1 LJagdG

(1) Mit dem Antrag auf Bestätigung einer Hegegemeinschaft sind vorzulegen

1. eine Darstellung der räumlichen Abgrenzung der Hegegemeinschaft unter Angabe der von ihr umfaßten Jagdbezirke,
2. ein Verzeichnis der Jagdausübungsberechtigten, die der Hegegemeinschaft beigetreten sind und
3. Unterlagen über die Rechtsform der Hegegemeinschaft und deren Vertretung.

(2) Eine Hegegemeinschaft entspricht den Erfordernissen der Hege, wenn sie aus zusammenhängenden Jagdbezirken gebildet ist und einen Lebensraum des Wildes oder einzelner Wildarten umfaßt, in dem eine großräumige Hege und Abschußregelung möglich ist.

(3) Erstreckt sich eine Hegegemeinschaft auf das Gebiet mehrerer Jagdbehörden, so ist für die Bestätigung die Jagdbehörde zuständig, in deren Gebiet der flächenmäßig größte Teil der Hegegemeinschaft liegt; sie entscheidet im Benehmen mit den anderen Jagdbehörden.

(4) Bestätigte Hegegemeinschaften sind zu den Sitzungen der unteren Jagdbehörde, in denen über die Abschußpläne ihres Bereiches entschieden wird, unter Wahrung einer Frist von zwei Wochen schriftlich einzuladen.

Erl. zu den §§ 10a BJG und 6a LJG und § 18 LJagdGDVO

Hegegemeinschaften sind **privatrechtliche** Zusammenschlüsse von Jagdausübungsberechtigten auf **freiwilliger** Basis. Eine Bildung von Amts wegen sieht das LJG nicht vor; die Jagdbehörden sollen jedoch auf die Bildung von Hegegemeinschaften hinwirken, wenn dies aus hegerischen Gründen geboten ist.

Bestätigte Hegegemeinschaften sind nach § 21 Abs. 1 LJG berechtigt, in die Sitzungen des Kreisjagdamtes, in denen über die Abschußpläne entschieden wird, einen Vertreter mit **beratender** Stimme zu entsenden.

III. ABSCHNITT

Beteiligung Dritter an der Ausübung des Jagdrechts

BJG § 11
Jagdpacht

(1) Die Ausübung des Jagdrechts in seiner Gesamtheit kann an Dritte verpachtet werden. Ein Teil des Jagdausübungsrechts kann nicht Gegenstand eines Jagdpachtvertrages sein; jedoch kann sich der Verpächter einen Teil der Jagdnutzung, der sich auf bestimmtes Wild bezieht, vorbehalten. Die Erteilung von Jagderlaubnisscheinen regeln, unbeschadet des Absatzes 6 Satz 2, die Länder.

(2) Die Verpachtung eines Teils eines Jagdbezirkes ist nur zulässig, wenn sowohl der verpachtete als auch der verbleibende Teil bei Eigenjagdbezirken die gesetzliche Mindestgröße, bei gemeinschaftlichen Jagdbezirken die Mindestgröße von 250 Hektar haben. Die Länder können die Verpachtung eines Teils von geringerer Größe an den Jagdausübungsberechtigten eines angrenzenden Jagdbezirkes zulassen, soweit dies einer besseren Reviergestaltung dient.

(3) Die Gesamtfläche, auf der einem Jagdpächter die Ausübung des Jagdrechts zusteht, darf nicht mehr als 1000 Hektar umfassen; hierauf sind Flächen anzurech-

nen, für die dem Pächter auf Grund einer entgeltlichen Jagderlaubnis die Jagdausübung zusteht. Der Inhaber eines oder mehrerer Eigenjagdbezirke mit einer Gesamtfläche von mehr als 1000 Hektar darf nur zupachten, wenn er Flächen mindestens gleicher Größenordnung verpachtet; der Inhaber eines oder mehrerer Eigenjagdbezirke mit einer Gesamtfläche von weniger als 1000 Hektar darf nur zupachten, wenn die Gesamtfläche, auf der ihm das Jagdausübungsrecht zusteht, 1000 Hektar nicht übersteigt. Für Mitpächter, Unterpächter oder Inhaber einer entgeltlichen Jagderlaubnis gilt Satz 1 und 2 entsprechend mit der Maßgabe, daß auf die Gesamtfläche nur die Fläche angerechnet wird, die auf den einzelnen Mitpächter, Unterpächter oder auf den Inhaber einer entgeltlichen Jagderlaubnis, ausgenommen die Erlaubnis zu Einzelabschüssen, nach dem Jagdpachtvertrag oder der Jagderlaubnis anteilig entfällt. Für bestimmte Gebiete, insbesondere im Hochgebirge, können die Länder eine höhere Grenze als 1000 Hektar festsetzen.

(4) Der Jagdpachtvertrag ist schriftlich abzuschließen. Die Pachtdauer soll mindestens neun Jahre betragen. Die Länder können die Mindestpachtzeit höher festsetzen. Ein laufender Jagdpachtvertrag kann auch auf kürzere Zeit verlängert werden. Beginn und Ende der Pachtzeit soll mit Beginn und Ende des Jagdjahres (1. April bis 31. März) zusammenfallen.

(5) Pächter darf nur sein, wer einen Jahresjagdschein besitzt und schon vorher einen solchen während dreier Jahre in Deutschland besessen hat. Für besondere Einzelfälle können Ausnahmen zugelassen werden. Auf den in Satz 1 genannten Zeitraum sind die Zeiten anzurechnen, während derer jemand vor dem Tag des Wirksamwerdens des Beitritts eine Jagderlaubnis in der Deutschen Demokratischen Republik besessen hat.

(6) Ein Jagdpachtvertrag, der bei seinem Abschluß den Vorschriften des Absatzes 1 Satz 2 Halbsatz 1, des Absatzes 2, des Absatzes 3, des Absatzes 4 Satz 1 oder des Absatzes 5 nicht entspricht, ist nichtig. Das gleiche gilt für eine entgeltliche Jagderlaubnis, die bei ihrer Erteilung den Vorschriften des Absatzes 3 nicht entspricht.

(7) Die Fläche, auf der einem Jagdausübungsberechtigten oder Inhaber einer entgeltlichen Jagderlaubnis nach Absatz 3 die Ausübung des Jagdrechts zusteht, ist von der zuständigen Behörde in den Jagdschein einzutragen; das Nähere regeln die Länder.

BJG § 12
Anzeige von Jagdpachtverträgen

(1) Der Jagdpachtvertrag ist der zuständigen Behörde anzuzeigen. Die Behörde kann den Vertrag binnen drei Wochen nach Eingang der Anzeige beanstanden, wenn die Vorschriften über die Pachtdauer nicht beachtet sind oder wenn zu erwarten ist, daß durch eine vertragsmäßige Jagdausübung die Vorschriften des § 1 Abs. 2 verletzt werden.

(2) In dem Beanstandungsbescheid sind die Vertragsteile aufzufordern, den Vertrag bis zu einem bestimmten Zeitpunkt, der mindestens drei Wochen nach Zustellung des Bescheides liegen soll, aufzuheben oder in bestimmter Weise zu ändern.

(3) Kommen die Vertragsteile der Aufforderung nicht nach, so gilt der Vertrag mit Ablauf der Frist als aufgehoben, sofern nicht einer der Vertragsteile binnen der Frist einen Antrag auf Entscheidung durch das Amtsgericht stellt. Das Gericht kann entweder den Vertrag aufheben oder feststellen, daß er nicht zu beanstanden ist. Die Be-

§ 12 BJG (§ 7 LJG) Jagdpacht

stimmungen für die gerichtliche Entscheidung über die Beanstandung eines Landpachtvertrages gelten sinngemäß; jedoch entscheidet das Gericht ohne Zuziehung ehrenamtlicher Richter.

(4) Vor Ablauf von drei Wochen nach Anzeige des Vertrages durch einen Beteiligten darf der Pächter die Jagd nicht ausüben, sofern nicht die Behörde die Jagdausübung zu einem früheren Zeitpunkt gestattet. Wird der Vertrag binnen der in Absatz 1 Satz 2 bezeichneten Frist beanstandet, so darf der Pächter die Jagd erst ausüben, wenn die Beanstandungen behoben sind oder wenn durch rechtskräftige gerichtliche Entscheidung festgestellt ist, daß der Vertrag nicht zu beanstanden ist.

LJG

§ 7
Jagdpacht

(1) Die Verpachtung eines weniger als 250 ha großen Teils eines gemeinschaftlichen Jagdbezirks oder eines weniger als 75 ha großen Teils eines Eigenjagdbezirks an den Jagdausübungsberechtigten eines angrenzenden Jagdbezirks ist zulässig, soweit dies einer besseren Reviergestaltung dient.

(2) Die untere Jagdbehörde kann für besondere Einzelfälle Ausnahmen von der Vorschrift des § 11 Abs. 5 Satz 1 des Bundesjagdgesetzes zulassen. Solche Ausnahmen sind auf bestimmte Jagdpachtflächen zu beschränken. Örtlich zuständig ist die Behörde, in deren Bezirk die Jagdpachtfläche oder deren größerer Teil liegt.

(3) Jede Änderung eines Pachtvertrages ist der unteren Jagdbehörde innerhalb der Frist von einem Monat anzuzeigen. § 12 Abs. 1 bis 3 des Bundesjagdgesetzes findet Anwendung.

(4) Der Vertrag über die Verpachtung eines Jagdbezirks an Personen, die im Geltungsbereich des Grundgesetzes oder im Land Berlin keinen ständigen Wohnsitz haben, kann von der unteren Jagdbehörde auch beanstandet werden, wenn in dem Land des Wohnsitzes des Pächters die Gegenseitigkeit nicht verbürgt ist. § 12 Abs. 4 des Bundesjagdgesetzes findet entsprechende Anwendung.

LJagdGDVO §3
Verpachtung gemeinschaftlicher Jagdbezirke

(1) Gemeinschaftliche Jagdbezirke können durch öffentliche Versteigerung, Einholen schriftlicher Gebote, freihändige Vergabe oder Verlängerung laufender Pachtverträge verpachtet werden.

(2) Für die Mitwirkung der Mitglieder des Jagdvorstandes gilt § 18 der Gemeindeordnung entsprechend.

LJagdGDVO §4
Öffentliche Versteigerung gemeinschaftlicher Jagdbezirke

(1) Die Verpachtung gemeinschaftlicher Jagdbezirke im Wege der öffentlichen Versteigerung ist mindestens drei Wochen vor dem Versteigerungstermin öffentlich bekanntzumachen; hierbei sind Ort und Zeit der Versteigerung, die Größe des Jagdbezirks, die Pachtdauer, der zugelassene Bieterkreis und etwaige Sonderbedingungen anzugeben. Die Abtretung der Rechte aus einem Gebot kann ausgeschlossen werden.

(2) Zu Beginn der öffentlichen Versteigerung hat der Jagdvorstand deren ordnungsmäßige Bekanntgabe festzustellen und die Pachtbedingungen zu verlesen. Danach ist zur Abgabe von Geboten aufzufordern. Die Jagdpachtfähigkeit der Bieter (§ 11 Abs. 3 und 5 des Bundesjagdgesetzes) ist zu prüfen.

(3) Ein Gebot erlischt, wenn drei höhere Gebote abgegeben worden sind. Die Versteigerung darf erst geschlossen werden, wenn nach Aufforderung zur Abgabe höherer Gebote niemand mehr bietet. Nach Schluß der Versteigerung darf kein Gebot mehr entgegengenommen werden.

§ 12 BJG (§§ 5, 6 LJagdGDVO) Jagdpacht

(4) Der Zuschlag kann einem der drei Meistbietenden unmittelbar nach Schluß der Versteigerung oder innerhalb zweier Wochen erteilt werden. Wird der Zuschlag innerhalb dieser Frist nicht erteilt, so erlöschen alle Gebote. Die drei Meistbietenden sind zu benachrichtigen.

LJagdGDVO §5
Einholen schriftlicher Gebote

(1) Bei der Verpachtung gemeinschaftlicher Jagdbezirke durch Einholen schriftlicher Gebote gilt § 4 Abs. 1 entsprechend. Die Pachtgebote sind dem Jagdvorstand verschlossen einzureichen und von diesem im hierfür festgesetzten Termin zu öffnen und bekanntzugeben. Die Bieter können am Termin teilnehmen.

(2) Der Jagdvorstand hat ein Verzeichnis der Gebote anzulegen und eine Entscheidung über die Annahme herbeizuführen. Der Zuschlag kann einem der Bieter erteilt werden, nachdem dessen Jagdpachtfähigkeit festgestellt worden ist. Wird binnen zweier Wochen nach Öffnung der Gebote kein Gebot angenommen, so erlöschen alle Gebote.

LJagdGDVO §6
Niederschrift

Über den wesentlichen Hergang der öffentlichen Versteigerung (§ 4) oder über die Öffnung der schriftlichen Gebote (§ 5) ist unverzüglich eine Niederschrift zu fertigen und vom Jagdvorstand zu unterzeichnen.

Erl. zu den §§ 11 und 12 BJG, § 7 LJG und §§ 3 bis 6 der LJagdGDVO

1. **Gegenstand** des **Jagdpachtvertrages** ist das aus dem Jagdrecht des Grundeigentümers abgetretene Recht zur Ausübung des Jagdrechts (**Jagdausübungsrecht**).
2. **Jagdpachtverträge** sind privatrechtliche Verträge im Sinne des § 581 ff. BGB, unterliegen jedoch wesentlichen **jagdrechtlichen** Vorschriften. Sofern die Bestimmungen über
   - die **Unteilbarkeit** des Jagdausübungsrechts hinsichtlich der **Wildarten** und des **Jagdbezirks** (§§ 11 Abs. 1 BJG und 7 Abs. 1 LJG),

– die **Pachthöchstfläche** und die **Höchstzahl** der zugelassenen **Jagdpächter** (§§ 11 Abs. 3 BJG und 8 LJG),
– die **Schriftform** und die **Jagdpachtfähigkeit** (§§ 11 Abs. 4 und 5 BJG) nicht beachtet werden, ist der Jagdpachtvertrag gemäß §§ 11 Abs. 6 BJG und 10 Abs. 1 LJG **nichtig.**
Zivilrechtliche Nichtigkeitsgründe liegen vor, wenn gegen die §§ 117 (Scheingeschäft) und 138 (Sittenwidrigkeit) BGB verstoßen wird.

3. Die gesetzliche Begrenzung der Pachtfläche wurde durch die 2. Novelle zum BJG eingeführt. Die Vorschrift ist nicht anzuwenden auf Jagdpachtverträge und entgeltliche Jagderlaubnisse, die vor dem **1. Juli 1976** rechtswirksam waren (vgl. Art. 3 des Zweiten Gesetzes zur Änderung des BJG vom 28. 9. 1976, BGBl. I S. 2841).

4. **Jagdpachtfähig** ist nur, wer einen **Jahresjagdschein** besitzt und schon **vorher** einen solchen während **dreier Jahre** in Deutschland besessen hat. „Während dreier Jahre" i. S. des § 11 Abs. 5 BJG bedeutet drei volle Kalender- oder Jagdjahre.
Jugendjagdscheine (§ 16 BJG) werden **nicht** angerechnet.

5. **Jagdpachtverträge** (auch solche über Weiterverpachtung und Unterverpachtung) sind dem Kreisjagdamt **anzuzeigen.** Sie bedürfen zwar keiner Genehmigung, können aber **beanstandet** und **aufgehoben** werden, wenn die Pachtdauer weniger als neun Jahre betragen soll oder wenn die Gegenseitigkeit nicht verbürgt ist (§ 7 Abs. 4 LJG) oder wenn zu erwarten ist, daß durch eine vertragsmäßige Jagdausübung die Vorschriften über die Hege verletzt werden.
Vor Ablauf der dreiwöchigen Beanstandungsfrist darf die Jagd nicht ausgeübt werden, es sei denn, das Kreisjagdamt gestattet sie zu einem früheren Zeitpunkt.
Anzeigepflichtig sind innerhalb der Frist von einem Monat außerdem **alle** Vertragsänderungen. Sie unterliegen ebenso dem Beanstandungsverfahren, unterbrechen jedoch nicht die Jagdausübung.

6. **Ordnungswidrig** handelt, wer auf Grund eines nach § 11 Abs. 6 nichtigen Jagdpachtvertrages oder einer nichtigen entgeltlichen Jagderlaubnis oder entgegen § 12 Abs. 4 BJG die Jagd ausübt oder die Änderung eines Jagdpachtvertrages nicht innerhalb der Frist von einem Monat anzeigt (vgl. §§ 39 Abs. 1 Nr. 3 BJG und § 33 Abs. 1 Nr. 2 LJG).

LJG § 8
Mehrzahl von Jagdpächtern

(1) Die Zahl der Jagdpächter, die nebeneinander in einem Jagdbezirk zugelassen werden können (Mitpacht),

§ 12 BJG (§ 9 LJG) Jagderlaubnis

wird bei Jagdbezirken bis zu 250 Hektar auf zwei beschränkt. In größeren Jagdbezirken kann für jede weitere angefangene 150 Hektar je ein weiterer Pächter zugelassen werden. Dies gilt auch für verpachtete Teile eines Jagdbezirks (§ 11 Abs. 2 Satz 1 Bundesjagdgesetz).

(2) Jagdpacht im Sinne der §§ 11 bis 14 des Bundesjagdgesetzes ist auch die Weiterverpachtung und Unterverpachtung. In diesen Fällen findet Absatz 1 mit der Maßgabe Anwendung, daß die Zahl der jagdausübungsberechtigten Personen die zulässige Zahl der Jagdpächter nicht übersteigen darf.

LJG

§ 9
Jagderlaubnis

(1) Der Jagdausübungsberechtigte kann einem Dritten (Jagdgast) eine Jagderlaubnis erteilen. Bei mehreren Jagdausübungsberechtigten muß eine Jagderlaubnis von allen Jagdausübungsberechtigten erteilt sein. Die Jagdausübungsberechtigten können sich gegenseitig zur Erteilung von Jagderlaubnissen schriftlich bevollmächtigen.

(2) Auf die entgeltliche Erteilung einer Jagderlaubnis sind die §§ 11 Abs. 5, 12 und 13 des Bundesjagdgesetzes und § 8 dieses Gesetzes entsprechend anzuwenden; dies gilt nicht für die Erlaubnis zu Einzelabschlüssen. Die Erteilung einer entgeltlichen Jagderlaubnis steht der Verpachtung im Sinne des § 11 Abs. 3 Satz 2 des Bundesjagdgesetzes gleich.

(3) Die untere Jagdbehörde kann aus Gründen der Jagdpflege oder der öffentlichen Sicherheit für bestimmte Bezirke die Ausstellung von Jagderlaubnisscheinen oder eine sonstige Beteiligung anderer an der Jagd beschränken oder ganz untersagen.

(4) Soweit der Jagdgast bei der Jagdausübung nicht von dem oder den Jagdausübungsberechtigten begleitet wird, hat er eine schriftliche Jagderlaubnis bei sich zu führen. Sofern ein Jagdausübungsberechtigter gemäß Absatz 1 Satz 3 bevollmächtigt ist und den Jagdgast begleitet, bedarf es der Begleitung oder einer schriftlichen Jagderlaubnis des Vollmachterteilers nicht.

(5) Der Jagdgast ist nicht Jagdausübungsberechtigter im Sinne des Bundesjagdgesetzes und dieses Gesetzes.

(6) Angestellte Jäger (§ 10 Abs. 2 Bundesjagdgesetz) und Jagdaufseher (§ 25 Bundesjagdgesetz und § 24 dieses Gesetzes) sind im Rahmen ihres Anstellungsvertrages zur Jagdausübung innerhalb ihres Dienstbereiches berechtigt; sie benötigen dazu keinen Jagderlaubnisschein.

LJG § 10
Nichtigkeit von Jagdpachtverträgen und Jagderlaubnisverträgen

(1) Ein Vertrag, der gegen die Bestimmungen der §§ 8 und 9 Abs. 1 und Abs. 2 verstößt, ist nichtig.

(2) Die untere Jagdbehörde kann für die Dauer eines über die Nichtigkeit (§ 11 Abs. 6 Bundesjagdgesetz und § 10 Abs. 1 dieses Gesetzes) oder die Beanstandung (§ 12 Bundesjagdgesetz) des Pachtvertrages anhängigen Verfahrens die zur Ausübung und zum Schutze der Jagd erforderlichen Anordnungen treffen. Die Kosten der Anordnung und ihrer Durchführung hat die im Verfahren unterliegende Partei zu tragen.

LJG § 11
Tod des Jagdpächters

(1) Im Fall des Todes eines Jagdpächters haben die Erben der unteren Jagdbehörde die jagdausübungsberech-

tigten Erben unter Beachtung der Vorschrift des § 8 zu benennen. Ist keiner der Erben jagdpachtfähig (§ 11 Abs. 5 Bundesjagdgesetz), so haben die Erben der unteren Jagdbehörde eine jagdpachtfähige Person als Jagdausübungsberechtigten zu benennen.

(2) Die untere Jagdbehörde kann den Erben eine angemessene Frist zur Benennung des Jagdausübungsberechtigten setzen. Kommen die Erben der Aufforderung innerhalb der Frist nicht nach, so kann die untere Jagdbehörde die zur Ausübung und zum Schutze der Jagd erforderlichen Anordnungen auf Kosten der Erben treffen.

Erl. zu den §§ 8, 9, 10 und 11 LJG

1. Wird die **Höchstzahl** der zugelassenen Jagdpächter überschritten, ist der Jagdpachtvertrag **nichtig**.
2. **Unentgeltliche** Jagderlaubnisse können grundsätzlich unbeschränkt erteilt werden, sofern nicht durch den Pachtvertrag oder durch das Kreisjagdamt nach § 9 Abs. 3 LJG Beschränkungen auferlegt sind. Sie sind nicht anzeigepflichtig und setzen nicht Jagdpachtfähigkeit voraus.
3. **Entgeltliche** Jagderlaubnisse (Einzelabschüsse ausgenommen) dürfen nur jagdpachtfähigen Personen erteilt werden. Die Vorschriften über die Begrenzung der Pachthöchstfläche (§ 11 Abs. 3 BJG) und über die Höchstzahl der zugelassenen Jagdpächter (§ 8 LJG) finden Anwendung. Bei Zuwiderhandlungen ist die Jagderlaubnis **nichtig**. Entgeltliche Jagderlaubnisse (ohne Einzelabschüsse) sind anzeigepflichtig und unterliegen dem Beanstandungsverfahren.
4. **Ohne Begleitung** des oder der Jagdausübungsberechtigten darf ein Jagdgast die Jagd nur ausüben, wenn er eine **schriftliche** Erlaubnis bei sich führt. Bei mehreren Jagdausübungsberechtigten (Mitpächter) muß die Erlaubnis von **allen** erteilt (unterschrieben) sein, es sei denn, sie haben sich gegenseitig schriftlich bevollmächtigt.
   Die Jagdausübung ist nur **im Rahmen** der Erlaubnis zulässig. Wird er unbefugt überschritten, kann Bestrafung wegen Jagdwilderei erfolgen (vgl. §§ 292 und 294 StGB).
   Begleitung im Sinne von § 9 Abs. 4 LJG bedeutet nicht, daß sich der oder die Jagdausübungsberechtigten ständig in unmittelbarer Nähe

des Jagdgastes aufhalten. Vielmehr genügt es, wenn sich der oder die Jagdausübungsberechtigte(n) und der Jagdgast im Jagdbezirk befinden und jeder den Aufenthaltsort des anderen kennt.

5. Der **Jagdgast** (ob mit entgeltlicher oder unentgeltlicher Jagderlaubnis) ist **nicht Jagdausübungsberechtigter** i. S. der jagdrechtlichen Vorschriften. Demzufolge ist er z. B. auch **nicht Jagdschutzberechtigter** i. S. der §§ 25 BJG und 24 LJG.

6. Wenn der Pächter vor Ablauf der Pachtzeit stirbt, gehen alle Rechte und Pflichten aus dem Jagdpachtvertrag auf die Erben über, auch wenn keiner von diesen jagdpachtfähig ist.

7. **Ordnungswidrig** handelt, wer die entgeltliche Erteilung einer Jagderlaubnis nicht anzeigt, als Jagdgast entgegen § 9 Abs. 4 die Jagd ausübt oder gemäß § 9 Abs. 3 zuwider die Jagd ausübt (vgl. § 33 Abs. 1 Nr. 3 und 4, Abs. 2 Nr. 1 LJG).

BJG § 13
Erlöschen des Jagdpachtvertrages

Der Jagdpachtvertrag erlischt, wenn dem Pächter der Jagdschein unanfechtbar entzogen worden ist. Er erlischt auch dann, wenn die Gültigkeitsdauer des Jagdscheines abgelaufen ist und entweder die zuständige Behörde die Erteilung eines neuen Jagdscheines unanfechtbar abgelehnt hat oder der Pächter die Voraussetzungen für die Erteilung eines neuen Jagdscheines nicht fristgemäß erfüllt. Der Pächter hat dem Verpächter den aus der Beendigung des Pachtvertrages entstehenden Schaden zu ersetzen, wenn ihn ein Verschulden trifft.

LJG § 10a
Erlöschen des Jagdpachtvertrages

(1) Der Jagdpächter hat auf Verlangen der für seinen Jagdbezirk zuständigen unteren Jagdbehörde vor Beginn eines Jagdjahres nachzuweisen, daß er einen neuen Jagd-

schein besitzt oder die Voraussetzungen für dessen Erteilung erfüllt hat.

(2) Ist der Jagdpächter aus Gründen, die er nicht zu vertreten hat, gehindert, bis zum Ablauf der Gültigkeitsdauer des alten einen neuen Jagdschein zu erwerben oder die Voraussetzungen für dessen Erteilung zu erfüllen, so hat er dies der für seinen Jagdbezirk zuständigen unteren Jagdbehörde unverzüglich schriftlich mitzuteilen. In diesem Fall erlischt der Jagdpachtvertrag erst dann, wenn der Jagdpächter nicht innerhalb einer von dieser Jagdbehörde gesetzten angemessenen Frist einen Jahresjagdschein erworben oder die Voraussetzungen für dessen Erteilung erfüllt hat. Solange ein Jagdschein nicht erteilt ist, kann die untere Jagdbehörde die zur Ausübung und zum Schutze der Jagd erforderlichen Anordnungen auf Kosten des Jagdpächters treffen.

BJG § 13a
Rechtstellung der Mitpächter

Sind mehrere Pächter an einem Jagdpachtvertrag beteiligt (Mitpächter), so bleibt der Vertrag, wenn er im Verhältnis zu einem Mitpächter gekündigt wird oder erlischt, mit den übrigen bestehen; dies gilt nicht, soweit der Jagdpachtvertrag infolge des Ausscheidens eines Pächters den Vorschriften des § 11 Abs. 3 nicht mehr entspricht und dieser Mangel bis zum Beginn des nächsten Jagdjahres nicht behoben wird. Ist einem der Beteiligten die Aufrechterhaltung des Vertrages infolge des Ausscheidens eines Pächters nicht zuzumuten, so kann er den Vertrag mit sofortiger Wirkung kündigen. Die Kündigung muß unverzüglich nach Erlangung der Kenntnis von dem Kündigungsgrund erfolgen.

BJG § 14
Wechsel des Grundeigentümers

(1) Wird ein Eigenjagdbezirk ganz oder teilweise veräußert, so finden die Vorschriften der §§ 571 bis 579 des Bürgerlichen Gesetzbuches entsprechende Anwendung. Das gleiche gilt im Falle der Zwangsversteigerung von der Vorschrift des § 57 des Zwangsversteigerungsgesetzes; das Kündigungsrecht des Erstehers ist jedoch ausgeschlossen, wenn nur ein Teil eines Jagdbezirkes versteigert ist und dieser Teil nicht allein schon die Erfordernisse eines Eigenjagdbezirkes erfüllt.

(2) Wird ein zu einem gemeinschaftlichen Jagdbezirk gehöriges Grundstück veräußert, so hat dies auf den Pachtvertrag keinen Einfluß; der Erwerber wird vom Zeitpunkt des Erwerbes an auch dann für die Dauer des Pachtvertrages Mitglied der Jagdgenossenschaft, wenn das veräußerte Grundstück an sich mit anderen Grundstücken des Erwerbers zusammen einen Eigenjagdbezirk bilden könnte. Das gleiche gilt für den Fall der Zwangsversteigerung eines Grundstücks.

Erl. zu den §§ 13, 13a, 14 BJG und 10a LJG

1. Die **Entziehung** des Jagdscheines kann durch das Strafgericht unter den Voraussetzungen des § 41 BJG und durch das Kreisjagdamt nach § 18 BJG erfolgen.

2. **Voraussetzung** für das **Fortbestehen** eines Jagdpachtvertrages ist, daß der Pächter ständig im Besitz eines Jahresjagdscheines ist. Nur wenn Gründe, die er nicht zu vertreten hat, ihn daran hindern, rechtzeitig einen neuen Jagdschein zu erwerben und dies dem Kreisjagdamt **unverzüglich** mitteilt, erlischt der Pachtvertrag nicht sofort.
Nach dem Urteil des OLG Karlsruhe vom 4. 3. 1974 – 9 U 66/73 – sollten an die Feststellung der Verhinderung keine allzu hohen Anforderungen gestellt werden.

3. Das **Ausscheiden** eines Mitpächters hat auf den Fortbestand des Pachtvertrages zunächst keinen Einfluß. Nur wenn hierdurch die

Pachthöchstfläche durch den oder die verbleibenden Pächter überschritten wird, muß dem Mangel bis zum Beginn des nächsten Jagdjahres (1. April) entweder durch Aufnahme eines neuen Mitpächters oder durch Erteilung einer **entgeltlichen** Jagderlaubnis abgeholfen werden.

4. Bestehende Jagdpachtverträge werden beim Wechsel von Eigentümern an Grundflächen nicht hinfällig. Der Grundsatz „Kauf bricht nicht Pacht" gilt auch für die Jagdpacht.

LJG

§ 13
Wegerecht

Wer die Jagd ausübt, aber den Weg zum Jagdbezirk nicht auf einem zum allgemeinen Gebrauch bestimmten Weg oder nur auf einem unzumutbaren Umweg nehmen kann, ist zum Betreten fremden Jagdbezirks in Jagdausrüstung auch auf einem nicht zum allgemeinen Gebrauch bestimmten Weg befugt, der nötigenfalls von der unteren Jagdbehörde festgelegt wird (Jägernotweg). Bei Benutzung des Notweges dürfen Schußwaffen nur ungeladen und in einem Überzug oder mit verbundenem Schloß oder zerlegt, Hunde nur an der Leine mitgeführt werden. Der Eigentümer des Grundstücks, über das der Notweg führt, hat Anspruch auf eine angemessene Entschädigung.

Erl. zu § 13 LJG

1. Auf den **Jägernotweg** besteht ein **Rechtsanspruch**, wenn ein Jagdbezirk von den zur Jagdausübung Befugten nicht auf einem zum **allgemeinen Gebrauch** bestimmten Weg oder nur auf einem **unzumutbaren** Umweg erreicht werden kann. Nicht gewidmete Wege gelten dann als „zum allgemeinen Gebrauch bestimmt", wenn sie mit **Zustimmung** oder **Duldung** des Verfügungsberechtigten **allgemein** benutzt werden.

   Für den Fall, daß sich die Beteiligten nicht einigen, wird der Jägernotweg vom Kreisjagdamt nach pflichtgemäßem Ermessen festgelegt.

2. Ordnungswidrig handelt, wer bei Benützung des Jägernotweges vorsätzlich der Vorschrift des § 13 Satz 2 zuwiderhandelt (vgl. § 33 Abs. 1 Nr. 5 LJG).

LJG
§ 14
Jagdeinrichtungen

(1) Der Jagdausübungsberechtigte darf auf land- und forstwirtschaftlich genutzten Grundstücken besondere Anlagen wie Futterplätze, Ansitze und Jagdhütten nur mit Genehmigung des Grundeigentümers errichten; der Eigentümer ist zur Erteilung der Genehmigung verpflichtet, wenn ihm die Duldung der Anlage zugemutet werden kann und er eine angemessene Entschädigung erhält.

(2) In gemeinschaftlichen Jagdbezirken sind die nach Absatz 1 auf fremdem Grund und Boden errichteten Futterplätze und Ansitze dem Jagdnachfolger auf sein Verlangen gegen angemessene Entschädigung zu überlassen.

Erl. zu § 14 LJG

1. Nur für **besondere Anlagen**, die auf land- und forstwirtschaftlich genutzten Grundstücken errichtet werden, ist die Erlaubnis des Grundeigentümers erforderlich. Wird sie grundlos verweigert oder wird über die Entschädigung keine Einigung erzielt, kann beim Amtsgericht, in dessen Bezirk das Grundstück liegt, oder am Wohnsitz des Eigentümers Klage erhoben werden.
   Einfache Jagdeinrichtungen, die Grundflächen in ihrer Nutzung nicht beeinträchtigen, wie z. B. Pirschwege im Wald, bewegliche Ansitzleitern, Fallen und Jagdschirme, können ohne Genehmigung des Grundeigentümers errichtet werden. Baurechtliche Bestimmungen bleiben durch die o. a. Vorschrift unberührt, z. B. die besondere Genehmigungspflicht für Bauten im Außenbereich nach § 35 BBauG bei der Errichtung von Jagdhütten.

2. Ordnungswidrig handelt, wer jagdbetriebliche Einrichtungen, deren Betreten nicht zulässig ist, unbefugt betritt (vgl. § 83 Abs. 2 Nr. 3 LWaldG).

IV. ABSCHNITT
Jagdschein
§ 15

Allgemeines

(1) Wer die Jagd ausübt, muß einen auf seinen Namen lautenden Jagdschein mit sich führen und diesen auf Verlangen den Polizeibeamten sowie den Jagdschutzberechtigten (§ 25) vorzeigen. Zum Sammeln von Abwurfstangen bedarf es nur der schriftlichen Erlaubnis des Jagdausübungsberechtigten. Wer die Jagd mit Greifen oder Falken (Beizjagd) ausüben will, muß einen auf seinen Namen lautenden Falknerjagdschein mit sich führen.

(2) Der Jagdschein wird von der für den Wohnsitz des Bewerbers zuständigen Behörde als Jahresjagdschein für höchstens drei Jagdjahre (§ 11 Abs. 4) oder als Tagesjagdschein für vierzehn aufeinanderfolgende Tage nach einheitlichen, vom Bundesminister für Ernährung, Landwirtschaft und Forsten (Bundesminister) bestimmten Mustern erteilt.

(3) Der Jagdschein gilt im gesamten Bundesgebiet.

(4) Für Tagesjagdscheine für Ausländer dürfen nur die Gebühren für Inländer erhoben werden, wenn das Heimatland des Ausländers die Gegenseitigkeit gewährleistet.

(5) Die erste Erteilung eines Jagdscheines ist davon abhängig, daß der Bewerber im Geltungsbereich dieses Gesetzes eine Jägerprüfung bestanden hat, die aus einem schriftlichen und einem mündlich-praktischen Teil und einer Schießprüfung bestehen soll; er muß in der Jägerprüfung ausreichende Kenntnisse der Tierarten, der Wildbiologie, der Wildhege, des Jagdbetriebes, der Wild-

schadensverhütung, des Land- und Waldbaues, des Waffenrechts, der Waffentechnik, der Führung von Jagdwaffen (einschließlich Faustfeuerwaffen), der Führung von Jagdhunden, in der Behandlung des erlegten Wildes unter besonderer Berücksichtigung der hygienisch erforderlichen Maßnahmen, in der Beurteilung der gesundheitlich unbedenklichen Beschaffenheit des Wildbrets, insbesondere auch hinsichtlich seiner Verwendung als Lebensmittel, und im Jagd-, Tierschutz- sowie Naturschutz- und Landschaftspflegerecht nachweisen; mangelhafte Leistungen in der Schießprüfung sind durch Leistungen in anderen Prüfungsteilen nicht ausgleichbar. Die Länder können die Zulassung zur Jägerprüfung insbesondere vom Nachweis einer theoretischen und praktischen Ausbildung abhängig machen. Für Bewerber, die vor dem 1. April 1953 einen Jahresjagdschein besessen haben, entfällt die Jägerprüfung. Eine vor dem Tag des Wirksamwerdens des Beitritts in der Deutschen Demokratischen Republik abgelegte Jagdprüfung für Jäger, die mit der Jagdwaffe die Jagd ausüben wollen, steht der Jägerprüfung im Sinne des Satzes 1 gleich.

(6) Bei der Erteilung von Ausländerjagdscheinen können Ausnahmen von Absatz 5 Satz 1 und 2 gemacht werden.

(7) Die erste Erteilung eines Falknerjagdscheines ist davon abhängig, daß der Bewerber im Geltungsbereich dieses Gesetzes zusätzlich zur Jägerprüfung eine Falknerprüfung bestanden hat; er muß darin ausreichende Kenntnisse des Haltens, der Pflege und des Abtragens von Beizvögeln, des Greifvogelschutzes sowie der Beizjagd nachweisen. Für Bewerber, die vor dem 1. April 1977 mindestens fünf Falknerjagdscheine besessen haben, entfällt die Jägerprüfung; gleiches gilt für Bewerber, die vor diesem Zeitpunkt mindestens fünf Jahresjagdscheine

§ 15 BJG (§ 12 LJG) Jagdschein

besessen haben und während deren Geltungsdauer die Beizjagd ausgeübt haben. Das Nähere hinsichtlich der Erteilung des Falknerjagdscheines regeln die Länder. Eine vor dem Tag des Wirksamwerdens des Beitritts in der Deutschen Demokratischen Republik abgelegte Jagdprüfung für Falkner steht der Falknerprüfung im Sinne des Satzes 1 gleich.

LJG § 12
Jagdscheinerteilung

(1) Der Jagdschein wird von der unteren Jagdbehörde erteilt, in deren Bezirk der Antragsteller seine Wohnung, bei mehreren Wohnungen seine Hauptwohnung hat. Hat der Antragsteller im Geltungsbereich des Grundgesetzes oder im Land Berlin keine Wohnung, ist die untere Jagdbehörde zuständig, in deren Bezirk der Antragsteller die Jagd ausüben will. Jagdscheine werden höchstens für die Dauer eines Jagdjahres ausgestellt.

(2) Bei der Jägerprüfung sind ausreichende Kenntnisse und Fertigkeiten auf den in § 15 Abs. 5 und bei der Falknerprüfung solche auf den in § 15 Abs. 7 des Bundesjagdgesetzes genannten Gebieten nachzuweisen.

(3) Für die Zulassung von Ausnahmen nach § 15 Abs. 6 des Bundesjagdgesetzes ist die untere Jagdbehörde zuständig, in deren Bereich der Bewerber die Jagd ausschließlich oder vornehmlich ausüben will.

(4) Für die Erteilung des Jagdscheines und die Teilnahme an der Jägerprüfung werden Gebühren erhoben. Neben der Gebühr für den Jahresjagdschein, mit Ausnahme des Falknerjagdscheines, ist eine Jagdabgabe in Höhe der Jahresjagdscheingebühr für Inländer zu entrichten, die an das Land abzuführen und nach Anhörung der Vereinigungen der Jäger (§ 31) für Zwecke der Jagdförderung, der Jagdwissenschaft, der jagdlichen Forschung

Jagdschein (§§ 19, 20 LJagdGDVO) **§ 15 BJG**

und der Wildschadensverhütung zu verwenden ist. Auf die Jagdabgabe finden die §§ 7, 19 und 20 des Landesgebührengesetzes entsprechende Anwendung.

LJagdGDVO § 19
Erteilung von Jagdscheinen

Dem Antrag auf Erteilung eines Jagdscheins sind beizufügen:

1. Die für die Feststellung der Person und der Staatsangehörigkeit des Antragstellers erforderlichen Nachweise,
2. ein Paßbild des Antragstellers,
3. der Nachweis über den Abschluß einer § 17 Abs. 1 Nr. 4 des Bundesjagdgesetzes entsprechenden Jagdhaftpflichtversicherung,
4. der Nachweis über die bestandene Jägerprüfung oder einer gleichgestellten Prüfung oder den zuletzt erteilten Jagdschein; letzterenfalls ist die untere Jagdbehörde gleichwohl berechtigt, den Nachweis über die bestandene Jägerprüfung oder einer gleichgestellten Prüfung zu fordern,
5. bei Minderjährigen die schriftliche Einverständniserklärung der gesetzlichen Vertreter,
6. ein Führungszeugnis nach § 28 Abs. 5 des Bundeszentralregistergesetzes oder der Nachweis, daß ein solches bei der Meldebehörde beantragt wurde. Ausländer und im Ausland wohnende Staatenlose haben eine dem Führungszeugnis nach Satz 1 entsprechende Auskunft ihres Heimatlandes zu erbringen, sofern dies möglich ist. Das Führungszeugnis oder die diesem entsprechende Auskunft sollen bei der erstmaligen Erteilung eines Jagdscheins höchstens drei Monate alt sein; bei der wiederholten Erteilung eines Jagdscheins kann die untere Jagdbehörde auf die Vorlage eines neuen Führungszeugnisses verzichten.

LJagdGDVO § 20
Erteilung von Falknerjagdscheinen

(1) Dem Antrag auf Erteilung eines Falknerjagdscheins ist außer den in § 19 genannten Anlagen ein Zeugnis über eine im Gel-

tungsbereich des Bundeswaldgesetzes nach gesetzlichen Bestimmungen erfolgreich abgelegte Falknerprüfung oder der Nachweis beizufügen, daß der Antragsteller vor dem 1. April 1977 mindestens fünf Falknerjagdscheine oder fünf Jahresjagdscheine besessen und während der Geltungsdauer letzterer die Beizjagd ausgeübt hat; in diesem Fall entfällt der Nachweis nach § 19 Abs. 1 Nr. 4.

(2) § 15 Abs. 6 des Bundesjagdgesetzes gilt für die Falknerprüfung entsprechend.

Erl. zu §§ 15 BJG, 12 LJG und §§ 19 und 20 der LJagdGDVO

1. **Jagdscheinzwang** besteht für **jeden,** der die Jagd ausübt, gleichviel ob als Eigenjagdbesitzer, Pächter, Jagdaufseher, angestellter Jäger oder Jagdgast.
   Wer die **Beizjagd** ausübt, benötigt den Falknerjagdschein.
   Ausnahmen:
   a) Zum Sammeln von Abwurfstangen bedarf es nur der **schriftlichen** Erlaubnis des Jagdausübungsberechtigten.
   b) Zur **beschränkten** Jagdausübung in **befriedeten** Bezirken im Rahmen des § 3 Abs. 4 LJG bedarf es keines Jagdscheines.

2. Wer die Jagd ausübt, obwohl er keinen gültigen Jagdschein mit sich führt oder den Jagdschein auf Verlangen nicht vorzeigt, handelt ordnungswidrig (vgl. § 39 Abs. 1 Nr. 9 und Abs. 2 Nr. 1 BJG).

3. Jagdscheine werden von dem für den Wohnsitz des Antragstellers zuständigen Kreisjagdamt nach bundeseinheitlichem Muster für die Dauer **eines** Jagdjahres (1. April bis 31. März) ausgestellt.

4. Voraussetzung für die erste Erteilung eines Jagdscheines ist, daß der Bewerber in der Bundesrepublik oder im Land Berlin eine Jägerprüfung bestanden hat. Die Ausnahmeregelungen in § 15 Abs. 5 vorletzter und letzter Satz und Abs. 6 BJG sind abschließend.
   Inhalt und Verfahren der Jägerprüfung in BW sind in der VO des Ministeriums ländlicher Raum über die Jägerprüfungsordnung – JPrO –) vom 6. 3. 1990 (GBl. S. 95) festgelegt. (abgedruckt im Anhang 11).
   Die wichtigsten Änderungen der neugefaßten und praxisnäher gestalteten Jägerprüfung sind die vorgeschriebene Pflichtausbildung für die Zulassung zur Jägerprüfung (Besuch eines vom Kreisjagdamt anerkannten Lehrganges) sowie die Erweiterung der Schießdisziplinen (jetzt auch Schuß auf den laufenden Keiler).
   Bei Nichtbestehen kann die Prüfung künftig in jedem Jahr wiederholt werden.
   Die neuen Bestimmungen finden ab dem Jahr 1991 Anwendung.

Jagdschein　　　　　　　　　　　　　　　　§ 16 BJG

Prüfungsbehörde ist das Kreisjagdamt.
Die Prüfung besteht aus:
- dem jagdlichen Schießen
- dem schriftlichen Teil
- dem mündlich-praktischen Teil.

Im schriftlichen und im mündlich-praktischen Teil der Prüfung sind ausreichende Kenntnisse der in § 15 Abs. 5 BJG aufgeführten Sachgebiete nachzuweisen.

Die Prüfungsgebühr beträgt seit 1. 7. 1984 180 DM (Nr. 40.2.1 Gebührenverzeichnis).

5. Die erste Erteilung eines **Falknerjagdscheines** ist davon abhängig, daß der Bewerber zusätzlich zur eingeschränkten **Jägerprüfung** eine Falknerprüfung bestanden hat (vgl. § 15 Abs. 7 BJG).

Das Bundesverfassungsgericht hat auf Grund einer Verfassungsbeschwerde durch Beschluß vom 5. November 1980 (BGBl. I 1981 S. 41) bezüglich der Jägerprüfung von Bewerbern des ersten Falknerjagdscheines wie folgt entschieden:

„§ 15 Abs. 7 Satz 1 in Verbindung mit Absatz 5 Satz 1 des BJG in der Fassung des Artikels 1 Nummer 8 Buchstaben c und d des Zweiten Gesetzes zur Änderung des BJG vom 28. September 1976 (BGBl. I S. 2841) ist mit Artikel 2 Abs. 1 des Grundgesetzes in Verbindung mit dem Rechtsstaatsprinzip unvereinbar und nichtig, soweit die erste Erteilung eines Falknerjagdscheines davon abhängig ist, daß der Bewerber im Rahmen der Jägerprüfung eine Schießprüfung ablegen und ausreichende Kenntnisse des Waffenrechts, der Waffentechnik und der Führung von Jagdwaffen (einschließlich Faustfeuerwaffen) nachweisen muß."

Die Entscheidungsformel hat gemäß § 31 Abs. 2 des Gesetzes über das Bundesverfassungsgericht Gesetzeskraft.

Sofern ein Bewerber nur die eingeschränkte Jägerprüfung bestanden hat, darf ihm natürlich auch nur der Falknerjagdschein erteilt werden. Die Gebühr beträgt für den Falkner-Jahresjagdschein 25 DM und für die eingeschränkte Jägerprüfung 130 DM (Nrn. 40.1.3 und 40.2.2 des Gebührenverzeichnisses).

BJG　　　　　　§ 16
Jugendjagdschein

(1) Personen, die das sechzehnte Lebensjahr vollendet haben, aber noch nicht achtzehn Jahre alt sind, darf nur ein Jugendjagdschein erteilt werden.

§§ 16, 17 BJG (§ 34 LJG)　　　　　　　　　Jagdschein

(2) Der Jugendjagdschein berechtigt nur zur Ausübung der Jagd in Begleitung des Erziehungsberechtigten oder einer von dem Erziehungsberechtigten schriftlich beauftragten Aufsichtsperson; die Begleitperson muß jagdlich erfahren sein.

(3) Der Jugendjagdschein berechtigt nicht zur Teilnahme an Gesellschaftsjagden.

(4) Im übrigen gilt § 15 entsprechend.

LJG
§ 34
Treibjagd, Gesellschaftsjagd

(1) ...

(2) Gesellschaftsjagd im Sinne des § 16 Abs. 3 des Bundesjagdgesetzes ist die Jagd, an der mehr als vier Personen teilnehmen.

Erl. zu § 16 BJG und § 34 Abs. 2 LJG

1. **Jugendlichen** unter 16 Jahren muß der Jagdschein versagt werden. Die Erteilung eines Tagesjagdscheines an Personen unter 18 Jahren ist in Baden-Württemberg nicht gestattet.
   Die Jägerprüfung kann vor Vollendung des 16. Lebensjahres abgelegt werden.
2. **Begleitung** i. S. des § 16 BJG bedeutet, daß die Begleitperson (Erziehungsberechtigter oder schriftlich beauftragte Aufsichtsperson) jederzeit Einwirkung auf den Jugendlichen haben muß.
   „Jagdlich erfahren" sein setzt nicht voraus, daß die Begleitperson den Jagdschein besitzt.
3. Wer ohne Begleitperson die Jagd ausübt oder an einer Gesellschaftsjagd teilnimmt, handelt ordnungswidrig (vgl. § 39 Abs. 1 Nr. 4 und Abs. 2 Nr. 1 BJG).

BJG
§ 17
Versagung des Jagdscheines

(1) Der Jagdschein ist zu versagen

1. **Personen, die noch nicht sechzehn Jahre alt sind;**

Jagdschein § 17 BJG

2. Personen, bei denen Tatsachen die Annahme rechtfertigen, daß sie die erforderliche Zuverlässigkeit oder körperliche Eignung nicht besitzen;
3. Personen, denen der Jagdschein entzogen ist, während der Dauer der Entziehung oder einer Sperre (§§ 18, 41 Abs. 2);
4. Personen, die keine ausreichende Jagdhaftpflichtversicherung (1 000 000 Deutsche Mark für Personenschäden und 100 000 Deutsche Mark für Sachschäden) nachweisen; die Versicherung kann nur bei einem im Geltungsbereich dieses Gesetzes zum Betrieb der Jagdhaftpflichtversicherung befugten Versicherungsunternehmen genommen werden; die Länder können den Abschluß einer Gemeinschaftsversicherung ohne Beteiligungszwang zulassen.

(2) Der Jagdschein kann versagt werden

1. Personen, die noch nicht achtzehn Jahre alt sind;
2. Personen, die nicht Deutsche im Sinne des Artikels 116 des Grundgesetzes sind;
3. Personen, die nicht mindestens drei Jahre ihren Wohnsitz oder ihren gewöhnlichen Aufenthalt ununterbrochen im Geltungsbereich dieses Gesetzes haben;
4. Personen, die gegen die Grundsätze des § 1 Abs. 3 schwer oder wiederholt verstoßen haben.

(3) Die erforderliche Zuverlässigkeit besitzen Personen nicht, wenn Tatsachen die Annahme rechtfertigen, daß sie

1. Waffen oder Munition mißbräuchlich oder leichtfertig verwenden werden;
2. mit Waffen oder Munition nicht vorsichtig und sachgemäß umgehen und diese Gegenstände nicht sorgfältig verwahren werden;

3. Waffen oder Munition an Personen überlassen werden, die zur Ausübung der tatsächlichen Gewalt über diese Gegenstände nicht berechtigt sind.

(4) Die erforderliche Zuverlässigkeit besitzen in der Regel Personen nicht, die

1. a) wegen eines Verbrechens,
   b) wegen eines vorsätzlichen Vergehens, das eine der Annahmen im Sinne des Absatzes 3 Nr. 1 bis 3 rechtfertigt,
   c) wegen einer fahrlässigen Straftat im Zusammenhang mit dem Umgang mit Waffen, Munition oder Sprengstoff,
   d) wegen einer Straftat gegen jagdrechtliche, tierschutzrechtliche oder naturschutzrechtliche Vorschriften, das Waffengesetz, das Gesetz über die Kontrolle von Kriegswaffen, das Sprengstoffgesetz oder nach den im Land Berlin geltenden entsprechenden Vorschriften

   zu einer Freiheitsstrafe, Jugendstrafe, Geldstrafe von mindestens 60 Tagessätzen oder mindestens zweimal zu einer geringeren Geldstrafe rechtskräftig verurteilt worden sind, wenn seit dem Eintritt der Rechtskraft der letzten Verurteilung fünf Jahre nicht verstrichen sind; in die Frist wird die Zeit eingerechnet, die seit der Vollziehbarkeit des Widerrufs oder der Rücknahme eines Jagdscheines oder eines Waffenbesitzverbotes nach § 40 des Waffengesetzes wegen der Tat, die der letzten Verurteilung zugrunde liegt, verstrichen ist; in die Frist nicht eingerechnet wird die Zeit, in welcher der Beteiligte auf behördliche oder richterliche Anordnung in einer Anstalt verwahrt worden ist;

2. wiederholt oder gröblich gegen eine in Nummer 1 Buchstabe d genannte Vorschrift verstoßen haben;

3. geschäftsunfähig oder in der Geschäftsfähigkeit beschränkt sind;
4. trunksüchtig, rauschmittelsüchtig, geisteskrank oder geistesschwach sind.

(5) Ist ein Verfahren nach Absatz 4 Nr. 1 noch nicht abgeschlossen, so kann die zuständige Behörde die Entscheidung über den Antrag auf Erteilung des Jagdscheines bis zum rechtskräftigen Abschluß des Verfahrens aussetzen. Die Zeit der Aussetzung des Verfahrens ist in die Frist nach Absatz 4 Nr. 1 erster Halbsatz einzurechnen.

(6) Sind Tatsachen bekannt, die Bedenken gegen die Zuverlässigkeit nach Absatz 4 Nr. 4 oder die körperliche Eignung nach Absatz 1 Nr. 2 begründen, so kann die zuständige Behörde dem Beteiligten die Vorlage eines amts- oder fachärztlichen Zeugnisses über die geistige und körperliche Eignung aufgeben.

BJG § 18

Einziehung des Jagdscheines

Wenn Tatsachen, welche die Versagung des Jagdscheines begründen, erst nach Erteilung des Jagdscheines eintreten oder der Behörde, die den Jagdschein erteilt hat, bekanntwerden, so ist die Behörde in den Fällen des § 17 Abs. 1 und in den Fällen, in denen nur ein Jugendjagdschein hätte erteilt werden dürfen (§ 16), sowie im Falle der Entziehung gemäß § 41 verpflichtet, in den Fällen des § 17 Abs. 2 berechtigt, den Jagdschein für ungültig zu erklären und einzuziehen. Ein Anspruch auf Rückerstattung der Jagdscheingebühren besteht nicht. Die Behörde kann eine Sperrfrist für die Wiedererteilung des Jagdscheines festsetzen.

Erl. zu §§ 17 und 18 BJG

1. Durch die Novelle 1976 zum BJG sind u. a. auch die Vorschriften über die Gründe für die Versagung des Jagdscheines den verschärften Bestimmungen des Waffengesetzes angepaßt worden. Dies war erforderlich, weil der Jagdschein wesentliche waffenrechtliche Erlaubnisse ersetzt.
2. § 17 Abs. 1 BJG zählt die Gründe auf, die **zwingend** zu der Versagung des Jagdscheines führen.
Unter den Voraussetzungen des § 17 Abs. 2 BJG liegt es im pflichtgemäßen Ermessen des Kreisjagdamtes, ob es den Jagdschein erteilt oder nicht. Bei Vorliegen eines der Tatbestände nach § 17 Abs. 3 BJG darf kein Jagdschein erteilt werden.
Bei den in § 17 Abs. 4 BJG genannten Tatbeständen ist die erforderliche Zuverlässigkeit in der Regel zu verneinen, sie kann aber in bestimmten Einzelfällen auch bejaht werden.
3. Gegen die Versagung und Einziehung des Jagdscheines können die Rechtsmittel des Verwaltungsrechtweges (Widerspruch, Klage beim Verwaltungsgericht) eingelegt werden (vgl. hierzu Erl. Nr. 3 zu § 28 LJG).
4. Wenn ein Jagdschein nach § 17 Abs. 2 Nr. 4 BJG versagt oder nach § 18 BJG eingezogen werden soll, muß dem Landesjagdverband gemäß § 31 LJG Gelegenheit zur Stellungnahme gegeben werden.

V. ABSCHNITT

Jagdbeschränkungen, Pflichten bei der Jagdausübung und Beunruhigen von Wild

BJG § 19

Sachliche Verbote

(1) Verboten ist

1. **mit Schrot, Posten, gehacktem Blei, Bolzen oder Pfeilen, auch als Fangschuß, auf Schalenwild und Seehunde zu schießen;**

Jagdbeschränkungen § 19 BJG

2. a) auf Rehwild und Seehunde mit Büchsenpatronen zu schießen, deren Auftreffenergie auf 100 m (E 100) weniger als 1000 Joule beträgt;
   b) auf alles übrige Schalenwild mit Büchsenpatronen unter einem Kaliber von 6,5 mm zu schießen; im Kaliber 6,5 mm und darüber müssen die Büchsenpatronen eine Auftreffenergie auf 100 m (E 100) von mindestens 2000 Joule haben;
   c) auf Wild mit halbautomatischen oder automatischen Waffen, die mehr als zwei Patronen in das Magazin aufnehmen können, zu schießen;
   d) auf Wild mit Pistolen und Revolvern zu schießen, ausgenommen im Falle der Bau- und Fallenjagd sowie zur Abgabe von Fangschüssen, wenn die Mündungsenergie der Geschosse mindestens 200 Joule beträgt;
3. die Lappjagd innerhalb einer Zone von 300 Metern von der Bezirksgrenze, die Jagd durch Abklingeln der Felder und die Treibjagd bei Mondschein auszuüben;
4. Schalenwild, ausgenommen Schwarzwild, sowie Federwild zur Nachtzeit zu erlegen; als Nachtzeit gilt die Zeit von eineinhalb Stunden nach Sonnenuntergang bis eineinhalb Stunden vor Sonnenaufgang; das Verbot umfaßt nicht die Jagd auf Möwen, Waldschnepfen, Auer-, Birk- und Rackelwild;
5. a) künstliche Lichtquellen, Spiegel, Vorrichtungen zum Anstrahlen oder Beleuchten des Zieles oder der Zieleinrichtung, Nachtzielgeräte, Tonbandgeräte oder elektrische Schläge erteilende Geräte, die einen Bildwandler oder eine elektronische Verstärkung besitzen und für Schußwaffen bestimmt sind, beim Fang oder Erlegen von Wild al-

ler Art zu verwenden oder zu nutzen sowie zur Nachtzeit an Leuchttürmen oder Leuchtfeuern Federwild zu fangen;

b) Vogelleim, Fallen, Angelhaken, Netze, Reusen oder ähnliche Einrichtungen sowie geblendete oder verstümmelte Vögel beim Fang oder Erlegen von Federwild zu verwenden;

6. Belohnungen für den Abschuß oder den Fang von Federwild auszusetzen, zu geben oder zu empfangen;
7. Saufänge, Fang- oder Fallgruben ohne Genehmigung der zuständigen Behörde anzulegen;
8. Schlingen jeder Art, in denen sich Wild fangen kann, herzustellen, feilzubieten, zu erwerben oder aufzustellen;
9. Fanggeräte, die nicht unversehrt fangen oder nicht sofort töten, sowie Selbstschußgeräte zu verwenden;
10. in Notzeiten Schalenwild in einem Umkreis von 200 Metern von Fütterungen zu erlegen;
11. Wild aus Luftfahrzeugen, Kraftfahrzeugen oder maschinengetriebenen Wasserfahrzeugen zu erlegen; das Verbot umfaßt nicht das Erlegen von Wild aus Kraftfahrzeugen durch Körperbehinderte mit Erlaubnis der zuständigen Behörde;
12. die Netzjagd auf Seehunde auszuüben;
13. die Hetzjagd auf Wild auszuüben;
14. die Such- und Treibjagd auf Waldschnepfen im Frühjahr auszuüben;
15. Wild zu vergiften oder vergiftete oder betäubende Köder zu verwenden;
16. die Brackenjagd auf einer Fläche von weniger als 1000 Hektar auszuüben;

Jagdbeschränkungen § 19 BJG

17. **Abwurfstangen ohne schriftliche Erlaubnis des Jagdausübungsberechtigten zu sammeln;**
18. **eingefangenes oder aufgezogenes Wild später als vier Wochen vor Beginn der Jagdausübung auf dieses Wild auszusetzen.**

(2) Die Länder können die Vorschriften des Absatzes 1 mit Ausnahme der Nummer 16 erweitern oder aus besonderen Gründen einschränken; soweit Federwild betroffen ist, ist die Einschränkung nur aus den in Artikel 9 Abs. 1 der Richtlinie 79/409/EWG des Rates vom 2. April 1979 über die Erhaltung der wildlebenden Vogelarten (ABl. EG Nr. L 103 S. 1) in der jeweils geltenden Fassung genannten Gründen und nach den in Artikel 9 Abs. 2 dieser Richtlinie genannten Maßgaben zulässig.

(3) Die in Absatz 1 Nr. 2 Buchstaben a und b vorgeschriebenen Energiewerte können unterschritten werden, wenn von einem staatlichen oder staatlich anerkannten Fachinstitut die Verwendbarkeit der Munition für bestimmte jagdliche Zwecke bestätigt wird. Auf der kleinsten Verpackungseinheit der Munition ist das Fachinstitut, das die Prüfung vorgenommen hat, sowie der Verwendungszweck anzugeben.

Erl. zu § 19 BJG

1. Die in § 19 BJG enthaltenen sachlichen Verbote und Beschränkungen richten sich hauptsächlich an den Jäger. Sie beruhen auf der Verpflichtung zur Beachtung der allgemein anerkannten Grundsätze deutscher Waidgerechtigkeit und dem Gebot des Tierschutzes.
   Die Verbote gemäß Abs. 1 Nr. 6 bis 8 und 15 sind an **jedermann** gerichtet. Weitere sachliche Verbote enthält § 20 LJG.
2. Bei der Verwendung von **Selbstladewaffen**, deren Magazin nicht mehr als zwei Patronen aufnehmen kann, darf sich außerdem eine Patrone im Patronenlager befinden.
3. Die in § 19 Abs. 1 Nr. 5a BJG genannten Vorrichtungen, die für Schußwaffen bestimmt sind, sind **verbotene** Gegenstände i. S. von § 37 Abs. 1

§ 19 BJG (§ 20 LJG) Jagdbeschränkungen

und 3 des Waffengesetzes. Der Besitz ist als Vergehen mit Strafe bedroht (vgl. § 53 Abs. 3 Nr. 3 WaffG).
4. Als **Notzeiten** gelten die Zeiten, in denen das Wild auf Grund der Witterungs- und Bodenverhältnisse keine ausreichende natürliche Äsung erlangen kann. Wildäcker sind keine Fütterungen i. S. von § 19 Abs. 1 Nr. 10 BJG.
5. Zur Bekämpfung der Tollwut durften bis zum Jahre 1980 entgegen § 19 Abs. 1 Nr. 15 BJG für behördlich angeordnete Fuchsbaubegasungen phosphorwasserstoff- oder blausäureentwickelnde oder diesen in der Wirkung gleichkommende Stoffe verwendet werden.
6. Rechtsverstöße:
   a) Ordnungswidrig handelt, wer den Vorschriften des § 19 Abs. 1 Nr. 3 bis 9, 11 bis 14 und 16 bis 18 vorsätzlich zuwiderhandelt,
   b) wer vorsätzlich oder fahrlässig gegen die Bestimmungen nach Nr. 1, 2, 10 und 15 verstößt, handelt ebenfalls ordnungswidrig (vgl. § 39 Abs. 1 Nr. 5 und Abs. 2 Nr. 2 BJG).

LJG § 20

Sachliche Verbote

(1) Es ist verboten,
1. auf Schalenwild, ausgenommen Schwarzwild, die Treibjagd auszuüben;
2. bei der Jagdausübung lebende Lockvögel oder künstliche Lockenten zu verwenden.

(2) Die nachstehenden Verbote des § 19 Abs. 1 des Bundesjagdgesetzes werden wie folgt eingeschränkt:
1. Nummer 2 Buchst. d: Bei der Fallenjagd darf die Mündungsenergie weniger als 200 Joule betragen;
2. Nummer 4: Weibliches Rotwild und Rotwildkälber dürfen während der Nachtzeit erlegt werden;
3. Nummer 11: Kümmerndes und schwerkrankes Wild darf aus Kraftfahrzeugen heraus erlegt werden.

(3) Die untere Jagdbehörde kann aus besonderen Gründen Ausnahmen zulassen

1. von dem Verbot des Absatzes 1 Nr. 1,
2. über Absatz 2 Nr. 2 hinaus von dem Verbot, Schalenwild zur Nachtzeit zu erlegen,
3. von dem Verbot, Wild zu stören (§ 19a Satz 1 Bundesjagdgesetz), für bestimmtes Wild insbesondere für Zwecke der Forschung, Lehre oder Dokumentation; hat das Wild keine Jagdzeit, bedarf es des Einvernehmens mit der Landesanstalt für Umweltschutz,
4. von dem Verbot, den Lebendfang von Wild außerhalb der Jagdzeiten vorzunehmen (§ 22 Abs. 1 Satz 4 Bundesjagdgesetz).

LJG
§ 34
Treibjagd, Gesellschaftsjagd

(1) Treibjagd im Sinne der Vorschriften des Bundesjagdgesetzes, dieses Gesetzes und des Gesetzes über die Sonntage und Feiertage ist die Jagd, bei der mehr als vier, bei der Jagd auf Schalenwild im Walde mehr als acht Schützen oder mehr als vier Personen, die das Wild aufscheuchen, teilnehmen.

(2) Gesellschaftsjagd im Sinne des § 16 Abs. 3 des Bundesjagdgesetzes ist die Jagd, an der mehr als vier Personen teilnehmen.

Erl. zu den §§ 20 und 34 LJG

1. Das Verbot, **lebende** Lockvögel oder **künstliche** Lockenten zu verwenden, wurde durch die Novelle 1978 zum LJG erlassen.
2. Nur bei der **Fallenjagd** (übrigens auch aufgrund des § 19 Abs. 1 Nr. 2 d BJG) darf die Mindestmündungsenergie von 200 Joule unterschritten werden. Zu beachten ist aber, daß die Bewegungsenergie des Geschosses ausreicht, um das betr. Wild **sofort** zu töten.
Nach dem Ergebnis von Versuchen der Deutschen Versuchs- und Prüfanstalt für Jagd- und Sportwaffen e. V. (DEVA) sind folgende Kaliber

für den Fangschuß als nicht geeignet anzusehen: .22 Randfeuerpatronen (.22 kurz, .22 lang, .22 lr, .22 extra lang, .22 Win.Rimfire, .22 Win.mag. Rimfire), 6,35 mm Browning, 7,65 mm Browning, 9 mm Browning kurz, .32 S & W und .38 S & W.

3. Die in § 20 Abs. 2 Nr. 2 und 3 LJG enthaltenen Einschränkungen der Verbote nach § 19 Abs. 1 Nr. 4 und 11 BJG liegen im jagdlichen bzw. tierschützerischen Interesse.

4. § 34 Abs. 1 LJG wurde durch die Novelle 1978 dahingehend geändert, daß bei der Jagd auf **Schalenwild** im **Walde** nunmehr **acht** (statt bisher vier **Schützen**) teilnehmen können, ohne daß es sich dabei um eine Treibjagd im Sinne jagdrechtlicher Bestimmungen und des Gesetzes über die Sonntage und Feiertage handelt. Die Änderung entspricht einem dringenden Bedürfnis der jagdlichen Praxis.

   Die Frage, ob bei der Jagd auf **Schalenwild** im Walde i. S. des § 34 Abs. 1 LJG auch anderes Wild erlegt werden darf, ist grundsätzlich zu bejahen. Sinn und Zweck der Vorschrift stehen dem m. E. nicht entgegen.

   Nach dem **Gesetz** über **Sonntage** und **Feiertage** i. d. F. vom 28. November 1970 (GBl. 1971 S. 1), zul. geändert durch Gesetz vom 18. Juli 1983 (GBl. S. 369), dürfen **Treibjagden** an Sonntagen und gesetzlichen Feiertagen **nicht** abgehalten werden. In besonderen Ausnahmefällen können die Kreispolizeibehörden Ausnahmegenehmigungen erteilen.

   Gesetzliche Feiertage sind:
   Neujahr, Erscheinungsfest (6. Januar), Karfreitag, Ostermontag, 1. Mai, Christi Himmelfahrt, Pfingstmontag, Fronleichnam, Allerheiligen, Buß- und Bettag sowie der 1. und 2. Weihnachtstag.

5. Wer gegen das Verbot verstößt, handelt ordnungswidrig (vgl. § 13 Abs. 1 Nr. 1 b des o. a. Gesetzes).

BJG

§ 19 a
Beunruhigen von Wild

Verboten ist, Wild, insbesondere soweit es in seinem Bestand gefährdet oder bedroht ist, unbefugt an seinen Zuflucht-, Nist-, Brut- oder Wohnstätten durch Aufsuchen, Fotografieren, Filmen oder ähnliche Handlungen zu stören. Die Länder können für bestimmtes Wild Ausnahmen zulassen.

LJG

§ 20 a
Wildschutzgebiete

(1) Gebiete, in denen ein besonderer Schutz des Wildes oder bestimmter Wildarten aus wissenschaftlichen oder hegerischen Gründen oder wegen ihrer Bedeutung als Rast- oder Nahrungsstätte erforderlich ist, können durch Rechtsverordnung der oberen Jagdbehörde zu Wildschutzgebieten erklärt werden.

(2) In der Rechtsverordnung sind der Schutzgegenstand, der wesentliche Schutzzweck und die dazu erforderlichen Verbote sowie Schutz- und Pflegemaßnahmen zu bestimmen. Sie kann auch Regelungen enthalten über notwendige Beschränkungen der Jagdausübung, der wirtschaftlichen Nutzung, des Gemeingebrauchs an oberirdischen Gewässern oder der Befugnis zum Betreten des Gebiets. Stellt eine hiernach getroffene Anordnung eine Enteignung dar, so ist der Betroffene in Geld angemessen zu entschädigen.

(3) Vor Erlaß der Rechtsverordnung sind die betroffenen Eigentümer und sonstigen Berechtigten zu hören. § 59 Abs. 1, 2 und 7 des Naturschutzgesetzes sind sinngemäß anzuwenden.

(4) Das geschützte Gebiet soll in der Natur kenntlich gemacht werden. Bei der Aufstellung von Kennzeichen soll auf die wichtigsten Bestimmungen der Rechtsverordnung hingewiesen werden.

Erl. zu den §§ 19 a BJG u. 20 a LJG

1. Die Vorschrift richtet sich primär an **Nichtjäger**. Sie wurde durch die Novelle 1976 eingefügt und soll das Wild, insbesondere soweit es in seinem Bestand gefährdet oder bedroht ist, vor Beeinträchtigungen schützen. Aufgrund des fast uneingeschränkten Betretungsrechts von Wald und Feld rund um die Uhr stößt die Vorschrift weitgehend ins

Leere, zumal nur derjenige ordnungwidrig handelt, der (mindestens bedingt) **vorsätzlich** eine der verbotenen Handlungen vornimmt (vgl. § 39 Abs. 1 Nr. 5 BJG).
Die Vorschrift ist für den Jäger, insbesondere für den Jagdschutzberechtigten, eine Grundlage, gegenüber „Störern" im Sinne von § 19 a BJG zumindest aufklärend und belehrend einzuwirken.

2. Eine Ausnahmeregelung für bestimmtes Wild gemäß § 19 a Satz 2 BJG ist bisher nicht erfolgt. Auf Grund § 20 Abs. 3 Nr. 3 LJG kann das Kreisjagdamt im Einzelfalle aus besonderen Gründen für bestimmtes Wild Ausnahmen von dem Verbot des § 19 a BJG zulassen.

3. Für Wildschutzgebiete, die durch Rechtsverordnung der oberen Jagdbehörden (Regierungspräsidien) auf Dauer oder befristet ausgewiesen werden und die entsprechend gekennzeichnet sein sollen, können Regelungen getroffen werden über sachliche, gegenständliche oder zeitliche Beschränkungen der Jagd. Das Betretungsrecht kann örtlich und zeitlich eingeschränkt oder ganz aufgehoben werden, insbesondere während der Setz- und Brutzeiten, um Störfaktoren möglichst auszuschließen.

BJG

§ 20
Örtliche Verbote

(1) An Orten, an denen die Jagd nach den Umständen des einzelnen Falles die öffentliche Ruhe, Ordnung oder Sicherheit stören oder das Leben von Menschen gefährden würde, darf nicht gejagt werden.

(2) Die Ausübung der Jagd in Naturschutz- und Wildschutzgebieten sowie in National- und Wildparken wird durch die Länder geregelt.

Erl. zu § 20 BJG

1. § 20 BJG verbietet an **allen Orten** das Jagen, wenn dadurch nach den konkreten (nicht abstrakten) Umständen des Einzelfalles die öffentliche Ruhe, Ordnung oder Sicherheit gestört oder das Leben von Menschen gefährdet würde.

2. Auf die Möglichkeit der vorübergehenden Sperrung von Grundstücken und von Wald für die Dauer der Durchführung von Jagden wird hinge-

wiesen (vgl. hierzu § 39 NatSchG, § 38 LWaldG und Waldsperrungsverordnung vom 24. 5. 1978, GBl. S. 332).
3. Zuständig für Regelungen nach § 20 Abs. 2 BJG sind die oberen Jagdbehörden (vgl. § 22 Abs. 2 LJG).
Sofern der **Schutzzweck** es erfordert, **kann** die Ausübung der **Jagd** in ausgewiesenen **Schutzgebieten** sachlichen, gegenständlichen und zeitlichen Beschränkungen unterworfen oder gänzlich untersagt werden. In der Regel ist die ordnungsgemäße Jagdausübung jedoch gestattet.

BJG

§ 21
Abschußregelung

(1) Der Abschuß des Wildes ist so zu regeln, daß die berechtigten Ansprüche der Land-, Forst- und Fischereiwirtschaft auf Schutz gegen Wildschäden voll gewahrt bleiben sowie die Belange von Naturschutz und Landschaftspflege berücksichtigt werden. Innerhalb der hierdurch gebotenen Grenzen soll die Abschußregelung dazu beitragen, daß ein gesunder Wildbestand aller heimischen Tierarten in angemessener Zahl erhalten bleibt und insbesondere der Schutz von Tierarten gesichert ist, deren Bestand bedroht erscheint.

(2) Schalenwild (mit Ausnahme von Schwarzwild) sowie Auer-, Birk- und Rackelwild dürfen nur auf Grund und im Rahmen eines Abschußplanes erlegt werden, der von der zuständigen Behörde im Einvernehmen mit dem Jagdbeirat (§ 37) zu bestätigen oder festzusetzen ist. Seehunde dürfen nur auf Grund und im Rahmen eines Abschußplanes bejagt werden, der jährlich nach näherer Bestimmung der Länder für das Küstenmeer oder Teile davon auf Grund von Bestandsermittlungen aufzustellen ist. In gemeinschaftlichen Jagdbezirken ist der Abschußplan vom Jagdausübungsberechtigten im Einvernehmen mit dem Jagdvorstand aufzustellen. Innerhalb von Hegegemeinschaften sind die Abschußpläne im Einverneh-

§ 21 BJG (§ 21 LJG) Abschußregelung

men mit den Jagdvorständen der Jagdgenossenschaften und den Inhabern der Eigenjagdbezirke aufzustellen, die der Hegegemeinschaft angehören. Das Nähere bestimmt die Landesgesetzgebung. Der Abschußplan für Schalenwild muß erfüllt werden. Die Länder treffen Bestimmungen, nach denen die Erfüllung des Abschußplanes durch ein Abschußmeldeverfahren überwacht und erzwungen werden kann; sie können den körperlichen Nachweis der Erfüllung des Abschußplanes verlangen.

(3) Der Abschuß von Wild, dessen Bestand bedroht erscheint, kann in bestimmten Bezirken oder in bestimmten Revieren dauernd oder zeitweise gänzlich verboten werden.

(4) Den Abschuß in den Staatsforsten regeln die Länder.

LJG
§ 21
Abschußregelung

(1) Der Abschußplan (§ 21 Abs. 2 Bundesjagdgesetz) ist bei Eigenjagdbezirken vom Jagdausübungsberechtigten, bei verpachteten Eigenjagdbezirken vom Pächter im Einvernehmen mit dem Verpächter, bei gemeinschaftlichen Jagdbezirken vom Jagdausübungsberechtigten im Einvernehmen mit dem Jagdvorstand aufzustellen; eine gemäß § 6 a bestätigte Hegegemeinschaft ist berechtigt, in die Sitzungen der unteren Jagdbehörde, in denen über die Abschußpläne ihres Bereichs entschieden wird, einen Vertreter mit beratender Stimme zu entsenden. Der Abschußplan bedarf der Bestätigung durch die untere Jagdbehörde. Die Bestätigung ist zu versagen, wenn die Voraussetzungen des § 21 Abs. 1 des Bundesjagdgesetzes nicht erfüllt sind. Die untere Jagdbehörde kann den Abschußplan abweichend von den Anträgen festsetzen. Sie

setzt den Abschußplan fest, wenn eine Einigung zwischen den Beteiligten nicht zustande kommt oder der Abschußplan nicht innerhalb einer gesetzten Frist vorgelegt wird.

(2) Der Abschußplan ist für den Zeitraum von ein bis drei Jahren zahlenmäßig getrennt nach Tierarten und Geschlecht, beim Rotwild auch nach Altersstufen und Stärkeklassen, aufzustellen.

(3) Der Jagdausübungsberechtigte ist verpflichtet, den Abschußplan notfalls unter Hinzuziehung anderer Jagdscheininhaber zu erfüllen. Die untere Jagdbehörde kann die zur Erfüllung des Abschußplans für Schalenwild erforderlichen Anordnungen treffen, wenn der Jagdausübungsberechtigte den Abschußplan nicht erfüllt (§ 21 Abs. 2 Satz 6 Bundesjagdgesetz). Die Vorschrift des § 27 des Bundesjagdgesetzes findet entsprechende Anwendung.

(4) Der Jagdausübungsberechtigte hat über den Abschuß des Wildes eine Liste zu führen, die der unteren Jagdbehörde auf Verlangen vorzulegen ist. Die untere Jagdbehörde kann von dem Jagdausübungsberechtigten verlangen, ihr jeden Abschuß von Schalenwild, das dem Abschußplan unterliegt, zu melden und das erlegte Stück oder Teile desselben vorzulegen.

(5) Auf Verlangen der unteren Jagdbehörde hat der Jagdausübungsberechtigte die Trophäen des erlegten Wildes im Einzelfall oder in einer allgemeinen Trophäenschau vorzulegen. Hat ein Dritter die Trophäen im Besitz oder Gewahrsam, so trifft ihn die Vorlegungspflicht. Der Jagdausübungsberechtigte hat der unteren Jagdbehörde den Namen und die Anschrift des Dritten mitzuteilen, wenn dieser seiner Pflicht nicht nachkommt.

(6) Die untere Jagdbehörde kann die Vereinigungen der Jäger (§ 31) oder deren Untergliederungen mit deren Ein-

§ 21 BJG (§ 7 LJagdGDVO) Abschußregelung

verständnis beauftragen, den körperlichen Nachweis entgegenzunehmen (Absatz 4 Satz 2) und die Trophäenschau durchzuführen (Absatz 5).

(7) Die untere Jagdbehörde oder von ihr gemäß Absatz 6 Beauftragte können vorgelegtes Wild, Teile von Wild und Trophäen kennzeichnen.

LJagdGDVO § 7
Abschußplan

(1) Der Jagdausübungsberechtigte hat den Abschußplan jährlich bis spätestens 15. April der unteren Jagdbehörde in dreifacher Fertigung vorzulegen. Der Abschußplan muß von allen Jagdausübungsberechtigten und bei verpachteten Jagden auch vom Verpächter unterzeichnet sein oder dessen abweichenden Vorschläge enthalten.

(2) Fallwild und durch Wilderei abgängige Stücke sind in die Abschußliste einzutragen und auf den Abschußplan anzurechnen. Dies gilt auch für krankgeschossenes, schwerkrankes und kümmerndes Wild, wenn es unter den Voraussetzungen des § 22 a des Bundesjagdgesetzes oder des § 17 des Landesjagdgesetzes erlegt worden ist.

Erl. zu den §§ 21 BJG, 21 LJG und § 7 der LJagdGDVO

1. Die in § 21 Abs. 1 BJG umschriebenen allgemeinen Grundsätze gelten für alle Wildarten und richten sich gleichermaßen an den Jagdausübungsberechtigten, Verpächter, Jagdvorstand und an die Jagdbehörden.
   Einerseits hat die Abschußregelung sicherzustellen, daß der Wildbestand den berechtigten Ansprüchen der Land-, Forst- und Fischereiwirtschaft auf Schutz gegen Wildschäden gerecht wird, und andererseits müssen die Belange des Naturschutzes und der Landschaftspflege Berücksichtigung finden. Die Forderungen der beiden Interessenbereiche bedürfen der sorgfältigen Abwägung. Ziel ist die Erhaltung eines gesunden Wildbestandes aller heimischen Tierarten in angemessener Zahl und der Schutz von Tierarten, deren Bestand bedroht erscheint.
   § 21 Abs. 3 BJG räumt den Ländern die Befugnis ein, durch Rechtsverordnung oder durch Einzelverfügung den Abschuß von Wild zu verbie-

| Abschußregelung | (§ 7 LJagdGDVO) § 21 BJG |

ten, dessen Bestand bedroht ist. Wer gegen eine solche Anordnung vorsätzlich oder fahrlässig verstößt, begeht eine Straftat (vgl. § 38 BJG).

2. Bei der **Hege** und **Abschußregelung** des **Rehwildes** und des **Rotwildes** beschreitet Baden-Württemberg neue Wege. Auf Grund der Erkenntnis, daß Wildzählungen in aller Regel unzuverlässig sind und deshalb zu Fehleinschätzungen führen, sind für die Hege und den Abschuß von Reh- und Rotwild nunmehr hauptsächlich die **Wildkondition** und der **Zustand** der **Vegetation** maßgebliche **Weiser**.
Auf die Richtlinien des Landesjagdverbandes Baden-Württemberg für die Hege und Abschußregelung des Rehwildes – **Rehwildrichtlinie** – vom 11. Oktober 1985 (abgedruckt im Anhang 5) und auf die Gemeinsame Richtlinie des Ministeriums für Ernährung, Landwirtschaft, Umwelt und Forsten und der Regierungspräsidien Karlsruhe, Freiburg und Tübingen für die Hege und den Abschuß von Rotwild in Baden-Württemberg (**Rotwildrichtlinie**) vom 29. Januar 1982 (abgedruckt im Anhang 4) wird hingewiesen.
Seit dem Jagdjahr 1983/84 wurde durch (nichtveröffentlichten) Erlaß des Ministeriums für Ernährung, Landwirtschaft, Umwelt und Forsten vom 8. Juni 1982 (AZ.56–610.1) der Vordruck „Ökologische Angaben zum Abschußplan" eingeführt. Die ökologischen Erhebungen werden durch die Forstämter alle drei Jahre durchgeführt und sollen insbesondere über die **Verbißbelastung** Aufschluß geben. Die Jagdpächter sind von dem Ergebnis der Erhebungen zu unterrichten.

3. Der Abschußplan muß von allen Jagdausübungsberechtigten einvernehmlich mit dem Jagdvorstand oder dem Verpächter aufgestellt und dem Kreisjagdamt in dreifacher Fertigung bis 15. April vorgelegt werden. Entweder bestätigt die Jagdbehörde den Abschußplan oder sie setzt ihn von Amts wegen nach pflichtgemäßem Ermessen fest. Erst nach der Bestätigung oder Festsetzung darf Wild erlegt werden.
Der Jagdausübungsberechtigte ist verpflichtet, den Abschußplan notfalls unter Hinzuziehung anderer Jagdscheininhaber zu erfüllen. Ggf. kann das Abschußsoll vom Kreisjagdamt erzwungen werden.

4. Ein **generelles** Abschußmeldeverfahren für Schalenwild besteht in Baden-Württemberg nicht. Das Kreisjagdamt kann jedoch vom dem Jagdausübungsberechtigten verlangen, daß er jeden Abschuß von Schalenwild meldet und den körperlichen Nachweis erbringt.
Eine **Abschußmeldepflicht** besteht gemäß § 4 Abs. 1 der RotwildVO. Hiernach muß der Jagdausübungsberechtigte den Abschuß von Rotwild innerhalb und außerhalb der Rotwildgebiete binnen drei Tagen dem Kreisjagdamt schriftlich unter Angabe von Geschlecht, Alter und Stärkeklasse melden.
Wenn Wild unter den Voraussetzungen der §§ 22a Abs. 1 BJG (Verhin-

derung von vermeidbaren Schmerzen oder Leiden des Wildes) und 17 Abs. 2 LJG (Erlegen von kümmerndem Wild) während der Schonzeit oder Überschreitung des Abschußplanes erlegt wird, muß das Kreisjagdamt ebenfalls innerhalb drei Tagen unterrichtet werden.

5. In der nach § 21 Abs. 4 LJG zu führenden Abschußliste ist **alles** Wild aufzunehmen. Sie muß auf Verlangen dem Kreisjagdamt vorgelegt werden.
6. Die Vorlegungspflicht für Trophäen von seiten Dritter (Jagdgäste) und die Befugnis zur Kennzeichnung von Wild und Trophäen, um erforderlichenfalls Manipulationen zu begegnen, wurden durch die Novelle 1978 eingefügt.
7. Rechtsverstöße:
   Ordnungswidrig handelt, wer
   a) vorsätzlich den Abschußplan nicht fristgerecht vorlegt oder nicht erfüllt oder die Trophäen des erlegten Wildes nicht vorlegt (vgl. § 33 Abs. 1 Nr. 10 und 11 LJG),
   b) vorsätzlich oder fahrlässig Schalenwild oder anderes Wild, das nur im Rahmen eines Abschußplanes bejagt werden darf, erlegt, bevor der Abschußplan bestätigt oder festgesetzt ist oder wer den Abschußplan überschreitet oder wer die Abschußliste nicht, nicht richtig oder nicht vollständig führt oder wer entgegen § 21 Abs. 2 Satz 2 LJG der Meldepflicht oder einer vollziehbaren Vorlageanordnung nicht nachkommt (vgl. § 39 Abs. 2 Nr. 3 BJG und § 33 Abs. 2 Nr. 2 LJG).

BJG § 22
Jagd- und Schonzeiten

(1) Nach den in § 1 Abs. 2 bestimmten Grundsätzen der Hege bestimmt der Bundesminister durch Rechtsverordnung mit Zustimmung des Bundesrates die Zeiten, in denen die Jagd auf Wild ausgeübt werden darf (Jagdzeiten). Außerhalb der Jagdzeiten ist Wild mit der Jagd zu verschonen (Schonzeiten). Die Länder können die Jagdzeiten abkürzen oder aufheben; sie können die Schonzeiten für bestimmte Gebiete oder für einzelne Jagdbezirke aus besonderen Gründen, insbesondere aus Gründen der

Wildseuchenbekämpfung und Landeskultur, zur Beseitigung kranken oder kümmernden Wildes, zur Vermeidung von übermäßigen Wildschäden, zu wissenschaftlichen, Lehr- und Forschungszwecken, bei Störung des biologischen Gleichgewichts oder der Wildhege aufheben. Für den Lebendfang von Wild können die Länder in Einzelfällen Ausnahmen von Satz 2 zulassen.

(2) Wild, für das eine Jagdzeit nicht festgesetzt ist, ist während des ganzen Jahres mit der Jagd zu verschonen. Die Länder können bei Störung des biologischen Gleichgewichts oder bei schwerer Schädigung der Landeskultur Jagdzeiten festsetzen oder in Einzelfällen zu wissenschaftlichen, Lehr- und Forschungszwecken Ausnahmen zulassen.

(3) Aus Gründen der Landeskultur können Schonzeiten für Wild gänzlich versagt werden (Wild ohne Schonzeit).

(4) In den Setz- und Brutzeiten dürfen bis zum Selbständigwerden der Jungtiere die für die Aufzucht notwendigen Elterntiere, auch die von Wild ohne Schonzeit, nicht bejagt werden. Die Länder können für Schwarzwild, Wildkaninchen, Fuchs, Ringel- und Türkentaube, Silber- und Lachmöwe sowie für nach Landesrecht dem Jagdrecht unterliegende Tierarten aus den in Absatz 2 Satz 2 und Absatz 3 genannten Gründen Ausnahmen bestimmen. Die nach Landesrecht zuständige Behörde kann im Einzelfall das Aushorsten von Nestlingen und Ästlingen der Habichte für Beizzwecke aus den in Artikel 9 Abs. 1 Buchstabe c der Richtlinie 79/409/EWG genannten Gründen und nach den in Artikel 9 Abs. 2 dieser Richtlinie genannten Maßgaben genehmigen. Die Länder können zulassen, daß Gelege in Einzelfällen zu wissenschaftlichen, Lehr- und Forschungszwecken oder für

Zwecke der Aufzucht ausgenommen werden. Die Länder können ferner das Sammeln der Eier von Ringel- und Türkentauben sowie von Silber- und Lachmöwen aus den in Artikel 9 Abs. 1 der Richtlinie 79/409/EWG genannten Gründen und nach den in Artikel 9 Abs. 2 dieser Richtlinie genannten Maßgaben erlauben.

LJagdGDVO §8

Ausnehmen von Gelegen

(1) Von dem Verbot, Gelege von Federwild auszunehmen, kann die untere Jagdbehörde im Einzelfall zu wissenschaftlichen, zu Lehr- und Forschungszwecken oder für Zwecke der Aufzucht Ausnahmen zulassen; bei Federwild, für das eine Jagdzeit nicht festgesetzt ist, bedarf es des Einvernehmens mit der Landesanstalt für Umweltschutz.

(2) Der Zulassung einer Ausnahme nach Absatz 1 bedarf es nicht, wenn das Ausnehmen der Rettung verlassener Gelege dient. Solche Fälle hat der Jagdausübungsberechtigte der unteren Jagdbehörde unter Darlegung der näheren Umstände und der getroffenen Maßnahmen mitzuteilen; letzteres gilt nicht bei Gelegen von Rebhuhn und Fasan.

Erl. zu § 22 BJG und § 8 LJagdGDVO

1. Nach § 22 BJG ist zu unterscheiden zwischen
   - Wild mit Jagdzeit,
   - Wild mit ganzjähriger Schonzeit und
   - Wild ohne Schonzeit.

   Der Bundesminister für Ernährung, Landwirtschaft und Forsten hat aufgrund der Ermächtigung des § 22 Abs. 1 BJG in § 1 der VO über die **Jagdzeiten** vom 2. April 1977 das **Wild mit Jagdzeit** festgelegt und die Zeiten bestimmt, in denen die Jagd ausgeübt werden darf (Jagdzeiten). Außerhalb der Jagdzeiten ist Wild mit der Jagd zu verschonen (Schonzeiten).
   Nach § 1 Abs. 2 der o. a. VO darf vorbehaltlich der Vorschrift des § 22 Abs. 4 BJG die Jagd ganzjährig ausgeübt werden beim Schwarzwild auf Frischlinge und Überläufer sowie auf Wildkaninchen und Füchse (Wild ohne Schonzeit).

2. Baden-Württemberg hat wie die übrigen Bundesländer (mit Ausnahme von Hamburg) von den Ermächtigungen in § 22 BJG Gebrauch gemacht und in der VO über die Jagdzeiten vom 26. April 1977 die Jagdzeiten für einzelne Wildarten abgeändert oder ganz aufgehoben. Auf die nachstehend abgedruckten Verordnungen des Bundes und des Landes Baden-Württemberg über die **Jagdzeiten** wird verwiesen.
3. Durch § 22 Abs. 4 Satz 1 BJG erfährt auch Wild ohne Schonzeit einen **Mindestschutz**, der den Geboten der Waidgerechtigkeit und des Tierschutzes entspricht.
   Von dem generellen gesetzlichen Verbot, Elterntiere (auch bei Wild ohne Schonzeit) in den Setz- und Brutzeiten zu bejagen, kann das Kreisjagdamt nach § 2 der VO über die Jagdzeiten in Baden-Württemberg für **Wildkaninchen** und **Füchse** unter den Voraussetzungen des § 22 Abs. 2 und 3 BJG Ausnahmen zulassen.
   Als **Rahmen** für **Setz- und Brutzeiten,** die gesetzlich nicht mehr festgesetzt sind, kann gelten:
   a) für **Haarwild** die Zeit vom 1. März bis 15. Juni,
   b) für **Federwild** die Zeit vom 1. April bis 15. Juli.
4. Wer entgegen § 8 Abs. 2 Satz 2 das Ausnehmen von Gelegen dem Kreisjagdamt nicht mitteilt, handelt ordnungswidrig (vgl. §§ 33 Abs. 2 Nr. 4 LJG und 21 LJagdGDVO).
5. Einschränkende Bestimmungen bezüglich des nach Bundesrecht erlaubten Sammelns der Eier von Ringel- und Türkentauben sowie von Silber- und Lachmöwen bestehen nicht.
6. Wer **vorsätzlich** oder **fahrlässig** den Vorschriften über die Schonzeit zuwiderhandelt, begeht eine **Straftat,** die mit Freiheitsstrafe bis zu fünf Jahren, bei Fahrlässigkeit bis zu sechs Monaten oder mit Geldstrafe bis zu 180 Tagessätzen bedroht ist. Außerdem können das erlegte Wild und die Waffe eingezogen werden (vgl. §§ 38 und 40 BJG).

Verordnung über die Jagdzeiten

vom 2. April 1977 (BGBl. I S. 531)

Auf Grund des § 22 Abs. 1 Satz 1 des Bundesjagdgesetzes in der Fassung der Bekanntmachung vom 29. September 1976 (BGBl. I S. 2849) wird mit Zustimmung des Bundesrates verordnet:

§ 22 BJG (JagdzeitenVO)   Jagd- und Schonzeiten

§ 1

(1) Die Jagd darf ausgeübt werden auf

1. Rotwild
   - Kälber — vom 1. August bis 28. Februar
   - Schmalspießer — vom 1. Juni bis 28. Februar
   - Schmaltiere — vom 1. Juni bis 31. Januar
   - Hirsche und Alttiere — vom 1. August bis 31. Januar
2. Dam- und Sikawild
   - Kälber — vom 1. September bis 28. Februar
   - Schmalspießer — vom 1. Juli bis 28. Februar
   - Schmaltiere — vom 1. Juli bis 31. Januar
   - Hirsche und Alttiere — vom 1. September bis 31. Januar
3. Rehwild
   - Kitze — vom 1. September bis 28. Februar
   - Schmalrehe — vom 16. Mai bis 31. Januar
   - Ricken — vom 1. September bis 31. Januar
   - Böcke — vom 16. Mai bis 15. Oktober
4. Gamswild — vom 1. August bis 15. Dezember
5. Muffelwild — vom 1. August bis 31. Januar
6. Schwarzwild — vom 16. Juni bis 31. Januar
7. Feldhasen — vom 1. Oktober bis 15. Januar
8. Stein- und Baummarder — vom 16. Oktober bis 28. Februar
9. Iltisse — vom 1. August bis 28. Februar
10. Hermeline — vom 1. August bis 28. Februar
11. Mauswiesel — vom 1. August bis 28. Februar
12. Dachse — vom 1. August bis 31. Oktober
13. Seehunde — vom 1. September bis 31. Oktober
14. Auer-, Birk- und Rackelhähne — vom 1. Mai bis 31. Mai
15. Rebhühner — vom 1. September bis 15. Dezember
16. Fasanen — vom 1. Oktober bis 15. Januar
17. Wildtruthähne — vom 15. März bis 15. Mai und

18. Wildtruthennen	vom 1. Oktober bis 15. Januar
19. Ringel- und Türkentauben	vom 1. Juli bis 30. April
20. Höckerschwäne	vom 1. September bis 15. Januar
21. Graugänse	vom 1. August bis 31. August und vom 1. November bis 15. Januar
22. Bläß- Saat-, Ringel- und Kanadagänse	vom 1. November bis 15. Januar
23. Stockenten	vom 1. September bis 15. Januar
24. alle übrigen Wildenten außer Brand-, Eider-, Eis-, Kolben-, Löffel-, Moor-, Schell- und Schnatterenten	vom 1. Oktober bis 15. Januar
25. Waldschnepfen	vom 16. Oktober bis 15. Januar
26. Bläßhühner	vom 1. September bis 15. Januar
27. Lachmöwen	vom 16. Juli bis 30. April
28. Sturm-, Silber-, Mantel- und Heringsmöwen	vom 16. August bis 30. April

(2) Vorbehaltlich der Bestimmungen des § 22 Abs. 4 des Bundesjagdgesetzes darf die Jagd das ganze Jahr ausgeübt werden beim Schwarzwild auf Frischlinge und Überläufer, auf Wildkaninchen und Füchse.

§ 2

Diese Verordnung gilt nach § 14 des Dritten Überleitungsgesetzes in Verbindung mit § 45 des Bundesjagdgesetzes auch im Land Berlin.

§ 3

Diese Verordnung tritt am Tage nach der Verkündung in Kraft. Gleichzeitig tritt die Verordnung über die Jagdzeiten vom 13. Juli 1967 (BGBl. I S. 723) außer Kraft.

§ 22 BJG (JagdzeitenVO) Jagd- und Schonzeiten

Erl. zur BundesVO über die Jagdzeiten

1. Durch die Novelle 1976 zum BJG wurde eine Reihe von Tierarten, die bis dahin dem Jagdrecht unterlagen (vgl. § 2 BJG alte und neue Fassung), in die Obhut des Naturschutzrechtes überführt.
2. In § 1 Abs. 1 der VO ist das **Wild mit Jagdzeit** aufgeführt und sind die Zeiten bestimmt, in denen die Jagd ausgeübt werden darf. In Abs. 2 ist das **Wild ohne Schonzeit** genannt.
Gegenüber früherem Recht (BundesVO vom 13. 7. 1967, gültig bis 5. 4. 1977) ist der Katalog des Wildes mit Jagdzeit wesentlich gekürzt worden. Nicht mehr enthalten sind eine Reihe von Wildenten-, Wildgans- und Möwenarten sowie Greife, Säger, Graureiher und Haubentaucher. Diese Tierarten sind nunmehr **Wild mit ganzjähriger Schonzeit.** Auch der Katalog des Wildes ohne Schonzeit (vgl. § 1 Abs. 2 der VO) wurde erheblich gekürzt. Nunmehr gehören Iltisse, Wiesel, Nerze, Bläßhühner, Haubentaucher und Schwarzwild mit Ausnahme der Überläufer und Frischlinge zum Wild mit Jagdzeit bzw. die Nerze und Haubentaucher zum Wild mit ganzjähriger Schonzeit. Im übrigen wurden die Jagdzeiten bei den im Katalog des Wildes mit Jagdzeit verbliebenen Tierarten z. T. wesentlich geändert, d. h., die Jagdzeit verkürzt oder verlängert. So darf z. B. seit dem 6. 4. 1977 die Jagd auf die Waldschnepfe nur noch in der Zeit vom 16. Oktober bis 15. Januar ausgeübt werden.

Verordnung des Ministeriums Ländlicher Raum über die Jagdzeiten

vom 12. April 1989 (GBl. S. 126 ber. 1990 S. 104)

Auf Grund von § 22 Abs. 1 Nr. 6 und 9 des Landesjagdgesetzes (LJagdG) in der Fassung vom 20. Dezember 1978 (GBl. 1979 S. 12), zuletzt geändert durch Artikel 17 der 3. Anpassungsverordnung vom 13. Februar 1989 (GBl. S. 101), wird verordnet:

§ 1

(1) Abweichend von der Verordnung des Bundesministers für Ernährung, Landwirtschaft und Forsten über die Jagdzeiten vom 2. April 1977 (BGBl. I S. 531) darf die Jagd ausgeübt werden auf
1. Rotwild
Kälber vom 1. August bis 31. Januar
Schmalspießer vom 1. Juni bis 31. Januar

2. Dam- und Sikawild
   Kälber vom 1. September bis 31. Januar
   Schmalspießer vom 1. Juli bis 31. Januar
3. Rehwild
   Kitze vom 1. September bis 31. Januar
4. Feldhasen vom 1. Oktober bis 31. Dezember
5. Rebhühner vom 1. September bis 31. Oktober
6. Fasanen vom 1. Oktober bis 31. Dezember
7. Ringel- und Türkentauben vom 16. Juli bis 30. April
8. Höckerschwäne vom 1. September bis 30. November.

(2) Die Jagd auf Auer-, Birk- und Rackelhähne, Wildgänse, Sturm-, Silber-, Mantel- und Heringsmöwen darf bis 31. März 1999 nicht ausgeübt werden.

§ 2

Die untere Jagdbehörde kann vom dem Verbot des § 22 Abs. 4 Satz 1 des Bundesjagdgesetzes für Wildkaninchen und Füchse Ausnahmen zulassen, wenn die Voraussetzungen des § 22 Abs. 2 des Bundesjagdgesetzes vorliegen.

§ 3

Diese Verordnung tritt am 1. Mai 1989 in Kraft. Gleichzeitig tritt die Verordnung des Ministeriums für Ernährung, Landwirtschaft und Umwelt über die Jagdzeiten vom 26. April 1977 (GBl. S. 142), zuletzt geändert durch Verordnung vom 9. Januar 1984 (GBl. S. 144), außer Kraft.

BJG § 22 a

Verhinderung von vermeidbaren Schmerzen oder Leiden des Wildes

(1) Um krankgeschossenes Wild vor vermeidbaren Schmerzen oder Leiden zu bewahren, ist dieses unverzüglich zu erlegen; das gleiche gilt für schwerkrankes

§ 22a BJG (§ 17 LJG) — Krankes, kümmerndes Wild

Wild, es sei denn, daß es genügt und möglich ist, es zu fangen und zu versorgen.

(2) Krankgeschossenes oder schwerkrankes Wild, das in einen fremden Jagdbezirk wechselt, darf nur verfolgt werden (Wildfolge), wenn mit dem Jagdausübungsberechtigten dieses Jagdbezirkes eine schriftliche Vereinbarung über die Wildfolge abgeschlossen worden ist. Die Länder erlassen nähere Bestimmungen, insbesondere über die Verpflichtung der Jagdausübungsberechtigten benachbarter Jagdbezirke, Vereinbarungen über die Wildfolge zu treffen; sie können darüber hinaus Vorschriften über die Wildfolge ergänzen oder erweitern.

LJG § 17

Wildseuchen, Erlegen von kümmerndem Wild

(1) ...

(2) Der zur Jagdausübung Befugte hat über § 22a Abs. 1 des Bundesjagdgesetzes hinaus kümmerndes Wild unverzüglich zu erlegen, wenn dies zur Vermeidung von Schmerzen oder Leiden des Wildes geboten ist, es sei denn, daß es genügt und möglich ist, es zu fangen und zu versorgen. Wird solches Wild außerhalb der Jagdzeit oder unter Überschreitung des Abschußplans erlegt, so hat der zur Jagdausübung Befugte die untere Jagdbehörde binnen drei Tagen zu benachrichtigen und das erlegte Wild auf deren Verlangen vorzulegen.

(3) ...

Erl. zu §§ 22a BJG und 17 Abs. 2 LJG

1. Die genannten Vorschriften beruhen auf den Grundsätzen der **Waidgerechtigkeit** und des **Tierschutzes**. Sie richten sich an den Jäger, gleichviel ob er als Jagdausübungsberechtigter, Jagdaufseher, angestellter Jäger oder als Jagdgast befugterweise die Jagd ausübt.

2. **Krankgeschossenes Wild** ist Wild mit Schußverletzungen. Unerheblich ist, wo und von wem es krankgeschossen wurde.
   Schwerkrankes Wild im Sinne der §§ 22a BJG, 15 und 16 LJG ist Wild, das durch sonstige äußere Einwirkungen (z. B. durch Anfahren, Forkelstiche, Schlingen, Zäune) schwere Verletzungen erlitten hat oder das von einer Krankheit, insbesondere einer Wildseuche, befallen ist.
3. Als **kümmerndes Wild** im Sinne von § 17 Abs. 2 LJG ist Wild anzusehen, das infolge seines Alters oder allgemeiner Entkräftung (z. B. aufgrund einer alten Schußverletzung oder einer Notzeit) oder durch Parasitenbefall in einem Zustand ist, daß es nur noch unter Schmerzen oder Leiden weiterleben könnte.
4. Wenn Wild unter den Voraussetzungen der §§ 22a Abs. 1 BJG und 17 Abs. 2 LJG während der Schonzeit oder Überschreitung des Abschußplanes erlegt wird, muß das Kreisjagdamt innerhalb drei Tagen unterrichtet werden.
   Ob es genügt und möglich ist, schwerkrankes Wild oder kümmerndes Wild zu fangen und entsprechend zu versorgen, richtet sich nach den Umständen des Einzelfalles. Ist der Jäger bei **gewissenhafter** Prüfung davon überzeugt, daß ein schwerkrankes oder kümmerndes Wild nur unter Qualen weiterleben kann, **muß** er es unverzüglich erlegen.

LJG

§ 15

Wildfolge

(1) Wechselt krankgeschossenes oder schwerkrankes Wild über die Grenze des Jagdbezirks und ist es für einen sicheren Schuß erreichbar, so darf der zur Jagdausübung Befugte es von seinem Jagdbezirk aus erlegen; er darf erlegtes oder in Sichtweite verendetes Wild an Ort und Stelle aufbrechen, versorgen und mit Ausnahme von Schalenwild fortschaffen. Der Jagdausübungsberechtigte oder dessen Vertreter ist unverzüglich zu benachrichtigen; ihm gehört das erlegte oder verendete Wild. Krankgeschossenes und dann erlegtes Wild, das der Abschußplanung unterliegt, ist auf den Abschußplan des Schützen oder dessen, der ihn zur Jagdausübung befugt hat, schwerkrankes erlegtes oder verendetes Wild auf den Ab-

schußplan des am Fundort Jagdausübungsberechtigten anzurechnen.

(2) Vereinbarungen zwischen Jagdnachbarn, welche die Befugnisse nach Absatz 1 erweitern, bedürfen der Schriftform.

LJG § 16

Krankgeschossenes oder schwerkrankes Wild

(1) Wechselt krankgeschossenes Wild über die Grenze des Jagdbezirks und ist es für einen sicheren Schuß nicht erreichbar, so hat der Schütze die Stelle des Anschusses und des Überwechselns nach Möglichkeit kenntlich zu machen; der Jagdausübungsberechtigte oder dessen Vertreter ist unverzüglich zu benachrichtigen. Der Schütze hat sich oder eine mit den Vorgängen vertraute Person für die Nachsuche zur Verfügung zu stellen. Beim Überwechseln von schwerkrankem Wild gilt Satz 1 sinngemäß für den zur Jagdausübung Befugten. Für die Anrechnung auf den Abschußplan gilt § 15 Abs. 1 Satz 3 entsprechend.

(2) Neben einem nach Absatz 1 verpflichteten Jagdgast ist auch der Jagdausübungsberechtigte zur Benachrichtigung verpflichtet, wenn er von dem Überwechseln Kenntnis erhält und die Benachrichtigung zu diesem Zeitpunkt noch nicht anderweitig erfolgt ist.

Erl. zu §§ 15 und 16 LJG

1. **Wildfolge** war nach früherem Recht nur aufgrund besonderer schriftlicher Vereinbarung zulässig.
   Durch die Novelle 1978 zum LJG wurden die §§ 15 und 16 neu gefaßt und Vorschriften über Wildfolge in **begrenztem** Umfang erlassen.
   Das Wildfolgerecht nach den genannten Bestimmungen hat **jeder** Jäger, der befugt die Jagd ausübt, und es erstreckt sich auf **alle** Wildarten. Auch die Pflichten nach § 16 Abs. 1 obliegen jedem Jäger und betreffen alles Wild.

Wild, das im benachbarten Jagdbezirk zur Strecke kommt, gehört dem dort Jagdausübungsberechtigten. Einen Rechtsanspruch auf die Trophäe hat der Erleger nicht.

2. Das **Mitführen** von (nicht schußbereiten!) Schußwaffen in den angrenzenden Jagdbezirk zur **Versorgung** des Wildes unter den Voraussetzungen des § 15 Abs. 1 LJG ist zulässig, weil der **fremde** Jagdbezirk **nicht unbefugt** betreten wird und somit eine Ordnungswidrigkeit nach § 39 Abs. 2 Nr. 6 BJG nicht vorliegt. Vorschriften des Waffenrechts werden auch nicht verletzt, da die **Waffenführung** im Rahmen des § 35 Abs. 4 Nr. 2a WaffG (zur **befugten** Jagdausübung!) erfolgt.

3. Weitergehende Vereinbarungen zwischen Jagdnachbarn, die aus Gründen der Waidgerechtigkeit und des Tierschutzes geboten sind, bedürfen der **Schriftform.**

4. Ordnungswidrig handelt, wer beim Überwechseln krankgeschossenen oder schwerkranken Wildes vorsätzlich die Vorschriften des § 15 Abs. 1 Satz 1 Halbsatz 2, Satz 2 Halbsatz 1, oder des § 16 nicht beachtet (vgl. § 33 Abs. 1 Nr. 6 LJG).

LJG § 19

Verwendung von Jagdhunden

Bei Such-, Drück- und Treibjagden sowie bei jeglicher Bejagung von Waldschnepfen und Wasserwild sind brauchbare Jagdhunde bereitzuhalten und zur Nachsuche zu verwenden. Dies gilt auch für sonstige Nachsuchen, wenn es nach den Umständen erforderlich ist.

Erl. zu § 19 LJG

Die **Bereithaltung** und **Verwendung** brauchbarer Jagdhunde zur **Nachsuche** ist auch Verpflichtung nach den anerkannten Grundsätzen deutscher Waidgerechtigkeit.

Ordnungswidrig handelt, wer entgegen § 19 brauchbare Jagdhunde nicht bereithält oder verwendet (vgl. § 33 Abs. 1 Nr. 8 LJG).

VI. ABSCHNITT

Jagdschutz

BJG § 23

Inhalt des Jagdschutzes

Der Jagdschutz umfaßt nach näherer Bestimmung durch die Länder den Schutz des Wildes insbesondere vor Wilderern, Futternot, Wildseuchen, vor wildernden Hunden und Katzen sowie die Sorge für die Einhaltung der zum Schutz des Wildes und der Jagd erlassenen Vorschriften.

BJG § 24

Wildseuchen

Tritt eine Wildseuche auf, so hat der Jagdausübungsberechtigte dies unverzüglich der zuständigen Behörde anzuzeigen; sie erläßt im Einvernehmen mit dem beamteten Tierarzt die zur Bekämpfung der Seuche erforderlichen Anweisungen.

LJG § 17

Wildseuchen; Erlegen von kümmerndem Wild

(1) Zuständige Behörde im Sinne des § 24 des Bundesjagdgesetzes ist die untere Jagdbehörde.

(2) ... *vgl. S. 88.*

(3) Erlegtes oder verendetes seuchenverdächtiges Wild ist, sofern es nicht zu Untersuchungszwecken benötigt wird, unschädlich zu beseitigen.

Jagdschutz (§ 18 LJG) § 24 BJG

LJG

§ 18

Wildfütterung

(1) Der Jagdausübungsberechtigte ist verpflichtet, in der Notzeit für ausreichende Wildfütterung zu sorgen.

(2) Unbeschadet der Verpflichtung nach Absatz 1 ist das Füttern von Schalenwild in der Zeit vom 1. Mai bis 30. September verboten mit Ausnahme des Fütterns von Schwarzwild im Wald zur Ablenkung, sofern das Futter so dargeboten wird, daß es anderem Schalenwild nicht zugänglich ist.

Erl. zu den §§ 23 und 24 BJG, 17 und 18 LJG

1. Der **Inhalt des Jagdschutzes** ist in § 23 BJG nicht mehr umfassend beschrieben. Die Gruppenbezeichnungen „Raubwild" und „Raubzeug" sind in der 2. Novelle zum BJG ersatzlos gestrichen worden. Nach wie vor umfaßt aber der Jagdschutz den Schutz des Wildes vor Beeinträchtigungen durch Tierarten, die nach Sprachgebrauch als Raubwild oder als Raubzeug gelten.
Die im Rahmen des Jagdschutzes erforderliche Kurzhaltung solcher Tierarten, die dem **Jagdrecht** unterliegen, ist **Jagdausübung** i. S. von § 1 BJG.
Die **Kurzhaltung** von Tierarten, die dem Jagdrecht nicht unterliegen und durch das Naturschutzrecht nicht **besonders** geschützt sind (Waschbär, Marderhund, Nutria, Bisam, verwilderte Hauskatze), ist im Rahmen des Jagdschutzes unter Beachtung der tierschutzrechtlichen Vorschriften zulässig.
Wichtig: Rabenkrähe, Elster und **Eichelhäher** sind **besonders** geschützt und dürfen seit dem 1. 1. 1987 im Rahmen des Jagdschutzes nicht mehr generell bejagt werden, sondern nur nach Erteilung einer **Abschußerlaubnis**, die auf Antrag des Jagdausübungsberechtigten von der zuständigen unteren Verwaltungsbehörde (Landratsamt, Bürgermeisteramt in Stadtkreisen) bei Vorliegen der Voraussetzungen erteilt wird. Erlegte Vögel darf sich der Jagdausübungsberechtigte aneignen, aber nicht vermarkten, z. B. verkaufen. Vgl. hierzu:

Verordnung der Landesregierung zu den Schutzvorschriften für Rabenvögel

vom 9. Juli 1990 (GBl. S. 14)

Auf Grund von § 20g Abs. 6 des Bundesnaturschutzgesetzes (BNatSchG) in der Fassung vom 12. März 1987 (BGBl. I S. 890) wird nach Anhörung der nach § 29 BNatSchG anerkannten Verbände verordnet:

§ 1

(1) Abweichend von § 20f Abs. 1 Nr. 1 BNatSchG dürfen Jagdausübungsberechtigte und mit deren Erlaubnis Inhaber von Jagderlaubnisscheinen wildlebenden Tieren der Arten Rabenkrähe (Corvus corone corone), Elster (Pica pica) und Eichelhäher (Garrulus glandarius) außerhalb von befriedeten Bezirken, von Naturschutzgebieten, von Naturdenkmalen und außerhalb der Brutzeit (15. März bis 15. Juli) nachstellen und sie töten, wenn die zuständige untere Verwaltungsbehörde feststellt, daß dies zum Schutz der heimischen Tierwelt oder zur Abwendung erheblicher landwirtschaftlicher Schäden erforderlich ist. Unberührt bleiben die Bestimmungen über verbotene Fangmethoden, Verfahren und Geräte (§ 13 der Bundesartenschutzverordnung) und über das Zerstören von Nist- und Brutstätten (§ 20f Abs. 1 Nr. 1 BNatSchG).

(2) Abweichend von § 20f Abs. 2 Nr. 1 BNatSchG dürfen Jagdausübungsberechtigte im Rahmen des Absatzes 1 erlegte Tiere in Besitz nehmen und sich aneignen. Die Vermarktungs- und Verkehrsverbote (§ 20f Abs. 2 Nr. 2 und 3 BNatSchG) bleiben unberührt.

(3) Die Jagdausübungsberechtigten haben der unteren Verwaltungsbehörde Art und Anzahl der erlegten Tiere bis spätestens 10. April 1991 anzuzeigen.

(4) Die untere Verwaltungsbehörde kann die Befugnis nach den Absätzen 1 und 2 entziehen, wenn von ihr in mißbräuchlicher Weise Gebrauch gemacht wird.

§ 2

Diese Verordnung tritt am Tage nach der Verkündung in Kraft und am **30. April 1991** außer Kraft.

2. Welche **Seuchen** und **Wildkrankheiten** als **anzeigepflichtige** Wildseuchen i. S. der §§ 24 BJG und 17 LJG gelten, ist gesetzlich nicht abschließend festgelegt. Als Anhaltspunkt kann die bayerische Regelung dienen. Nach § 65 der VO zur Ausführung des Bayerischen Jagdgesetzes zählen als Wildseuchen:
   Milzbrand, Wild- und Rinderseuche, Tollwut, Maul-Klauenseuche, Schweinepest, Geflügelcholera, Hühnerpest, Sarcoptesräude des Gamswildes, seuchenhaftes Erblinden des Gamswildes, Kreuzlähme des Rotwildes, Myxomatose, Tularämie und andere Wildkrankheiten, sofern diese seuchenartigen Umfang angenommen haben.
   Nach § 36 a BJG bleiben die Vorschriften des Tierseuchengesetzes unberührt. Dies bedeutet, daß bei der Bekämpfung von Wildseuchen neben den jagdrechtlichen Vorschriften auch die des Tierseuchengesetzes (vgl. Anhang 6) und insbesondere der TollwutVO (vgl. Anhang 7) Anwendung finden.
   Gemäß § 41 des Tierseuchengesetzes müssen die Tierkörper der verendeten oder getöteten wutkranken oder seuchenverdächtigen Tiere unverzüglich **unschädlich** beseitigt werden. Das **Abhäuten** solcher Tierkörper ist **verboten.**
   Nach § 13 Abs. 3 Satz 2 der TollwutVO dürfen **Füchse**, die in **gefährdeten** Bezirken getötet wurden, **nicht abgebalgt** werden. Wer gegen diese Vorschrift verstößt, handelt ordnungswidrig (vgl. § 16 Nr. 10 TollwutVO).

3. **Notzeit** i. S. von § 18 Abs. 1 LJG liegt vor, wenn das Wild aufgrund der bestehenden Witterungs- und Bodenverhältnisse (insbesondere während der Vegetationsruhe) keine oder keine ausreichende Äsung erlangen kann.
   Das grundsätzliche Fütterungsverbot für **Schalenwild** (ausgenommen Ablenkungsfütterungen für Schwarzwild im Walde) in der Zeit vom 1. Mai bis 30. September soll eine Massierung von Schalenwild und die hierdurch erhöhte Wildschadensgefahr verhindern. Unter das Fütterungsverbot fällt auch das Ankirren. Zur Wildfütterung vgl. auch Nr. 4 und 5 der Rehwildrichtlinie, abgedruckt im Anhang 5.

4. Rechtsverstöße:
   Ordnungswidrig handelt, wer
   a) als Jagdausübungsberechtigter vorsätzlich oder fahrlässig das Auftreten einer Wildseuche nicht unverzüglich der zuständigen Be-

hörde anzeigt oder den Weisungen der zuständigen Behörde zur Bekämpfung der Wildseuche nicht Folge leistet (vgl. § 39 Abs. 2 Nr. 4 BJG).

b) vorsätzlich in der Notzeit nicht für ausreichende Wildfütterung sorgt oder verbotswidrig Wild füttert (vgl. § 33 Abs. 1 Nr. 7 LJG).

BJG § 25

Jagdschutzberechtigte

(1) Der Jagdschutz in einem Jagdbezirk liegt neben den zuständigen öffentlichen Stellen dem Jagdausübungsberechtigten ob, sofern er Inhaber eines Jagdscheines ist, und den von der zuständigen Behörde bestätigten Jagdaufsehern. Hauptberuflich angestellte Jagdaufseher sollen Berufsjäger oder forstlich ausgebildet sein.

(2) Die bestätigten Jagdaufseher haben innerhalb ihres Dienstbezirkes in Angelegenheiten des Jagdschutzes die Rechte und Pflichten der Polizeibeamten und sind Hilfsbeamte der Staatsanwaltschaft, sofern sie Berufsjäger oder forstlich ausgebildet sind. Sie haben bei der Anwendung unmittelbaren Zwanges die ihnen durch Landesrecht eingeräumten Befugnisse.

LJG § 24

Jagdschutzberechtigte

(1) Der Jagdschutz in einem Jagdbezirk obliegt

1. dem Jagdausübungsberechtigten, sofern er Inhaber eines Jagdscheins ist,
2. dem gemäß Absatz 3 bestätigten Jagdaufseher und
3. den Forstbeamten in ihrem jeweiligen Dienstbezirk, soweit gesetzlich keine abweichenden Regelungen getroffen werden.

Jagdschutzberechtigte (§ 24 LJG) § 25 BJG

Die in Nummer 2 und 3 Genannten haben bei der Ausübung des Jagdschutzes die Stellung von Polizeibeamten im Sinne des Polizeigesetzes. Die Befugnisse des Polizeivollzugsdienstes bleiben unberührt.

(2) Der Jagdausübungsberechtigte kann zum Schutz der Jagd volljährige zuverlässige Personen als Jagdaufseher anstellen. Mehrere Jagdausübungsberechtigte können für ihre aneinander grenzenden Jagdbezirke einen gemeinsamen Jagdaufseher bestellen. Hauptberuflich angestellte Jagdaufseher sollen Berufsjäger oder forstlich ausgebildet sein. Jagdaufseher kann auch der Jagdausübungsberechtigte sein, sofern er Inhaber eines Jagdscheins ist.

(3) Die Jagdaufseher bedürfen der Bestätigung durch die untere Jagdbehörde. Die Bestätigung ist zu versagen, wenn Bedenken gegen die Person oder die Zuverlässigkeit des Jagdaufsehers bestehen. Über die Bestätigung ist eine Bescheinigung auszustellen, die der Jagdaufseher im Dienste bei sich zu tragen und bei dienstlichem Einschreiten auf Verlangen vorzuzeigen hat, es sei denn, daß ihm dies aus Sicherheitsgründen nicht zugemutet werden kann.

(4) Die Jagdaufseher unterstehen der Dienstaufsicht der unteren Jagdbehörde.

Erl. zu den §§ 25 BJG und 24 LJG

1. In den erwähnten Vorschriften ist der Kreis der Personen bestimmt, die das **Recht** und die **Pflicht** zur **Ausübung des Jagdschutzes** in einem Jagdbezirk haben.
   Zuständige öffentliche Stellen sind in Baden-Württemberg die Forstbeamten innerhalb ihres jeweiligen Dienstbezirks sowie der Polizeivollzugsdienst.
2. Jagdausübungsberechtigte sind ausnahmslos jagdschutzberechtigt, wenn sie Inhaber eines Jagdscheines sind. Hierzu gehören Eigenjagdbesitzer und Jagdpächter sowie die Unter- und Weiterpächter.

3. Als **Jagdaufseher** dürfen nur **volljährige** Personen bestätigt werden, die **persönlich** und **fachlich** zuverlässig sind und denen ein Jagdschein erteilt ist. Die Bestätigung erfolgt durch das Kreisjagdamt, das zur Erteilung des Jagdscheines für den Antragsteller zuständig ist. **Örtlich und sachlich** zuständig sind Jagdaufseher nur innerhalb der Jagdbezirke, für die sie angestellt und vom Kreisjagdamt bestätigt sind.
In Baden-Württemberg haben die bestätigten Jagdaufseher und die Forstbeamten bei der Ausübung des Jagdschutzes die Stellung von Polizeibeamten i. S. des Polizeigesetzes. Das bedeutet, daß dieser Personenkreis im Jagdschutz weitergehende Rechte und Pflichten hat als der Jagdausübungsberechtigte, insbesondere hinsichtlich der Anwendung unmittelbaren Zwangs (vgl. hierzu Erl. zu § 23 LJG).
Seit 1. Januar 1979 können sich auch Jagdausübungsberechtigte als Jagdaufseher bestätigen lassen.
Das Verfahren über die Bestätigung der Jagdaufseher wurde in der LJagdGDVO nicht geregelt. Es ist zu erwarten, daß dies auf dem Erlaßwege geschieht.

4. **Nicht bestätigte** Jagdaufseher und **Jagdgäste** (Inhaber entgeltlicher und unentgeltlicher Jagderlaubnisse) sind **nicht** jagdschutzberechtigt. Ihnen **kann** der Jagdausübungsberechtigte das Töten von Hunden und Katzen unter den Voraussetzungen des § 23 Abs. 1 Nr. 2 LJG **schriftlich** erlauben.
Die Erlaubnis in Schriftform ist auch dann erforderlich, wenn der Jagdgast von dem oder den Jagdausübungsberechtigten begleitet wird.

LJG § 23
Befugnisse der Jagdschutzberechtigten

(1) Die zur Ausübung des Jagdschutzes (§ 23 Bundesjagdgesetz) berechtigten Personen sind insbesondere befugt:

1. Personen, die in einem Jagdbezirk unberechtigt jagen oder eine sonstige Zuwiderhandlung gegen jagdrechtliche Vorschriften begehen oder außerhalb der zum allgemeinen Gebrauch bestimmten Wege zur Jagd ausgerüstet betroffen werden, anzuhalten, ihnen gefangenes und erlegtes Wild, Schuß- und sonstige Waffen, Jagd- und Fanggeräte, Hunde und Frettchen abzunehmen und ihre Person festzustellen,

Jagdschutzberechtigte (§ 23 LJG) § 25 BJG

2. wildernde oder des Wilderns verdächtige Hunde, sofern sie nicht eingefangen werden können, und Katzen, die in einer Entfernung von mehr als 300 m vom nächsten bewohnten Haus betroffen werden, zu töten. Dies gilt nicht für Hirten-, Jagd-, Blinden- und Polizeihunde, wenn sie als solche kenntlich sind und solange sie vom Berechtigten ihrer Aufgabe entsprechend verwendet werden. Gemäß Satz 1 eingefangene Hunde sowie Hunde und Katzen, die sich lebend in Fallen gefangen haben, sind als Fundsachen zu behandeln.

(2) Der Jagdausübungsberechtigte kann auch einem Jagdgast das Töten von Hunden und Katzen unter den Voraussetzungen des Absatzes 1 Nr. 2 erlauben. Die Erlaubnis ist schriftlich zu erteilen; der Jagdgast muß sie bei der Ausübung der Jagd mit sich führen.

Erl. zu § 23 LJG

1. Die Befugnisse der zur Ausübung des Jagdschutzes berechtigten Personen sind in § 23 LJG nicht abschließend geregelt, was durch die Fassung „sind insbesondere befugt" zum Ausdruck kommt. Weitere Eingriffsbefugnisse ergeben sich aus bundes- und landesrechtlichen Vorschriften (vgl. Anhang 1).

Hinsichtlich des **Umfangs** der **Eingriffsbefugnisse** lassen sich die jagdschutzberechtigten Personen in folgende Gruppen einteilen:
a) **Jagdausübungsberechtigte** als Jagdscheininhaber (Eigenjagdbesitzer, Jagdpächter, Unter- und Weiterpächter),
b) **Bestätigte Jagdaufseher** und
c) **Bestätigte Jagdaufseher**, die **Berufsjäger** oder **forstlich ausgebildet** sind, und **Forstbeamte**.

Für alle Jagdschutzberechtigten gilt gleichermaßen der Grundsatz, daß sich ihre Befugnisse in **sachlicher** Hinsicht ausschließlich auf den **Jagdschutz** erstrecken und die **örtliche** Zuständigkeit sich auf den jeweiligen **Dienstbezirk** (Jagdbezirk) beschränkt.

Jagdschutzberechtigte müssen beim Einschreiten dem Betroffenen gegenüber **erkennbar** sein. Das heißt, daß sie sich entsprechend ausweisen müssen. Bei Jagdschutzberechtigten, die nicht als Jagdaufseher bestätigt sind (Eigenjagdbesitzer, Jagdpächter), geschieht dies durch den Jagdschein. **Bestätigte** Jagdaufseher sind bei dienstlichem Einschreiten verpflichtet, ihre Bestätigung auf Verlangen vorzuzeigen, es

sei denn, daß ihnen dies aus **Sicherheitsgründen** nicht zugemutet werden kann (vgl. § 24 Abs. 3 LJG).
Mit dem Inkrafttreten des Landeswaldgesetzes vom 10. 2. 1976 trat das Gesetz über den Waffengebrauch der Forst- und Jagdschutzberechtigten sowie der Fischereibeamten und Fischereiaufseher vom 26. 2. 1935 außer Kraft. Die Anwendung unmittelbaren Zwangs, insbesondere der Schußwaffengebrauch, durch Jagdschutzberechtigte mit der Rechtsstellung von Polizeibeamten (bestätigte Jagdaufseher und Forstbeamte) richtet sich nunmehr nach den Vorschriften der §§ 33 ff. des Polizeigesetzes für Baden-Württemberg (vgl. Anhang 1).

2. **Befugnisse der in Nr. 1 a) genannten Jagdschutzberechtigten**
(Eigenjagdbesitzer, Jagdpächter, Unter- und Weiterpächter)
Nach § 23 Abs. 1 Nr. 1 LJG sind die Jagdschutzberechtigten befugt, Personen,
- die in einem Jagdbezirk **unberechtigt jagen** oder
- eine sonstige **Zuwiderhandlung** gegen **jagdrechtliche Vorschriften** begehen oder
- außerhalb der zum **allgemeinen** Gebrauch bestimmten Wege zur **Jagd ausgerüstet** betroffen werden,
a) **anzuhalten** (Anhalterecht),
b) ihnen gefangenes und erlegtes Wild, Schuß- und sonstige Waffen, Jagd- und Fanggeräte, Hunde und Frettchen **abzunehmen** (Abnahmerecht) und
c) ihre **Person festzustellen** (Personenfeststellungsrecht).
Wer **unbefugt** die Jagd ausübt, begeht **Jagdwilderei** nach § 292 StGB, die als **Straftat** geahndet wird.
Unter den Begriff „Sonstige Zuwiderhandlungen gegen jagdrechtliche Vorschriften" im Sinne von § 23 Abs. 1 Nr. 1 LJG fallen alle vorsätzlich oder fahrlässig begangenen Verstöße, gleichviel, ob sie durch Jäger oder Nichtjäger begangen werden. Mit Ausnahme der Rechtsverstöße nach § 38 BJG (Abschuß von Wild trotz Verbots und in der Schonzeit) handelt es sich hier um **Ordnungswidrigkeiten** nach den §§ 39 BJG und 33 LJG.

2.1 **Anhalterecht**
Das **jedem** Jagdschutzberechtigten zustehende Anhalterecht besteht gegenüber allen Personen, die gegen jagdrechtliche Vorschriften verstoßen, gleichviel, ob es sich dabei um eine Straftat oder Ordnungswidrigkeit handelt.
Das Anhalterecht beinhaltet auch die Befugnis, den Betroffenen ggf. zum Halten zu zwingen, d. h. der Jagdschutzberechtigte darf unter Beachtung des Grundsatzes der Verhältnismäßigkeit körperliche Gewalt

anwenden (z. B. Festhalten oder Versperren des Weges). Der Schußwaffengebrauch ist außer im Falle der Notwehr unzulässig.

Das Anhalterecht schließt die Befugnis zur Freiheitsentziehung des Betroffenen nicht ein, sondern es ermöglicht dem Jagdschutzberechtigten nur, gegenüber dem Betroffenen die notwendigen Feststellungen hinsichtlich des von diesem begangenen Rechtsverstoßes zu treffen. Somit ist das Anhalterecht nicht etwa gleichbedeutend mit dem Festnahmerecht durch **jedermann** unter den Voraussetzungen des § 127 Abs. 1 der StPO (vgl. hierzu Nr. 2.4).

2.2 Abnahmerecht

Die Befugnis zur Abnahme des gefangenen oder erlegten Wildes, der Waffen, des sonstigen **Jagdgerätes** (z. B. Fallen, Schlingen, Ferngläser) sowie von Hunden und Frettchen haben ebenfalls alle Jagdschutzberechtigten. Das Wegnahmerecht hat den Zweck, eine spätere Beschlagnahme als Beweismittel oder zum Zweck der Einziehung zu ermöglichen. Unter den Begriff „Jagdgerät" fällt z. B. auch ein Kraftfahrzeug, wenn die Scheinwerfer zum Blenden des Wildes verwendet werden oder wenn der Wilderer an die Batterie einen Handscheinwerfer anschließt, um damit das Wild zu suchen oder zu blenden.

Das Abnahmerecht kann im Rahmen der **Verhältnismäßigkeit** mit Zwang durchgesetzt werden.

2.3 Personenfeststellungsrecht

Das Recht zur Feststellung der Person enthält die Befugnis, von dem Angehaltenen die Angabe der genauen Personalien (Name, Geburtsdatum und -ort, Wohnungsanschrift und Staatsangehörigkeit) zu verlangen.

Werden die Angaben verweigert, kann der Angehaltene bei Vorliegen der Voraussetzungen des § 127 Abs. 1 der StPO zur Feststellung seiner Identität vorläufig festgenommen werden. Dies aber nur dann, wenn eine **Straftat** (z. B. Wilderei) vorliegt. Bei einer Ordnungswidrigkeit (z. B. Beunruhigen von Wild nach § 19a BJG oder Laufenlassen eines Hundes im Jagdbezirk nach § 33 Abs. 2 Nr. 3 LJG) stehen dem Jagdschutzberechtigten, der nicht die Rechtsstellung von Polizeibeamten hat, zur Identitätsfeststellung **keinerlei Zwangsbefugnisse** zu.

Wer einem im Rahmen seiner Befugnisse handelnden Jagdschutzberechtigten unrichtige Angaben über seine Person macht oder die Angaben verweigert, handelt ordnungswidrig (vgl. § 33 Abs. 1 Nr. 12 LJG).

2.4 Die vorläufige Festnahme durch jedermann

Das Recht zur vorläufigen Festnahme durch jedermann nach § 127 Abs. 1 der StPO ist für alle Jagdschutzberechtigten von besonderer Bedeutung.

Die Vorschrift lautet: „Wird jemand auf frischer Tat betroffen oder ver-

§ 25 BJG (§ 23 LJG) Jagdschutzberechtigte

folgt, so ist, wenn er der Flucht verdächtig ist oder seine Identität nicht sofort festgestellt werden kann, jedermann befugt, ihn auch ohne richterliche Anordnung vorläufig festzunehmen. Die Feststellung der Identität einer Person durch die Staatsanwaltschaft oder die Beamten des Polizeidienstes bestimmt sich nach § 163 b Abs. 1."

Nur bei Vorliegen einer **Straftat** (jedes mit Freiheits- oder Geld**strafe** bedrohte Verbrechen oder Vergehen) kann unter den o. a. Voraussetzungen **jedermann** (also auch der nicht jagdschutzberechtigte Jagdgast) den Täter vorläufig festnehmen. Unerheblich ist, ob sich die Tat gegen ihn oder einen anderen richtet.

Das Jedermannsrecht zur vorläufigen Festnahme hat den Zweck, die Strafverfolgung des auf frischer Tat betroffenen oder verfolgten Täters zu ermöglichen.

Auf frischer Tat **betroffen** ist eine Person, wenn sie bei der Begehung einer rechtswidrigen Tat oder unmittelbar danach noch am Tatort entdeckt wird. Im Falle der **Verfolgung** muß ein enger zeitlicher Zusammenhang zwischen Tat und Beginn der Verfolgung bestehen.

Der Festgenommene muß alsbald der Polizei zugeführt oder, falls der Zweck der Freiheitsentziehung erreicht ist (z. B. nach zweifelsfreier Identitätsfeststellung), auf freien Fuß gesetzt werden.

Das Festnahmerecht schließt das Anhalterecht ein und enthält die Befugnis zur Anwendung von Zwang unter Beachtung des Grundsatzes der **Verhältnismäßigkeit**. Erlaubt sein kann z. B. das feste Zupacken, das Festhalten, das Abführen unter Anwendung von Griffen oder die Fesselung. Auch der Einsatz des Jagdhundes kann gerechtfertigt sein, wenn dies der Schwere der Tat und dem verfolgten Zweck angemessen ist. Die Verfolgung kann auch über die Jagdbezirksgrenze hinaus bis zur Festnahme fortgesetzt werden.

Der **Schußwaffengebrauch** durch Jagdschutzberechtigte, die nicht die Rechtsstellung von Polizeibeamten haben, ist **nur** bei **Notwehr** erlaubt.

> Beispiel:
> Der Jagdpächter X beobachtet bei der Frühpirsch einen jungen Mann, der einen Hasen aus der Schlinge nimmt und in einem Sack verstaut. Der Wilderer bemerkt den Jagdpächter und läuft davon.
> Die Aufforderung: „Stehenbleiben, hier Jagdschutz, Hände hoch!" wird befolgt. Bei der Kontrolle stellt sich heraus, daß es sich um einen Ausländer handelt, der angeblich keinen Personalausweis mit sich führt. Der Jagdpächter nimmt dem Wilderer Beute und Jagdgerät (Schlingen) ab, erklärt ihm die vorläufige Festnahme und verbringt ihn zur Polizei.
> Die Maßnahmen des Jagdpächters, die sich auf die §§ 127 Abs. 1 StPO und 23 Abs. 1 Nr. 1 LJG stützen, sind gerechtfertigt.

Das Recht zur vorläufigen Festnahme steht in einem solchen Falle auch jedem Jagdgast zu.

2.5 **Die Notwehr** (§ 32 StGB)

Die Notwehr ist ein wichtiger **Rechtfertigungsgrund** der auf dem Grundsatz beruht, daß das Recht dem Unrecht nicht zu weichen braucht. Somit ist Notwehr gegen Notwehr nicht möglich.

§ 32 StGB lautet:

„Wer eine Tat begeht, die durch Notwehr geboten ist, handelt nicht rechtswidrig.

Notwehr ist die Verteidigung, die erforderlich ist, um einen gegenwärtigen rechtswidrigen Angriff von sich oder einem anderen abzuwenden."

Die **Notwehrlage** erfordert also:
- einen von einem Menschen ausgehenden gegenwärtigen rechtswidrigen Angriff gegen ein geschütztes Rechtsgut (z. B. Leben, Gesundheit, Ehre, Freiheit, Eigentum, Besitz, Jagdrecht),
- eine Abwehrhandlung, die vom Verteidigungswillen getragen ist.

Gegenwärtig ist der Angriff, wenn er gerade stattfindet (z. B. Wilderer schießt auf ein Reh oder kontrolliert Schlinge), fortdauert (z. B. Wilddieb flüchtet mit Beute) oder unmittelbar droht (z. B. Wilderer läßt auf Anruf die Waffe nicht fallen).

Beendet ist der Angriff z. B. dann, wenn der Wilderer Waffe und Beute wegwirft und flüchtet.

Rechtswidrig ist der Angriff, wenn der Angreifer zu seinem Handeln nach der Rechtsordnung nicht befugt ist. Das geschützte Rechtsgut kann dem Angegriffenen oder einem Dritten zustehen. Die Notwehr zugunsten eines Dritten wird als **Nothilfe** bezeichnet. Sie darf aber nicht gegen den Willen des Angegriffenen ausgeübt werden.

Die vom Verteidigungswillen getragene Verteidigungshandlung muß zur Abwehr des Angriffs objektiv **erforderlich** sein, d. h., Mittel und Intensität der Verteidigungshandlung müssen der Schwere und Intensität des Angriffs **angemessen** sein. Bei mehreren wirksamen Mitteln muß grundsätzlich das **mildere** angewandt werden.

Beispiele:

a) Der Wilderer (Beispiel in Nr. 2.4) leistet der Aufforderung des Jagdpächters nicht Folge und flüchtet mit dem Hasen. Der Jagdpächter gibt einen Warnschuß ab, worauf der Wilderer stehen bleibt und sich festnehmen läßt.

Der Jagdpächter handelte bei der Wahl des Abwehrmittels richtig. Ein gezielter Schuß auf den Flüchtenden mit dem Risiko einer schweren oder gar tödlichen Verletzung wäre in diesem Fall keine **gebotene** Abwehrhandlung, sondern Rechtsmißbrauch.

b) Der Eigenjagdbesitzer A stellt einen Wilderer, der einen Rehbock holen will, den er kurz zuvor von seinem PKW aus mit einem KK-Gewehr erlegte. Der energischen Aufforderung, die drohend gegen ihn gerichtete Waffe wegzuwerfen, kommt der Wilderer nicht nach, worauf der Eigenjagdbesitzer einen gezielten Schuß auf dessen Beine abgibt.
Der gezielte Schuß war erforderlich, um den gegenwärtigen (unmittelbar drohenden) rechtswidrigen Angriff des Wilderers abzuwehren.

Von **Putativnotwehr** spricht man, wenn eine Notwehrlage objektiv nicht gegeben ist, der Täter (Abwehrende) sich aber irrig vorstellt, in einer Notwehrsituation zu sein. **Notwehrexzeß** liegt vor, wenn der Täter (Abwehrende) die Grenzen der Notwehr aus Verwirrung, Furcht oder Schrecken überschreitet (vgl. § 33 StGB). Eine Bestrafung erfolgt in diesen Fällen nicht.

2.6 Die Notstandsrechte
Rechtfertigender Notstand (§ 34 StGB), entschuldigender Notstand (§ 35 StGB), Verteidigungsnotstand (§ 228 BGB) und Angriffsnotstand (§ 904 BGB) haben auf dem Gebiet des Jagdschutzes nur untergeordnete Bedeutung, weshalb auf die Erläuterung dieser Vorschriften, die im Anhang 1 abgedruckt sind, verzichtet wird.

3. Befugnisse und Pflichten der in Nr. 1 b) und c) genannten Jagdschutzberechtigten
(bestätigte Jagdaufseher und bestätigte Jagdaufseher, die Berufsjäger oder forstlich ausgebildet sind, sowie Forstbeamte in ihrem jeweiligen Dienstbezirk)

3.1 Nach § 24 LJG haben **bestätigte Jagdaufseher** und die **Forstbeamten** bei der **Ausübung des Jagdschutzes** die **Stellung von Polizeibeamten** im Sinne des Polizeigesetzes. Soweit bestätigte Jagdaufseher Berufsjäger oder forstlich ausgebildet sind, sind sie außerdem Hilfsbeamte der Staatsanwaltschaft (vgl. § 25 Abs. 2 BJG). Dies bedeutet, daß diese Jagdschutzberechtigten bei der Wahrnehmung ihrer Aufgaben im Jagdschutz **weitergehende Befugnisse und Pflichten** nach bundes- und landesrechtlichen Vorschriften haben als die unter Nr. **1a Genannten.** Als Träger **hoheitlicher Aufgaben** unterstehen sie bezüglich ihrer Jagdschutzaufgaben ausschließlich dem Weisungsrecht des Kreisjagdamtes und im Rahmen der strafverfolgenden Tätigkeit der Staatsanwaltschaft.

Bei der Ausübung ihres Dienstes genießen die Jagdschutzberechtigten mit der Rechtsstellung von Polizeibeamten den strafrechtlichen Schutz nach den §§ 113, 114 StGB (Widerstand gegen Vollstreckungsbeamte).

Nach § 163 StPO haben die Beamten des Polizeidienstes Straftaten zu erforschen und alle keinen Aufschub gestattenden Anordnungen zu treffen, um die Verdunkelung der Sache zu verhüten. Kraft dieser Vorschrift **müssen** die Jagdschutzberechtigten, die Hilfsbeamte der Staatsanwaltschaft sind, Verstöße gegen jagdrechtliche Vorschriften, soweit es sich um Straftaten handelt, zur Anzeige bringen (Legalitätsprinzip). Wer dieser Vorschrift zuwiderhandelt, macht sich der Strafvereitelung nach den §§ 258, 258a StGB schuldig.

Gemäß § 53 OWiG haben die Beamten des Polizeidienstes nach **pflichtgemäßem Ermessen** (Opportunitätsprinzip) Ordnungswidrigkeiten zu erforschen und dabei alle unaufschiebbaren Anordnungen zu treffen, um die Verdunkelung der Sache zu verhüten.

3.2 Auf dem Gebiet der Aufklärung von Straftaten und Ordnungswidrigkeiten haben die in Nr. 1b und c genannten Jagdschutzberechtigten über die Vorschriften des § 23 LJG hinaus folgende Befugnisse:

a) **Vorläufige Festnahme**
Nach § 127 Abs. 2 der StPO sind die Beamten des Polizeidienstes bei Gefahr im Verzug auch dann zur vorläufigen Festnahme befugt, wenn die Voraussetzungen eines Haftbefehls vorliegen. Die Voraussssetzungen zum Erlaß eines Haftbefehls sind in § 112 StPO aufgezählt (vgl. Anhang 1).

b) **Identitätsfeststellung**
Aufgrund des § 163b Abs. 1 StPO i. V. m. § 46 Abs. 1 OWiG können Polizeibeamte bei Personen, die einer Straftat oder einer Ordnungswidrigkeit verdächtig sind, die zur Feststellung ihrer Identität erforderlichen Maßnahmen treffen. Der Verdächtige darf festgehalten werden, wenn die Identität sonst nicht oder nur unter erheblichen Schwierigkeiten festgestellt werden kann. Liegen diese Voraussetzungen vor, ist auch die Durchsuchung der **Person** und der mitgeführten **Sachen** zum Zwecke der Identitätsfeststellung erlaubt.
Dem Festgehaltenen muß eröffnet werden, welche Straftat oder Ordnungswidrigkeit ihm zur Last gelegt wird.

c) **Die polizeirechtliche Durchsuchung von Personen und Sachen**
Nach § 23 PolG darf die Polizei zum Zwecke der **Eigensicherung** eine **Person** durchsuchen, wenn sie nach den Vorschriften des PolG oder aufgrund anderer Rechtsvorschriften festgehalten oder in Gewahrsam genommen werden darf oder wenn Tatsachen die Annahme rechtfertigen, daß sie **Sachen** mit sich führt, die sichergestellt oder beschlagnahmt werden dürfen.

§ 25 BJG (§ 23 LJG) Jagdschutzberechtigte

„Andere Rechtsvorschriften" im obigen Sinne sind z. B. § 127 StPO (vorläufige Festnahme) und § 23 LJG (Befugnisse der Jagdschutzberechtigten).
Gemäß § 24 PolG kann die Polizei eine **Sache** (z. B. Auto, Rucksack, Tasche) durchsuchen, wenn sie von einer Person mitgeführt wird, die unter den genannten Voraussetzungen durchsucht werden darf.
Für Jagdschutzberechtigte mit der Rechtsstellung von Polizeibeamten sind die polizeirechtlichen Vorschriften über die körperliche Durchsuchung und die Durchsuchung von mitgeführten Sachen deshalb von erheblicher Bedeutung, weil das Anhalte- und Abnahmerecht nach § 23 LJG und das Festnahmerecht nach § 127 StPO diese Rechte nicht einschließen.

d) **Die polizeirechtliche Beschlagnahme**
Aufgrund des § 27 PolG kann die Polizei eine Sache beschlagnahmen, wenn dies erforderlich ist zum Schutz eines einzelnen oder des Gemeinwesens gegen eine unmittelbar bevorstehende Störung der öffentlichen Sicherheit oder Ordnung oder zur Beseitigung einer bereits eingetretenen Störung.
Diese Vorschrift ermöglicht vor allem die Beschlagnahme von Waffen und sonstigen Jagdgerät, sofern der Täter oder der Verdächtige die Gegenstände nicht freiwillig herausgibt. Zu beachten ist, daß die Beschlagnahme spätestens nach drei Tagen aufgehoben werden muß, wenn sie nicht von der zuständigen allgemeinen Polizeibehörde (im Regelfall vom Bürgermeisteramt als Ortspolizeibehörde) bestätigt wird (vgl. § 27 PolG).

e) **Die strafprozessuale Durchsuchung bei Verdächtigen und Beschlagnahme**
Bestätigte Jagdaufseher, die Berufsjäger oder forstlich ausgebildet sind, sowie die Forstbeamten haben aufgrund ihrer Eigenschaft als Hilfsbeamte der Staatsanwaltschaft außerdem die Befugnis zur Durchsuchung beim Verdächtigen und zur Beschlagnahme unter den Voraussetzungen der §§ 102, 105, 94 und 98 der StPO (vgl. Anhang 1).

3.3 Der unmittelbare Zwang

Wie schon erwähnt, richtet sich die Anwendung von unmittelbarem Zwang durch Jagdschutzberechtigte mit der Rechtsstellung von Polizeibeamten und der Forstbeamten **ausschließlich** nach den Vorschriften des Polizeigesetzes (§§ 32 bis 35 und §§ 39 und 40).
Nach § 33 PolG ist unmittelbarer Zwang jede Einwirkung auf Personen oder Sachen durch

- **einfache körperliche Gewalt**
  (z. B. Festhalten oder Anwendung von Griffen),
- **Hilfsmittel der körperlichen Gewalt**
  (z. B. Hunde und Fesseln) oder
- **Waffengebrauch.**

In § 35 PolG sind Voraussetzung und Durchführung des unmittelbaren Zwangs umschrieben. Nach dieser Vorschrift darf unmittelbarer Zwang nur angewandt werden, wenn der polizeiliche Zweck auf andere Weise nicht erreichbar erscheint. Das angewandte Mittel muß nach Art und Maß dem Verhalten, dem Alter und dem Zustand des Betroffenen angemessen sein. Es müssen also die Grundsätze der **Erforderlichkeit**, des **Mindesteingriffs** und der **Verhältnismäßigkeit** streng beachtet werden.

Unmittelbarer Zwang muß, wenn es die Umstände zulassen, vor seiner Anwendung angedroht werden. Er darf aber nicht angedroht werden, wenn er rechtlich unzulässig ist. Dies bedeutet, daß z. B. der Schußwaffengebrauch nicht angedroht werden darf, wenn die Voraussetzungen hierzu nach den §§ 39 und 40 nicht vorliegen. Das Bereithalten der schußbereiten Waffe aus Gründen der Eigensicherung ist kein Androhen des Waffengebrauchs.

Außerdem darf unmittelbarer Zwang nicht mehr angewandt werden, wenn der polizeiliche Zweck erreicht ist oder wenn es sich zeigt, daß er durch die Anwendung von unmittelbarem Zwang nicht erreicht werden kann.

Voraussetzungen des Schußwaffengebrauchs
Der Schußwaffengebrauch stellt einen erheblichen Eingriff in das nach Artikel 2 des Grundgesetzes garantierte Recht auf Leben und körperliche Unversehrtheit dar. Deshalb kommt dem Grundsatz der **Verhältnismäßigkeit** besondere Bedeutung zu, d. h., der Jagdschutzberechtigte muß nach pflichtgemäßem Ermessen abwägen, ob die zu erwartenden Folgen nicht außer Verhältnis zu dem erstrebten Erfolg stehen.

Nach § 39 PolG ist der Schußwaffengebrauch nur zulässig, wenn die allgemeinen Voraussetzungen für die Anwendung unmittelbaren Zwangs vorliegen und wenn einfache körperliche Gewalt oder mitgeführte Hiebwaffen erfolglos angewandt worden sind oder ihre Anwendung offensichtlich keinen Erfolg verspricht.

Auf Personen darf erst geschossen werden, wenn der polizeiliche Zweck durch Waffenwirkung gegen Sachen nicht erreicht werden kann.

Unzulässig ist der Schußwaffengebrauch, wenn mit hoher Wahrscheinlichkeit unbeteiligte Personen gefährdet werden.

§ 25 BJG (§ 23 LJG) — Jagdschutzberechtigte

Schußwaffengebrauch gegenüber Personen
In § 40 PolG sind die Fälle des Schußwaffengebrauchs gegenüber Personen abschließend aufgezählt. Für die Jagdschutzberechtigten mit der Rechtsstellung von Polizeibeamten kommt nur Abs. 1 Nr. 1 und 2a in Betracht. Diese Vorschriften lauten:

„(1) Schußwaffen dürfen gegen einzelne Personen nur gebraucht werden,

1. um die unmittelbar bevorstehende Ausführung oder die Fortsetzung einer rechtswidrigen Tat zu verhindern, die sich den Umständen nach
   a) als ein Verbrechen oder
   b) als ein Vergehen, das unter Anwendung oder Mitführung von Schußwaffen oder Sprengstoffen begangen werden soll oder ausgeführt wird,
   darstellt;
2. um eine Person, die sich der Festnahme oder der Feststellung ihrer Person durch Flucht zu entziehen versucht, anzuhalten, wenn sie
   a) bei einer rechtswidrigen Tat auf frischer Tat betroffen wird, die sich den Umständen nach als ein Verbrechen darstellt oder als ein Vergehen, das unter Anwendung oder Mitführung von Schußwaffen oder Sprengstoffen begangen wird."

Verbrechen sind rechtswidrige Taten, die im Mindestmaß mit Freiheitsstrafe von einem Jahr oder darüber bedroht sind, während **Vergehen** rechtswidrige Taten sind, die im Mindestmaß mit einer geringeren Freiheitsstrafe oder mit Geldstrafe bedroht sind (vgl. § 12 StGB).

In § 40 sind dem Verbrechen solche Vergehen gleichgestellt, zu deren **Ausführung** der Täter eine **Schußwaffe** oder Sprengstoff mit sich **führt** oder **anwendet** (z. B. Jagdwilderei unter Anwendung einer Schußwaffe).

Der Schußwaffengebrauch muß (nach den Umständen des Einzelfalles) entweder durch Anruf (z. B. „Hier Jagdschutz, Waffe wegwerfen oder ich schieße!") oder durch Abgabe von Warnschüssen **angedroht** werden.

Alarm- oder Signalschüsse, die zwischen Jägern allgemein oder im Einzelfall abgesprochen wurden, sind keine Warnschüsse und setzen die Zulässigkeit des Waffengebrauchs nach den Vorschriften des PolG nicht voraus.

Nach § 40 Abs. 3 PolG bleibt das Recht zum Schußwaffengebrauch aufgrund anderer gesetzlichen Vorschriften (Notwehrrecht und Notstandsrecht) unberührt.

Beispiele:

a) Der bestätigte Jagdaufseher A. stellt einen Mann, der soeben mit einem KK-Gewehr einen Hasen erlegte. Auf den Anruf: „Hier Jagdschutz, Waffe wegwerfen oder ich schieße!" wirft der Mann seine Waffe und die Beute weg und flüchtet.
Der Jagdaufseher gibt einen Warnschuß ab, worauf der Wilderer stehenbleibt.
Der Waffengebrauch war nach § 40 Abs. 1 Nr. 2a PolG gerechtfertigt. Dem Grundsatz der **Verhältnismäßigkeit** wurde Rechnung getragen.

b) Der bestätigte Jagdaufseher Z. überrascht einen Schlingensteller beim Abtransport eines Schmalrehes. Der Aufforderung, stehenzubleiben und die Hände hochzunehmen, leistet er nicht Folge, sondern rennt davon. Nach einem Warnschuß des Jagdaufsehers läßt sich der Schlingensteller festnehmen.
Die Abgabe des Warnschusses war in diesem Fall **unzulässig**. Es liegt zwar ein Vergehen (Jagdwilderei nach § 292 StGB) vor, das aber nicht unter Anwendung oder Mitführung einer Schußwaffe begangen wurde.

c) Der bestätigte Jagdaufseher R. hört während eines Pirschganges zwei Schüsse fallen und beobachtet kurze Zeit später zwei Männer, die ein Reh in den Kofferraum ihres PKW verbringen. Diese bemerken den Jagdaufseher und fahren sofort in entgegengesetzter Richtung davon. Aus der Entfernung von 60 bis 70 m gibt der Jagdaufseher zwei gezielte Schüsse auf die Hinterräder des PKW ab, worauf die Wilderer anhalten.
Der Schußwaffengebrauch war aufgrund von § 40 Abs. 1 Nr. 2a PolG gerechtfertigt. Außerdem wurde der Vorschrift, daß auf Personen erst geschossen werden darf, wenn der polizeiliche Zweck durch Waffenwirkung gegen **Sachen** nicht erreicht werden kann, Rechnung getragen.

d) Der bestätigte Jagdaufseher M. stellt einen mit einem Gewehr bewaffneten Wilderer, der auf entsprechenden Anruf seine Waffe nicht wegwirft, sondern den Jagdaufseher auffordert, die Waffe abzulegen und die Hände hochzunehmen. Der Jagdaufseher gibt einen gezielten Schuß auf den Mann ab, der schwer verletzt wird.
Hier handelte der Jagdaufseher in Notwehr nach § 32 StGB. Der gezielte Schuß war erforderlich, um den gegenwärtigen (unmittelbar drohenden) Angriff des Wilderers abzuwehren.

4. Die Befugnis zur Tötung von Hunden und Katzen

Die Vorschrift des § 23 Abs. 1 Nr. 2 des LJG wurde durch die Novelle 1978 neu gefaßt. Gegenüber dem früheren Recht wurde die Befugnis zur Tötung von Hunden aus **tierschützerischen** und **Gründen** der **Güterabwägung** erheblich eingeschränkt.
Seit 1.1.1979 dürfen Jagdschutzberechtigte Hunde nur noch dann töten, wenn sie
- **wildern** oder des **Wilderns verdächtig** sind **und**
- nicht **eingefangen** werden können.

Der Tatbestand des Wilderns liegt m. E. bereits dann vor, wenn ein Hund, der von der Rasse und Größe her Wild gefährlich werden kann, im Jagdbezirk auf einer Spur oder Fährte mit tiefer Nase nach Wild sucht.
Des Wilderns verdächtig ist m. E. jeder Hund, der unbeaufsichtigt im Revier streunt, wenn sein äußeres Erscheinungsbild und sein Verhalten Hinweis dafür sind, daß er angetroffenes Wild mit hoher Wahrscheinlichkeit verfolgen oder greifen werde.
Getötet werden dürfen Hunde nur dann, wenn ein Einfangen nicht möglich ist. Ob die Möglichkeit des Einfangens besteht, muß der Jagdschutzberechtigte nach den Umständen des Einzelfalles nach **pflichtgemäßem Ermessen** in eigener Verantwortung entscheiden.
Die **Tötungsbefugnis** gilt **nicht** für **Hirten-, Jagd-, Blinden- und Polizeihunde,** wenn sie als solche kenntlich sind, solange sie vom Berechtigten ihrer Aufgabe entsprechend verwendet werden. Sie dürfen auch dann **nicht** getötet werden, wenn sie sich während ihrer dienstlichen Verwendung **vorübergehend** der Einwirkung ihres Führers entzogen haben und dabei auf Wild stoßen.

Katzen, die in einer Entfernung von mehr als 300 m vom nächsten **bewohnten** Haus betroffen werden, dürfen unter Beachtung der tierschutzrechtlichen Vorschriften getötet werden, ohne daß vorher der Versuch des Einfangens gemacht werden muß (vgl. hierzu Erl. Nr. 5 zu § 3 TierSchG).
Hunde und **Katzen,** die sich **lebend** in Fallen **gefangen** haben, dürfen **nicht** mehr **getötet** werden. Solche Tiere und eingefangene Hunde sind als **Fundsachen** zu behandeln. Die Vorschriften über den Fund nach den §§ 965 ff. BGB finden Anwendung.

Jagdausübungsberechtigte können **Jagdgästen** das Töten von Hunden und Katzen unter den Voraussetzungen des § 23 Abs. 1 Nr. 2 erlauben. Die Erlaubnis muß **schriftlich** erteilt und bei der Jagdausübung mitgeführt werden. Die Erlaubnis in Schriftform ist auch dann erforderlich, wenn der Jagdgast von dem oder den Jagdausübungsberechtigten be-

gleitet wird. Wer als Jagdgast Hunde oder Katzen ohne schriftliche Erlaubnis tötet, handelt ordnungswidrig (vgl. § 33 Abs. 1 Nr. 13 LJG).
Wer als Jagdschutzberechtigter oder als Jagdgast (mit schriftlicher Erlaubnis) einen Hund oder eine Katze tötet, ohne daß die Voraussetzungen des § 23 Abs. 1 Nr. 2 LJG vorliegen, kann sich wegen Sachbeschädigung nach § 303 StGB (Antragsdelikt) und Vergehens gemäß § 17 Nr. 1 TierSchG (Tötung eines Wirbeltieres ohne vernünftigen Grund) **strafbar** machen. Außerdem besteht **Schadensersatzpflicht** wegen unerlaubter Handlung nach § 823 BGB.

VII. ABSCHNITT

Wild- und Jagdschaden

1. Wildschadenverhütung

BJG

§ 26
Fernhalten des Wildes

Der Jagdausübungsberechtigte sowie der Eigentümer oder Nutzungsberechtigte eines Grundstückes sind berechtigt, zur Verhütung von Wildschäden das Wild von den Grundstücken abzuhalten oder zu verscheuchen. Der Jagdausübungsberechtigte darf dabei das Grundstück nicht beschädigen, der Eigentümer oder Nutzungsberechtigte darf das Wild weder gefährden noch verletzen.

Erl. zu § 26 BJG

1. Mögliche Maßnahmen zum Fernhalten des Wildes sind u. a.:
   Verlappen, Aufstellen von Wildscheuchen, Verstänkern, Knallapparate, Einbinden, Anbringen von Drahthosen, Einzäunen, Beizen der Samenkörner usw.
2. Sofern der Geschädigte die von dem Jagdausübungsberechtigten zur Abwehr von Wildschaden getroffenen Maßnahmen unwirksam macht, hat er keinen Anspruch auf Ersatz von Wildschaden (vgl. § 32 Abs. 1 BJG).
3. Wer zum Verscheuchen des Wildes Mittel anwendet, durch die Wild verletzt oder gefährdet wird, handelt ordnungswidrig (vgl. § 39 Abs. 1 Nr. 6 BJG).

BJG § 27
Verhinderung übermäßigen Wildschadens

(1) Die zuständige Behörde kann anordnen, daß der Jagdausübungsberechtigte unabhängig von den Schonzeiten innerhalb einer bestimmten Frist in bestimmtem Umfange den Wildbestand zu verringern hat, wenn dies mit Rücksicht auf das allgemeine Wohl, insbesondere auf die Interessen der Land-, Forst- und Fischereiwirtschaft und die Belange des Naturschutzes und der Landschaftspflege, notwendig ist.

(2) Kommt der Jagdausübungsberechtigte der Anordnung nicht nach, so kann die zuständige Behörde für dessen Rechnung den Wildbestand vermindern lassen. Das erlegte Wild ist gegen angemessenes Schußgeld dem Jagdausübungsberechtigten zu überlassen.

Erl. zu § 27 BJG

Zuständige Behörde i. S. von § 27 ist das Kreisjagdamt. Anordnungen bzw. Maßnahmen nach dieser Bestimmung sind unter Berücksichtigung der Vorschriften über die Schonzeiten sowie der Abschußregelung nur dann zulässig, wenn eine **notstandsähnliche Situation** (d. h. Wildschaden in einem unerträglichen Ausmaß) vorliegt. Dabei ist immer der Grundsatz der Verhältnismäßigkeit zu beachten.

BJG § 28
Sonstige Beschränkungen in der Hege

(1) Schwarzwild darf nur in solchen Einfriedungen gehegt werden, die ein Ausbrechen des Schwarzwildes verhüten.

(2) Das Aussetzen von Schwarzwild und Wildkaninchen ist verboten.

(3) Das Aussetzen oder das Ansiedeln fremder Tiere in der freien Natur ist nur mit schriftlicher Genehmigung

der zuständigen obersten Landesbehörde oder der von ihr bestimmten Stelle zulässig.

(4) Das Hegen oder Aussetzen weiterer Tierarten kann durch die Länder beschränkt oder verboten werden.

(5) Die Länder können die Fütterung von Wild untersagen oder von einer Genehmigung abhängig machen.

LJagdGDVO

§ 9
Aussetzen von Wild

Dam-, Sika-, Gams- und Muffelwild darf nur mit Genehmigung der oberen Jagdbehörde in die freie Wildbahn ausgesetzt werden.

Erl. zu § 28 BJG und § 9 LJagdGDVO

1. Die Vorschrift soll bewirken, daß Wildschaden, den Schwarzwild und Wildkaninchen im allgemeinen in besonders starkem Maße verursachen, möglichst vermieden wird.
2. Als „fremd" im Sinne des § 28 BJG sind alle die wildlebenden Tiere anzusehen, die nicht im Katalog der Tierarten, die dem Jagdrecht unterliegen, aufgeführt sind (vgl. § 2 BJG).
3. Die Verordnung über das Aussetzen von Dam-, Sika-, Gams- und Muffelwild vom 29. Mai 1978 wurde aufgehoben und durch § 9 der LJagdGDVO ersetzt.
4. Die RotwildVO für das Land Baden-Württemberg vom 28. März 1958 (vgl. Anhang 3) bestimmt, daß Rotwild nur in bestimmten Gebieten gehegt werden darf. Außerhalb dieser Gebiete ist das gesamte Rotwild mit Ausnahme der Kronenhirsche während der Jagdzeit abzuschießen.
5. Wer verbotswidrig Wild hegt oder aussetzt, handelt ordnungswidrig (vgl. §§ 39 Abs. 1 Nr. 7 BJG, 33 Abs. 2 Nr. 4 LJG i. V. m. § 21 LJagdGDVO).

2. Wildschadensersatz

BJG

§ 29
Schadensersatzpflicht

(1) Wird ein Grundstück, das zu einem gemeinschaftlichen Jagdbezirk gehört oder einem gemeinschaftlichen

Jagdbezirk angegliedert ist (§ 5 Abs. 1) durch Schalenwild, Wildkaninchen oder Fasanen beschädigt, so hat die Jagdgenossenschaft dem Geschädigten den Wildschaden zu ersetzen. Der aus der Genossenschaftskasse geleistete Ersatz ist von den einzelnen Jagdgenossen nach dem Verhältnis des Flächeninhalts ihrer beteiligten Grundstücke zu tragen. Hat der Jagdpächter den Ersatz des Wildschadens ganz oder teilweise übernommen, so trifft die Ersatzpflicht den Jagdpächter. Die Ersatzpflicht der Jagdgenossenschaft bleibt bestehen, soweit der Geschädigte Ersatz von dem Pächter nicht erlangen kann.

(2) Wildschaden an Grundstücken, die einem Eigenjagdbezirk angegliedert sind (§ 5 Abs. 1) hat der Eigentümer oder der Nutznießer des Eigenjagdbezirks zu ersetzen. Im Falle der Verpachtung haftet der Jagdpächter, wenn er sich im Pachtvertrag zum Ersatz des Wildschadens verpflichtet hat. In diesem Falle haftet der Eigentümer oder der Nutznießer nur, soweit der Geschädigte Ersatz von dem Pächter nicht erlangen kann.

(3) Bei Grundstücken, die zu einem Eigenjagdbezirk gehören, richtet sich, abgesehen von den Fällen des Absatzes 2, die Verpflichtung zum Ersatz von Wildschaden (Absatz 1) nach dem zwischen dem Geschädigten und dem Jagdausübungsberechtigten bestehenden Rechtsverhältnis. Sofern nichts anderes bestimmt ist, ist der Jagdausübungsberechtigte ersatzpflichtig, wenn er durch unzulänglichen Abschuß den Schaden verursacht hat.

(4) Die Länder können bestimmen, daß die Wildschadensersatzpflicht auch auf anderes Wild ausgedehnt wird und daß der Wildschadensbetrag für bestimmtes Wild durch Schaffung eines Wildschadensausgleichs auf eine Mehrheit von Beteiligten zu verteilen ist (Wildschadensausgleichskasse).

Erl. zu § 29 BJG

Baden-Württemberg hat die Wildschadensersatzpflicht nicht auf weitere Wildarten ausgedehnt, so daß nur der Wildschaden an Grundstücken zu ersetzen ist, der durch **Schalenwild, Wildkaninchen** oder **Fasane** angerichtet wird.

Eine Wildschadensausgleichskasse besteht nicht.

BJG § 30
Wildschaden durch Wild aus Gehege

Wird durch ein aus einem Gehege ausgetretenes und dort gehegtes Stück Schalenwild Wildschaden angerichtet, so ist ausschließlich derjenige zum Ersatz verpflichtet, dem als Jagdausübungsberechtigten, Eigentümer oder Nutznießer die Aufsicht über das Gehege obliegt.

Gehege i. S. dieser Vorschrift sind Grundflächen, die dauernd und vollständig eingefriedet sind und in denen Wild zu jagdlichen Zwecken gehalten wird (Gatterrevier und Wildparks). **Tiergärten** fallen nicht hierunter (vgl. § 6 BJG).

BJG § 31
Umfang der Ersatzpflicht

(1) Nach den §§ 29 und 30 ist auch der Wildschaden zu ersetzen, der an den getrennten, aber noch nicht eingeernteten Erzeugnissen eines Grundstücks eintritt.

(2) Werden Bodenerzeugnisse, deren voller Wert sich erst zur Zeit der Ernte bemessen läßt, vor diesem Zeitpunkt durch Wild beschädigt, so ist der Wildschaden in dem Umfange zu ersetzen, wie er sich zur Zeit der Ernte darstellt. Bei der Feststellung der Schadenshöhe ist jedoch zu berücksichtigen, ob der Schaden nach den Grundsätzen einer ordentlichen Wirtschaft durch Wie-

§ 32 BJG (§ 10 LJagdGDVO) Wildschadensersatz

deranbau im gleichen Wirtschaftsjahr ausgeglichen werden kann.

Erl. zu § 31 BJG

Sowohl der **Geschädigte** als auch der **Ersatzpflichtige** können verlangen, daß die Höhe des Schadens erst in einem späteren, kurz vor der Ernte abzuhaltenden Termin festgestellt wird.
Dem Antrag muß stattgegeben werden (vgl. § 12 Abs. 3 der LJagdGDVO).

BJG § 32
Schutzvorrichtungen

(1) Ein Anspruch auf Ersatz von Wildschaden ist nicht gegeben, wenn der Geschädigte die von dem Jagdausübungsberechtigten zur Abwehr von Wildschaden getroffenen Maßnahmen unwirksam macht.

(2) Der Wildschaden, der an Weinbergen, Gärten, Obstgärten, Baumschulen, Alleen, einzelstehenden Bäumen, Forstkulturen, die durch Einbringen anderer als der im Jagdbezirk vorkommenden Hauptholzarten einer erhöhten Gefährdung ausgesetzt sind, oder Freilandpflanzungen von Garten- oder hochwertigen Handelsgewächsen entsteht, wird, soweit die Länder nicht anders bestimmen, nicht ersetzt, wenn die Herstellung von üblichen Schutzvorrichtungen unterblieben ist, die unter gewöhnlichen Umständen zur Abwendung des Schadens ausreichen. Die Länder können bestimmen, welche Schutzvorrichtungen als üblich anzusehen sind.

LJagdGDVO § 10
Schutzvorrichtungen

Als übliche Schutzvorrichtungen im Sinne des § 32 Abs. 2 Satz 1 des Bundesjagdgesetzes sind wilddichte Zäune folgender Mindesthöhen anzusehen:

Wildschadensersatz/Jagdschaden (§ 25 LJG) §§ 32, 33 BJG

1. zum Schutz gegen Muffelwild 2,50 m,
2. zum Schutz gegen Rot-, Dam- und Sikawild 1,80 m,
3. zum Schutz gegen Reh-, Gams- und Schwarzwild 1,30 m und
4. zum Schutz gegen Wildkaninchen 1,00 m über und 0,30 m in der Erde.

LJG

§ 25
Wildschäden an Weinbergen

Wildschäden an Weinbergen sind zu ersetzen, auch wenn Schutzvorrichtungen zur Abwendung des Schadens nicht errichtet sind.

Erl. zu § 32 BJG, § 25 LJG und § 10 LJagdGDVO

1. Die Feststellung, was Hauptholzart ist, richtet sich nach den örtlichen Verhältnissen. Im Zweifelsfalle wird sich zu dieser Frage die Forstbehörde gutachtlich zu äußern haben.
2. In Baden-Württemberg sind Wildschäden an Weinbergen auch dann zu ersetzen, wenn keine Schutzvorrichtungen errichtet sind.

3. Jagdschaden

BJG

§ 33
Schadensersatzpflicht

(1) Wer die Jagd ausübt, hat dabei die berechtigten Interessen der Grundstückseigentümer oder Nutzungsberechtigten zu beachten, insbesondere besäte Felder und nicht abgemähte Wiesen tunlichst zu schonen. Die Ausübung der Treibjagd auf Feldern, die mit reifender Halm- oder Samenfrucht oder mit Tabak bestanden sind, ist verboten; die Suchjagd ist nur insoweit zulässig, als sie ohne Schaden für die reifenden Früchte durchgeführt werden kann.

(2) Der Jagdausübungsberechtigte haftet dem Grundstückseigentümer oder Nutzungsberechtigten für jeden aus mißbräuchlicher Jagdausübung entstehenden Schaden; er haftet auch für den Jagdschaden, der durch einen von ihm bestellten Jagdaufseher oder durch einen Jagdgast angerichtet wird.

Erl. zu § 33 BJG

Ersatzpflichtig ist jeder Schaden, der durch **mißbräuchliches** Jagen verursacht wurde.

Wer gegen die Vorschrift des § 33 Abs. 1 BJG verstößt, handelt außerdem ordnungswidrig (vgl. § 39 Abs. 1 Nr. 8 BJG).

4. Gemeinsame Vorschriften

BJG § 34

Geltendmachung des Schadens

Der Anspruch auf Ersatz von Wild- oder Jagdschaden erlischt, wenn der Berechtigte den Schadensfall nicht binnen einer Woche, nachdem er von dem Schaden Kenntnis erhalten hat oder bei Beobachtung gehöriger Sorgfalt erhalten hätte, bei der für das beschädigte Grundstück zuständigen Behörde anmeldet. Bei Schaden an forstwirtschaftlich genutzen Grundstücken genügt es, wenn er zweimal im Jahre, jeweils bis zum 1. Mai oder 1. Oktober, bei der zuständigen Behörde angemeldet wird. Die Anmeldung soll die als ersatzpflichtig in Anspruch genommene Person bezeichnen.

Erl. zu § 34 BJG

1. Zuständige Behörde ist das für das beschädigte Grundstück zuständige Bürgermeisteramt.
   Die Anmeldung des Schadens muß schriftlich oder zu Protokoll erfolgen (vgl. § 12 Abs. 1 der LJagdGDVO).

Erfolgt die Anmeldung nicht fristgemäß, hat sie das Bürgermeisteramt zurückzuweisen (vgl. §§ 12 Abs. 2 und 17 LJagdGDVO).
2. Für die Fristberechnung sind die Vorschriften der §§ 187 Abs. 1, 188 Abs. 2 und 193 BGB maßgebend. Hiernach wird der Feststellungstag nicht mitgerechnet. Sofern der letzte Tag auf einen Sonntag oder gesetzlichen Feiertag fällt, endet die Frist mit Ablauf des nächsten Werktages.

BJG § 35
Verfahren in Wild- und Jagdschadenssachen

Die Länder können in Wild- und Jagdschadenssachen das Beschreiten des ordentlichen Rechtsweges davon abhängig machen, daß zuvor ein Feststellungsverfahren vor einer Verwaltungsbehörde (Vorverfahren) stattfindet, in dem über den Anspruch eine vollstreckbare Verpflichtungserklärung (Anerkenntnis, Vergleich) aufzunehmen oder eine nach Eintritt der Rechtskraft vollstreckbare Entscheidung (Vorbescheide) zu erlassen ist. Die Länder treffen die näheren Bestimmungen hierüber.

LJG § 25 a
Vorverfahren

(1) Wild- und Jagdschäden (§ 35 Bundesjagdgesetz) können gerichtlich erst geltend gemacht werden, wenn ein Verfahren zur Feststellung des Schadens und Festsetzung des Ersatzbetrages vorausgegangen ist (Vorverfahren). Die Durchführung des Vorverfahrens obliegt den Gemeinden. Örtlich zuständig ist die Gemeinde, auf deren Gebiet das beschädigte Grundstück liegt; ist der Schaden an deren Grundstück entstanden, so entfällt das Vorverfahren.

(2) Das Recht der Beteiligten, Wild- und Jagdschadenssachen ohne Vorverfahren durch gütliche Vereinbarung zu regeln, bleibt unberührt.

LJagdGDVO § 11
Wildschadensschätzer

(1) Die untere Jagdbehörde bestellt in jedem Stadt- und Landkreis Wildschadensschätzer in der erforderlichen Anzahl auf die Dauer von vier Jahren. Sie verpflichtet die Schätzer, Gutachten unparteiisch und gewissenhaft zu erstatten. Die Bestellung ist widerruflich.

(2) Wildschaden an Forstpflanzen wird durch einen von der unteren Jagdbehörde auf Vorschlag der Forstdirektion bestimmten Forstsachverständigen geschätzt. Die Forstdirektion schlägt hierzu mehrere Personen vor.

(3) Außer in den Fällen des § 20 des Landesverwaltungsverfahrensgesetzes darf ein Schätzer bei einer Schätzung auch dann nicht mitwirken, wenn der Schaden in einem Jagdbezirk entstanden ist, in dem er oder eine Person jagdausübungsberechtigt ist, zu der er in einem im § 20 Abs. 5 des Landesverwaltungsverfahrensgesetzes genannten Verhältnis steht.

(4) Ein Schätzer kann von jedem Beteiligten wegen Besorgnis der Befangenheit abgelehnt werden, wenn ein Grund vorliegt, der geeignet ist, Mißtrauen gegen seine Unparteilichkeit zu rechtfertigen.

(5) Der Schätzer hat Anspruch auf Entschädigung und Ersatz seiner Auslagen. Die Entschädigungssätze setzt die oberste Jagdbehörde fest.

LJagdGDVO § 12
Schadensanmeldung

(1) Der Anspruch auf Ersatz von Wild- oder Jagdschaden ist bei der zuständigen Gemeinde innerhalb der in § 34 des Bundesjagdgesetzes bestimmten Frist schriftlich oder zur Niederschrift anzumelden.

(2) Bei rechtzeitiger Anmeldung beraumt die Gemeinde unverzüglich einen Ortstermin an, bei dem der Schaden ermittelt wird und auf eine gütliche Einigung hingewirkt werden soll. Zu dem Termin sind die Beteiligten mit dem Hinweis zu laden, daß auch im Falle ihres Nichterscheinens der Schaden ermittelt wird. Beteiligte sind die Geschädigten und die zum Schadensersatz Verpflichteten einschließlich derjenigen Jagdpächter, die den Wild-

schaden ganz oder teilweise zu erstatten haben. Der Schätzer ist zu dem Termin zu laden, wenn ein Beteiligter dies beantragt.

(3) Beantragt ein Beteiligter in dem Termin, daß die Höhe des Schadens erst kurz vor der Ernte ermittelt werden solle, so ist der Umfang des Schadens gleichwohl soweit zu erheben, als dies später zur Feststellung der Schadenshöhe erforderlich ist. Über die Verhandlung ist eine Niederschrift zu fertigen. Ein Antrag nach Satz 1 kann nicht gestellt werden bei Wildschäden im Wald, an Alleen, einzelstehenden Bäumen und Baumschulen.

LJagdGDVO § 13
Gütliche Einigung

Kommt eine gütliche Einigung zustande, so fertigt die Gemeinde hierüber eine Niederschrift, die von den Beteiligten zu unterzeichnen ist. Die Niederschrift muß Angaben enthalten über

1. Art, Umfang und Zeitpunkt der Schadensfeststellung,
2. Art, Höhe und Zeitpunkt der Schadensersatzleistung,
3. den oder die Ersatzpflichtigen,
4. die Verteilung der Verfahrenskosten und
5. die Vollstreckbarkeit.

Die Gemeinde stellt den Beteiligten eine beglaubigte Abschrift der Niederschrift zu.

LJagdGDVO § 14
Vorbescheid

(1) Kommt eine gütliche Einigung nicht zustande, so zieht die Gemeinde, falls noch nicht geschehen, einen Schätzer zu und beraumt erforderlichenfalls einen neuen Termin an.

(2) Der Schätzer hat ein schriftliches Gutachten abzugeben, das

1. die Bezeichnung und Kulturart des beschädigten Grundstücks,
2. die Schadensursache (Wildart), den Umfang des Schadens und die Größe der beschädigten Fläche und
3. den Schadensbetrag

enthalten muß. Das Gutachten soll auf die Streitpunkte eingehen, die einer gütlichen Einigung entgegenstehen.

(3) Die Gemeinde erläßt nach Erstattung des Gutachtens einen schriftlichen Vorbescheid, der den Ersatzpflichtigen, den Ersatzberechtigten und die Höhe des Schadensersatzes benennt. Der Vorbescheid ist zu begründen und hat die Höhe der Verfahrenskosten und deren Schuldner zu bezeichnen; er ist den Beteiligten mit einer Belehrung über die Vollstreckbarkeit und das Rechtsmittel zuzustellen.

LJagdGDVO §15

Verfahrenskosten

(1) Kosten des Verfahrens sind die notwendigen Auslagen der Gemeinde. Hierzu gehören insbesondere die Entschädigungsleistungen und Auslagenerstattungen an Schätzer sowie die Kosten der Zustellung.

(2) Die Kosten sind unter Berücksichtigung des bisherigen Sach- und Streitstands nach billigem Ermessen festzusetzen und gemäß der Festsetzung zu erstatten. Dabei sind unnötigerweise entstandene Kosten dem Beteiligten aufzuerlegen, der sie verursacht hat.

LJagdGDVO §16

Rechtskraft, Vollstreckbarkeit

(1) Der Vorbescheid wird rechtskräftig, wenn nicht binnen zwei Wochen seit Zustellung Einspruch bei der Gemeinde erhoben wird, die den Vorbescheid erlassen hat. Der Einspruch hindert nicht die Rechtskraft der Kostenentscheidung, unbeschadet einer endgültigen gerichtlichen Kostenverteilung.

(2) Aus der Niederschrift über eine gütliche Einigung nach § 13 und aus einem rechtskräftigen Vorbescheid nach § 14 Abs. 3 findet die Zwangsvollstreckung nach den Vorschriften der Zivilprozeßordnung mit folgender Maßgabe statt:

1. Die vollstreckbare Ausfertigung der Niederschrift nach § 13 und des Vorbescheids nach § 14 Abs. 3 wird von dem Urkundsbeamten der Geschäftsstelle des Amtsgerichts erteilt, in dessen Bezirk das beschädigte Grundstück liegt,

2. an die Stelle des Prozeßgerichts (§§ 731, 767 bis 770, 785, 786 und 791 der Zivilprozeßordnung) tritt das vorbezeichnete Gericht.

LJagdGDVO § 17
Klageerhebung

Wird die Anmeldung als verspätet zurückgewiesen oder Einspruch gegen den Vorbescheid erhoben, so kann der ordentliche Rechtsweg beschritten werden.

Erl. zu § 35 BJG, § 25 a LJG und §§ 11 bis 17 der LJagdGDVO

Sofern es in Wild- und Jagdschadenssachen zwischen den Beteiligten zu keiner gütlichen Vereinbarung kommt, ist ein **Vorverfahren** (Prozeßvoraussetzung) bei dem für das beschädigte Grundstück zuständigen Bürgermeisteramt zwingend vorgeschrieben.

Das Vorverfahren hat die rasche und objektive Schadensfeststellung sowie die gütliche Einigung zum Ziel.

Das Vorverfahren entfällt nur dann, wenn Wild- oder Jagdschaden an gemeindeeigenen Grundstücken entstanden ist. Kommt in einem solchen Fall keine gütliche Vereinbarung zustande, kann bei dem für die Gemeinde zuständigen Amtsgericht Klage erhoben werden.

VIII. ABSCHNITT

Inverkehrbringen und Schutz von Wild

BJG § 36
Ermächtigungen

(1) Der Bundesminister wird ermächtigt, durch Rechtsverordnung mit Zustimmung des Bundesrates, soweit dies aus Gründen der Hege, zur Bekämpfung von Wilderei und Wildhehlerei, aus wissenschaftlichen Gründen oder zur Verhütung von Gesundheitsschäden durch Fallwild erforderlich ist, Vorschriften zu erlassen über

1. die Anwendung von Ursprungszeichen bei der Verbringung von erlegtem Schalenwild aus dem Erle-

gungsbezirk und der Verbringung von erlegtem Schalenwild in den Geltungsbereich dieses Gesetzes,
2. den Besitz, den Erwerb, die Ausübung der tatsächlichen Gewalt oder das sonstige Verwenden, die Abgabe, das Feilhalten, die Zucht, den Transport, das Veräußern oder das sonstige Inverkehrbringen von Wild,
3. die Ein-, Durch- und Ausfuhr sowie das sonstige Verbringen von Wild in den, durch den und aus dem Geltungsbereich dieses Gesetzes,
4. die Verpflichtung zur Führung von Wildhandelsbüchern,
5. das Kennzeichnen von Wild.

(2) Die Länder erlassen insbesondere Vorschriften über
1. die behördliche Überwachung des gewerbsmäßigen Ankaufs, Verkaufs und Tausches sowie der gewerbsmäßigen Verarbeitung von Wildbret und die behördliche Überwachung der Wildhandelsbücher,
2. das Aufnehmen, die Pflege und die Aufzucht verletzten oder kranken Wildes und dessen Verbleib.

(3) Die Vorschriften nach Absatz 1 Nr. 2 und 3 und Absatz 2 Nr. 2 können sich auch auf Eier oder sonstige Entwicklungsformen des Wildes, auf totes Wild, auf Teile des Wildes sowie auf die Nester und die aus Wild gewonnenen Erzeugnisse erstrecken.

(4) Rechtsverordnungen nach Absatz 1 Nr. 1 bedürfen des Einvernehmens mit dem Bundesminister für Wirtschaft; Rechtsverordnungen nach Absatz 1 Nr. 3 bedürfen des Einvernehmens mit dem Bundesminister der Finanzen. Rechtsverordnungen nach Absatz 1 Nr. 2 bis 5 bedürfen, soweit sie Rechtsakte des Rates oder der Kommission der Europäischen Gemeinschaften auf dem

Gebiet des Artenschutzes oder Verpflichtungen aus internationalen Artenschutzübereinkommen zu beachten haben, des Einvernehmens mit dem Bundesminister für Umwelt, Naturschutz und Reaktorsicherheit.

(5) Der Bundesminister der Finanzen und die von ihm bestimmten Zollstellen wirken bei der Ein-, Durch- und Ausfuhr sowie bei dem sonstigen Verbringen von Wild mit. Für das Gebiet des Freihafens Hamburg kann der Bundesminister der Finanzen durch Vereinbarung mit dem Senat der Freien und Hansestadt Hamburg diese Aufgabe dem Freihafenamt übertragen. § 14 Abs. 2 des Finanzverwaltungsgesetzes gilt entsprechend. Der Bundesminister der Finanzen regelt im Einvernehmen mit dem Bundesminister durch Rechtsverordnung ohne Zustimmung des Bundesrates die Einzelheiten des Verfahrens nach Satz 1; er kann dabei insbesondere Pflichten zu Anzeigen, Anmeldungen, Auskünften und zur Leistung von Hilfsdiensten sowie zur Duldung von Besichtigungen und von Entnahmen unentgeltlicher Muster und Proben vorsehen. Der Bundesminister gibt im Einvernehmen mit dem Bundesminister der Finanzen im Bundesanzeiger die Zollstellen bekannt, bei denen Wild zur Ein-, Durch- und Ausfuhr sowie zum sonstigen Verbringen abgefertigt wird, wenn die Ein-, Durch- und Ausfuhr sowie das sonstige Verbringen durch Rechtsverordnung nach Absatz 1 Nr. 3 geregelt ist.

Erl. zu § 36 BJG

Der Bundesminister für Ernährung, Landwirtschaft und Forsten hat am 25. 10. 1985 (BGBl. S. 2040) aufgrund der Ermächtigung in § 36 Abs. 1 Nr. 2, 4 und Abs. 3 die Verordnung über den Schutz von Wild (Bundeswildschutzverordnung – BWildSchV) erlassen, die seit dem 1. 4. 1986 in vollem Umfang in Kraft ist. Sie setzt zugleich die Vorschriften der EG-Vogelschutzrichtlinie in nationales Recht um. Der Wortlaut der BWildSchV (mit kurzen Erläuterungen am Schluß) ist im Anhang 2 abgedruckt. Zur besseren Übersicht wurden die Anlagen nicht am Schluß der VO, sondern unmittelbar den betreffenden Paragraphen angefügt.

LJG § 22

Ermächtigungen

(1) Das Ministerium Ländlicher Raum wird ermächtigt, durch Rechtsverordnung

1. über die in § 2 Abs. 1 des Bundesjagdgesetzes genannten Tierarten hinaus zur Erhaltung eines den landschaftlichen und landeskulturellen Verhältnisses angepaßten artenreichen und gesunden Wildbestandes weitere Tierarten zu bestimmen, die dem Jagdrecht unterliegen, und für diese Jagdzeiten festzusetzen;
2. das Nähere über die Jägerprüfung und die Falknerprüfung, insbesondere die Zulassungsvoraussetzungen, die Prüfungsgebiete, die Berufung der Prüfer, das Prüfungsverfahren und die Bewertung der Prüfungsleistungen zu regeln (§ 15 Abs. 5 und 7 Bundesjagdgesetz);
3. aus besonderen Gründen, insbesondere zur Verhinderung erheblicher land-, forst- und fischereiwirtschaftlicher Schäden, zum Schutz des Wildes sowie zu Zwecken der Wildseuchenbekämpfung, der Wissenschaft oder der Forschung die sachlichen Verbote des § 19 Abs. 1 des Bundesjagdgesetzes, mit Ausnahme der Nummer 16, und des § 20 dieses Gesetzes zu erweitern oder einzuschränken;
4. bestimmtes Wild, das in seinem Bestand nicht gefährdet oder bedroht ist, von dem Verbot des § 19 a Satz 1 des Bundesjagdgesetzes auszunehmen;
5. nähere Bestimmungen über die Aufstellung und Einreichung der Abschußpläne sowie die Kontrolle und Erzwingung der Erfüllung von Abschußplänen zu er-

lassen (§ 21 Abs. 2 Bundesjagdgesetz und § 21 dieses Gesetzes);
6. gemäß § 22 Abs. 1 Satz 3 des Bundesjagdgesetzes die Jagdzeiten abzukürzen oder aufzuheben, oder die Schonzeiten aufzuheben;
7. unter den Voraussetzungen des § 22 Abs. 2 Satz 2 des Bundesjagdgesetzes Jagdzeiten festzusetzen und die Zulassung von Ausnahmen in Einzelfällen zu regeln;
8. aus Gründen der Landeskultur Schonzeiten für Wild gänzlich zu versagen (§ 22 Abs. 3 Bundesjagdgesetz);
9. im Rahmen des § 22 Abs. 4 Satz 2 des Bundesjagdgesetzes Ausnahmen zu bestimmen, das Ausnehmen von Gelegen gemäß Satz 5 zu regeln und das Sammeln von Eiern im Rahmen des Satzes 6 einzuschränken;
10. Bestimmungen zu treffen, wonach die Jagdbehörden Maßnahmen zur Verhütung oder Verminderung von Wildschäden anordnen können;
11. zur Gewährleistung der Ziele des § 1 Abs. 2 des Bundesjagdgesetzes das Hegen oder Aussetzen weiterer Tierarten oder -unterarten zu beschränken oder zu verbieten (§ 28 Abs. 4 Bundesjagdgesetz);
12. zu bestimmen, welche Schutzvorrichtungen als üblich anzusehen sind (§ 32 Abs. 2 Satz 2 Bundesjagdgesetz);
13. nähere Bestimmungen über das Verfahren in Wild- und Jagdschadenssachen zu treffen (§ 35 Bundesjagdgesetz und § 25 a dieses Gesetzes);
14. Vorschriften im Rahmen des § 36 Abs. 2 auch in Verbindung mit Absatz 3 des Bundesjagdgesetzes zu erlassen;
15. das Nähere über die Bestätigung von Hegegemeinschaften (§ 6 a) und die Entsendung eines Vertreters (§ 21 Abs. 1 Satz 1 Halbsatz 2) zu regeln;

§ 36 BJG Wildverkehrsbeschränkungen, Fleischbeschau

16. das Nähere über die Erteilung von Jagdscheinen, insbesondere die Voraussetzungen und das Verfahren, zu regeln (§ 12);
17. Rotwildgebiete auszuweisen und für die Bejagung des Rotwildes besondere Vorschriften zu erlassen.

(2) Die obere Jagdbehörde wird ermächtigt, durch Rechtsverordnung die Ausübung der Jagd in Naturschutzgebieten zu regeln.

Erl. zu § 22 LJG

1. Aufgrund der Ermächtigungen in § 22 LJG sind folgende Rechtsverordnungen in Kraft:
   LJagdGDVO, Jägerprüfungsordnung, VO über die Jagdzeiten und RotwildVO.
2. Vorschriften nach § 36 Abs. 2 Nr. 1 BJG wurden noch nicht erlassen.

BJG § 36 a

aufgehoben

Erl. zu § 36 a

§ 36a BJG wurde durch § 44a BJG (**Unberührtheitsklausel**) ersetzt. Danach bleiben – wie bisher in § 36a bestimmt – die Vorschriften des **Lebensmittelrechts, Seuchenrechts, Fleischhygienerechts** und **Tierschutzrechts** unberührt.

Verpflichtung zur Fleischbeschau bei Haarwild

Durch das Gesetz zur Änderung des Fleischbeschaugesetzes vom 13. 4. 1986 (BGBl. S. 398), jetzt Fleischhygienegesetz i. d. F. vom 24. 2. 1987 (BGBl. S. 649) wurde die grundsätzliche Fleischbeschaupflicht für Haarwild eingeführt. Maßgebend hierfür waren Gründe des Verbraucherschutzes und das EG-Recht.

Weitere Vorschriften enthalten die Verordnung über die hygienischen Anforderungen und amtlichen Untersuchungen beim Verkehr mit Fleisch (Fleischhygiene-Verordnung – FlHV) vom 30. 10. 1986 (BGBl. S. 1678) und die Allgemeine Verwaltungsvorschrift über die Durchführung der amtli-

Fleischbeschau § 36a BJG

chen Untersuchungen nach dem Fleischhygienegesetz (FlHG) vom 11. 12. 1986 (Bundesanzeiger Nr. 238 a vom 23. 12. 1986).

Die für Jäger wichtigsten Vorschriften des **FlHG** unter **FlHV** sind im Anhang 11 abgedruckt.

Gemäß § 1 **FlHG** kann die Fleischuntersuchung bei **erlegtem** Haarwild unterbleiben, wenn **keine Merkmale** festgestellt werden, die **das Fleisch als bedenklich zum Genuß für Menschen** erscheinen lassen, **und**

1. das Fleisch **zum eigenen Verbrauch** verwendet oder unmittelbar an einzelne natürliche Personen (z. B. Nachbar, Freunde, Bekannte usw.) **zum eigenen Verbrauch** abgegeben wird **oder**
2. das erlegte Haarwild unmittelbar nach dem Erlegen in **geringen Mengen** (Tagesstrecke!) an nahegelegene be- oder verarbeitende Betriebe (Gaststätten, Hotels, Metzgereien) zur Abgabe an Verbraucher zum Verzehr an Ort und Stelle oder zur Verwendung im eigenen Haushalt geliefert wird.

Die **Ausnahmen** von der **Untersuchungspflicht** sind an die o. a. Voraussetzungen gebunden, wobei die wichtigste Voraussetzung immer die ist, daß an dem erlegten Stück Haarwild **vor** und **nach** dem Erlegen keine gesundheitlich bedenklichen Merkmale (**siehe dazu Kapitel VI Nr. 1.3 ff. der FlHV Anlage 2, abgedruckt in Anhang 11**).

Sofern Haarwild an den Wildhandel abgegeben wird, ist die Fleischbeschau stets erforderlich.

Gemäß § 1 Abs. 3 FlHG unterliegen Wildschweine, Bären, Füchse, Sumpfbiber, Dachse und andere fleischfressende Tiere, die Träger von Trichinen sein können, **ohne Ausnahme** der amtlichen Untersuchung auf Trichinen, wenn das Fleisch zum Genuß für Menschen verwendet werden soll.

Die Anmeldung zur Fleischuntersuchung und Trichinenschau bei der zuständigen Gemeindebehörde obliegt dem **Verfügungsberechtigten,** und zwar **vor** dem Zerwirken oder der Abgabe. Diese Verpflichtung kann nur an Inhaber von be- oder verarbeitenden Betrieben oder an einen Jagdscheininhaber übertragen werden, wenn untersuchungspflichtiges Wild an diese Personen abgegeben wird. In diesen Fällen müssen **festgestellte Merkmale** bei der Abgabe **mitgeteilt** werden.

Für die amtliche Fleischuntersuchung müssen Zunge, Speiseröhre, Lunge mit Luftröhre und Kehlkopf, Milz, Herz, Leber, Nieren mit Nierenfett sowie Magen und Darm vorliegen. Köpfe, einschl. Trophäen, nur bei Verdacht auf Tollwut. Organe, die Veränderungen aufweisen, sind so zu kennzeichnen, daß die Zugehörigkeit zu dem betr. Tierkörper festgestellt werden kann. Sie müssen bis zum Abschluß der amtlichen Untersuchung beim Tierkörper verbleiben.

Nach Kapitel VI Nr. 1.1 und 1.2 der Anlage 2 zur FlHV ist erlegtes Haarwild unverzüglich aufzubrechen und auszuweiden und so aufzubewahren, daß es gründlich auskühlen und in den Körperhöhlen abtrocknen kann. Das Haarwild muß alsbald nach dem Erlegen auf eine Innentemperatur von mind. +7 °C abgekühlt sein; erforderlichenfalls ist es dazu in eine geeignete Kühleinrichtung zu verbringen.

Wildkammern

Die FlHV enthält auch Vorschriften über die Ausstattung von Wildkammern (siehe dazu Kapitel VI Nr. 3).

IX. ABSCHNITT

Jagdbeirat und Vereinigungen der Jäger

BJG § 37

(Bildung von Jagdbeiräten; Mitwirkung von Vereinigungen der Jäger)

(1) In den Ländern sind Jagdbeiräte zu bilden, denen Vertreter der Landwirtschaft, der Forstwirtschaft, der Jagdgenossenschaften, der Jäger und des Naturschutzes angehören müssen.

(2) Die Länder können die Mitwirkung von Vereinigungen der Jäger für die Fälle vorsehen, in denen Jagdscheininhaber gegen die Grundsätze der Weidgerechtigkeit verstoßen (§ 1 Abs. 3).

LJG § 26

Jagdbehörden

(1) Oberste Jagdbehörde ist das Ministerium Ländlicher Raum. Es ordnet und beaufsichtigt das gesamte

Jagdwesen nach Maßgabe der gesetzlichen Bestimmungen.

(2) Obere Jagdbehörde ist das Regierungspräsidium. Die obere Jagdbehörde ist Aufsichtsbehörde für die untere Jagdbehörde. Sie ist für die ihr nach diesem Gesetz und den Ausführungsbestimmungen übertragenen Aufgaben zuständig.

(3) Untere Jagdbehörde ist das Kreisjagdamt, das bei den Landratsämtern und den Stadtkreisen errichtet wird. Die obere Jagdbehörde kann im Benehmen mit den beteiligten Kreisjagdämtern bei den Landratsämtern und Stadtkreisen bestimmen, daß ein Kreisjagdamt beim Landratsamt zugleich die Aufgaben der unteren Jagdbehörde eines angrenzenden Stadtkreises wahrnimmt.

LJG § 27

Jagdbeirat

(1) Zur Beratung der obersten und oberen Jagdbehörde werden Jagdbeiräte gebildet.

(2) Der Jagdbeirat der obersten Jagdbehörde besteht aus dem Minister für Ländlichen Raum, Ernährung, Landwirtschaft und Forsten oder dem von ihm bestimmten Vertreter als Vorsitzendem und siebzehn Mitgliedern, nämlich je vier Vertretern der Landwirtschaft, der Forstwirtschaft, der Jäger, je zwei Vertretern der Jagdgenossenschaften und der Gemeinden und einem Vertreter des Landesnaturschutzverbandes (§ 51 Abs. 3 Naturschutzgesetz). Die oberste Jagdbehörde beruft die Vertreter der Jagdgenossenschaften auf Vorschlag der Regierungspräsidien, die übrigen Mitglieder des Jagdbeirats auf Vorschlag des jeweiligen Fachverbandes. Solange ein Fachverband nicht besteht oder wenn kein Vorschlag eingeht,

§ 37 BJG (§ 27 LJG) Jagdbehörden

werden die Mitglieder von der obersten Jagdbehörde in entsprechender Zusammensetzung ausgewählt. Zwei Vertreter der Forstwirtschaft sollen der Privatforstwirtschaft und zwei der Landesforstverwaltung angehören. Unter den Vertretern der Jäger sollen keine Forstbeamten, jedoch mindestens ein Eigenjagdbesitzer sein. Für jedes Mitglied ist ein Stellvertreter zu bestimmen.

(3) Der Jagdbeirat der oberen Jagdbehörde besteht aus dem Regierungspräsidenten oder dem von ihm bestimmten Vertreter als Vorsitzendem und neun Mitgliedern, nämlich je zwei Vertretern der Landwirtschaft, der Forstwirtschaft, der Jäger sowie je einem Vertreter der Jagdgenossenschaften, der Gemeinden und des Landesnaturschutzverbandes. Der Vertreter der Jagdgenossenschaften wird von der oberen Jagdbehörde aus den von den Kreistagen, in Stadtkreisen von dem Gemeinderat gewählten Personen, der Vertreter der Gemeinden auf Vorschlag des zuständigen Gemeindeverbandes berufen. Im übrigen findet Absatz 2 Satz 3 bis 6 sinngemäß Anwendung.

(4) Der Jagdbeirat ist in allen Fragen von grundsätzlicher und allgemeiner Bedeutung sowie in allen wichtigen Einzelfragen zu hören. Er ist ferner einzuberufen, wenn die Mehrheit der Mitglieder dies beantragt.

(5) Die Mitglieder des Beirats sind ehrenamtlich tätig; sie werden auf die Dauer von sechs Jahren berufen. Abberufung aus wichtigem Grund ist zulässig. Den Aufwand, der ihnen bei der Ausübung ihrer Aufgaben entsteht, trägt das Land.

LJG
§ 28
Untere Jagdbehörde

(1) Vorsitzender der unteren Jagdbehörde ist der Landrat, in Stadtkreisen der Oberbürgermeister oder die von ihnen bestimmten Vertreter. Beisitzer sind ein staatlicher Forstbeamter und je ein Vertreter der Landwirtschaft, der Jagdgenossenschaften, der Gemeinden und der Jäger.

(2) Der staatliche Forstbeamte und sein Stellvertreter werden von der zuständigen Forstdirektion aus den Vorständen der staatlichen Forstämter im Kreise bestimmt. Der Vertreter der Jagdgenossenschaften und sein Stellvertreter werden vom Kreistag, in den Stadtkreisen vom Gemeinderat gewählt, die übrigen Beisitzer und ihre Stellvertreter werden von den zuständigen Fachverbänden benannt und vom Vorsitzenden der unteren Jagdbehörde berufen. Übt die obere Jagdbehörde die ihr in § 26 Abs. 3 Satz 2 eingeräumte Befugnis aus, so wird der Vertreter der Jagdgenossenschaften und sein Stellvertreter durch den Vorsitzenden der unteren Jagdbehörde aus den vom Kreistag und dem Gemeinderat der Stadtkreise gewählten Personen bestimmt. § 27 Abs. 5 Sätze 1 und 2 finden Anwendung.

(3) Die Beisitzer werden vom Vorsitzenden des Kreisjagdamtes durch Handschlag verpflichtet. Sie werden einberufen, so oft es die Geschäfte erfordern oder wenn die Mehrheit es beantragt. Das Kreisjagdamt faßt seine Beschlüsse mit Stimmenmehrheit, bei Stimmengleichheit entscheidet der Vorsitzende. Der Vorsitzende muß Beschlüssen des Kreisjagdamtes widersprechen, wenn er der Auffassung ist, daß sie gesetzeswidrig sind; § 41 Abs. 2 Sätze 2 bis 5 der Landkreisordnung sind entsprechend anzuwenden.

§ 37 BJG (§§ 29, 30, 32 LJG)   Jagdbehörden

(4) Soweit es sich nicht um Fragen grundsätzlicher oder allgemeiner Bedeutung oder um wichtige Einzelfragen handelt, kann das Kreisjagdamt den Vorsitzenden allgemein ermächtigen, im Einvernehmen mit einem vom Kreisjagdamt aus seinen Reihen gewählten Beisitzer selbständig zu entscheiden.

LJG § 29

Sachliche Zuständigkeit

Zuständige Behörde im Sinne der Vorschriften des Bundesjagdgesetzes ist die untere Jagdbehörde, soweit in diesem Gesetz und seinen Durchführungsverordnungen nichts anderes bestimmt ist.

LJG § 30

Örtliche Zuständigkeit

Soweit im Bundesjagdgesetz oder in diesem Gesetz und den Durchführungsvorschriften nichts anderes bestimmt ist, ist die Jagdbehörde in allen Angelegenheiten örtlich zuständig, die sich auf Jagdbezirke ihres Gebietes beziehen. Erstreckt sich ein Jagdbezirk auf das Gebiet mehrerer Jagdbehörden, so ist die Jagdbehörde zuständig, in deren Gebiet der der Fläche nach größte Teil des Jagdbezirks liegt. In Zweifelsfällen bestimmt die nächsthöhere gemeinsame Jagdbehörde auf Antrag einer der beteiligten Jagdbehörden oder eines sonstigen Beteiligten die örtlich zuständige Jagdbehörde.

LJG § 32

Staatseigene Jagden

In Jagdbezirken, auf denen die Jagdausübung der Landesforstverwaltung zusteht und in von ihr verpachteten

Staatseigene Jagden (§ 32 LJG) **§ 37 BJG**

Jagdbezirken, werden mit Ausnahme der §§ 5, 15, 18 und 24 des Bundesjagdgesetzes und der §§ 2, 12 und 17 dieses Gesetzes die Befugnisse der unteren und oberen Jagdbehörden von den zuständigen Forstbehörden wahrgenommen. Die Landesforstverwaltung übt ihr Jagdrecht in der Regel selbst aus.

Erl. zu §§ 26 bis 30 und 32 LJG

1. Die genannten Bestimmungen regeln die Organisation der Jagdbehörden sowie deren sachliche und örtliche Zuständigkeit.
2. Die ehrenamtlich tätigen Jagdbeiräte bei der obersten und oberen Jagdbehörde haben nur beratende Funktion, sind aber in allen Fragen von grundsätzlicher und allgemeiner Bedeutung sowie in allen wichtigen Einzelfragen zu hören. Nicht zuletzt können in diesem Gremium aufgrund seiner Zusammensetzung (Vertreter der Landwirtschaft, der Forstwirtschaft, der Jäger, der Jagdgenossenschaften, der Gemeinden und des Naturschutzes) Interessengegensätze ausgeglichen werden.
3. Das **Kreisjagdamt** ist eine kollegiale Behörde, das seine Beschlüsse mit Stimmenmehrheit faßt.
   Gegen Verwaltungsakte des Kreisjagdamtes können die Rechtsmittel des Verwaltungsrechts (Widerspruch, Anfechtungs-, Verpflichtungs- und Feststellungsklage) eingelegt werden. Vgl. hierzu Verwaltungsgerichtsordnung (VwGO) vom 21. 1. 1960 (BGBl. I S. 17), zuletzt geändert durch Gesetz vom 8. 12. 1986 (BGBl. I S. 2191) und Gesetz zur Ausführung der VwGO vom 22. 3. 1960 (GBl. S. 94), zuletzt geändert am 13. 12. 1982 (GBl. S. 525).
4. Die **Forstbehörden** sind bei der Wahrnehmung der Befugnisse der unteren und oberen Jagdbehörde i. S. des § 32 LJG nicht zuständig für die Erteilung und Einziehung von Jagdscheinen, die Genehmigung von Abrundungen und die Entgegennahme von Anzeigen über Wildseuchen und deren Bekämpfung.
   Auf die Anweisung des Ministeriums Ländlicher Raum, Ernährung, Landwirtschaft und Forsten über die Verwaltung und Nutzung der Jagd auf landeseigenen Flächen (Jagdnutzungsanweisung – JNA) vom 1. 4. 1989 (GABl. S. 505) wird hingewiesen.

LJG § 31
Vereinigungen der Jäger

(1) Die zuständige Behörde hat den Vereinigungen der Jäger (§ 37 Abs. 2 Bundesjagdgesetz) Gelegenheit zur Stellungnahme zu geben, wenn ein Jagdschein nach § 17 Abs. 2 Nr. 4 des Bundesjagdgesetzes versagt oder nach § 18 des Bundesjagdgesetzes für ungültig erklärt und eingezogen werden kann. Die Vereinigungen der Jäger können bei der zuständigen Behörde beantragen, daß ein Jagdschein aus den in § 17 Abs. 2 Nr. 4 des Bundesjagdgesetzes genannten Gründen nicht erteilt oder für ungültig erklärt und eingezogen werden soll.

(2) Die oberste Jagdbehörde kann Vereinigungen der Jäger nichthoheitliche Aufgaben auf dem Gebiet des Jagdwesens übertragen.

(3) Vereinigungen der Jäger im Sinne der Absätze 1 und 2 sind solche, die nachweislich mehr als die Hälfte der Inhaber eines bad.-württ. Jahresjagdscheines für Inländer oder diesen Gleichgestellten vertreten.

Erl. zu § 31 LJG

In Baden-Württemberg ist nur der Landesjagdverband als Vereinigung der Jäger i. S. des § 31 LJG anerkannt. Das gesetzliche Mitwirkungsrecht beschränkt sich auf die Fälle, in denen ein Jagdschein wegen eines schweren Verstoßes oder wiederholten Verstößen gegen die allgemein anerkannten Grundsätze deutscher Waidgerechtigkeit versagt oder für ungültig erklärt und eingezogen werden soll.

„Nichthoheitliche Aufgaben" i. S. des § 31 Abs. 2 LJG können z. B. gutachtliche Tätigkeit oder die Durchführung von Trophäenschauen sein.

Gemäß § 12 Abs. 4 LJG ist der Landesjagdverband vor Verwendung der Jagdabgabe anzuhören.

X. ABSCHNITT
Straf- und Bußgeldvorschriften

BJG § 38

Straftaten

(1) Mit Freiheitsstrafe bis zu fünf Jahren oder mit Geldstrafe wird bestraft, wer Wild trotz Verbotes erlegt (§ 21 Abs. 3) oder den Vorschriften über die Schonzeit zuwiderhandelt (§ 22).

(2) Handelt der Täter fahrlässig, so ist die Strafe Freiheitsstrafe bis zu sechs Monaten oder Geldstrafe bis zu einhundertachtzig Tagessätzen.

Erl. zu § 38 BJG

Die Strafvorschrift des § 38 BJG richtet sich gegen **Jäger**, die vorsätzlich oder fahrlässig Wild, dessen Bestand bedroht erscheint, trotz Verbotes erlegen oder gegen die Vorschriften über die Schonzeiten verstoßen.

Bei **Nichtjägern** liegt erschwerte Wilderei i. S. des § 292 Abs. 2 StGB vor.

BJG § 39

Ordnungswidrigkeiten

(1) Ordnungswidrig handelt, wer
1. **in befriedeten Bezirken die Jagd ausübt oder einer Beschränkung der Jagderlaubnis (§ 6) zuwiderhandelt;**
2. **auf vollständig eingefriedeten Grundflächen die Jagd entgegen einer nach § 7 Abs. 3 vorgeschriebenen Beschränkung ausübt;**
3. **auf Grund eines nach § 11 Abs. 6 Satz 1 nichtigen Jagdpachtvertrages, einer nach § 11 Abs. 6 Satz 2 nichtigen entgeltlichen Jagderlaubnis oder entgegen § 12 Abs. 4 die Jagd ausübt;**

§ 39 BJG Straf- und Bußgeldvorschriften

4. als Inhaber eines Jugendjagdscheines ohne Begleitperson die Jagd ausübt (§ 16);
5. den Vorschriften des § 19 Abs. 1 Nr. 3 bis 9, 11 bis 14, 16 bis 18, § 19a oder § 20 Abs. 1 zuwiderhandelt;
6. zum Verscheuchen des Wildes Mittel anwendet, durch die Wild verletzt oder gefährdet wird (§ 26);
7. einer Vorschrift des § 28 Abs. 1 bis 3 über das Hegen, Aussetzen und Ansiedeln zuwiderhandelt;
8. den Vorschriften des § 33 Abs. 1 zuwiderhandelt und dadurch Jagdschaden anrichtet;
9. den Jagdschein auf Verlangen nicht vorzeigt (§ 15 Abs. 1).

(2) Ordnungswidrig handelt, wer vorsätzlich oder fahrlässig

1. die Jagd ausübt, obwohl er keinen gültigen Jagdschein mit sich führt oder obwohl ihm die Jagdausübung verboten ist (§ 41a);
2. den Vorschriften des § 19 Abs. 1 Nr. 1, 2, 10 und 15 zuwiderhandelt;
3. Schalenwild oder anderes Wild, das nur im Rahmen eines Abschußplanes bejagt werden darf, erlegt, bevor der Abschußplan bestätigt oder festgesetzt ist (§ 21 Abs. 2 Satz 1), oder wer den Abschußplan überschreitet;
4. als Jagdausübungsberechtigter das Auftreten einer Wildseuche nicht unverzüglich der zuständigen Behörde anzeigt oder den Weisungen der zuständigen Behörde zur Bekämpfung der Wildseuche nicht Folge leistet (§ 24);
5. einer Rechtsverordnung nach § 36 Abs. 1 oder 5 oder einer landesrechtlichen Vorschrift nach § 36 Abs. 2 zu-

widerhandelt, soweit sie für einen bestimmten Tatbestand auf diese Bußgeldvorschrift verweist;
6. zur Jagd ausgerüstet unbefugt einen fremden Jagdbezirk außerhalb der zum allgemeinen Gebrauch bestimmten Wege betritt.

(3) Die Ordnungswidrigkeit kann mit einer Geldbuße bis zu zehntausend Deutsche Mark geahndet werden.

LJG § 33

Ordnungswidrigkeiten

(1) Ordnungswidrig handelt, wer
1. den Vorschriften des § 1 Abs. 1 Satz 1 und Abs. 2, des § 3 Abs. 4 Satz 3 zuwiderhandelt,
2. die Änderung eines Jagdpachtvertrags nicht innerhalb der Frist des § 7 Abs. 3 anzeigt,
3. die entgeltliche Erteilung einer Jagderlaubnis, ausgenommen eine Erlaubnis zu Einzelabschüssen (§ 9 Abs. 2), nicht anzeigt,
4. als Jagdgast entgegen der Bestimmung des § 9 Abs. 4 die Jagd ausübt,
5. bei Benützung des Jägernotwegs der Vorschrift des § 13 Satz 2 zuwiderhandelt,
6. bei Überwechseln krankgeschossenen oder schwerkranken Wildes die Vorschriften des § 15 Abs. 1 Satz 1 Halbsatz 2, Satz 2 Halbsatz 1, oder des § 16 nicht beachtet,
7. in der Notzeit nicht für ausreichende Wildfütterung sorgt oder verbotswidrig Wild füttert (§ 18),
8. entgegen § 19 brauchbare Jagdhunde nicht bereithält oder verwendet,
9. gegen ein Verbot des § 20 Abs. 1 verstößt,

10. den Abschußplan nicht fristgemäß vorlegt oder nicht erfüllt (§ 21 Abs. 1 Satz 5 und Abs. 3 Satz 1),
11. die Trophäen des erlegten Wildes nicht vorlegt (§ 21 Abs. 5),
12. einem im Rahmen seiner Befugnis handelnden Jagdschutzberechtigten gegenüber unrichtige Angaben über seine Person macht oder die Angaben verweigert (§ 23 Abs. 1 Nr. 1),
13. als Jagdgast Hunde oder Katzen ohne eine schriftliche Erlaubnis des Jagdausübungsberechtigten tötet (§ 23 Abs. 2),
14. den Vorschriften der §§ 6 bis 13, 15 und 16 der Vogeljagdordnung für das Gebiet der gemeinschaftlichen Wasserjagd auf dem Untersee und Rhein vom 21. Juni 1954 (GBl. S. 99) zuwiderhandelt.

(2) Ordnungswidrig handelt auch, wer vorsätzlich oder fahrlässig

1. einer Anordnung der unteren Jagdbehörde gemäß § 4 Abs. 2 Satz 3, § 5 Abs. 4 in Verbindung mit § 4 Abs. 2 Satz 3 oder gemäß § 9 Abs. 3 zuwider die Jagd ausübt,
2. entgegen § 21 Abs. 4 Satz 1 die Abschußliste nicht, nicht richtig oder nicht vollständig führt oder entgegen § 21 Abs. 4 Satz 2 der Meldepflicht oder einer vollziehbaren Vorlageanordnung nicht nachkommt,
3. in einem nicht befriedeten Teil eines Jagdbezirks Hunde außerhalb seiner Einwirkung frei laufen läßt,
4. einer auf Grund dieses Gesetzes erlassenen Vorschrift zuwiderhandelt, sofern die Vorschrift auf die Bußgeldbestimmungen dieses Gesetzes verweist.

(3) Die Ordnungswidrigkeit kann mit einer Geldbuße bis zu 10 000 Deutsche Mark geahndet werden.

(4) Ist eine Ordnungswidrigkeit nach Absatz 1 oder 2 begangen worden, so können Gegenstände, auf die sich

die Ordnungswidrigkeit bezieht oder die zu ihrer Begehung oder Vorbereitung gebraucht worden oder bestimmt gewesen sind, eingezogen werden; § 23 des Gesetzes über Ordnungswidrigkeiten ist anzuwenden.

(5) Zuständige Verwaltungsbehörde (§ 36 Abs. 1 Nr. 1 des Gesetzes über Ordnungswidrigkeiten) für die Verfolgung und Ahndung von Ordnungswidrigkeiten nach diesem Gesetz und dem Bundesjagdgesetz ist in Landkreisen das Landratsamt und in Stadtkreisen die Gemeinde als untere Verwaltungsbehörde.

Erl. zu § 39 BJG und § 33 LJG

Die Ahndung der in § 39 Abs. 1 BJG und § 33 Abs. 1 LJG aufgeführten Tatbestände setzt vorsätzliches Handeln voraus, während die in Abs. 2 genannten Verstöße sowohl bei vorsätzlicher als auch bei fahrlässiger Begehung geahndet werden können.

Zuständig für die Verfolgung und Ahndung ist die jeweils zuständige untere Verwaltungsbehörde, nicht etwa das Kreisjagdamt.

BJG § 40

Einziehung

(1) Ist eine Straftat nach § 38 oder eine Ordnungswidrigkeit nach § 39 Abs. 1 Nr. 5 oder Abs. 2 Nr. 2, 3 oder 5 begangen worden, so können

1. **Gegenstände, auf die sich die Straftat oder Ordnungswidrigkeit bezieht, und**
2. **Gegenstände, die zu ihrer Begehung oder Vorbereitung gebraucht werden oder bestimmt gewesen sind,**

eingezogen werden.

(2) § 74a des Strafgesetzbuches und § 23 des Gesetzes über Ordnungswidrigkeiten sind anzuwenden.

§ 41 BJG — Entziehung des Jagdscheines

Erl. zu § 40 BJG

Die Einziehung aufgrund § 40 BJG erfolgt bei Verstoß gegen Bundesrecht.

Bei Ahndung einer Ordnungswidrigkeit nach landesrechtlichen Bestimmungen (§ 33 Abs. 1 und 2 LJG) können Gegenstände gemäß § 33 Abs. 4 LJG eingezogen werden.

BJG § 41

Anordnung der Entziehung des Jagdscheines

(1) Wird jemand wegen einer rechtswidrigen Tat
1. nach § 38 dieses Gesetzes,
2. nach den §§ 113, 114, 223 bis 227, 239, 240 des Strafgesetzbuches, sofern derjenige, gegen den sich die Tat richtete, sich in Ausübung des Forst-, Feld-, Jagd- oder Fischereischutzes befand, oder
3. nach den §§ 292 bis 294 des Strafgesetzbuches

verurteilt oder nur deshalb nicht verurteilt, weil seine Schuldunfähigkeit erwiesen oder nicht auszuschließen ist, so ordnet das Gericht die Entziehung des Jagdscheines an, wenn sich aus der Tat ergibt, daß die Gefahr besteht, er werde bei weiterem Besitz des Jagdscheines erhebliche rechtswidrige Taten der bezeichneten Art begehen.

(2) Ordnet das Gericht die Entziehung des Jagdscheines an, so bestimmt es zugleich, daß für die Dauer von einem Jahr bis zu fünf Jahren kein neuer Jagdschein erteilt werden darf (Sperre). Die Sperre kann für immer angeordnet werden, wenn zu erwarten ist, daß die gesetzliche Höchstfrist zur Abwehr der von dem Täter drohenden Gefahr nicht ausreicht. Hat der Täter keinen Jagdschein, so wird nur die Sperre angeordnet. Die Sperre beginnt mit der Rechtskraft des Urteils.

(3) Ergibt sich nach der Anordnung Grund zu der Annahme, daß die Gefahr, der Täter werde erhebliche rechtswidrige Taten der in Absatz 1 bezeichneten Art begehen, nicht mehr besteht, so kann das Gericht die Sperre vorzeitig aufheben.

BJG

§ 41 a

Verbot der Jagdausübung

(1) Wird gegen jemanden
1. wegen einer Straftat, die er bei oder im Zusammenhang mit der Jagdausübung begangen hat, eine Strafe verhängt oder
2. wegen einer Ordnungswidrigkeit nach § 39, die er unter grober oder beharrlicher Verletzung der Pflichten bei der Jagdausübung begangen hat, eine Geldbuße festgesetzt,

so kann ihm in der Entscheidung für die Dauer von einem Monat bis zu sechs Monaten verboten werden, die Jagd auszuüben.

(2) Das Verbot der Jagdausübung wird mit der Rechtskraft der Entscheidung wirksam. Für seine Dauer wird ein erteilter Jagdschein, solange er nicht abgelaufen ist, amtlich verwahrt; das gleiche gilt für einen nach Ablauf des Jagdjahres neu erteilten Jagdschein. Wird er nicht freiwillig herausgegeben, so ist er zu beschlagnahmen.

(3) Ist ein Jagdschein amtlich zu verwahren, so wird die Verbotsfrist erst von dem Tage an gerechnet, an dem dies geschieht. In die Verbotsfrist wird die Zeit nicht eingerechnet, in welcher der Täter auf behördliche Anordnung in einer Anstalt verwahrt wird.

§ 41a BJG (§ 33a LJG) — Jagdverbot

(4) Über den Beginn der Verbotsfrist nach Absatz 3 Satz 1 ist der Täter im Anschluß an die Verkündung der Entscheidung oder bei deren Zustellung zu belehren.

LJG § 33a

Verbot der Jagdausübung

(1) Wird gegen jemanden wegen einer Ordnungswidrigkeit nach § 33, die er unter grober oder beharrlicher Verletzung der Pflichten bei der Jagdausübung begangen hat, eine Geldbuße festgesetzt, so kann ihm in der Entscheidung für die Dauer von einem Monat bis zu sechs Monaten verboten werden, die Jagd auszuüben.

(2) Das Verbot der Jagdausübung wird mit der Rechtskraft der Entscheidung wirksam. Für seine Dauer wird ein erteilter Jagdschein, solange er nicht abgelaufen ist, amtlich verwahrt. Wird er nicht freiwillig herausgegeben, so ist er zu beschlagnahmen.

(3) Ist ein Jagdschein amtlich zu verwahren, so wird die Verbotsfrist erst von dem Tage an gerechnet, an dem dies geschieht. In die Verbotsfrist wird die Zeit nicht eingerechnet, in welcher der Täter auf behördliche Anordnung in einer Anstalt verwahrt wird.

(4) Über den Beginn der Verbotsfrist nach Absatz 3 Satz 1 ist der Täter im Anschluß an die Verkündung der Entscheidung oder bei deren Zustellung zu belehren.

Erl. zu §§ 41, 41a BJG und § 33a LJG

1. Wird durch ein Strafgericht der Jagdschein entzogen oder ein Jagdverbot ausgesprochen, darf das Kreisjagdamt während der Dauer der Entziehung oder einer Sperre keinen neuen Jagdschein erteilen (vgl. auch § 17 Abs. 1 Nr. 3 BJG).
2. Unter den Voraussetzungen der §§ 41a BJG und 33a LJG können neben den Gerichten auch die zuständigen unteren Verwaltungsbehör-

den ein **Jagdverbot** für die Dauer eines Monats bis zu sechs Monaten erlassen.
3. Das **befristete** Verbot der Jagdausübung und die amtliche Verwahrung des Jagdscheines bewirken nicht das Erlöschen des Jagdpachtvertrages gemäß § 13 BJG und § 10a LJG. Der von einem Jagdverbot betroffene Jagdpächter muß jedoch dafür sorgen, daß sein amtlich verwahrter Jagdschein seine Gültigkeit nicht verliert.

BJG § 42

Landesrechtliche Straf- und Bußgeldbestimmungen

Die Länder können Straf- und Bußgeldbestimmungen für Verstöße gegen die von ihnen erlassenen Vorschriften treffen, soweit solche nicht schon in diesem Gesetz enthalten sind.

Erl. zu § 42 BJG

Das ist geschehen durch § 33 LJG.

XI. ABSCHNITT

Schlußvorschriften

BJG § 43

Ablauf von Jagdpachtverträgen

Als Jahr der Beendigung des Krieges im Sinne der Verordnung über die Fortdauer von Jagdpachtverträgen und über die Mitgliedschaft aktiver Wehrmachtangehöriger bei der Deutschen Jägerschaft während des Krieges vom 19. Februar 1940 in der Fassung der Änderungsverordnung vom 10. Februar 1941 (Reichsgesetzbl. I S. 96) gilt das Jahr 1945. Verpächter und Pächter, die auf Grund dieser Verordnung einen Jagdpachtvertrag bis zu einem

späteren Zeitpunkt als dem 31. März 1946 als fortdauernd behandelt haben, können sich für die Zeit bis zum Ende des Jagdjahres, in das dieser Zeitpunkt fällt, spätestens jedoch bis zum 31. März 1953, auf den Ablauf des Vertrages nicht berufen.

LJG § 35

Anhängige Genehmigungsverfahren

Beim Inkrafttreten des Bundesjagdgesetzes nach den bisherigen Vorschriften rechtswirksame Jagdpachtverträge stehen mit Wirkung von ihrem Abschluß an angezeigten Verträgen im Sinne des § 12 des Bundesjagdgesetzes gleich.

LJG § 36

Überleitung von Jagdpachtverträgen

(1) In die von den Gemeinden über gemeinschaftliche Jagdbezirke abgeschlossenen Jagdpachtverträge treten mit dem Inkrafttreten des Bundesjagdgesetzes die Jagdgenossenschaften mit allen Rechten und Pflichten ein. Für die vor diesem Zeitpunkt entstandenen Verpflichtungen, insbesondere für den Ersatz des Wildschadens, haften nur die bisher Ersatzpflichtigen. Soweit der Pachtzins für die nach diesem Zeitpunkt liegende Zeit bereits bezahlt ist, hat ihn die Gemeinde der Jagdgenossenschaft zu ersetzen.

(2) Soweit im Regierungsbezirk Südbaden Eigenjagdbezirke mit geringerer Grundfläche als 75 Hektar beim Inkrafttreten des Bundesjagdgesetzes verpachtet sind, bleiben diese Jagdbezirke bis zum Ende der laufenden Pachtzeit als Eigenjagdbezirke bestehen. Für in Süd-

baden beim Inkrafttreten des Bundesjagdgesetzes verpachtete gemeinschaftliche Jagdbezirke verbleibt es bis zur Beendigung der laufenden Pachtzeit bei der nach der bisherigen gesetzlichen Regelung vorgeschriebenen Mindestgröße von 250 Hektar.

LJG

§ 37

Aufhebung von Abrundungen

(1) Im Zeitpunkt des Inkrafttretens dieses Gesetzes bestehende Abrundungen und Zusammenlegungen von Jagdbezirken gelten als zwischen den Beteiligten auf unbestimmte Zeit vereinbart und von der zuständigen Jagdbehörde bestätigt. § 2 Abs. 6 findet Anwendung.

(2) Zeitlich begrenzte Abrundungen nach § 2 Abs. 2 der bisherigen Fassung gelten als zeitlich unbegrenzte Abrundungen (§ 2 Abs. 2), sofern sich nicht ein Beteiligter bei der unteren Jagdbehörde schriftlich auf deren Ablauf beruft; eine solche schriftliche Berufung muß spätestens zwei Monate vor dem Zeitpunkt, zu dem die Abrundungsverfügung außer Kraft treten würde, bei der örtlich zuständigen unteren Jagdbehörde eingegangen sein.

BJG

§ 44

Sonderregelungen

Die zuständigen Landesregierungen werden ermächtigt, durch Rechtsverordnung im Benehmen mit dem Bundesminister die Ausübung des Jagdrechts auf der Insel Helgoland und die Jagd auf Wasservögel auf dem Untersee und dem Rhein bei Konstanz abweichend von den Vorschriften dieses Gesetzes zu regeln.

Erl. zu § 44 BJG

Bezüglich der Jagd auf Wasservögel auf dem Untersee und dem Rhein bei Konstanz vgl. Erl. zu § 3 BJG.

BJG § 44a

Unberührtheitsklausel

Vorschriften des Lebensmittelrechts, Seuchenrechts, Fleischhygienerechts und Tierschutzrechts bleiben unberührt.

BJG § 45

Berlin-Klausel

Dieses Gesetz gilt nach Maßgabe des § 13 Abs. 1 des Dritten Überleitungsgesetzes vom 4. Januar 1952 (Bundesgesetzbl. I S. 1) auch im Land Berlin. Rechtsverordnungen, die auf Grund dieses Gesetzes erlassen werden, gelten im Land Berlin nach § 14 des Dritten Überleitungsgesetzes.

BJG § 46

Inkrafttreten des Gesetzes

(1) *(Inkrafttreten der ursprünglichen Fassung des Gesetzes)*

(2) *(Aufhebung von Vorschriften)*

(3) Verweisungen auf Vorschriften, die nach Absatz 2 außer Kraft getreten sind, gelten als Verweisungen auf die entsprechenden Vorschriften dieses Gesetzes oder die entsprechenden landesrechtlichen Vorschriften.

Schlußvorschriften (§ 38 LJG) **§ 46 BJG**

Erl. zu § 46 BJG

Das BJG in seiner ursprünglichen Fassung ist am 1. April 1953 in Kraft getreten.

Eine Zusammenfassung der bisherigen Änderungen und deren Inkrafttreten enthält die Präambel der Neufassung des BJG vom 29. 9. 1976 (BGBl. I S. 2849).

LJG § 38

Inkrafttreten des Gesetzes

(1) *(Inkrafttreten der ursprünglichen Fassung)*

(2) Mit Ablauf des 31. März 1954 treten folgende Gesetze außer Kraft

a) das Landesgesetz über die Jagd im Lande Baden vom 22. Juni 1949 (GVBl. S. 279);

b) das württ.-bad. Gesetz Nr. 614 über die vorläufige Regelung der Jagd vom 19. Juli 1949 (RegBl. S. 171) mit späteren Änderungen;

c) das württ.-hohenz. Jagdgesetz vom 12. Juli 1949 (RegBl. S. 279).

(3) In Kraft bleiben bis zum Erlaß neuer Vorschriften die zu den bisherigen Landesgesetzen erlassenen Ausführungsvorschriften, soweit diese nicht in Widerspruch zu den Bestimmungen des Bundesjagdgesetzes und dieses Gesetzes stehen. Soweit in den Ausführungsvorschriften auf Vorschriften verwiesen wird, die durch das Bundesjagdgesetz oder dieses Gesetz außer Kraft getreten sind, gelten die entsprechenden Vorschriften dieser Gesetze.

Erl. zu § 38 LJG

Das LJG in seiner ursprünglichen Fassung ist am 1. April 1954 in Kraft getreten.

§ 46 BJG (§ 38 LJG) Schlußvorschriften

Die Neufassung vom 20. 12. 1978 (GBl. 1979 S. 12) mit Berichtigung (GBl. S. 116) berücksichtigt die Gesetze zur Änderung des LJG vom 25. Juli 1969 (GBl. S. 170), 5. Februar 1974 (GBl. S. 68) und 17. Oktober 1978 (GBl. S. 555).

ZWEITER TEIL

Tierschutzrecht
(Stand 30. September 1990)

VORBEMERKUNG:

Auf dem Gebiet des Tierschutzwesens hat der Bund nach Artikel 74 Nr. 20 GG die Befugnis zur Gesetzgebung. Das Tierschutzgesetz vom 24. 7. 1972 löste das Tierschutzgesetz aus dem Jahre 1933 ab, das in seiner Zielsetzung und wissenschaftlicher Grundlage nicht mehr den Anforderungen entsprach. Die Tierschutzgesetzgebung bekennt sich seither grundsätzlich zum ethischen Tierschutz in zeitgemäßer Form.

Das Gesetz aus dem Jahre 1972 wurde durch das Änderungsgesetz vom 12. 8. 1986 (GBl. S. 1309) umfassend geändert (hauptsächlich wurden Vorschriften über Tierversuche erlassen) und am 18. 8. 1986 (BGBl. S. 1319) in der ab 1. 1. 1987 geltenden Fassung bekanntgemacht. Eine weitere Änderung vom 20. 8. 1990 (BGBl. I S. 1762) verbessert die **Rechtsstellung** des Tieres als Lebewesen, das als solches nicht mehr Sache ist (§ 90 a BGB). Entsprechend wurde im Tierschutzgesetz ein § 20 a eingefügt.

Tierschutz und **waidgerechte** Jagdausübung schließen sich nicht gegenseitig aus. In einschlägigen jagdrechtlichen Vorschriften wird berechtigten Anliegen des Tierschutzes weitgehend Rechnung getragen. So enthalten die Grundsätze der Waidgerechtigkeit das Gebot, dem Wild unnötige Qualen zu ersparen. Tierschützerischen Belangen entsprechen u. a. besonders die sachlichen Verbote (§§ 19 BJG und 20 LJG), die Pflicht zur unverzüglichen Erlegung von krankgeschossenem, schwerkrankem und kümmerndem Wild (§§ 22 a BJG und 17 LJG), das

Wildfolgerecht und die Anzeigepflichten (§§ 15 und 16 LJG) und nicht zuletzt die Vorschriften über die Schonzeiten und die Rücksichtnahme auf Setz- und Brutzeiten nach § 22 BJG.

Nach § 44a BJG bleiben die Vorschriften des Tierschutzgesetzes unberührt. Dies bedeutet, daß bei der Jagdausübung die Vorschriften des Tierschutzgesetzes Anwendung finden, soweit die (tierschutzrelevanten) jagdrechtlichen Bestimmungen nicht ausreichend sind.

Die Bedeutung des Tierschutzes auf jagdlichem Gebiet wird auch dadurch unterstrichen, daß bei der Jägerprüfung u. a. ausreichende Kenntnisse im Tierschutzrecht nachzuweisen sind.

In diesem Teil sind die Vorschriften des Tierschutzgesetzes (TierSchG) und der VO über das Halten von Hunden im Freien vom 6. Juni 1974 in dem Umfange abgedruckt und erläutert, als sie für den Jäger und die Jagd von Bedeutung sind.

Inhaltsübersicht

	Seite
1. Tierschutzgesetz (Auszug)	153
2. Verordnung über das Halten von Hunden im Freien	166

1. Tierschutzgesetz

in der Form vom 18. August 1986 (BGBl. I S. 1319), geändert durch Gesetz vom 20. August 1990 (BGBl. I S. 1762)

– Auszug –

Erster Abschnitt

Grundsatz

§ 1

Zweck dieses Gesetzes ist es, aus der Verantwortung des Menschen für das Tier als Mitgeschöpf dessen Leben und Wohlbefinden zu schützen. Niemand darf einem Tier ohne vernünftigen Grund Schmerzen, Leiden oder Schäden zufügen.

Erl. zu § 1

1. Die amtliche Begründung zum TierSchG (BT-Drucksache VI/2529) führt zu § 1 aus:
„Das Gesetz definiert nicht den Begriff ‚Tier', geht aber davon aus, daß keine Tierart ausgeschlossen ist. Somit umfaßt dieser Begriff nicht nur Haustiere, sondern auch die freilebende Tierwelt einschließlich der niederen oder schädlichen Tiere. Nach den in diesem Gesetz festgelegten Tatbestandsmerkmalen wird sich der Schutz jedoch in erster Linie auf solche Tiere erstrecken, die einer Empfindung von Schmerz oder Leiden fähig sind. Daher soll die Schutzbedürftigkeit in der Regel dort enden, wo ein Empfindungsvermögen des Tieres nicht mehr zu erwarten ist. Bei der Anlage des Gesetzes ist von dem Grundsatz eines ethischen Tierschutzes ausgegangen worden; daraus ergibt sich eine um die Schutzbedürftigkeit des Lebens des Tieres erweiterte Zielsetzung gegenüber dem bisherigen Tierschutzgesetz. Künftig wird daher nicht mehr allein das Wohlbefinden des Tieres im Sinne des Seins von Schmerz oder Leid und die Unversehrtheit im Sinne des Freiseins von Schaden, sondern das Leben des Tieres schlechthin geschützt. Diese Erweiterung wird zudem den heutigen Vorstellungen über die Notwendigkeit eines umfassenden Lebensschutzes gerecht. Eine solche Konzeption steht nicht im Widerspruch zu jeder berechtigten und vernünftigen Lebensbeschränkung des Tieres im Rahmen der Erhaltungsinteressen des Menschen."

§ 2 TierSchG — Tierhaltung

2. Durch die Worte „ohne vernünftigen Grund" hat der Gesetzgeber zum Ausdruck gebracht, daß Tieren nicht jede Beeinträchtigung ihres Wohlbefindens erspart werden kann. Dies bedeutet, daß Handlungsweisen, die aus einem vernünftigen, berechtigten und unvermeidlichen Grund erfolgen, gerechtfertigt und erlaubt sind.

Zweiter Abschnitt

Tierhaltung

§ 2

Wer ein Tier hält, betreut oder zu betreuen hat,

1. muß das Tier seiner Art und seinen Bedürfnissen entsprechend angemessen ernähren, pflegen und verhaltensgerecht unterbringen,
2. darf die Möglichkeit des Tieres zu artgemäßer Bewegung nicht so einschränken, daß ihm Schmerzen oder vermeidbare Leiden oder Schäden zugefügt werden.

Erl. zu § 2

1. **Halter** i. S. des § 2 TierSchG ist, wer im eigenen Interesse nicht nur ganz vorübergehend ein Tier durch Gewährung von Obdach und Unterhalt in seinem Hausstand oder Betrieb aufgenommen hat. Entscheidend ist nicht die rechtliche, sondern die tatsächliche Herrschaft.
Durch die Begriffe „betreut" oder „zu betreuen hat" sind alle die Fälle erfaßt, in denen jemand ein Tier aus Gefälligkeit oder aufgrund einer gegebenen Rechtspflicht in Obhut hat.

2. Artgemäße **Nahrung** und **Pflege** müssen der Entwicklungs- und Domestikationsstufe des Tieres angemessen sein. Dies ist im allgemeinen dann der Fall, wenn gestörte körperliche Funktionen, die auf zu vertretende Mängel oder Fehler in Ernährung oder Pflege zurückgeführt werden, nach den Regeln der tierärztlichen Kunst oder nach anderen naturwissenschaftlichen Erkenntnissen nicht feststellbar sind.
Die Pflege umfaßt auch die Reinhaltung, die Gesundheitsfürsorge sowie notwendige Heilbehandlung.
Verhaltensgerecht ist die Unterbringung eines Tieres, wenn seine angeborenen und arteigenen Verhaltensweisen durch die Unterbringung nicht so eingeschränkt oder verändert werden, daß dadurch Schmerzen, Leiden oder Schäden entstehen. Dasselbe gilt hinsichtlich des Bewegungsbedürfnisses eines Tieres.

Bezüglich der Unterbringung von Hunden vgl. VO über das Halten von Hunden im Freien auf Seite 166.

§ 3

Es ist verboten

1. einem Tier außer in Notfällen Leistungen abzuverlangen, denen es wegen seines Zustandes offensichtlich nicht gewachsen ist oder die offensichtlich seine Kräfte übersteigen,

2. ein gebrechliches, krankes, abgetriebenes oder altes, im Haus, Betrieb oder sonst in Obhut des Menschen gehaltenes Tier, für das ein Weiterleben mit nicht behebbaren Schmerzen oder Leiden verbunden ist, zu einem anderen Zweck als zur unverzüglichen schmerzlosen Tötung zu veräußern oder zu erwerben; dies gilt nicht für die unmittelbare Abgabe eines kranken Tieres an eine Person oder Einrichtung, der eine Genehmigung nach § 8 und, wenn es sich um ein Wirbeltier handelt, eine Ausnahmegenehmigung nach § 9 Abs. 2 Nr. 7 Satz 2 für Versuche an solchen Tieren erteilt worden ist.

3. ein im Haus, Betrieb oder sonst in Obhut des Menschen gehaltenes Tier auszusetzen oder es zurückzulassen, um sich seiner zu entledigen,

4. ein gezüchtetes oder aufgezogenes Tier einer wildlebenden Art in der freien Natur auszusetzen oder anzusiedeln, das nicht auf die zum Überleben in dem vorgesehenen Lebensraum erforderliche artgemäße Nahrungsaufnahme vorbereitet und an das Klima angepaßt ist; die Vorschriften des Jagdrechts und des Naturschutzrechts bleiben unberührt,

5. ein Tier auszubilden, sofern damit erhebliche Schmerzen, Leiden oder Schäden für das Tier verbunden sind,

6. ein Tier zu einer Filmaufnahme, Schaustellung, Werbung oder ähnlichen Veranstaltung heranzuziehen, sofern damit Schmerzen, Leiden oder Schäden für das Tier verbunden sind,
7. ein Tier an einem anderen lebenden Tier auf Schärfe abzurichten oder zu prüfen,
8. ein Tier auf ein anderes Tier zu hetzen, soweit dies nicht die Grundsätze waidgerechter Jagdausübung erfordern,
9. einem Tier durch Anwendung von Zwang Futter einzuverleiben, sofern dies nicht aus gesundheitlichen Gründen erforderlich ist,
10. einem Tier Futter darzureichen, das dem Tier erhebliche Schmerzen, Leiden oder Schäden bereitet,
11. an einem Tier bei sportlichen Wettkämpfen oder ähnlichen Veranstaltungen Dopingmittel anzuwenden.

Erl. zu § 3

1. § 3 TierSchG führt Verbotstatbestände auf, die von besonderem Gewicht sind und erfahrungsgemäß häufiger vorkommen.
2. Unter dem Begriff **"Ausbildung"** i. S. von Nr. 5 fällt auch das **Abführen** der Jagdgebrauchshunde.
Den Hunden dürfen dabei keine **offensichtlich erheblichen** Schmerzen, Leiden oder Schäden zugefügt werden. Somit ist nicht jede Beeinträchtigung des Wohlbefindens oder der Unversehrtheit des Tieres verboten.
Wann „Erheblichkeit" vorliegt, ist Tatfrage. Sie hängt weitgehend von der durch die Entwicklungshöhe des Tieres bestimmten Schmerz- oder Leidensfähigkeit ab. Junge Tiere sind weniger schmerzempfindlich als ältere, kranke oder entkräftete Tiere.
Der Begriff „offensichtlich" setzt voraus, daß die Erheblichkeit der Schmerzen usw. allgemein erkennbar ist.
3. Das Verbot nach Nr. 7 betrifft hauptsächlich (aber nicht nur) die Schärfeabrichtung und -prüfung von Jagdgebrauchshunden an lebenden Tieren, z. B. an Katzen und Füchsen.

4. Von dem Verbotstatbestand Nr. 8 werden jagdliche Handlungen nicht erfaßt, wenn und soweit sie die Grundsätze waidgerechter Jagdausübung erfordern.
Erlaubt sind die Beizjagd und das Frettieren sowie die Brackenjagd auf Flächen von mehr als 1000 Hektar.
Die Verfolgung (Nachsuche) von krankgeschossenem Wild mit dem Jagdgebrauchshund ist waidmännisches Gebot und dient vorab dem Tierschutz.
5. Das **vorsätzliche Katzenwürgen** ist m. E. rechtswidrig. Soweit sich der **Jagdschutz** auf wildernde Hunde und Katzen erstreckt, liegt keine Jagdausübung im Sinne von § 1 Abs. 1 BJG vor, und es bleiben deshalb begrifflich die Grundsätze der Waidgerechtigkeit außer Betracht.
Nach § 23 Abs. 1 Nr. 2 LJG sind die Jagdschutzberechtigten unter den dort genannten Voraussetzungen befugt, Hunde und Katzen zu töten. Über die Tötungsart macht das Gesetz keine Aussage, so daß ausschließlich das Tierschutzrecht Anwendung findet. Gemäß § 3 Nr. 8 TierSchG ist es verboten, ein Tier auf ein anderes zu hetzen, **soweit dies nicht die Grundsätze waidgerechter Jagdausübung erfordern**. Diese Ausnahmeregelung bezieht sich somit ausschließlich auf die Jagdausübung im Sinne von § 1 BJG.
Dem Katzenwürgen geht in der Regel eine Hetze im Sinne der Nr. 8 voraus, die grundsätzlich unzulässig ist. Dieser Tatbestand wird m. E. auch nicht durch § 4 Satz 2 TierSchG ausgeräumt.
6. Verstöße gegen die Verbotstatbestände nach § 3 sind Ordnungswidrigkeiten nach § 18 Abs. 2 Nr. 4. Sofern tierquälerische Handlungen i. S. von § 17 damit verbunden sind, liegt eine Straftat vor.

Dritter Abschnitt

Töten von Tieren

§ 4

(1) Ein Wirbeltier darf nur unter Betäubung oder sonst, soweit nach den gegebenen Umständen zumutbar, nur unter Vermeidung von Schmerzen getötet werden. Ist die Tötung eines Wirbeltieres ohne Betäubung im Rahmen waidgerechter Ausübung der Jagd oder auf Grund anderer Rechtsvorschriften zulässig oder erfolgt sie im Rahmen zulässiger Schädlingsbekämpfungsmaßnahmen, so

darf die Tötung nur vorgenommen werden, wenn hierbei nicht mehr als unvermeidbare Schmerzen entstehen. Ein Wirbeltier töten darf nur, wer die dazu notwendigen Kenntnisse und Fähigkeiten hat.

Erl. zu § 4

1. Vom **Tötungsverbot** werden nur die Wirbeltiere (Säugetiere, Vögel, Fische, Kriechtiere, Lurche) erfaßt, die hinsichtlich Schmerzerregung, Schmerzleitung und Schmerzempfindung wesentlich stärker reagieren als die wirbellosen Tierarten.
2. Bei der Tötung von Tieren im Rahmen der waidgerechten Jagdausübung dürfen diesen nicht mehr als unvermeidbare Schmerzen zugefügt werden. Dieses Gebot ist schon in den allgemein anerkannten Grundsätzen deutscher Waidgerechtigkeit enthalten.
Das **Abnicken** und **Abfangen** von Schalenwild ist waid- und tierschutzgerecht, wenn der Jäger hierzu die notwendigen Kenntnisse und Fähigkeiten besitzt. Dasselbe gilt für das (weniger gebräuchliche) **Abfedern** von Federwild und das **Abschlagen** von Hasen und Kaninchen.
Keinesfalls dürfen die erforderliche Sachkenntnis und Fähigkeit durch Übung am (noch) lebenden Wild erworben werden.
3. Soweit im Rahmen des Jagdschutzes Tierarten, die nicht dem Jagdrecht, sondern dem Naturschutzrecht unterliegen, oder wildernde Hunde und Katzen getötet werden, ist dies keine Jagdausübung i. S. von § 1 BJG. Die Tötung solcher Tiere ist unter Beachtung der tierschutzrechtlichen Vorschriften zulässig (vgl. hierzu Erl. zu § 23 BJG).
4. Wer entgegen der Vorschrift von § 4 Abs. 1 ein Wirbeltier tötet, handelt nach § 18 Abs. 1 Nr. 5 ordnungswidrig. Erfolgt die Tötung ohne vernünftigen Grund, liegt eine Straftat nach § 17 vor.

Vierter Abschnitt

Eingriffe an Tieren

§ 5

(1) An einem Wirbeltier darf ohne Betäubung ein mit Schmerzen verbundener Eingriff nicht vorgenommen werden. Die Betäubung eines warmblütigen Wirbeltieres ist von einem Tierarzt vorzunehmen. Für die Betäubung

mit Betäubungspatronen kann die zuständige Behörde Ausnahmen von Satz 2 zulassen, sofern ein berechtigter Grund nachgewiesen wird.

(2) Eine Betäubung ist nicht erforderlich,
1. wenn bei vergleichbaren Eingriffen am Menschen eine Betäubung in der Regel unterbleibt,
2. wenn die Betäubung im Einzelfall nach tierärztlichem Urteil nicht durchführbar erscheint.

(3) Eine Betäubung ist ferner nicht erforderlich
1. für das Kastrieren von unter zwei Monaten alten männlichen Rindern und Schweinen, Ziegen, Schafen und Kaninchen, sofern kein von der normalen anatomischen Beschaffenheit abweichender Befund vorliegt,
2. für das Enthornen oder das Verhindern des Hornwachstums bei unter sechs Wochen alten Rindern,
3. für das Kürzen des Schwanzes von unter vier Tagen alten Ferkeln sowie von unter acht Tagen alten Lämmern,
4. für das Kürzen des Schwanzes von unter acht Tage alten Lämmern mittels elastischer Ringe,
5. für das Kürzen der Rute von unter acht Tagen alten Welpen,
6. für das Kürzen von Hornteilen des Schnabels beim Geflügel,
7. für das Absetzen des krallentragenden letzten Zehengliedes bei Masthahnenküken, die als Zuchthähne Verwendung finden sollen, während des ersten Lebenstages.

(4) Der Bundesminister wird ermächtigt, durch Rechtsverordnung mit Zustimmung des Bundesrates Verfahren

§ 6 TierSchG   Eingriffe an Tieren

und Methoden zur Durchführung von Maßnahmen nach Absatz 3 vorzuschreiben, zuzulassen oder zu verbieten, soweit dies zum Schutz der Tiere erforderlich ist.

Erl. zu § 5

1. Jedes **Wirbeltier** muß im Falle eines schmerzhaften Eingriffs grundsätzlich vorher betäubt werden. Die Betäubung warmblütiger Wirbeltiere (Säugetiere und Vögel) darf nur ein Tierarzt vornehmen, ausgenommen bei der Verwendung von Betäubungspatronen, wenn eine Genehmigung der unteren Verwaltungsbehörde vorliegt.
Für das Kürzen der Rute von unter **8 Tagen** alten Welpen ist eine Betäubung nicht erforderlich. Das Kürzen darf aber nur vom Tierarzt oder von Personen vorgenommen werden, die dazu die notwendigen Kenntnisse und Fähigkeiten haben (vgl. § 6 Satz 3).
2. Wer gegen die Vorschrift nach § 5 vorsätzlich oder fahrlässig verstößt, handelt ordnungswidrig (vgl. § 18 Abs. 1 Nr. 7).

§ 6

Verboten ist die vollständige oder teilweise Amputieren von Körperteilen oder das vollständige oder teilweise Entnehmen oder Zerstören von Organen oder Geweben eines Wirbeltieres. Das Verbot gilt nicht, wenn

1. der Eingriff im Einzelfall nach tierärztlicher Indikation geboten ist,
2. der Eingriff im Einzelfall für die vorgesehene Nutzung des Tieres, ausgenommen eine Nutzung für Tierversuche, unerläßlich ist und tierärztliche Bedenken nicht entgegenstehen,
3. ein Fall des § 5 Abs. 3 vorliegt,
4. das vollständige oder teilweise Entnehmen von Organen oder Geweben zum Zwecke der Transplantation oder des Anlegens von Kulturen oder der Untersuchung isolierter Organe, Gewebe oder Zellen erforderlich ist.

Eingriffe nach Satz 2 Nr. 1 und 2 sind durch einen Tierarzt vorzunehmen; Eingriffe nach Satz 2 Nr. 3 können auch durch eine andere Person vorgenommen werden, die die dazu notwendigen Kenntnisse und Fähigkeiten hat. Für Eingriffe nach Satz 2 Nr. 4 gelten § 8a Abs. 1 und § 9 Abs. 1 Satz 1, 3 und 4, Abs. 2 Nr. 4 und 8 und Abs. 3 Satz 1 entsprechend.

(2) Verboten ist, beim Amputieren oder Kastrieren elastische Ringe zu verwenden; dies gilt nicht im Falle des § 5 Abs. 3 Nr. 4.

Erl. zu § 6

1. § 6 TierSchG unterbindet die vollständige oder teilweise Amputation von Körperteilen eines Tieres insbesondere im Hinblick auf modische Ansprüche oder aufgrund von Gewohnheiten des Luxusverzehrs (z. B. Ausreißen von Froschschenkeln).
2. Wer vorsätzlich oder fahrlässig gegen die Vorschrift nach § 6 verstößt, handelt ordnungswidrig (vgl. § 18 Abs. 1 Nr. 8).

Elfter Abschnitt

Straf- und Bußgeldvorschriften

§ 17

Mit Freiheitsstrafe bis zu zwei Jahren oder mit Geldstrafe wird bestraft, wer

1. ein Wirbeltier ohne vernünftigen Grund tötet oder
2. einem Wirbeltier
   a) aus Roheit erhebliche Schmerzen oder Leiden oder
   b) länger anhaltende oder sich wiederholende erhebliche Schmerzen oder Leiden

zufügt.

§ 18

(1) Ordnungswidrig handelt, wer vorsätzlich oder fahrlässig
1. einem Wirbeltier, das er hält, betreut oder zu betreuen hat, ohne vernünftigen Grund erhebliche Schmerzen, Leiden oder Schäden zufügt,
2. einer vollziehbaren Anordnung nach § 8a Abs. 5, § 11 Abs. 3 Satz 2 oder § 16a Satz 2 Nr. 1, 3 oder 4 zuwiderhandelt,
3. einer
   a) nach § 2a oder
   b) nach den §§ 4b, 5 Abs. 4, § 9a Abs. 2, § 11a Abs. 3 Satz 1, § 13 Abs. 2 oder 3 oder § 14 Abs. 2

   erlassenen Rechtsverordnung zuwiderhandelt, soweit sie für einen bestimmten Tatbestand auf diese Bußgeldvorschrift verweist,
4. einem Verbot nach § 3 zuwiderhandelt,
5. entgegen § 4 Abs. 1 ein Wirbeltier tötet,
6. entgegen § 4a Abs. 1 ein warmblütiges Tier schlachtet,
7. entgegen § 5 Abs. 1 Satz 1 einen Eingriff ohne Betäubung vornimmt oder, ohne Tierarzt zu sein, entgegen § 5 Abs. 1 Satz 2 eine Betäubung vornimmt,
8. einem Verbot nach § 6 Abs. 1 Satz 1 zuwiderhandelt oder entgegen § 6 Abs. 1 Satz 3 einen Eingriff vornimmt,
9. entgegen § 6 Abs. 1 Satz 4 in Verbindung mit § 9 Abs. 3 Satz 1 nicht für die Einhaltung der Vorschriften des § 9 Abs. 1 Satz 1 oder 3 oder Abs. 2 Nr. 4 oder 8 sorgt,
10. entgegen § 6 Abs. 2 elastische Ringe verwendet,

Straf- und Bußgeldvorschriften **§ 18 TierSchG**

11. entgegen § 7 Abs. 4 oder 5 Satz 1 Tierversuche durchführt,
12. Versuche an Wirbeltieren ohne die nach § 8 Abs. 1 erforderliche Genehmigung durchführt,
13. entgegen § 8 Abs. 4 Satz 2 eine Änderung nicht oder nicht rechtzeitig anzeigt,
14. entgegen § 8a Abs. 1, 2 oder 4 ein Vorhaben oder eine Änderung nicht, nicht richtig, nicht vollständig oder nicht rechtzeitig anzeigt,
15. entgegen § 8a Abs. 3 Satz 2 die Zahl der Versuchsvorhaben oder die Art oder die Zahl der verwendeten Tiere nicht, nicht richtig oder nicht rechtzeitig angibt,
16. entgegen § 8b Abs. 1 Satz 1 keinen Tierschutzbeauftragten bestellt,
17. entgegen § 9 Abs. 3 Satz 1 nicht für die Einhaltung der Vorschriften des § 9 Abs. 1 oder 2 oder entgegen § 9 Abs. 3 Satz 2 nicht für die Erfüllung einer vollziehbaren Auflage sorgt,
18. entgegen § 9a Abs. 1 Aufzeichnungen nicht, nicht richtig oder nicht vollständig macht, nicht unterzeichnet, nicht aufbewahrt oder nicht vorlegt,
19. entgegen § 10 Abs. 3 nicht für die Einhaltung der Vorschriften des § 10 Abs. 1 oder 2 sorgt,
20. eine Tätigkeit ohne die nach § 11 Abs. 1 Satz 1 erforderliche Erlaubnis ausübt oder einer mit einer solchen Erlaubnis verbundenen vollziehbaren Auflage zuwiderhandelt,
21. entgegen § 11a Abs. 1 Satz 1 Aufzeichnungen nicht, nicht richtig oder nicht vollständig macht oder nicht aufbewahrt oder entgegen § 11a Abs. 2 Tiere nicht, nicht in der vorgeschriebenen Weise oder nicht rechtzeitig kennzeichnet,

22. Wirbeltiere entgegen § 11 b Satz 1 züchtet,
23. entgegen § 11 c ein warmblütiges Tier an ein Kind oder einen Jugendlichen bis zum vollendeten 16. Lebensjahr oder ein anderes Wirbeltier an ein Kind bis zum vollendeten 14. Lebensjahr abgibt,
24. entgegen § 12 Satz 1 ein Wirbeltier in den Geltungsbereich dieses Gesetzes verbringt oder dort gewerbsmäßig in den Verkehr bringt oder gewerbsmäßig hält,
25. entgegen § 13 Abs. 1 Satz 1 eine Vorrichtung oder einen Stoff anwendet,
26. entgegen § 16 Abs. 2 eine Auskunft nicht, nicht richtig oder nicht vollständig erteilt oder einer Duldungs- oder Mitwirkungspflicht nach § 16 Abs. 3 Satz 2 zuwiderhandelt oder
27. einer Vorschrift der §§ 1 bis 5 der Verordnung über das Schlachten und Aufbewahren von lebenden Fischen und anderen kaltblütigen Tieren in der im Bundesgesetzblatt Teil III, Gliederungsnummer 7833-1-3, veröffentlichten bereinigten Fassung zuwiderhandelt.

(2) Ordnungswidrig handelt auch, wer, abgesehen von den Fällen des Absatzes 1 Nr. 1, einem Tier ohne vernünftigen Grund erhebliche Schmerzen, Leiden oder Schäden zufügt.

(3) Die Ordnungswidrigkeit kann in den Fällen des Absatzes 1 Nr. 1, 2, 3 Buchstabe a, Nr. 4 bis 9, 11, 12, 17, 20, 22, 25 und 27 und des Absatzes 2 mit einer Geldbuße bis zu fünfzigtausend Deutsche Mark, in den übrigen Fällen des Absatzes 1 mit einer Geldbuße bis zu zehntausend Deutsche Mark geahndet werden.

§ 19

Tiere, auf die sich eine Straftat nach § 17 oder eine Ordnungswidrigkeit nach § 18 Abs. 1 Nr. 1, 2, Nr. 3, soweit die Ordnungswidrigkeit eine Rechtsverordnung nach § 2a oder § 5 Abs. 4 betrifft, Nr. 4, 8, 9, 12, 17, 19, 22, 23, 24 oder 27 bezieht, können eingezogen werden.

§ 20

(1) Wird jemand wegen einer nach § 17 rechtswidrigen Tat verurteilt oder nur deshalb nicht verurteilt, weil seine Schuldunfähigkeit erwiesen oder nicht auszuschließen ist, so kann ihm das Gericht das Halten von sowie Handel oder den sonstigen berufsmäßigen Umgang mit Tieren jeder oder einer bestimmten Art für die Dauer von einem Jahr bis zu fünf Jahren oder für immer verbieten, wenn die Gefahr besteht, daß er weiterhin eine nach § 17 rechtswidrige Tat begehen wird.

(2) Das Verbot wird mit Rechtskraft des Urteils wirksam. In die Verbotsfrist wird die Zeit, in welcher der Täter in einer Anstalt verwahrt wird, nicht eingerechnet. Ergibt sich nach der Anordnung des Verbots Grund zu der Annahme, daß die Gefahr, der Täter werde nach § 17 rechtswidrige Taten begehen, nicht mehr besteht, so kann das Gericht das Verbot aufheben, wenn es mindestens sechs Monate gedauert hat.

(3) Wer einem Verbot nach Absatz 1 zuwiderhandelt, wird mit Freiheitsstrafe bis zu einem Jahr oder mit Geldstrafe bestraft.

§ 20a

(1) Sind dringende Gründe für die Annahme vorhanden, daß ein Verbot nach § 20 angeordnet werden wird, so

kann der Richter dem Beschuldigten durch Beschluß das Halten von sowie den Handel oder den sonstigen berufsmäßigen Umgang mit Tieren jeder oder einer bestimmten Art vorläufig verbieten.

(2) Das vorläufige Verbot nach Absatz 1 ist aufzuheben, wenn sein Grund weggefallen ist oder wenn das Gericht im Urteil ein Verbot nach § 20 nicht anordnet.

(3) Wer einem Verbot nach Absatz 1 zuwiderhandelt, wird mit Freiheitsstrafe bis zu einem Jahr oder mit Geldstrafe bestraft.

2. Verordnung über das Halten von Hunden im Freien

vom 6. Juni 1974 (BGBl. I S. 1265), geändert durch Gesetz vom 12. August 1986 (BGBl. I S. 1309)

Auf Grund des § 13 Abs. 1 des Tierschutzgesetzes vom 24. Juli 1972 (Bundesgesetzbl. I S. 1277) wird mit Zustimmung des Bundesrates verordnet:

1. Sachlicher Geltungsbereich

§ 1

(1) Diese Verordnung gilt für Haushunde, die im Freien gehalten werden.

(2) Haltung im Freien im Sinne dieser Verordnung ist
1. Anbindehaltung,
2. Zwingerhaltung,
3. Haltung auf Freianlagen,
4. Haltung in Schuppen, Scheunen, nicht benutzten Stallungen, Lagerhallen oder ähnlichen Einrichtungen.

(3) Die Verordnung findet keine Anwendung auf
1. Hütehunde während der Begleitung von Herden,
2. Hunde während einer tierärztlichen Behandlung, soweit diese nach dem Urteil des Tierarztes im Einzelfall anderes erfordert,
3. Hunde in wissenschaftlich geleiteten Versuchstierhaltungen und Hunde in Tierversuchen, soweit der verfolgte Zweck bei wissenschaftlich geleiteten Versuchstierhaltungen nach dem Urteil des Leiters der Versuchstierhaltung, bei Tierversuchen nach dem Urteil des Leiters des Versuchsvorhabens anderes erfordert.

(4) Veterinärpolizeiliche und sonstige ordnungsbehördliche Anordnungen bleiben unberührt.

2. Anbindehaltung

§ 2

(1) Hunde dürfen nur dann angebunden gehalten werden, wenn ihnen im Aufenthaltsbereich ein Schutzraum, zum Beispiel eine Hundehütte, zur Verfügung steht.

(2) Der Schutzraum muß allseitig aus wärmedämmendem, gesundheitsunschädlichem Material hergestellt sein. Das Material muß so verarbeitet sein, daß der Hund sich daran nicht verletzen kann. Der Schutzraum muß gegen nachteilige Witterungseinflüsse Schutz bieten, insbesondere darf Feuchtigkeit nicht eindringen.

(3) Der Schutzraum muß so bemessen sein, daß der Hund sich darin verhaltensgerecht bewegen und den Raum durch seine Körperwärme warmhalten kann. Das Innere des Schutzraumes muß sauber, trocken und ungezieferfrei gehalten werden.

§ 3 HundehaltungsVO Anbindehaltung

(4) Die Öffnung des Schutzraumes muß der Größe des Hundes entsprechen; sie darf nur so groß sein, daß der Hund ungehindert hindurchgelangen kann. Die Öffnung muß der Wetterseite abgewandt und gegen Wind und Niederschlag abgeschirmt sein.

(5) Der Aufenthaltsbereich in der engeren Umgebung des Schutzraumes muß sauber gehalten werden. Der Boden muß so beschaffen oder so angelegt sein, daß Flüssigkeit versickern oder abfließen kann.

(6) Bei starker Sonneneinstrahlung und hohen Außentemperaturen muß dem Hund außerhalb des Schutzraumes ein schattiger Platz zur Verfügung stehen.

§ 3

(1) Hunde dürfen nur mit einem breiten, nicht einschneidenden Halsband oder einem entsprechenden Brustgeschirr angebunden werden.

(2) Die Anbindung (Kette, Seil oder ähnliches) muß mit zwei drehbaren Wirbeln versehen sein, die eine Verkürzung der Anbindevorrichtung durch Aufdrehen verhindern. Das Anbindematerial muß von geringem Eigengewicht und so beschaffen sein, daß der Hund sich nicht verletzen kann. Bei Ketten darf die Drahtstärke der Glieder 3,2 mm nicht überschreiten.

(3) Die Anbindung darf nur an einer mindestens 6 m langen Laufvorrichtung (Laufseil, Laufdraht, Laufstange) angebracht werden. Die Anbindung muß an der Laufvorrichtung frei gleiten können und so bemessen sein, daß sie dem Tier einen zusätzlichen beidseitigen Bewegungsspielraum von mindestens 2,5 m bietet.

(4) Laufvorrichtung und Anbindung müssen so angebracht sein, daß der Hund seinen Schutzraum ungehindert aufsuchen kann. Im Laufbereich dürfen keine Ge-

genstände vorhanden sein, die die Bewegung des Hundes behindern oder zu Verletzungen führen können. Kot ist regelmäßig zu entfernen.

3. Zwingerhaltung

§ 4

(1) Hunde dürfen nur dann in offenen oder teilweise offenen Zwingern gehalten werden, wenn ihnen innerhalb ihres Zwingers oder unmittelbar mit dem Zwinger verbunden ein Schutzraum zur Verfügung steht. Der Schutzraum muß den Anforderungen des § 2 genügen.

(2) Die Grundfläche des Zwingers muß der Zahl und Art der auf ihr gehaltenen Hunde angepaßt sein. Die Mindestbreite des Zwingers muß der Körperlänge des Hundes entsprechen. Für einen mittelgroßen, über 20 kg schweren Hund ist eine Grundfläche ohne Schutzraum von mindestens 6 qm erforderlich; für jeden weiteren in demselben Zwinger gehaltenen Hund, ausgenommen Welpen beim Muttertier, sind der Grundfläche 3 qm hinzuzurechnen.

(3) Boden, Einfriedung und die übrige Einrichtung des Zwingers müssen aus gesundheitsunschädlichem Material hergestellt und so verarbeitet sein, daß die Hunde sich nicht verletzen können. Die Einfriedung muß zusätzlich so beschaffen sein, daß sie von den Hunden nicht überwunden werden kann. Mindestens eine Seite des Zwingers muß den Hunden Sicht nach außen ermöglichen. Besteht der Boden des Zwingers nicht aus wärmedämmendem Material, muß außerhalb des Schutzraumes eine wärmedämmende Liegefläche vorhanden sein. Der Boden muß so beschaffen oder angelegt sein, daß Flüssigkeit versickern oder abfließen kann. Das Innere des

Zwingers muß sauber, trocken und ungezieferfrei gehalten werden.

(4) Bei starker Sonneneinstrahlung und hohen Außentemperaturen muß den Hunden außerhalb des Schutzraumes ein schattiger Platz zur Verfügung stehen.

(5) Hunde dürfen in einem Zwinger nicht angebunden gehalten werden.

(6) Gleichgeschlechtliche geschlechtsreife Hunde, die noch keinen Kontakt miteinander hatten, dürfen in demselben Zwinger nur unter Kontrolle zusammengebracht werden.

(7) Werden Hunde in einem Zwinger in Einzelboxen gehalten, so muß die Trennvorrichtung der Boxen so beschaffen sein, daß die Hunde sie nicht überwinden und sich nicht beißen können. Für die Größe der Einzelboxen gelten die Anforderungen des Absatzes 2.

§ 5

Die Vorschriften des § 4 Abs. 2, 3, 5 und 6 gelten sinngemäß für in Festbauweise errichtete Zwinger (Hundehaus). Diese Zwinger müssen darüber hinaus ausreichend mit Tageslicht beleuchtet sein. Die Fläche der Öffnungen für das Tageslicht muß mindestens ein Achtel der Bodenfläche betragen. Die Zwinger müssen ausreichend be- und entlüftet werden.

4. Sonstige Haltung

§ 6

Werden Hunde auf Freianlagen oder in Schuppen, Scheunen, nicht benutzten Stallungen, Lagerhallen oder ähnlichen Räumen gehalten, so muß ihnen ein Schutzraum zur Verfügung stehen, der den Anforderungen des

§ 2 genügen muß. In der warmen Jahreszeit kann an Stelle eines Schutzraumes in den genannten Räumen an einem trockenen, zugfreien, gegen Boden- und Wandkälte abgeschirmten Platz eine Lagerstatt aus wärmedämmendem Material eingerichtet werden. Werden die Hunde angebunden gehalten, so gelten im übrigen die §§ 2 und 3.

5. Wartung und Pflege

§ 7

(1) Der Besitzer oder der mit Wartung und Pflege des Hundes Beauftragte hat sich mindestens einmal täglich von dem Befinden des Hundes, der Beschaffenheit der Unterkunft und bei Anbindung von dem Zustand der Anbindevorrichtung zu überzeugen und Mängel unverzüglich abzustellen.

(2) Futter- und Tränkebehälter sind sauber zu halten, sie müssen aus gesundheitsunschädlichem Material bestehen und so beschaffen sein, daß der Hund sich nicht verletzen kann. Frischer Trank muß dem Hund jederzeit in ausreichender Menge zur Verfügung stehen.

(3) Hunden, die angebunden oder in Räumlichkeiten nach § 6 gehalten werden, muß täglich mindestens 60 Minuten freier Auslauf gewährt werden.

6. Verbotsvorschriften

§ 8

Es ist verboten,
1. a) Hunde mittels Würge- oder Stachelhalsband,
   b) tragende Hündinnen vom letzten Drittel der Trächtigkeit ab,
   c) säugende Hündinnen oder

§ 9 HundehaltungsVO

d) kranke Hunde

angebunden zu halten,

2. Hunde bei anhaltend nasser Witterung angebunden oder in offenen, nicht überdachten Zwingern zu halten.

7. Ordnungswidrigkeiten

§ 9

Ordnungswidrig im Sinne des § 18 Abs. 1 Nr. 3 Buchstabe a des Tierschutzgesetzes handelt, wer vorsätzlich oder fahrlässig

1. entgegen § 2 Abs. 1 oder § 4 Abs. 1 Satz 1 einen Hund ohne Schutzraum hält,
2. einer Vorschrift des § 3 Abs. 1 oder 3 Satz 1 über die Anbindung von Hunden zuwiderhandelt,
3. einer Vorschrift des § 4 Abs. 2 Satz 2 oder 3, auch in Verbindung mit Abs. 7 Satz 2, über die Mindestgröße der Zwinger zuwiderhandelt oder
4. einem Verbot des Anbindens von Hunden nach § 4 Abs. 5 oder § 8 Nr. 1 zuwiderhandelt.

Erl. zu der VO über das Halten von Hunden im Freien

Die VO ist ein Teil des Tierschutzrechts und dient dem Schutz des Wohlbefindens der Haushunde.

DRITTER TEIL

Naturschutzrecht

(Stand 30. September 1990)

VORBEMERKUNG:

Wie auf dem Gebiet des Jagdwesens besitzt der Bund für den Bereich Naturschutz und Landschaftspflege die Kompetenz zur Rahmengesetzgebung. Nach Maßgabe der Ermächtigungen in bundesrechtlichen Vorschriften sind die Länder gehalten, ergänzende Vorschriften zu erlassen.

In Baden-Württemberg sind für Naturschutz und Artenschutz z. Z. folgende Rechtsvorschriften in Kraft:

1. Gesetz über Naturschutz und Landschaftspflege (Bundesnaturschutzgesetz – BNatschG) in der Fassung der Bekanntmachung vom 12. 3. 1987 (BGBl. S. 889), geändert durch Gesetz vom 12. 2. 1990 (BGBl. S. 205).
2. Gesetz zum Schutz der Natur, zur Pflege der Landschaft und über die Erholungsvorsorge in der freien Landschaft (Naturschutzgesetz – NatschG) vom 21. 10. 1975 (GBl. S. 654, ber. 1976 S. 96), zuletzt geändert durch VO vom 13. 2. 1989 (GBl. S. 101).
3. Verordnung zum Schutz wildlebender Tier- und Pflanzenarten (Bundesartenschutzverordnung – BArtSchV) in der Fassung der Bekanntmachung vom 18. 9. 1989 (BGBl. S. 167, ber. S. 2011).

Die **Landesartenschutzverordnung** (LArtSchVO) vom 18. 12. 1980 (GBl. 1981 S. 14) wurde durch die VO des Ministeriums für Ernährung, Landwirtschaft, Umwelt und Forsten vom 8. 12. 1986 (GBl. S. 485) insoweit geändert, als

Naturschutzrecht Vorbemerkungen

die §§ 1 bis 6 und 8 sowie die Anlagen 1 bis 3 mit Wirkung vom 1. 1. 1987 (Inkrafttreten der neuen BArtSchV) aufgehoben wurden.

Der neuen Naturschutzgesetzgebung liegt ein erweiterter Naturschutzbegriff zugrunde, für den der Wandel vom ehemals bewahrenden Naturschutz (schützen) zum **aktiven** Naturschutz (pflegen, gestalten und entwickeln) kennzeichnend ist.

Die neuen Bestimmungen über den Tierartenschutz beschränken sich nicht mehr auf die Tierarten, die dem Jagdrecht nicht unterliegen, sondern erfassen grundsätzlich alle wildlebenden Tiere. Hierdurch erfahren die dem Jagdrecht unterliegenden wildlebenden Tiere unbeschadet der jagdrechtlichen Vorschriften auch den Schutz durch das Naturschutzrecht mit seinen weitergehenden Möglichkeiten.

In diesem Teil sind die Vorschriften des Landesnaturschutzgesetzes in dem Umfange abgedruckt und erläutert, als sie für den Jäger und die Jagd von Bedeutung und Interesse sind. Wie mehrfach verlautet, sind weitere Änderungen des BNatschG und BArtSchV beabsichtigt, weshalb von dem Abdruck einzelner Texte dieser Bestimmungen in dieser Auflage abgesehen wurde. Die für Jäger wichtigen Bestimmungen zum Schutz der wild lebenden Tierarten sind in den Erläuterungen zu den abgedruckten Schutzvorschriften des Landesnaturschutzgesetzes erwähnt.

Gesetz zum Schutz der Natur, zur Pflege der Landschaft und über die Erholungsvorsorge in der freien Landschaft (Naturschutzgesetz – NatSchG)

vom 21. Oktober 1975 (GBl. S. 654, ber. GBl. 1976 S. 96), zuletzt geändert durch Verordnung vom 13. Februar 1989 (GBl. S. 101)

– Auszug –

§	Inhaltsübersicht	Seite
	I. Abschnitt **Allgemeine Vorschriften**	
1	Ziele und Aufgaben	177
2	Grundsätze des Naturschutzes, der Landschaftspflege und der Erholungsvorsorge	179
3	Allgemeine Verpflichtung zum Schutz der Natur	182
4	Aufgaben der Behörden und Planungsträger	182
5	Aufgaben der Naturschutzbehörden	182
	III. Abschnitt **Sicherung, Pflege und Gestaltung der Landschaft**	
10	Eingriffe in Natur und Landschaft	183
11	Ausgleich von Eingriffen	184
16	Schutz der Feuchtgebiete und der Ufervegetation	186
	IV. Abschnitt **Schutz von Natur und Landschaft**	
21	Naturschutzgebiete	187
22	Landschaftsschutzgebiete	189
23	Naturparke	190
24	Naturdenkmale	191
25	Geschützte Grünbestände	192
26	Schutz von Bezeichnungen und Kennzeichen	194
	V. Abschnitt **Schutz von Pflanzen- und Tierarten**	
27	Ziele und Grundsätze	195
28	Artenschutzprogramm	196

29	Allgemeiner Schutz der Pflanzen und Tiere	197
30	Besonders geschützte Pflanzen- und Tierarten	199
31	Besitz- und Verkehrsverbote, Herkunftsnachweis	201
32	Tiergärten und Freigehege	206
33	Besondere Bestimmungen	207
34	Ausnahmen	208

VI. Abschnitt
Erholung in Natur und Landschaft

35	Erholung	209
36	Allgemeine Schranken	210
37	Betreten der freien Landschaft	210
38	Schranken des Betretens	211
39	Beschränkungen des Betretens	212
40	Beschränkungen des Betretens durch die Naturschutzbehörde	213
41	Genehmigung und Beseitigung von Sperren	213
42	Durchgänge	214
43	Aneignung von Pflanzen und Früchten	214
44	Erholungsschutzstreifen an Gewässern	215

IX. Abschnitt
Organisation, Zuständigkeit, Verfahren

48	Naturschutzbehörden und Fachbehörden	220
49	Beiräte	222
52	Naturschutzdienst	222
55	Meldepflichten und Überwachung von Natur und Landschaft	222
56	Sachliche Zuständigkeit	224
58	Zuständigkeit für den Erlaß von Rechtsverordnungen	224

X. Abschnitt
Ordnungswidrigkeiten

64	Ordnungswidrigkeiten	225

I. Abschnitt

Allgemeine Vorschriften

§ 1
Ziele und Aufgaben

(1) Durch Naturschutz und Landschaftspflege sind die freie und die besiedelte Landschaft als Lebensgrundlage und Erholungsraum des Menschen so zu schützen, zu pflegen, zu gestalten und zu entwickeln, daß
1. die Leistungsfähigkeit des Naturhaushalts,
2. die Nutzungsfähigkeit der Naturgüter (Boden, Wasser, Luft, Klima, Tier- und Pflanzenwelt) sowie
3. die Vielfalt, Eigenart und Schönheit von Natur und Landschaft

nachhaltig gesichert werden.

(2) Der freilebenden Tier- und Pflanzenwelt sind angemessene Lebensräume zu erhalten. Dem Aussterben einzelner Tier- und Pflanzenarten ist wirksam zu begegnen.

(3) Die sich aus den Absätzen 1 und 2 ergebenden Anforderungen sind untereinander gegen die sonstigen Anforderungen der Allgemeinheit an Natur und Landschaft abzuwägen.

(4) Die Landwirtschaft (§ 4 Abs. 1 Landwirtschafts- und Landeskulturgesetz) und die Forstwirtschaft leisten einen besonderen Beitrag zur Erhaltung und Pflege von Natur und Landschaft. Die Naturschutzbehörden unterstützen sie bei der Erfüllung dieser Aufgabe.

(5) Bei raumbedeutsamen Planungen und Maßnahmen des Naturschutzes, der Landschaftspflege und der Erholungsvorsorge sind die Erfordernisse der Raumordnung

§ 1 NatSchG — Ziele, Aufgaben

und Landesplanung zu beachten. Erholungsvorsorge ist die Gewährleistung des Rechts auf Erholung in der freien Landschaft.

Erl. zu § 1

1. Die amtliche Begründung zum NatSchG (Landtagsdrucksache 6/6200) führt zu den Zielen und Aufgaben des Naturschutzgesetzes u. a. folgendes aus:

   § 1 umreißt die Ziele und Aufgaben des Naturschutzes. Das Gesetz bezieht sich auf die freie und die besiedelte Landschaft und geht hierbei von dem im Rahmen einer internationalen Entwicklung erweiterten Naturschutzbegriff moderner Prägung aus. Angesichts des Anwachsens der Verdichtungsräume kann der Geltungsbereich des Gesetzes nicht länger auf die freie Landschaft beschränkt bleiben. Die großen Verdichtungsräume und Stadtregionen sind gerade die Schwerpunkte der Umweltbelastung; hier wohnt und arbeitet schon heute fast die Hälfte der Bevölkerung. Der Naturschutz hat auch im Siedlungsbereich seinen Beitrag zur Gewährleistung einer gesunden Umwelt zu leisten, damit durch die Erhaltung ausreichender Freiräume und durch die Schaffung und Sicherung zusammenhängender Grünflächen bis in die Verdichtungskerne hinein die Vitalsituation für Menschen und Landschaft verbessert werden kann.

   Absatz 1 beschreibt die Ziele und Aufgaben des ökologisch begründeten Naturschutzes, das heißt vorrangiger Beurteilungsmaßstab für die Gesetzesanwendung muß die Ökologie in ihren verschiedenen Formen (Humanökologie, Landschaftsökologie usw.) sein. Dies bedeutet die Abkehr vom bloßen Bewahren und die Hinwendung zur aktiven Pflege und Gestaltung von Natur und Landschaft. Die Zielsetzungen des Naturschutzes beziehen sich auf die Natur in ihrem realen Zustand der Gegenwart, der vom Menschen positiv wie negativ beeinflußt ist. Dabei reicht zur Sicherstellung der nachhaltigen Leistungsfähigkeit der Natur und der in ihr wirkenden Kräfte angesichts der zunehmenden Belastung ein vorbeugender Schutz allein nicht mehr aus. Die Aufgabenstellung muß vielmehr auf die Verbesserung und Wiederherstellung des Naturhaushalts ausgedehnt werden.

2. Nach § 1 Abs. 1 Nr. 2 gehört die Tier- und Pflanzenwelt zu den Naturgütern. Erfaßt werden von dieser Bestimmung nicht nur die (auch dem Jagdrecht unterliegenden) wildlebenden Tiere und die wildwachsenden Pflanzen, sondern auch die Haustiere und die Kulturpflanzen.

3. In Abs. 2 wird die Verantwortung des Menschen gegenüber der freilebenden Tier- und Pflanzenwelt besonders zum Ausdruck gebracht. Diese ethische und kulturelle Motivation ergänzt die in Abs. 1 enthaltene ökologische Begründung des Artenschutzes.

§ 2
Grundsätze des Naturschutzes, der Landschaftspflege und der Erholungsvorsorge

Grundsätze zur Verwirklichung der in § 1 genannten Ziele sind:

1. Die dauerhafte Nutzungsfähigkeit der Naturgüter ist zu gewährleisten. Soweit sich die Naturgüter nicht erneuern, sollen sie sparsam und pfleglich genutzt werden. Der Verbrauch der sich erneuernden Naturgüter soll so gesteuert werden, daß sie nachhaltig zur Verfügung stehen.

2. Die Naturgüter sollen nur so genutzt werden, daß das Wirkungsgefüge des Naturhaushalts in möglichst geringem Umfang beeinträchtigt wird; Einwirkungen auf den Naturhaushalt, die seine Leistungsfähigkeit nachhaltig beeinträchtigen, sollen verhindert, beseitigt oder in Fällen, in denen dies nicht möglich ist, ausgeglichen werden.

3. Der Boden soll erhalten, geschützt und nur so genutzt werden, daß ein Verlust oder eine Beeinträchtigung seiner Fruchtbarkeit vermieden wird. Für die landwirtschaftliche Nutzung gut geeignete Böden sollen dieser Nutzungsart vorbehalten bleiben.

4. Beim Abbau von Bodenbestandteilen sollen wertvolle Landschaftsteile oder Bestandteile der Landschaft erhalten und dauernde Schäden des Naturhaushalts verhütet werden; Eingriffe in Natur und Landschaft

durch das Aufsuchen und Gewinnen von Bodenschätzen sowie durch Aufschüttungen sollen ausgeglichen werden.

5. Die Wasserflächen sollen erhalten werden. Gewässer sollen vor Verunreinigung geschützt werden; ihre Selbstreinigungskraft soll erhalten und verbessert werden.

6. Bei Unterhaltung und Ausbau der Gewässer sollen die Erhaltung und Verbesserung ihrer biologischen Selbstreinigungskraft, die Erholungseignung der Landschaft sowie die Sicherung der Lebensräume der Tier- und Pflanzenwelt beachtet und Bauweisen des naturgemäßen Wasserbaues bevorzugt werden.

7. Luftverunreinigungen und Lärmeinwirkungen soll auch durch Maßnahmen des Naturschutzes und der Landschaftspflege entgegengewirkt werden.

8. Beeinträchtigungen des Klimas, insbesondere des Kleinklimas, sollen vermieden werden; bei Eingriffen sollen geeignete landschaftspflegerische Maßnahmen durchgeführt werden.

9. Die Vegetation soll erhalten werden; dies gilt insbesondere für Wald und geschlossene Pflanzendecken im Rahmen ihrer sachgemäßen Nutzung, Feldgehölze, Hecken und Ufervegetation; unbebaute Flächen, deren Vegetation beseitigt worden ist, sollen möglichst rasch und weitgehend standortgemäß bepflanzt werden.

10. Die freilebende Tier- und Pflanzenwelt soll als Teil des Wirkungsgefüges des Naturhaushalts geschont werden; seltene oder in ihrem Bestand bedrohte Tier- und Pflanzenarten sollen einschließlich ihres Lebensraumes erhalten werden.

11. Für die Erholung der Bevölkerung sollen insbesondere in der Zuordnung zu den Siedlungsbereichen sowie zu den verdichteten Räumen in ausreichendem Maße Erholungsgebiete und Erholungsflächen geschaffen und gepflegt werden.
12. Zur Sicherung der Vielfalt, Eigenart und Schönheit sollen Natur und Landschaft in erforderlichem Umfang gepflegt sowie gegen Beeinträchtigungen geschützt werden.
13. Grünflächen und Grünbestände sollen im Siedlungsbereich weitgehend erhalten werden; Grünbestände sollen Wohn- und Gewerbebereichen zweckmäßig zugeordnet werden.
14. Landschaftsteile, die sich durch ihre Schönheit, Eigenart, Seltenheit oder ihren Erholungswert auszeichnen oder für einen ausgewogenen Naturhaushalt erforderlich sind, sollen von der Bebauung freigehalten werden.
15. Die Bebauung soll sich Natur und Landschaft anpassen; Trassen für Verkehrswege und Energieleitungen sollen möglichst landschaftsgerecht geführt werden.
16. Der Zugang zur freien Landschaft soll gewährleistet und, soweit er nicht besteht, eröffnet werden.

Erl. zu § 2

1. In § 2 sind die **Grundsätze** des Naturschutzes, der Landschaftspflege und der Erholungsvorsorge bestimmt, die der Verwirklichung der in § 1 genannten Ziele dienen. Es sind Programmsätze, die von den Behörden und Planungsträgern (§§ 4 Abs. 1 und 5 Abs. 1) im Rahmen ihrer Zuständigkeit anzuwenden und zu verwirklichen sind.
2. Der in Nr. 10 genannte Grundsatz hebt die Bedeutung der freilebenden Tier- und Pflanzenwelt als Teil im Wirkungsgefüge des Naturhaushalts besonders hervor. Der Gesetzgeber hat hierdurch zum Ausdruck gebracht, daß Artenschutz nur durch den Schutz und durch Verbesse-

rung der Lebensräume (Biotope) der seltenen oder in ihrem Bestand bedrohten Tier- und Pflanzenarten wirksam praktiziert werden kann.

§ 3
Allgemeine Verpflichtung zum Schutz der Natur

Jeder soll durch sein Verhalten dazu beitragen, daß Natur und Landschaft pfleglich genutzt und vor Schäden bewahrt werden.

Erl. zu § 3

Mit dem **Gebot** zu pfleglichem und verantwortungsbewußtem Verhalten gegenüber Natur und Landschaft wendet sich der Gesetzgeber an jedermann.

§ 4
Aufgaben der Behörden und Planungsträger

(1) Die Behörden und die Körperschaften, Anstalten und Stiftungen des öffentlichen Rechts haben im Rahmen ihrer Zuständigkeit die Ziele, Aufgaben und Grundsätze des Naturschutzes, der Landschaftspflege und der Erholungsvorsorge zu berücksichtigen. Sie sind verpflichtet, bei Planungen, Maßnahmen und sonstigen Vorhaben, die wesentliche Belange des Naturschutzes, der Landschaftspflege und der Erholungsvorsorge berühren können, die Naturschutzbehörden zu unterrichten und anzuhören, soweit nicht eine weitergehende Form der Beteiligung vorgeschrieben ist.

(2) Die Naturschutzbehörden sind so rechtzeitig zu beteiligen, daß sie die ihnen nach diesem Gesetz obliegenden Aufgaben wirksam wahrnehmen können.

§ 5
Aufgaben der Naturschutzbehörden

(1) Die Naturschutzbehörden haben dafür zu sorgen, daß die Vorschriften des Rechts des Naturschutzes, der

Landschaftspflege und der Erholungsvorsorge und die aufgrund dieser Vorschriften erlassenen Anordnungen eingehalten werden. Sie haben, soweit nicht andere Zuständigkeiten begründet sind, die zur Durchführung dieser Vorschriften notwendigen Maßnahmen und Anordnungen zu treffen.

(2) Die Naturschutzbehörden haben bei ihren Planungen und Maßnahmen alle Behörden und Träger öffentlicher Belange, deren Aufgabenbereich wesentlich berührt sein kann, so rechtzeitig zu beteiligen, daß diese ihre Belange wirksam wahrnehmen können. Soweit wesentliche Belange der Land- und Forstwirtschaft berührt werden, sind die Berufsvertretungen zu beteiligen.

Erl. zu den §§ 4 und 5

Naturschutz und Landschaftspflege sind öffentliche Aufgaben. Die Vorschriften des § 4 richten sich daher an **alle** Behörden und öffentliche Stellen, während in § 5 die Aufgaben der Naturschutzbehörden konkretisiert sind.

III. Abschnitt

Sicherung, Pflege und Gestaltung der Landschaft

§ 10
Eingriffe in Natur und Landschaft

(1) Eingriffe in Natur und Landschaft im Sinne dieses Gesetzes sind Vorhaben im Außenbereich (§ 19 Abs. 2 des Bundesbaugesetzes), die geeignet sind, insbesondere durch

1. Veränderungen der Bodengestalt (§ 13),
2. Errichtung oder wesentliche Änderung von baulichen Anlagen im Sinne von § 2 Abs. 1 der Landesbauordnung, Straßen und Wegen,

3. Errichtung oder Änderung von Masten sowie Unterstützungen von Freileitungen,
4. Ausbau von Gewässern, Anlage, Veränderung oder Beseitigung von Wasserflächen,
5. Schädigung von Feuchtgebieten und der Ufervegetation (§ 16)

den Naturhaushalt oder das Landschaftsbild erheblich zu beeinträchtigen.

(2) Als Eingriffe gelten auch Vorhaben, die den Zugang zur freien Landschaft ausschließen oder erheblich beeinträchtigen (§§ 39, 41).

(3) Die Nutzung im Rahmen einer ordnungsmäßigen Land- und Forstwirtschaft gilt nicht als Eingriff.

(4) Die Vorschriften des Landwirtschafts- und Landeskulturgesetzes sowie des Landeswaldgesetzes bleiben unberührt.

Erl. zu § 10

Die Vorschrift legt den Begriff des Eingriffs in Natur und Landschaft fest. Es werden alle die Eingriffe im Außenbereich (§ 19 Abs. 2 Bundesbaugesetz) erfaßt, die geeignet sind, den Naturhaushalt oder das Landschaftsbild **erheblich** zu beeinträchtigen.

Der Begriff „Naturhaushalt" umfaßt die Naturgüter Boden, Wasser, Luft, Klima sowie die Tier- und Pflanzenwelt.

Die **ordnungsgemäße Jagdausübung** ist **kein Eingriff** im Sinne der genannten Bestimmungen.

§ 11
Ausgleich von Eingriffen

(1) Ein Eingriff ist unzulässig, wenn
1. er mit den Zielen der Raumordnung und Landesplanung nicht vereinbar ist,

2. vermeidbare erhebliche Beeinträchtigungen nicht unterlassen werden oder
3. unvermeidbare erhebliche Beeinträchtigungen nicht oder nicht innerhalb angemessener Frist ausgeglichen werden können und wesentliche Belange des Naturschutzes, der Landschaftspflege oder der Erholungsvorsorge entgegenstehen.

(2) Eine Beeinträchtigung ist ausgeglichen, wenn nach Beendigung des Eingriffs keine oder keine erhebliche Beeinträchtigung des Naturhaushalts zurückbleibt und das Landschaftsbild wiederhergestellt oder landschaftsgerecht neu gestaltet ist.

(3) Ein Eingriff nach Absatz 1 Nr. 3 kann zugelassen werden, wenn überwiegende öffentliche Belange, insbesondere Zielsetzungen der Raumordnung und Landesplanung, dies erfordern. Der Verursacher des Eingriffs ist verpflichtet, den Eingriff den natürlichen Gegebenheiten so anzupassen, daß dessen Folgen soweit als möglich nach Absatz 2 landschaftsgerecht ausgeglichen werden. Die so nicht ausgleichbaren Beeinträchtigungen sind auf sonstige Weise auszugleichen (Absatz 4). Soweit dies nicht möglich ist, hat der Verursacher für den Natur und Landschaft zugefügten Schaden eine Entschädigung (Ausgleichsabgabe) zu entrichten (Absatz 5). Für die Erfüllung der Ausgleichspflicht haften Verursacher und Rechtsnachfolger als Gesamtschuldner.

(4) Zum Ausgleich des Eingriffs auf sonstige Weise kann insbesondere angeordnet werden,
1. weitergehende Veränderungen der Oberflächengestalt, insbesondere Abgrabungen und Aufschüttungen, zum Zwecke einer Neugestaltung der Landschaft vorzunehmen oder

2. ausgleichende Ersatzmaßnahmen an anderer Stelle durchzuführen.

(5) Eine Ausgleichsabgabe ist zu entrichten, soweit ein Eingriff nicht ausgleichbar ist. Die Ausgleichsabgabe ist mit der Gestattung des Eingriffs zumindest dem Grunde nach festzusetzen. Sie ist an den Naturschutzfonds beim Ministerium zu leisten. § 9 Abs. 2 und die §§ 19 und 20 des Landesgebührengesetzes gelten entsprechend.

(6) Das Ministerium regelt durch Rechtsverordnung im Einvernehmen mit dem Finanzministerium, dem Ministerium für Arbeit, Gesundheit und Sozialordnung und dem Ministerium für Wirtschaft, Mittelstand und Technologie die Höhe der Ausgleichsabgabe und das Verfahren zu ihrer Erhebung. Die Höhe ist nach Dauer und Schwere des Eingriffs, Wert oder Vorteil für den Verursacher sowie nach der wirtschaftlichen Zumutbarkeit zu bemessen. Die Schwere des Eingriffs ist bei der Berechnung der Ausgleichsabgabe in der Regel anhand der beanspruchten Fläche oder der Menge des entnommenen Materials (Entnahme) zu berücksichtigen.

Erl. zu § 11

Die Bestimmung regelt im Rahmen des Abwägungsgebots (§ 1 Abs. 3) die materielle Zulässigkeit von Eingriffen in Verbindung mit der Verpflichtung, daß Eingriffe in Natur und Landschaft durch den Verursacher voll auszugleichen sind (Verursacherprinzip).

§ 16
Schutz der Feuchtgebiete und der Ufervegetation

(1) Unzulässig sind Eingriffe
1. in Naß- und Feuchtgebiete, insbesondere in Moore, Sümpfe, Tümpel, Bruch- und Auwälder, Streuwiesen oder Riede,

2. in die Verlandungsbereiche stehender Gewässer (Seen, Teiche, Weiher), die einen ständig fließenden oberirdischen Zu- oder Ablauf haben (§ 2 Abs. 1 Nr. 3 des Wassergesetzes), und
3. in die Ufervegetation und in die Röhrichtbestände (Schilf, Rohrkolben und Binsen) sonstiger öffentlicher Gewässer.

(2) Die Naturschutzbehörde oder die Planfeststellungsbehörde kann im überwiegenden öffentlichen Interesse oder aus sonstigen wichtigen Gründen Ausnahmen zulassen, soweit für Schutzgebiete keine besonderen Vorschriften gelten.

(3) § 10 Abs. 3 gilt entsprechend.

Erl. zu § 16

Aufgrund ihres biologischen Wertes und ihrer bedeutenden Rolle im Naturhaushalt hat der Gesetzgeber die Naß- und Feuchtgebiete, die Verlandungsbereiche stehender Gewässer sowie die Ufervegetation und die Röhrichtbestände öffentlicher Gewässer durch ein Eingriffsverbot mit Erlaubnisvorbehalt unter besonderen Schutz gestellt.

IV. Abschnitt

Schutz von Natur und Landschaft

§ 21
Naturschutzgebiete

(1) Gebiete, in denen in besonderem Maße der Schutz von Natur und Landschaft in ihrer Ganzheit oder in einzelnen Teilen

1. aus wissenschaftlichen, ökologischen, naturgeschichtlichen, landeskundlichen oder kulturellen Gründen,
2. zur Erhaltung von Lebensgemeinschaften oder Lebensstätten bestimmter Tier- und Pflanzenarten oder

§ 21 NatSchG — Naturschutzgebiete

3. wegen der Vielfalt, Eigenart oder Schönheit ihrer naturhaften Ausstattung

erforderlich ist, können durch Rechtsverordnung zu Naturschutzgebieten erklärt werden.

(2) In der Rechtsverordnung sind der Schutzgegenstand, der wesentliche Schutzzweck und die dazu erforderlichen Verbote sowie Schutz- und Pflegemaßnahmen zu bestimmen. Sie kann auch Regelungen enthalten über notwendige Beschränkungen

1. der wirtschaftlichen Nutzung,
2. des Gemeingebrauchs an oberirdischen Gewässern,
3. der Befugnis zum Betreten des Gebiets.

(3) Im Naturschutzgebiet sind nach Maßgabe näherer Regelung durch die Rechtsverordnung alle Handlungen verboten, die zu einer Zerstörung oder Veränderung im Schutzgebiet oder seines Naturhaushalts oder zu einer Beeinträchtigung der wissenschaftlichen Forschung führen oder führen können.

(4) Auch außerhalb eines Naturschutzgebietes kann die Naturschutzbehörde im Einvernehmen mit den zuständigen Fachbehörden im Einzelfall Handlungen untersagen, die geeignet sind, den Bestand des Naturschutzgebietes zu gefährden. Sind Schäden bereits entstanden, so kann die Naturschutzbehörde gegen den Verursacher oder den Inhaber der tatsächlichen Gewalt die zur Beseitigung der Schäden erforderlichen Anordnungen treffen.

(5) Soweit es zur Sicherung des Schutzgegenstandes und Verwirklichung des Schutzzweckes erforderlich ist, sollen angrenzende Gebiete als Landschaftsschutzgebiete ausgewiesen werden.

§ 22
Landschaftsschutzgebiete

(1) Gebiete, in denen ein besonderer Schutz der Natur und Landschaft in ihrer Ganzheit oder in einzelnen Teilen oder besondere Pflegemaßnahmen erforderlich sind, um

1. die Leistungsfähigkeit eines ausgewogenen Naturhaushalts zu gewährleisten oder wiederherzustellen,
2. die Nutzungsfähigkeit der Naturgüter zu erhalten oder zu verbessern,
3. die Vielfalt, Eigenart oder Schönheit der Natur und Landschaft zu erhalten oder
4. ihren besonderen Erholungswert für die Allgemeinheit zu erhalten, zu steigern oder wiederherzustellen,

können durch Rechtsverordnung zu Landschaftsschutzgebieten erklärt werden.

(2) In der Rechtsverordnung sind der Schutzgegenstand, der wesentliche Schutzzweck und die dazu erforderlichen Verbote und Erlaubnisvorbehalte sowie Schutz- und Pflegemaßnahmen zu bestimmen. Die Befugnisse zum Betreten sollen dadurch nicht eingeschränkt werden.

(3) Im Landschaftsschutzgebiet sind nach näherer Maßgabe der Rechtsverordnung alle Handlungen verboten, die den Charakter des Gebiets verändern oder dem Schutzzweck zuwiderlaufen, insbesondere wenn dadurch

1. der Naturhaushalt geschädigt,
2. die Nutzungsfähigkeit der Naturgüter nachhaltig gestört,
3. eine geschützte Flächennutzung auf Dauer geändert,
4. das Landschaftsbild nachteilig verändert oder
5. der Naturgenuß beeinträchtigt

wird. In der Rechtsverordnung soll bestimmt werden, daß die Nutzung im Rahmen einer ordnungsmäßigen Bewirtschaftung land- und forstwirtschaftlicher Grundstücke unberührt bleibt.

§ 23

Naturparke

(1) Großräumige Gebiete, die nach einem fachlichen Entwicklungsplan (§ 25 Abs. 1 Nr. 2 des Landesplanungsgesetzes) als vorbildliche Erholungslandschaften zu entwickeln und zu pflegen sind und die

1. überwiegend sich durch Vielfalt, Eigenart und Schönheit von Natur und Landschaft auszeichnen,
2. wegen ihrer Naturausstattung sich für die Erholung größerer Bevölkerungsteile besonders eignen und
3. nach den Grundsätzen und Zielen der Raumordnung und Landesplanung hierfür bestimmt werden,

können durch Rechtsverordnung zu Naturparken erklärt werden.

(2) Naturparke sollen nach ihrer natürlichen Eignung und raumordnerischen Zielsetzung gegliedert werden. Bestehende Landschaftsschutzgebiete sind in den Naturpark einzubeziehen, Naturschutzgebiete können einbezogen werden; die ihnen zugrundeliegenden Rechtsverordnungen bleiben unberührt.

(3) In der Rechtsverordnung sind der Schutzgegenstand, der wesentliche Schutzzweck und die dazu erforderlichen Verbote und Erlaubnisvorbehalte zu bestimmen. Die Befugnisse zum Betreten sollen dadurch nicht eingeschränkt werden. §§ 22 Abs. 3 gilt entsprechend.

§ 24
Naturdenkmale

(1) Gebiete mit einer Fläche bis zu 5 ha (flächenhafte Naturdenkmale) oder Einzelbildungen der Natur (Naturgebilde), deren Schutz und Erhaltung

1. aus wissenschaftlichen, ökologischen, naturgeschichtlichen, landeskundlichen oder kulturellen Gründen,
2. zur Sicherung von Lebensgemeinschaften oder Lebensstätten bestimmter Tiere und Pflanzen oder
3. wegen ihrer Eigenart, Seltenheit oder landschaftstypischen Kennzeichnung

erforderlich sind, können durch Rechtsverordnung zu Naturdenkmalen erklärt werden. Soweit es erforderlich ist, kann bei Naturgebilden auch die Umgebung geschützt werden.

(2) Flächenhafte Naturdenkmale im Sinne des Absatzes 1 können insbesondere kleinere Wasserflächen, Wasserläufe, Moore, Streuwiesen, Röhrichte, Haine, Heiden, Felsgruppen, Steinriegel, erdgeschichtliche Aufschlüsse, Steilufer, Bodenformen, bedeutsame Grünbestände, besondere Pflanzenvorkommen, Laich- und Brutgebiete, Einstände und Wechsel (Migrationswege) von Tieren sein.

(3) Naturgebilde im Sinne des Absatzes 1 können insbesondere Felsen, Höhlen, Wanderblöcke, Gletscherspuren, Quellen, Wasserfälle, seltene, historisch bedeutsame oder wertvolle Bäume sowie besondere Baum- und Gebüschgruppen sein.

(4) In der Rechtsverordnung sind der Schutzgegenstand, der wesentliche Schutzzweck, die dazu erforderlichen Verbote sowie Schutz- und Pflegemaßnahmen für das Naturdenkmal sowie seine geschützte Umgebung zu bestimmen. § 21 Abs. 2 Satz 2 gilt entsprechend.

(5) Die Naturschutzbehörde kann Verbote und Schutz- und Pflegemaßnahmen auch durch Einzelanordnungen treffen.

(6) Die Entfernung des Naturdenkmals und alle Handlungen, die zu einer Zerstörung, Veränderung oder Beeinträchtigung des Naturdenkmals oder seiner geschützten Umgebung führen oder führen können, sind verboten.

§ 25
Geschützte Grünbestände

(1) Grünbestände im Sinne dieser Bestimmung sind

1. innerhalb der im Zusammenhang bebauten Ortsteile, in Gebieten, deren Bebauung in absehbarer Zeit zu erwarten ist, oder in den Randzonen von Wohn-, Gewerbe- oder Verkehrsbereichen
   a) Grünflächen oder Grünzonen,
   b) Parkanlagen, Friedhöfe oder bedeutsame Gartenanlagen oder
   c) Einzelbäume, Baumreihen, Alleen oder Baumgruppen (Bäume),

2. im besiedelten und freien Bereich
   a) Schutzpflanzungen oder
   b) Schutzgehölze außerhalb des Waldes,

   die insbesondere dem Schutz vor Beeinträchtigungen durch Wind, Lärm oder Emissionen, dem Schutz des Kleinklimas, des Bodens oder von Maßnahmen der Rekultivierung sowie dem Schutz von Brut- und Nistplätzen der Vogelwelt dienen.

(2) Grünbestände, deren Bestandserhaltung

1. Zur Sicherung
   a) eines ausgewogenen Naturhaushalts,
   b) der nachhaltigen Nutzung der Naturgüter,

c) der Naherholung oder
   d) von Lebensstätten der Tier- und Pflanzenwelt,
2. zur Belebung, Gliederung oder Pflege des Orts- oder Landschaftsbildes,
3. aus landeskundlichen oder kulturellen Gründen

von besonderer Bedeutung ist, können durch Rechtsverordnung unter Schutz gestellt werden (geschützte Grünbestände).

(3) Der Schutz von Bäumen kann sich auch auf den Baumbestand im Sinne von Absatz 1 Nr. 1 Buchstabe c) eines Gemeindegebiets oder von Teilen des Gemeindegebiets erstrecken.

(4) § 24 Abs. 4 und 5 gilt entsprechend.

(5) Vorbehaltlich einer anderweitigen Regelung in der Rechtsverordnung ist es verboten, geschützte Grünbestände in ihrem Bestand zu beeinträchtigen oder zu verändern, insbesondere sie auf Dauer einer anderen Flächennutzung zuzuführen. Die Rechtsverordnung kann Vorschriften enthalten über

1. eine Mindestpflege von Grünbeständen und deren Schutz vor Verwilderung, soweit die Grundstücke nicht einer land- oder forstwirtschaftlichen Nutzung unterliegen;
2. Verpflichtungen zu angemessenen und zumutbaren Ersatzpflanzungen oder Ausgleichsabgaben für den Fall der Bestandsminderung durch Eingriffe.

Unberührt bleiben eine ordnungsgemäße Nutzung der Grünbestände, gestalterische Maßnahmen zu ihrer Eingliederung in die Bebauung sowie Maßnahmen, die der Pflege und Erhaltung der Grünbestände dienen.

(6) Die Absätze 1 bis 5 gelten nicht für Bäume in Baumschulen und Gärtnereien.

§ 26 NatSchG   Bezeichnungs-, Kennzeichenschutz

(7) *§ 5 Abs. 6 des Bundesbaugesetzes in der Fassung vom 23. Juni 1960 (BGBl. I S. 341)* gilt entsprechend.*

§ 26
Schutz von Bezeichnungen und Kennzeichen

(1) Die Bezeichnungen Naturschutzgebiet, Landschaftsschutzgebiet, Naturpark und Naturdenkmal sowie die amtlichen Kennzeichen dürfen nur für die nach diesem Gesetz geschützten Gebiete und Gegenstände verwendet werden.

(2) Die amtlichen Kennzeichen werden durch Rechtsverordnung des Ministeriums festgelegt.

Erl. zu den §§ 21 bis 26

1. Zum Schutz von Natur und Landschaft (Flächenschutz) unterscheidet das Gesetz zwei Gruppen
   - **Naturschutzgebiete** und **Naturdenkmale**
   - **Landschaftsschutzgebiete, Naturparks** und **geschützte Grünbestände.**
   Für die Zuordnung zu einer der Gruppen ist der jeweilige **Schutzzweck** maßgebend.
   Unterstellungen erfolgen durch Rechtsverordnungen, in denen der Schutzgegenstand, der wesentliche Schutzzweck und die dazu erforderlichen Verbote und Erlaubnisvorbehalte sowie Schutz- und Pflegemaßnahmen enthalten sein müssen.

2. **Naturschutzgebiete** (§ 21) und **flächenhafte Naturdenkmale** (§ 24) dienen überwiegend dem Biotopschutz zur Sicherung von Lebensgemeinschaften oder Lebensstätten bestimmter Tier- und Pflanzenarten. Für diese Schutzgebiete besteht ein absolutes **Veränderungsverbot**, d. h. es sind alle Handlungen verboten, die zu einer Zerstörung, Veränderung oder Beeinträchtigung führen oder führen können. Die Verbotstatbestände sind in den jeweiligen Rechtsverordnungen entsprechend konkretisiert.
   Die Zuständigkeit für den Erlaß von Rechtsverordnungen für Unterschutzstellungen ist in § 58 geregelt.

---

* § 5 Abs. 6 BBauG ersatzlos gestrichen durch Gesetz vom 18. 8. 1976 (BGBl. I S. 2221). Inzwischen ist das Bundesbaugesetz durch das Baugesetzbuch ersetzt.

3. Sofern der **Schutzzweck** es erfordert, **kann** die Ausübung der Jagd in Schutzgebieten sachlichen, gegenständlichen und zeitlichen Beschränkungen unterworfen oder gänzlich untersagt werden. In der Regel ist die ordnungsgemäße Jagdausübung jedoch gestattet.
4. Durch § 26 sind die Bezeichnungen Naturschutzgebiet, Landschaftsschutzgebiet, Naturpark und Naturdenkmal sowie die amtlichen Kennzeichen gesetzlich geschützt, um eine mißbräuchliche Benutzung im Geschäftsverkehr zu verhindern. Wer gegen die Vorschrift verstößt, handelt ordnungswidrig (vgl. § 64 Abs. 2 Nr. 5).
Die Kennzeichenverordnung des Ministeriums steht noch aus.

V. Abschnitt

Schutz von Pflanzen- und Tierarten

§ 27
Ziele und Grundsätze

(1) Die Vorschriften dieses Abschnitts dienen dem Schutz, der Erhaltung und Pflege der freilebenden Tier- und Pflanzenwelt. Unberührt bleiben die Vorschriften des Fischerei-, Forst- und Jagdrechts, soweit nicht in Rechtsverordnungen nach dem IV. Abschnitt besondere Bestimmungen getroffen sind.

(2) Grundsätze zur Verwirklichung der in Absatz 1 genannten Ziele sind:

1. Die Lebensgemeinschaften sind als Teil des Naturhaushalts zu erhalten und in ihrer Bestandsentwicklung zu lenken.
2. Die den Pflanzen und Tieren als Standorte, Nahrungsquellen, Nist-, Brut-, Laich-, Wohn- oder Zufluchtsgelegenheiten dienenden Lebensstätten sind in ihrer Vielfalt zu erhalten, zu pflegen und bei Zerstörung neu zu gestalten.
3. Seltene, in ihrem Bestand bedrohte, für den Naturhaushalt besonders bedeutsame oder aus wissenschaft-

lichen Gründen wichtige Pflanzen- und Tierarten sind an ihren Lebensstätten zu erhalten, zu pflegen und gegen Beeinträchtigungen zu schützen.
4. Bedrohte und bedeutende Lebensstätten, insbesondere der in Nummer 3 genannten Arten, sollen zur Verstärkung ihres Schutzes und zur Gewährleistung ihrer ökologisch gebotenen Pflege erworben werden.
5. Die mißbräuchliche Aneignung, Nutzung und Verwertung von Pflanzen und Tieren ist zu verhüten.
6. Die Wiederansiedlung verdrängter oder in ihrem Bestand bedrohter Pflanzen- und Tierarten soll an geeigneten Lebensstätten innerhalb ihres natürlichen Verbreitungsgebietes gefördert werden.

§ 28
Artenschutzprogramm

(1) Zur Vorbereitung, Durchführung und Überwachung von Maßnahmen und zur Erhaltung und zur Pflege der freilebenden Tier- und Pflanzenwelt wird von der Landesanstalt für Umweltschutz – Institut für Ökologie und Naturschutz – unter Mitwirkung der Naturschutzverbände und sachkundiger Bürger ein Artenschutzprogramm erstellt.

(2) Das Artenschutzprogramm enthält insbesondere
1. Verzeichnisse der im Landesgebiet vorkommenden freilebenden Tier- und Pflanzenwelt sowie ihrer wesentlichen Lebensgemeinschaften, soweit sie für den Artenschutz bedeutsam sind,
2. Kennzeichnung der in ihrem Bestand gefährdeten Arten und Lebensgemeinschaften unter Darstellung ihrer wesentlichen Gefährdungsursachen,
3. Vorschläge für Schutzmaßnahmen und Grunderwerb,

4. Richtlinien und Hinweise für Pflegemaßnahmen zur Lenkung der Bestandsentwicklung und
5. Richtlinien und Hinweise für Überwachungsmaßnahmen.

Erl. zu den §§ 27 und 28

1. Die Vorschriften des V. Abschnittes dienen dem Schutz der **freilebenden** Tier- und Pflanzenwelt. Hierfür haben sich weltweit die Bezeichnungen **Artenschutz** und **Biotopschutz** eingebürgert. Artenschutz ist der Schutz seltener oder in ihrem Bestand gefährdeter Tier- und Pflanzenarten. Dies geschieht am wirkungsvollsten durch Schutz ihrer Lebensstätten (Biotopschutz und Biotophege) und ihrer Lebensgemeinschaften (Schutz der Biozönosen).
Vom **Tierschutz** unterscheidet sich der **Tierartenschutz** in der Weise, als der Tierschutz dem Wohlbefinden des einzelnen Tieres als Individuum dient (§ 1 TierSchG), während der Tierartenschutz die Bestandsentwicklung der einzelnen Arten mit dem Ziel verfolgt, jegliche Art vor dem Aussterben zu bewahren.
2. § 27 Abs. 1 NatSchG bestimmt, daß die Vorschriften des Jagdrechts unberührt bleiben, soweit nicht in Rechtsverordnungen nach dem IV. Abschnitt besondere Bestimmungen getroffen sind (z. B. sachliche, zeitliche oder gegenständliche Einschränkungen der Jagd in Schutzgebieten). Wenn und soweit ansonsten jagdrechtliche Vorschriften auf dem Gebiet des Tierartenschutzes naturschutzrechtliche Bestimmungen überlagern, hat das Jagdrecht Vorrang.

§ 29
Allgemeiner Schutz der Pflanzen und Tiere

(1) Es ist verboten,
1. wildwachsende Pflanzen mißbräuchlich zu nutzen, insbesondere ihre Bestände zu gefährden,
2. Pflanzenvorkommen, insbesondere Hecken, Röhrichtbestände und Pilze, ohne vernünftigen Grund niederzuschlagen oder zu verwüsten,
3. wildlebende Tiere mutwillig zu beunruhigen, ohne vernünftigen Grund zu fangen oder zu töten oder

4. brütende oder sich sammelnde Tiere unnötig zu stören.

(2) Es ist verboten, die Vegetation auf Wiesen, Feldrainen, ungenutztem Gelände, an Hecken, Hängen oder Böschungen sowie Hecken, lebende Zäune, Bäume (§ 25 Abs. 1 Nr. 1 Buchstabe c), Gebüsche und Röhrichtbestände abzubrennen.

(3) In der Zeit vom 1. März bis 30. September ist es unbeschadet weitergehender Vorschriften in Rechtsverordnungen nach §§ 21 bis 25 verboten,

1. Hecken, lebende Zäune, Bäume (§ 25 Abs. 1 Nr. 1 Buchstabe c), Gebüsche, Röhrichtbestände zu roden, abzuschneiden oder auf andere Weise zu zerstören oder
2. Bäume mit Horsten oder Bruthöhlen zu fällen oder zu besteigen.

(4) Das Verbot des Absatzes 2 gilt nicht

1. für Kulturarbeiten einschließlich Maßnahmen zur Unkraut- und Schädlingsbekämpfung, die behördlich angeordnet oder im Einzelfall ausdrücklich zugelassen werden,
2. für Maßnahmen, die bei zulässigen Bauvorhaben (Hoch- und Tiefbau, Straßenbau, Ausbeutung von Steinbrüchen, Erd- und Kiesgruben und dergleichen) notwendig werden,
3. für Maßnahmen, die bei der Unterhaltung und dem Ausbau oberirdischer Gewässer und Dämme notwendig werden,
4. für Maßnahmen, die aus Gründen der Sicherheit und Leichtigkeit des Verkehrs notwendig werden.
5. für Maßnahmen, die im Rahmen der staatlichen Tierseuchenbekämpfung notwendig werden.

(5) Absatz 3 gilt nicht für behördlich angeordnete oder zugelassene Maßnahmen, die im öffentlichen Interesse

nicht zu anderer Zeit oder auf andere Weise mit dem gleichen Ergebnis durchgeführt werden können, sowie für Maßnahmen, die im Einzelfall nach Art und Umfang den Schutzzweck nicht beeinträchtigen.

(6) Das Ministerium kann zur Schonung des Bestandes bestimmter Arten durch Rechtsverordnung

1. die Entnahme bestimmter Pflanzen und Tiere aus Wildbeständen zu Erwerbszwecken oder für den Handel von einer Erlaubnis abhängig machen, einschränken oder verbieten,

2. die Herstellung oder Anwendung bestimmter Geräte oder Mittel, insbesondere Gifte, zum Fangen oder Töten wildlebender Tiere ganz oder teilweise verbieten.

(7) Die Naturschutzbehörde kann durch Rechtsverordnung oder Einzelanordnung für die Lebensstätten bestimmter Arten, insbesondere ihre Standorte, Brut- und Wohnstätten, zeitlich befristet besondere Schutzmaßnahmen, insbesondere Verbote entsprechend § 30 Abs. 4 Nrn. 1 bis 3 festlegen. § 24 Abs. 4 gilt entsprechend.

§ 30
Besonders geschützte Pflanzen- und Tierarten

(1) Wildlebende Tier- und wildwachsende Pflanzenarten, deren Bestandsschutz oder Bestandspflege

1. wegen ihrer Seltenheit oder der Bedrohung ihres Bestandes,

2. aus wissenschaftlichen oder landeskundlichen Gründen,

3. wegen ihres Nutzens oder ihrer Bedeutung für den Naturhaushalt oder

4. zur Erhaltung von Vielfalt oder Eigenart von Natur und Landschaft

erforderlich ist, können durch Rechtsverordnung des Ministeriums besonders geschützt werden. In der Rechtsverordnung können die Tier- und Pflanzenarten, deren Vorkommen im Landesgebiet vom Aussterben bedroht sind, bestimmt werden.

(2) Nach Jagdrecht ganzjährig geschonte jagdbare Tierarten können unter den Voraussetzungen des Absatzes 1 durch Rechtsverordnung den besonders geschützten Arten gleichgestellt werden.

(3) Durch Rechtsverordnung des Ministeriums können nichtheimische Arten besonders geschützten einheimischen Arten gleichgestellt werden, wenn deren Bestandsschutz erforderlich ist, um im Geltungsbereich dieses Gesetzes Ursachen ihres bestandsgefährdenden Rückgangs zu beschränken oder auszuschließen, und die

1. im Bundesgebiet, in einem anderen Bundesland oder in ihrem Herkunftsland besonders geschützt sind oder einen entsprechenden Schutz genießen,

2. in internationalen Vereinbarungen, denen die Bundesrepublik Deutschland beigetreten ist, mit einer entsprechenden Kennzeichnung aufgeführt sind oder

3. nach gesicherten Erkenntnissen vom Aussterben bedroht sind, ohne in ihrem Herkunftsland geschützt zu sein.

(4) Es ist für die nach den Absätzen 1 und 2 geschützten Arten verboten,

1. Pflanzen oder Teile davon auszugraben, abzupflücken, abzusägen oder auf andere Weise zu beschädigen,

2. Tiere zu fangen, zu töten, zu verletzen oder mutwillig zu beunruhigen,

3. Eier, Larven, Puppen, Nester dieser Tiere oder ihre Nist-, Brut-, Laich-, Wohn- und Zufluchtsstätten zu beschädigen, zu zerstören oder wegzunehmen oder
4. Störungen an den Lebens-, Brut- und Wohnstätten der vom Aussterben bedrohten und in der Rechtsverordnung aufgeführten Arten, insbesondere durch Fotografieren und Filmen, zu verursachen.

(5) Die Naturschutzbehörde kann durch Rechtsverordnung oder Einzelanordnung für die Lebensstätten der besonders geschützten Arten, insbesondere ihre Standorte, Brut- und Wohnstätten zeitlich befristet besondere Schutzmaßnahmen festlegen. § 24 Abs. 4 gilt entsprechend.

(6) Das Auffinden verletzter, kranker oder hilfloser Tiere der vom Aussterben bedrohten Arten soll der Naturschutzbehörde unverzüglich angezeigt werden. Tiere sind auf Verlangen an staatliche Einrichtungen abzugeben. Das Aneignungsrecht des Jagdausübungsberechtigten bleibt unberührt.

(7) Das Ministerium kann durch Rechtsverordnung zur Erhaltung der besonders geschützten Arten geeignete Maßnahmen bestimmen sowie Handlungen verbieten oder einschränken, die die Bestände weiter verringern können.

§ 31
Besitz- und Verkehrsverbote, Herkunftsnachweis

(1) Soweit dieses Gesetz nichts anderes bestimmt oder zuläßt, ist es verboten, von den nach § 30 Abs. 1 bis 3 geschützten Arten
1. frische oder getrocknete Pflanzen oder Pflanzenteile oder hieraus gewonnene Erzeugnisse oder

2. lebende oder tote Tiere, deren Fleisch, Fell, Gefieder, Eier, Larven, Puppen oder Nester oder hieraus gewonnene Erzeugnisse

in Besitz zu nehmen, zu erwerben, die tatsächliche Gewalt darüber auszuüben, zu be- oder verarbeiten, abzugeben, feilzuhalten, zu veräußern, ein-, aus- oder durchzuführen oder sonst in den Verkehr zu bringen.

(2) Wer

1. Pflanzen oder Tiere im Sinne von Absatz 1 Nr. 1 oder 2,
2. Pflanzen im Sinne von Absatz 1 Nr. 1, die im In- oder Ausland gewerbsmäßig durch Anbau gewonnen sind, oder
3. Tiere im Sinne von Absatz 1 Nr. 2, die im In- oder Ausland gezüchtet worden sind,

besitzt oder die tatsächliche Gewalt ausübt, hat den zuständigen Stellen auf Verlangen in den Fällen des Absatzes 1 Nr. 1 seine Befugnisse und in den Fällen des Absatzes 1 Nrn. 2 und 3 die ursprüngliche Herkunft nachzuweisen.

(3) Das Ministerium kann durch Rechtsverordnung

1. nach Absatz 1 in Verbindung mit § 30 Abs. 3 verbotene Erzeugnisse näher bestimmen,
2. bestimmte besonders geschützte Arten teilweise oder unter besonderen Voraussetzungen von den Verboten nach Absatz 1 ausnehmen, insbesondere das Halten zu privaten Zwecken oder den Handel in Fachgeschäften zu bestimmten Zeiten zulassen sowie ihre Erfassung und Kennzeichnung regeln und
3. für bestimmte Tierarten, die sich bei Inkrafttreten dieses Gesetzes in der Haltung befinden, eine Anzeige- und Kennzeichnungspflicht einführen.

Artenschutz § 31 NatSchG

Erl. zu den § 29–31

1. Im **Tierartenschutz** wird zwischen dem **allgemeinen Schutz** und dem **besonderen Schutz** unterschieden.
   Die **Schutzvorschriften** über den **allgemeinen Schutz** sind in § 20 d des BNatSchG enthalten. Sie sollen einen **Mindestschutz** der nicht besonders geschützten Arten gewährleisten. Danach ist es u. a. verboten

   – wildlebende Tiere mutwillig zu beunruhigen oder ohne vernünftigen Grund zu fangen, zu verletzen oder zu töten,
   – ohne vernünftigen Grund wildlebende Pflanzen von ihrem Standort zu entnehmen oder zu nutzen oder ihre Bestände niederzuschlagen oder auf sonstige Weise zu verwüsten,
   – ohne vernünftigen Grund Lebensstätten wildlebender Tier- und Pflanzenarten zu beeinträchtigen oder zu zerstören.

   Die Verbotstatbestände sind im wesentlichen identisch mit den Vorschriften des § 29 NatSchG (vgl. S. 197). Weitere Verbotstatbestände enthält § 13 der BArtSchVO. Danach ist es u. a. verboten in folgender Weise wildlebenden Tieren der **besonders geschützten Arten** und der **nicht besonders geschützten Wirbeltierarten,** die nicht dem Jagd- oder Fischereirecht unterliegen (Nutria, Marderhund, Bisam, Waschbär und Wanderratte), nachzustellen, sie anzulocken, zu fangen oder zu töten:

   – mit Schlinge, Netzen, Fallen, Haken, Leim und sonstigen Klebstoffen,
   – unter Benutzung von lebenden Tieren als Lockmittel,
   – mit künstlichen Lichtquellen, Spiegeln oder anderen beleuchtenden oder blendenden Vorrichtungen,
   – mit akustischen oder elektrischen Geräten,
   – durch Begasen oder Ausräuchern oder unter Verwendung von Giftstoffen, vergifteten oder betäubenden Ködern oder sonstigen betäubenden Mitteln,
   – mit halbautomatischen oder automatischen Waffen, deren Magazin mehr als zwei Patronen aufnehmen kann, oder unter Verwendung von Visiervorrichtungen für das Schießen bei Nacht mit elektronischen Bildverschärfern oder Bildumwandlern,
   – unter Verwendung von Sprengstoffen,
   – aus Kraftfahrzeugen oder Luftfahrzeugen oder
   – aus Booten mit einer Antriebsgeschwindigkeit von mehr als 5 km/Stunde.

§ 31 NatSchG — Artenschutz

2. Aufgrund der Ermächtigung in § 20e BNatSchG wurden mit der BArtSchVO folgende wildlebende Tierarten unter **besonderen Schutz** gestellt:

   a) **Säugetiere:**
   alle heimischen Arten, soweit sie nicht dem Jagdrecht unterliegen, mit Ausnahme von einigen **Mäusearten, Nutria, Marderhund, Bisam, Waschbär, Wanderratte** und **verwilderte Hauskatze,**

   b) **Vögel:**
   alle europäischen Arten, soweit sie nicht dem Jagdrecht unterliegen.

Die unter besonderen Schutz gestellten Tier- und Pflanzenarten sind in Anlage 1 zu § 1 der BArtSchVO im einzelnen aufgeführt, wobei in Spalte 1 die vom Aussterben bedrohten Arten durch Fettdruck besonders hervorgehoben sind. Durch o. a. Aufzählung erübrigt sich der Abdruck der umfangreichen Anlage.

Die **Schutzvorschriften** nach § 20f des BNatSchG für besonders geschützte Tier- und Pflanzenarten sind umfassend. Es ist u. a. verboten:

- wildlebenden Tieren der besonders geschützten Arten nachzustellen, sie zu fangen, zu verletzen, zu töten oder ihre Entwicklungsformen, Nist-, Brut-, Wohn- oder Zufluchtstätten der Natur zu entnehmen, zu beschädigen oder zu zerstören,
- wildlebende Pflanzen der besonders geschützten Arten oder ihre Teile oder Entwicklungsformen abzuschneiden, abzupflücken, aus- oder abzureißen, auszugraben, zu beschädigen oder zu vernichten,
- wildlebende Tiere der vom Aussterben bedrohten Arten an ihren Nist-, Brut-, Wohn- oder Zufluchtstätten durch Aufsuchen, Fotografieren oder ähnliche Handlungen zu stören.

Ferner ist es verboten, Tiere und Pflanzen der besonders geschützten Arten

- lebend oder tot **in Besitz zu nehmen,** zu erwerben, die tatsächliche Gewalt über sie auszuüben oder sie zu be- oder verarbeiten (**Besitzverbote**),
- zu verkaufen, zum Verkauf vorrätig zu halten, anzubieten oder zu befördern oder zu kommerziellen Zwecken der Schau zu stellen (**Vermarktungsverbote**),
- zu anderen als den o. a. Zwecken in den Verkehr zu bringen, zu befördern oder zur Schau zu stellen (**sonstige Verkehrsverbote**).

Abweichend von den Besitz-, Vermarktungs- und sonstigen Verkehrsverboten ist es vorbehaltlich jagd- oder fischereirechtlicher Vorschrif-

Artenschutz § 31 NatSchG

ten zulässig, tot aufgefundene Tiere und Pflanzen der Natur zu entnehmen und an die von der nach Landesrecht zuständigen Behörde bestimmte Stelle (ggf. bei der unteren Naturschutzbehörde erfragen!) abzugeben oder, soweit sie nicht zu den vom Aussterben bedrohten Arten gehören, für Zwecke der Forschung und Lehre oder zur Präparation zu verwenden.

Vorbehaltlich jagdrechtlicher Vorschriften ist ferner zulässig, verletzte oder kranke Tiere aufzunehmen, um sie gesund zu pflegen. Die Tiere sind unverzüglich in die Freiheit zu entlassen, sobald sie sich dort selbständig erhalten können.

3. Gemäß Ermächtigung in § 20 Abs. 6 NatSchG können die nach Landesrecht zuständigen Behörden im Einzelfall, die Landesregierungen allgemein durch Rechtsverordnung, weitere Ausnahmen von den Verboten den § 20f BNatSchG und den Besitz-, Vermarktungs- und sonstigen Verkehrsverboten zulassen, soweit dies
   - zur Abwendung erheblicher land-, forst-, fischerei-, wasser- oder sonstiger gemeinwirtschaftlicher Schäden,
   - zum Schutz der heimischen Tier- und Pflanzenwelt oder
   - für Zwecke der Forschung, Lehre, Zucht, des Anbaus oder der Ansiedlung

   erforderlich ist.

   Hiervon hat Baden-Württemberg Gebrauch gemacht und zuletzt die VO der Landesregierung zu den Schutzvorschriften für Rabenvögel vom 9. 7. 1990 (GBl. S. 14) erlassen.

   Wichtig! Zu beachten ist, daß die unter **besonderen Schutz** gestellten Arten **Rabenkrähe, Elster** und **Eichelhäher** seit dem 1. 1. 1987 im Rahmen des Jagdschutzes (Wildschutz!) grundsätzlich nicht mehr bejagt werden dürfen, sondern nur noch nach Erteilung einer **Abschußerlaubnis** gemäß der oben erwähnten Verordnung der Landesregierung vom 9. 7. 1990, abgedruckt im Teil Jagdrecht auf Seite 94.

4. **Bußgeldvorschriften**

   Die Bußgeldvorschriften (§ 30 BNatSchG) wurden verschärft und erstmals Straftatbestände (Vergehen) eingeführt.
   Vorsätzlich oder fahrlässige Verstöße gegen die Schutzvorschriften für besonders geschützte Tier- und Pflanzenarten sind in der Regel Ordnungswidrigkeiten, die mit einer Geldbuße bis zu 20 000 DM bzw. bis zu 100 000 DM geahndet werden können. Wer aber z. B. vorsätzlich wildle-

benden Tieren einer besonders geschützten Art nachstellt, sie fängt, verletzt oder tötet oder verkauft, begeht eine Straftat nach § 30a BNatSchG und kann mit Freiheitsstrafe bis zu drei Jahren oder mit Geldstrafe bestraft werden, wenn er die Tat gewerbs- oder gewohnheitsmäßig begangen hat. Sofern sich die Tat auf Tiere einer vom Aussterben bedrohten Art bezieht, kann die Freiheitsstrafe bis zu fünf Jahren betragen.

Ist eine Ordnungswidrigkeit nach § 30 oder eine Straftat nach § 30a NatSchG begangen worden, so können Gegenstände, auf die sich die Straftat oder die Ordnungswidrigkeit bezieht und Gegenstände, die zu ihrer Begehung oder Vorbereitung gebraucht worden oder bestimmt gewesen sind, eingezogen werden.

§ 32
Tiergärten und Freigehege

(1) Die Errichtung und Erweiterung von Tiergärten, Freigehegen oder Anlagen zur Haltung von Greifvögeln und Eulen (Gehege) bedürfen der Genehmigung der Naturschutzbehörde.

(2) Die Genehmigung darf nur für bestimmte Tiere erteilt werden. Sie ist zu erteilen, wenn Rechtsvorschriften nicht entgegenstehen und wenn die Anlage den Naturhaushalt und das Landschaftsbild nicht wesentlich beeinträchtigt und den freien Zugang zu Natur und Landschaft nicht erheblich behindert und wenn die verhaltensgerechte Unterbringung und fachliche Betreuung der Tiere gewährleistet ist.

(3) Die Naturschutzbehörde ist die zuständige Landesbehörde im Sinne von § 4 Abs. 1 Nr. 20 Buchstabe a) des Umsatzsteuergesetzes.

(4) Die Absätze 1 und 2 gelten nicht für staatliche zoologische Einrichtungen. Besondere Vorschriften für Gehege im Wald bleiben unberührt.

(5) Die Naturschutzbehörde kann bei Gehegen, die bei Inkrafttreten dieses Gesetzes bestehen, Maßnahmen anordnen, die zur Erfüllung der in Absatz 2 genannten Anforderungen erforderlich sind. Die Beseitigung eines Geheges kann angeordnet werden, soweit nicht auf andere Weise rechtmäßige Zustände hergestellt werden können.

§ 33
Besondere Bestimmungen

(1) Wildlebende Tiere dürfen nur mit schriftlicher Erlaubnis der Naturschutzbehörde und nur zu wissenschaftlichen Zwecken beringt oder auf andere Weise gekennzeichnet werden.

(2) Das Ministerium kann durch Rechtsverordnung im Interesse der Forschung unter Berücksichtigung des Schutzes der Tiere Vorschriften über Art und Verwendung der Kennzeichen erlassen. In der Rechtsverordnung können

1. Ausnahmen von den Schutzvorschriften der §§ 29 bis 31 dieses Gesetzes zugelassen werden, soweit es für die Forschung erforderlich ist,

2. Verpflichtungen zur Ablieferung aufgefundener Ringe oder Kennzeichen oder zur Benachrichtigung einer zuständigen Stelle begründet werden.

(3) Die Bezeichnung „Vogelwarte", „Vogelschutzwarte" oder Bezeichnungen, die ihnen zum Verwechseln ähnlich sind, dürfen nur mit Genehmigung der höheren Naturschutzbehörde geführt werden.

(4) Das Aussetzen oder Ansiedeln gebietsfremder nichtjagdbarer Tiere in der freien Natur bedarf der Genehmigung der Naturschutzbehörde. Ausgenommen sind genehmigte Gehege oder staatliche zoologische Einrichtungen.

§ 34
Ausnahmen

(1) Die höhere Naturschutzbehörde kann durch Rechtsverordnung oder Einzelanordnung

1. zur Abwendung erheblicher land-, forst- oder wasserwirtschaftlicher Schäden,
2. zum Schutz der heimischen Tier- und Pflanzenwelt oder
3. für Zwecke der Forschung, des Unterrichts, der Dokumentation oder der Zucht

über die besonders vorgesehenen Fälle hinaus Ausnahmen von Vorschriften dieses Abschnitts und von den auf Grund dieses Abschnitts erlassenen Rechtsverordnungen zulassen. § 30 Abs. 5 bleibt unberührt.

(2) Abweichend von den Vorschriften dieses Abschnitts und von den auf Grund dieses Abschnitts erlassenen Rechtsverordnungen ist es gestattet, verletzte, kranke oder hilflose Tiere geschützter Arten aufzunehmen, um sie zu pflegen oder aufzuziehen. Sie sind, wenn sie nicht an staatliche Einrichtungen abgegeben werden, unverzüglich in die Freiheit zu entlassen, sobald sie dort lebensfähig sind. § 30 Abs. 6 bleibt unberührt.

Erl. zu den §§ 32 bis 34

1. Die **Genehmigungspflicht** nach § 32 erfaßt alle Tiergärten und Freigehege, in denen wildlebende Tiere zu anderen als zu jagdlichen Zwecken gehalten werden, sowie Anlagen zur Haltung von Greifvögeln und Eulen.
Nach § 34 LWaldG ist die Errichtung und die Erweiterung eines Geheges oder einer ähnlichen Einrichtung im Wald genehmigungspflichtig. Sofern ein Gehege zu 50 % oder mehr der Fläche Wald einschließt, ergeht die Genehmigung gemäß § 34 LWaldG durch die Forstbehörde. Wenn ein Gehege weniger als 50 % der Fläche Wald einschließt, ergeht die Genehmigung nach § 32 NatSchG durch die Naturschutzbehörde.
Auf den Erlaß des Ministeriums für Ernährung, Landwirtschaft, Umwelt und Forsten über die Errichtung und Erweiterung von Gehegen im Wald vom 16. Mai 1980 (GABl. S. 414) und die Verwaltungsvorschrift des vorgenannten Ministeriums zur Errichtung, Erweiterung und zum Betrieb von Gehegen außerhalb des Waldes zur Haltung von Damwild zum Zwecke der Fleischproduktion (nutztierartige Damwildhaltung) vom 13. Januar 1982 (GABl. S. 400) wird hingewiesen.

2. Wer ein Gehege ohne die erforderliche Genehmigung errichtet oder erweitert oder wer entgegen § 33 Abs. 4 Satz 1 gebietsfremde Tiere ohne Genehmigung aussetzt, handelt ordnungswidrig (vgl. § 64 Abs. 2 Nr. 16 und 17).

VI. Abschnitt

Erholung in Natur und Landschaft

§ 35
Erholung

Jedermann hat ein Recht auf Erholung in der freien Landschaft nach Maßgabe der folgenden Vorschriften. Weitergehende Rechte auf Grund anderer Vorschriften bleiben unberührt.

§ 36
Allgemeine Schranken

(1) Das Recht auf Erholung findet seine Schranken an den allgemeinen Gesetzen, den Interessen der Allgemeinheit und an den Rechten Dritter (Gemeinverträglichkeit).

(2) Zu den Interessen der Allgemeinheit gehören insbesondere der Naturschutz und die Landschaftspflege, der Schutz von Kulturen, die Sicherung von Ernährung und Rohstoffen, der Gewässerschutz und die Sicherung der öffentlichen Versorgung, der Schutz der Gesundheit und das Erholungsbedürfnis der Bevölkerung.

(3) Zu den Rechten Dritter gehören insbesondere die rechtmäßige landwirtschaftliche, forstwirtschaftliche und bauliche Nutzung von Grundstücken in der Landschaft.

(4) Die Ausübung des Rechts auf Erholung erfolgt auf eigene Gefahr. Neue Sorgfalts- oder Verkehrssicherungspflichten der betroffenen Grundstückseigentümer oder sonstigen Berechtigten werden dadurch, vorbehaltlich anderer Rechtsvorschriften, nicht begründet.

§ 37
Betreten der freien Landschaft

(1) Die freie Landschaft, insbesondere Wald, Heide, Fels, Ödland, Brachflächen und Uferstreifen, kann von jedermann zum Zwecke der Erholung unentgeltlich betreten werden. Landwirtschaftlich genutzte Flächen dürfen während der Nutzzeit nur auf Wegen betreten werden. Als Nutzzeit gilt die Zeit zwischen Saat oder Bestellung und Ernte, bei Grünland die Zeit des Aufwuchses und der Beweidung. Sonderkulturen, insbesondere Flächen, die dem Garten-, Obst- und Weinbau dienen, dürfen nur auf Wegen betreten werden.

(2) Zum Betreten gehören auch das Skifahren, das Schlittenfahren (ohne Motorkraft), das Spielen und ähnliche Betätigungen in der freien Landschaft.

(3) Jedermann darf auf Privat- und Wirtschaftswegen sowie auf Pfaden in der freien Landschaft wandern und auf hierfür geeigneten Wegen mit Fahrrädern (ohne Motorkraft) und Krankenfahrstühlen (auch mit Motorantrieb) fahren.

(4) Wer die freie Landschaft betritt, ist verpflichtet, von ihm abgelegte Gegenstände und Abfälle wieder aufzunehmen und zu entfernen.

(5) Vorschriften über das Betretungsrecht im Wald, über den Gemeingebrauch an Gewässern und an öffentlichen Straßen und Regelungen des Straßenverkehrsrechts bleiben unberührt.

§ 38
Schranken des Betretens

(1) Das Betreten im Sinne des § 37 Abs. 1 und 2 umfaßt nicht das Reiten, das Fahren mit bespannten und motorisierten Fahrzeugen, Zelten und Aufstellen von Wohnwagen.

(2) Das Reiten und Fahren mit bespannten Fahrzeugen ist, unbeschadet, straßenverkehrsrechtlicher Vorschriften auf Wegen, Heide, Ödland und besonders ausgewiesenen Flächen gestattet; gekennzeichnete Wanderwege und Wanderpfade, Sport- und Lehrpfade sowie für die Erholung der Bevölkerung ausgewiesene Flächen, insbesondere Spiel- und Liegewiesen, sind hiervon ausgenommen. Beschränkungen können von Gemeinden und von Grundstückseigentümern aus wichtigem Grund vorgenommen werden, insbesondere soweit diese Wege und Flächen in besonderem Maße der Erholung der Bevölkerung dienen

oder erhebliche Schäden oder Beeinträchtigungen anderer Benutzer zu erwarten sind. In Naturschutzgebieten ist das Reiten und Fahren mit bespannten Fahrzeugen nur auf besonders ausgewiesenen Wegen und Flächen gestattet. §§ 39 bis 41 gelten entsprechend.

§ 39
Beschränkungen des Betretens

(1) Das Betretungsrecht kann nicht ausgeübt werden, wenn der Eigentümer oder sonstige Berechtigte das Betreten seines Grundstücks in der freien Landschaft der Allgemeinheit durch deutlich sichtbare Absperrungen, insbesondere durch Einfriedungen, andere tatsächliche Hindernisse oder Beschilderungen (Sperren), untersagt hat. Beschilderungen sind nur wirksam, wenn sie auf einen gesetzlichen Grund hinweisen, der eine Beschränkung des Betretungsrechts rechtfertigt.

(2) Der Eigentümer oder sonstige Berechtigte darf unbeschadet sonstiger öffentlich-rechtlicher Vorschriften (z. B. Sperrung von Weinbergen während der Reife- und Erntezeit) der Allgemeinheit das Betreten von Grundstükken in der freien Landschaft durch Sperren nur verwehren, soweit

1. die nichtüberbaute Fläche eines Grundstücks, das mit einem Gebäude zulässig überbaut ist, die überbaute Fläche um nicht mehr als das Zehnfache überschreitet,

2. die zulässige Nutzung eines sonstigen Grundstücks behindert oder eingeschränkt würde, die Beschädigung von landwirtschaftlichen Kulturen zu befürchten ist oder das Grundstück beschädigt und verunreinigt wird oder

3. Maßnahmen der Land- und Forstwirtschaft, des Naturschutzes, der Landschaftspflege, der Jagdausübung,

zur Vorbereitung oder Durchführung von sportlichen Wettkämpfen oder sonstige zwingende Gründe eine vorübergehende Absperrung erfordern.

§ 40
Beschränkungen des Betretens durch die Naturschutzbehörde

Die Naturschutzbehörde kann durch Rechtsverordnung oder Einzelanordnung das Betreten von Teilen der freien Landschaft aus Gründen des Naturschutzes, zur Durchführung von landschaftspflegerischen Vorhaben, zur Regelung des Erholungsverkehrs oder aus anderen zwingenden Gründen im Sinne des § 36 Abs. 1 und 3 untersagen oder beschränken, soweit das Betretungsrecht nicht nach anderen gesetzlichen Bestimmungen ausgeschlossen oder beschränkt wird.

§ 41
Genehmigung und Beseitigung von Sperren

(1) Bedarf die Errichtung einer Sperre im Sinne des § 39 Abs. 1 einer behördlichen Gestattung nach anderen Vorschriften, so ergeht diese im Einvernehmen mit der Naturschutzbehörde, sofern Bundesrecht nicht entgegensteht. Ist eine Gestattung nach anderen Vorschriften nicht erforderlich oder steht der Herstellung des Einvernehmens Bundesrecht entgegen, so darf eine Sperre in der freien Landschaft nur errichtet werden, wenn sie durch die Naturschutzbehörde genehmigt ist. Sperren von intensiv genutzten Flächen landwirtschaftlicher Betriebe bedürfen keiner Genehmigung. Für vorübergehende Sperrungen gemäß § 39 Abs. 2 Nr. 3 genügt eine unverzügliche Anzeige an die Naturschutzbehörde.

(2) Die Gestattung oder Genehmigung nach Absatz 1 ist zu versagen, wenn die Sperre den Voraussetzungen des

§ 39 Abs. 2 und dem gegenwärtigen Erholungsinteresse der Bevölkerung widerspricht. Sie kann befristet erteilt werden, solange nicht das absehbare Erholungsinteresse der Bevölkerung entgegensteht.

(3) Die Naturschutzbehörde kann die Beseitigung einer bestehenden Sperre anordnen, wenn die Sperre den Voraussetzungen nach § 39 Abs. 2 sowie dem gegenwärtigen Erholungsinteresse der Bevölkerung widerspricht. Ist die Sperre baurechtlich genehmigt, so ergeht die Entscheidung im Einvernehmen mit der Baurechtsbehörde. Mit der Beseitigungsanordnung erlischt insoweit die Baugenehmigung.

§ 42
Durchgänge

Die Naturschutzbehörde kann auf einem Grundstück, das nach vorstehenden Vorschriften nicht frei betreten werden darf, für die Allgemeinheit einen Durchgang anordnen, wenn andere Teile der freien Landschaft, insbesondere Erholungsflächen, Naturschönheiten, Wald oder Gewässer in anderer zumutbarer Weise nicht zu erreichen sind und wenn der Eigentümer dadurch in seinen Rechten gemäß § 36 Abs. 3 nicht wesentlich beeinträchtigt wird.

§ 43
Aneignung von Pflanzen und Früchten

(1) Jedermann hat das Recht, in der freien Landschaft sich wildwachsende Pflanzen, Beeren, Früchte oder Pilze in ortsüblichem Umfang anzueignen sowie Blüten, Blätter oder Zweige in Mengen die nicht über einen Handstrauß hinausgehen, zu entnehmen. Die Ausübung dieses Rechts hat pfleglich zu erfolgen.

(2) Dieses Recht besteht jedoch nur vorbehaltlich der Regelungen des V. Abschnitts. Rechtsvorschriften, die das Aneignungsrecht nach Absatz 1 in Schutzgebieten nach dem IV. Abschnitt einschränken, bleiben unberührt.

§ 44
Erholungsschutzstreifen an Gewässern

(1) Im Außenbereich (§ 19 Abs. 2 des Bundesbaugesetzes) dürfen bauliche Anlagen innerhalb von 50 m von der Uferlinie der Bundeswasserstraßen und der Gewässer erster Ordnung (Erholungsschutzstreifen) nicht errichtet oder wesentlich erweitert werden. Im Erholungsschutzstreifen ist auch das Aufstellen von Zelten und Wohnwagen nicht zulässig. Die Naturschutzbehörde kann im Außenbereich durch Rechtsverordnung einen Erholungsschutzstreifen auch für bestimmte Gewässer zweiter Ordnung näher festlegen, soweit es das Erholungsinteresse der Bevölkerung erfordert.

(2) Ausnahmen von Absatz 1 können von der Naturschutzbehörde unter Berücksichtigung der Belange der Raumordnung und Landesplanung zugelassen werden, insbesondere

1. für bauliche Anlagen, die dem Rettungswesen, dem öffentlichen Verkehr, der Schiffahrt, dem Schiffbau, dem Gewässerschutz, der Unterhaltung oder dem Ausbau eines oberirdischen Gewässers, der Wasser- und Energieversorgung, der Abfallbeseitigung oder lebenswichtigen Wirtschaftsbetrieben dienen, wenn das Interesse der Allgemeinheit an der Durchführung dieser Maßnahmen im Erholungsschutzstreifen das Erholungsinteresse der Bevölkerung überwiegt,

2. für notwendige bauliche Anlagen, insbesondere als Gemeinschaftsanlagen, die ausschließlich der Erholung,

§ 44 NatSchG   Betretungsrecht

insbesondere dem Baden, dem Wassersport oder der Fischerei dienen, soweit dadurch der Naturhaushalt oder das Landschaftsbild nicht beeinträchtigt wird, und
3. für bauliche Vorhaben im Sinne des § 35 Abs. 1 des Bundesbaugesetzes und in Gebieten, für die ein Bebauungsplan aufgestellt oder geändert werden soll, wenn Belange des Naturschutzes und der Landschaftspflege nicht entgegenstehen und keine erhebliche Beeinträchtigung der gegenwärtigen oder absehbaren zukünftigen Erholungsinteressen der Bevölkerung zu erwarten ist.

Erl. zu den §§ 35 bis 44 NatSchG und §§ 37 bis 39 LWaldG

1. Die Vorschriften im VI. Abschnitt regeln das Recht auf Erholung in Natur und Landschaft. Unter dem Begriff „freie Landschaft" sind alle Flächen außerhalb besiedelter Gebiete und der Wald zu verstehen.
Ein wesentlicher Bestandteil des Rechts auf Erholung ist das Betretungsrecht, das jedermann im Rahmen der Bestimmungen des § 37 „rund um die Uhr" ausüben darf.
Das Recht zum Betreten des Waldes ist im LWaldG (§ 37 ff.) geregelt und wird nachfolgend in den Nr. 5 bis 10 dargestellt.
2. Vom Betretungsrecht (§ 37 Abs. 1 und 2) ausgenommen ist
   – das Reiten,
   – das Fahren mit bespannten Wagen und motorisierten Fahrzeugen,
   – das Zelten und
   – das Aufstellen von Wohnwagen.
Bezüglich der Gestattung des Reitens in der „offenen Landschaft" vgl. Nr. 4.
3. Der Eigentümer oder sonstige Berechtigte darf der Allgemeinheit das Betreten von Grundstücken **nur** unter den in § 39 Abs. 2 Nr. 1 bis 3 genannten Voraussetzungen verwehren.
Beschilderungen sind nur dann wirksam, wenn sie auf einen gesetzlichen Grund hinweisen, der eine Beschränkung des Betretungsrechts rechtfertigt.
Beispiel: Weg wegen Jagdausübung gesperrt
   – § 39 Abs. 2 Nr. 3 NatSchG –

Sperren sind nur mit Genehmigung der Naturschutzbehörde zulässig, ausgenommen solche von intensiv genutzten Flächen landwirtschaftlicher Betriebe.
Bei vorübergehender Sperrung (z. B. anläßlich der Jagdausübung oder von Erntearbeiten) genügt eine unverzügliche Anzeige an die Naturschutzbehörde.

4. **Reiten und Fahren mit bespannten Fahrzeugen in der offenen Landschaft** (vgl. § 38 Abs. 2 NatSchG und Reiterlaß)
Das Reiten und Fahren mit bespannten Fahrzeugen ist eine besondere Ausgestaltung des Rechts auf Erholung in der freien Landschaft. Soweit dies auf öffentlichen Wegen geschieht, ist es Teilnahme am Straßenverkehr.
In der offenen Landschaft ist das Reiten und Fahren mit bespannten Fahrzeugen zu Erholungszwecken grundsätzlich gestattet:
– auf **öffentlichen** und **privaten** Wegen,
– auf **Heide** und **Ödland,**
– auf **besonders ausgewiesenen Flächen.**
Besonders ausgewiesene Flächen sind Grundstücke, die vom Eigentümer für das Reiten außerhalb der Wege freigegeben sind.
Ausgenommen von der grundsätzlichen Gestattung sind:
– gekennzeichnete Wanderwege,
– Wanderpfade,
– Sport- und Lehrpfade,
– Flächen, die für die Erholung der Bevölkerung ausgewiesen sind, insbesondere Spiel- und Liegewiesen.
Sofern gekennzeichnete Wanderwege auf befestigten Wegen mit einer Breite von mehr als 3 m verlaufen, ist das Reiten im Schritt zulässig.
Die Kennzeichnung eines Wanderweges muß die Bestimmung als Wanderweg zweifelsfrei erkennen lassen, wie Wegmarkierungen der Gebirgs- und Wandervereine oder der Gemeinde- und Kurverwaltungen.
Nunmehr dürfen Wanderwege in der offenen Landschaft erst nach Genehmigung der Naturschutzbehörde gekennzeichnet werden.
In **Naturschutzgebieten** ist das Reiten und Fahren mit bespannten Fahrzeugen nur auf besonders ausgewiesenen Wegen und Flächen erlaubt.
Die Gestattung des Reitens kann außerdem ausgeschlossen werden durch die Gemeinden und Grundstückseigentümer aus wichtigem Grund, insbesondere soweit Wege und Flächen in besonderem Maße der Erholung dienen oder erhebliche Schäden oder Beeinträchtigun-

§ 44 NatSchG — Betretungsrecht

gen anderer Benutzer zu erwarten sind. Bezüglich der Durchführung einer Sperrung vgl. Nr. 3.

Schließlich kann die Naturschutzbehörde durch Rechtsverordnung oder durch Einzelanordnung die Gestattung nach Maßgabe des § 40 NatSchG ausschließen.

5. **Betreten des Waldes** (vgl. § 37 LWaldG)

Jeder darf Wald zum Zwecke der Erholung betreten.

Das Betreten erfolgt auf eigene Gefahr. Wer den Wald betritt, hat sich so zu verhalten, daß die Lebensgemeinschaft Wald und die Bewirtschaftung des Waldes nicht gestört, der Wald nicht gefährdet, beschädigt oder verunreinigt sowie die Erholung anderer nicht beeinträchtigt werden.

Das Radfahren sowie das Fahren mit Krankenfahrstühlen ist nur auf Straßen und Wegen gestattet.

Das **Fahren mit Fahrzeugen** (ausgenommen Fahrräder und Krankenfahrstühle), **Zelten, Abstellen von Wohnwagen** und **Aufstellen** von **Bienenstöcken** im Wald ist nur mit besonderer Befugnis erlaubt. Die Vorschriften des Straßenverkehrsrechts bleiben unberührt.

Ohne besondere Erlaubnis ist nicht zulässig das Betreten von:
- gesperrten Waldwegen und Waldflächen (vgl. Nr. 10),
- Waldflächen und Waldwegen während der Dauer des Einschlags oder der Aufbereitung von Holz,
- Naturverjüngungen, Forstkulturen und Pflanzgärten,
- forstbetrieblichen und jagdbetrieblichen Einrichtungen.

Der Waldbesitzer muß die Kennzeichnung von Waldwegen zur Ausübung des Betretens dulden. Die Kennzeichnung neuer Wanderwege im Wald bedarf der Genehmigung der Forstbehörde.

6. **Aneignung von Waldfrüchten und Waldpflanzen** (vgl. § 40 LWaldG)

Das Recht auf Aneignung wildwachsender Waldfrüchte und Waldpflanzen hängt mit dem Betretungsrecht und der Erholungsfunktion des Waldes eng zusammen. Jeder darf sich Waldfrüchte, Streu und Leseholz in ortsüblichem Umfang aneignen und Waldpflanzen, insbesondere Blumen und Kräuter, die nicht über einen Handstrauß hinausgehen, entnehmen. Dasselbe gilt für die Entnahme von Zweigen von Waldbäumen und -sträuchern bis zur Menge eines Handstraußes, ausgenommen Zweige in Forstkulturen und Zweige von Gipfeltrieben.

Das Ausgraben von Waldbäumen und -sträuchern ist untersagt.

Die Entnahme hat pfleglich zu erfolgen. Die Lebensgemeinschaft Wald und die Bewirtschaftung des Waldes dürfen nicht beeinträchtigt werden.

Vorschriften des öffentlichen Rechts, die das Aneignungsrecht ein-

schränken (z. B. die Bestimmungen über den Schutz wildwachsender Pflanzen im Naturschutzrecht), bleiben unberührt.
7. **Waldgefährdung durch Feuer** (vgl. § 41 LWaldG)
In der Zeit vom 1. März bis 31. Oktober darf im Wald nicht geraucht werden.
Brennende oder glimmende Gegenstände dürfen im Wald sowie im Abstand von weniger als 100 Meter vom Wald nicht weggeworfen oder sonst unvorsichtig gehandhabt werden.
Wer im Wald oder in einem Abstand von weniger als 100 Meter vom Wald außerhalb einer eingerichteten und gekennzeichneten Feuerstelle ein Feuer anzündet oder offenes Licht gebraucht, bedarf der vorherigen Genehmigung der Forstbehörde.
8. **Reiten im Wald** (vgl. §§ 37, 39 LWaldG und Reiterlaß)
Im Wald ist das Reiten grundsätzlich auf **Straßen** und **Wegen** gestattet. Auf gekennzeichneten **Wanderwegen, Fußwegen** sowie **Sport- und Lehrpfaden** darf nicht geritten werden.
Sofern gekennzeichnete Wanderwege auf befestigen Wegen mit einer Breite von mehr als 3 m (Holzabfuhrwege) verlaufen, ist das Reiten im Schritt gestattet.
In **Verdichtungsräumen,** im **Erholungswald** und in **Naturschutzgebieten** ist das Reiten nur auf den dafür ausgewiesenen Waldwegen erlaubt. Verdichtungsräume sind durch den Landesentwicklungsplan ausgewiesen, während Erholungswald durch Rechtsverordnung der höheren Forstbehörde bzw. durch Satzung der Gemeinden ausgewiesene Waldflächen sind.
Bezüglich der Sperrung von Waldwegen vgl. Nr. 10.
9. **Reiten auf ausgewiesenen Waldwegen** (vgl. § 39 LWaldG und ReitSchVO)
Wo das Reiten im Wald beschränkt ist, sollen durch die Forstbehörde nach Anhörung der beteiligten Waldbesitzer und Betroffenen (z. B. Reitervereinigungen) genügend geeignete, möglichst zusammenhängende und an entsprechende Wege auf Gemeindegebieten von Nachbargemeinden anschließende Waldwege für das Reiten ausgewiesen werden.
Die **Reitschadensverordnung** vom 30. Oktober 1989 (GBl. S. 491) bestimmt, daß das Reiten auf Waldwegen, die nach § 39 LWaldG ausgewiesen sind, nur nach Entrichtung einer Abgabe bei der unteren Forstbehörde zulässig ist. Diese beträgt je Pferd und Kalenderjahr ab 1. 1. 1990 100 DM; eine auf vier Wochen befristete Berechtigung kostet 10 DM.
Die Abgabe wird für die Abgeltung von Aufwendungen der Waldbesitzer zur Beseitigung von Schäden, die durch das Reiten auf ausgewie-

senen Waldwegen entstanden sind, verwendet. Als Nachweis für die Entrichtung der Abgabe sind auf beiden Seiten des Pferdekopfes oder der Vorderhand die vorgeschriebenen Anhängeschilder mit gültiger Aufklebeplakette als Kennzeichnung anzubringen.
Die Kennzeichnung ist nicht übertragbar.

10. **Sperren von Wald** (vgl. § 38 LWaldG und WaldSpVO)
Der Waldbesitzer kann aus wichtigem Grund, inbesondere aus Gründen
 – des Forstschutzes,
 – der Wald- und Wildbewirtschaftung,
 – zum Schutze der Waldbesucher,
 – zur Vermeidung erheblicher Schäden oder
 – zur Wahrung anderer schutzwürdiger Interessen des Waldbesitzers,
das Betreten des Waldes durch Sperrung einschränken.

Die Sperrung bedarf der Genehmigung der Forstbehörde.

Eine Sperrung für die Dauer bis zu zwei Monaten bedarf keiner Genehmigung, jedoch ist sie der Forstbehörde unverzüglich anzuzeigen. Schließlich kann eine Sperrung auch von Amts wegen erfolgen. Jede Art von Sperrung ist durch Schilder nach Maßgabe der Waldsperrungsverordnung zu kennzeichnen.
Beispiel: „Wald und Waldwege gesperrt
  § 38 Abs. 1 LWaldG"
Die Schilder im Querformat haben eine äußere Abmessung von 600 × 400 mm und sind grün umrandet. Die Grundfarbe ist weiß, die Schrift und die Symbole in schwarzer Farbe.

11. Wer vorsätzlich oder fahrlässig gegen die Vorschriften der §§ 35, 37, 38 und 41 NatSchG, §§ 37, 40, 41 LWaldG verstößt, handelt ordnungswidrig (vgl. § 64 Abs. 2 NatSchG und § 83 LWaldG).

IX. Abschnitt

Organisation, Zuständigkeit, Verfahren

§ 48
Naturschutzbehörden und Fachbehörden

(1) Naturschutzbehörden sind

1. das Ministerium als oberste Naturschutzbehörde,
2. die Regierungspräsidien als höhere Naturschutzbehörden und

3. die unteren Verwaltungsbehörden als untere Naturschutzbehörden.

(2) Die fachliche Beratung der Naturschutzbehörden obliegt

1. für das Ministerium der Landesanstalt für Umweltschutz – Institut für Ökologie und Naturschutz –,
2. für die höheren Naturschutzbehörden den Bezirksstellen für Naturschutz und Landschaftspflege (Bezirksstellen) und
3. für die unteren Naturschutzbehörden den Beauftragten für Naturschutz und Landschaftspflege (Naturschutzbeauftragte).

(3) Die Bezirksstellen werden den Regierungspräsidien, die Naturschutzbeauftragten den unteren Naturschutzbehörden angegliedert.

(4) Der Naturschutzbeauftragte ist ehrenamtlich tätig. Die Stadt- und Landkreise bestellen jeweils auf die Dauer von fünf Jahren im Benehmen mit der höheren Naturschutzbehörde für ihr Gebiet einen oder mehrere Naturschutzbeauftragte. Die Bestellung ist widerruflich. Die Naturschutzbeauftragten haben Anspruch auf Ersatz ihrer Auslagen. Sie haben ferner Anspruch auf eine angemessene Aufwandsentschädigung durch das Land.

(5) Die Leiter der Bezirksstellen bestellt das Ministerium nach Anhörung der höheren Naturschutzbehörden.

(6) Das Ministerium führt die Dienst- und Fachaufsicht über die Landesanstalt für Umweltschutz – Institut für Ökologie und Naturschutz – und über die Bezirksstellen.

(7) Das Ministerium regelt die Obliegenheiten der Naturschutzbeauftragten. Als Berater der unteren Naturschutzbehörden sind die Naturschutzbeauftragten an fachliche Weisungen nicht gebunden.

§ 49
Beiräte

(1) Zur wissenschaftlichen und fachlichen Beratung können bei den Naturschutzbehörden Beiräte aus ehrenamtlich tätigen sachverständigen Personen gebildet werden, denen auch Vertreter der Land- und Forstwirtschaft angehören sollen. Die Geschäftsführung obliegt den Naturschutzbehörden. Das Nähere, insbesondere Zusammensetzung, Stellung und Aufgabe der Beiräte, regelt das Ministerium durch Rechtsverordnung.

(2) Der Beirat bei dem Ministerium soll zugleich die Aufgaben des Stiftungsrates nach § 50 Abs. 5 wahrnehmen.

§ 52
Naturschutzdienst

Die unteren und höheren Naturschutzbehörden können geeignete Personen ehrenamtlich damit beauftragen, die Einhaltung der Bestimmungen zum Schutz der Natur und der Landschaft zu überwachen (Naturschutzdienst). Sie unterstehen der Aufsicht der Naturschutzbehörde, die sie bestellt hat. Sie müssen bei ihrer Tätigkeit den Ausweis über ihre Bestellung mit sich führen und auf Verlangen vorzeigen. Hoheitliche Befugnisse können nicht übertragen werden.

§ 55
Meldepflichten und Überwachung von Natur und Landschaft

(1) Schäden in Naturschutzgebieten oder an Naturdenkmalen sind von den Grundstückseigentümern oder den sonstigen Berechtigten unverzüglich der Naturschutzbehörde unmittelbar oder über die Gemeinde mitzuteilen.

(2) Die zuständigen Behörden können zur Durchführung der ihnen durch dieses Gesetz übertragenen Aufgaben von natürlichen und juristischen Personen die erforderlichen Auskünfte verlangen. Die Auskunftspflichtigen können die Auskunft auf solche Fragen verweigern, deren Beantwortung sie selbst oder ihre Angehörigen (§ 384 Abs. 1 Nr. 1 bis 3 der Zivilprozeßordnung) der Gefahr strafgerichtlicher Verfolgung oder eines Verfahrens nach dem Gesetz über Ordnungswidrigkeiten aussetzen würde.

(3) Werden bisher unbekannte Naturgebilde, insbesondere größere Findlinge oder Höhlen, aufgefunden oder aufgedeckt, so ist der Fund unverzüglich der Naturschutzbehörde unmittelbar oder über die Gemeinde anzuzeigen und so lange in seinem bisherigen Zustand zu belassen, bis die Naturschutzbehörde umgehend die notwendigen Schutzmaßnahmen getroffen oder den Fund freigegeben hat.

(4) Bedienstete staatlicher und kommunaler Behörden, insbesondere die Organe der Bauüberwachung und des Feld-, Fischerei-, Forst- und Jagdschutzes, können mit der Aufgabe betraut werden, die Einhaltung der in § 5 Abs. 1 genannten Rechtsvorschriften zu überwachen. Diese Personen und der Naturschutzdienst sind verpflichtet, Rechtsverletzungen der Naturschutzbehörde zu melden. Sie sind berechtigt, die Personalien der Personen festzustellen, die verdächtig sind, diese Rechtsvorschriften verletzt zu haben.

(5) Die zum Feld- und Forstschutz verpflichteten Bediensteten der staatlichen Landwirtschafts- und Forstbebehörden haben im Rahmen ihrer Dienstaufgaben die Einhaltung der in § 5 Abs. 1 genannten Rechtsvorschriften zu überwachen.

§ 56
Sachliche Zuständigkeit

Für den Vollzug der in § 5 Abs. 1 genannten Rechtsvorschriften ist die untere Naturschutzbehörde zuständig, soweit nichts anderes bestimmt ist. Die höhere Naturschutzbehörde ist zuständig, wenn sie bei Gefahr im Verzug oder bei Vorhaben, die eine einheitliche Regelung für Teile des Landes erfordern, einzelne Aufgaben der unteren Naturschutzbehörde übernimmt.

§ 58
Zuständigkeit für den Erlaß von Rechtsverordnungen

(1) Die Rechtsverordnungen nach § 23 werden von dem Ministerium erlassen, geändert oder aufgehoben. Das Ministerium kann durch Rechtsverordnung die Zuständigkeit allgemein oder im Einzelfall auf die höhere Naturschutzbehörde übertragen.

(2) Die Rechtsverordnungen nach § 21 werden von den höheren Naturschutzbehörden erlassen, geändert oder aufgehoben.

(3) Die Rechtsverordnungen nach den §§ 22, 24 und 25 werden von den unteren Naturschutzbehörden mit Zustimmung der höheren Naturschutzbehörde erlassen, geändert oder aufgehoben. Leistet eine untere Naturschutzbehörde einer ihr erteilten Weisung keine Folge, so kann die höhere Naturschutzbehörde an Stelle der unteren Naturschutzbehörde die Rechtsverordnungen nach Satz 1 erlassen, ändern oder aufheben.

(4) Örtlich zuständig ist die Naturschutzbehörde, in deren Bezirk der Schutzgegenstand liegt. Erstreckt sich der Schutzgegenstand über den Bezirk mehrerer Naturschutzbehörden, so kann die gemeinsame übergeordnete

Behörde die zuständige Naturschutzbehörde bestimmen oder, soweit sie höhere Naturschutzbehörde ist, die Rechtsverordnung selbst erlassen.

(5) Die Absätze 3 und 4 gelten auch für den Erlaß der Rechtsverordnungen nach § 29 Abs. 7, § 30 Abs. 5 und den §§ 40 und 44 Abs. 1.

Erl. zu den §§ 48, 49, 52 und 55 bis 58

1. Die Bestimmungen des IX. Abschnittes befassen sich mit der Organisation des staatlichen Naturschutzes sowie der Zuständigkeits- und Verfahrensregelung.
2. Untere Naturschutzbehörden, bei denen der Schwerpunkt der Zuständigkeiten liegt, sind die unteren Verwaltungsbehörden. Das sind in den Landkreisen die Landratsämter und in den Stadtkreisen die Bürgermeisterämter.
Die unteren Naturschutzbehörden werden von Naturschutzbeauftragten fachlich beraten. Ihre Tätigkeit ist ehrenamtlich. Nach § 49 können zur wissenschaftlichen und fachlichen Beratung bei den Naturschutzbehörden Beiräte gebildet werden. Ihre Zusammensetzung, Aufgaben usw. sind in der VO über die Beiräte bei den Naturschutzbehörden (BeiratsVO) vom 4. Mai 1977 (GBl. S. 163), zuletzt geändert durch VO vom 21. Dezember 1988 (GBl. 1989 S. 11), geregelt.
3. Die im Naturschutzdienst (§ 52) tätigen Personen führen die Bezeichnung „Naturschutzwart". Sie sind ehrenamtlich tätig. Hoheitliche Befugnisse können ihnen nicht übertragen werden. Die Bestellung zum Naturschutzwart erfolgt durch die unteren und höheren Naturschutzbehörden nach Maßgabe der Verwaltungsvorschrift des Ministeriums für Ernährung, Landwirtschaft, Umwelt und Forsten über den Naturschutzdienst vom 22. 8. 1986 (GABl. S. 914).

X. Abschnitt

Ordnungswidrigkeiten

§ 64
Ordnungswidrigkeiten

(1) Ordnungswidrig handelt, wer vorsätzlich oder fahrlässig

1. entgegen § 13 Abs. 1 Satz 1 ein Vorhaben ohne die erforderliche Genehmigung der Naturschutzbehörde beginnt,
2. einer auf Grund dieses Gesetzes ergangenen Rechtsverordnung zuwiderhandelt, soweit die Rechtsverordnung für einen bestimmten Tatbestand auf diese Bußgeldvorschrift verweist,
3. entgegen § 21 Abs. 3 Handlungen vornimmt, die zu einer Zerstörung oder Veränderung des Naturschutzgebiets oder zu einer Beeinträchtigung der wissenschaftlichen Forschung führen können,
4. entgegen § 24 Abs. 6 ein Naturdenkmal entfernt oder Handlungen vornimmt, die ein Naturdenkmal oder seine geschützte Umgebung zerstören, verändern oder beeinträchtigen können,
5. einer vollziehbaren Anordnung nach § 21 Abs. 4 Satz 1, § 24 Abs. 5, § 25 Abs. 4 in Verbindung mit § 24 Abs. 5, § 30 Abs. 5 Satz 1 oder § 60 Abs. 2 zuwiderhandelt,
6. im Erholungsschutzstreifen (§ 44) ohne die Genehmigung der zuständigen Behörde bauliche Anlagen errichtet oder wesentlich erweitert.

(2) Ordnungswidrig handelt ferner, wer vorsätzlich oder fahrlässig

1. einer vollziehbaren Anordnung nach § 5 Abs. 1 Satz 2 in Verbindung mit § 16 Abs. 1 zuwiderhandelt,
2. entgegen § 17 Abs. 1 oder Abs. 2 Satz 1 chemische Mittel oder Wirkstoffe anwendet,
3. den Verboten des § 20 Abs. 1 und 5 über Werbeanlagen zuwiderhandelt,
4. entgegen § 26 geschützte Bezeichnungen oder amtliche Kennzeichen verwendet oder entgegen § 33 Abs. 3 die Bezeichnung „Vogelwarte", „Vogelschutzwarte"

oder eine Bezeichnung, die ihnen zum Verwechseln ähnlich ist, ohne Genehmigung führt,

5. entgegen § 29 Abs. 1 Nr. 1 wildwachsende Pflanzen mißbräuchlich nutzt,
6. entgegen § 29 Abs. 1 Nr. 2 Pflanzenvorkommen ohne vernünftigen Grund niederschlägt oder verwüstet,
7. entgegen § 29 Abs. 1 Nr. 3 wildlebende Tiere mutwillig beunruhigt, ohne vernünftigen Grund fängt oder tötet,
8. entgegen § 29 Abs. 1 Nr. 4 brütende oder sich sammelnde Tiere unnötig stört,
9. entgegen § 29 Abs. 2 die Vegetation auf Wiesen, Feldrainen, ungenutztem Gelände, an Hecken, Hängen oder Böschungen oder Hecken, lebende Zäune, Bäume, Gebüsche oder Röhrichtbestände abbrennt,
10. entgegen § 29 Abs. 3 in der Zeit vom 1. März bis 30. September Hecken, lebende Zäune, Bäume, Gebüsche oder Röhrichtbestände rodet, abschneidet oder auf andere Weise zerstört oder Bäume mit Horsten oder Bruthöhlen fällt oder besteigt,
11. entgegen § 30 Abs. 4 Nr. 1 Pflanzen oder Pflanzenteile besonders geschützter Arten ausgräbt, abpflückt, absägt oder auf andere Weise beschädigt,
12. entgegen § 30 Abs. 4 Nr. 2 oder 3 Tiere besonders geschützter Arten fängt, tötet, verletzt oder mutwillig beunruhigt, ihre Eier, Larven, Puppen, Nester oder ihre Nist-, Brut-, Laich-, Wohn- oder Zufluchtsstätten beschädigt, zerstört oder wegnimmt,
13. entgegen § 30 Abs. 4 Nr. 4 die vom Aussterben bedrohten Arten an ihren Lebens-, Brut- und Wohnstätten stört, insbesondere durch Fotografieren und Filmen,
14. entgegen § 31 Abs. 1 von den besonders geschützten Arten frische oder getrocknete Pflanzen oder Pflan-

zenteile oder hieraus gewonnene Erzeugnisse oder lebende oder tote Tiere, deren Fleisch, Fell, Gefieder, Eier, Larven, Puppen oder Nester oder hieraus gewonnene Erzeugnisse in Besitz nimmt, erwirbt, die tatsächliche Gewalt darüber ausübt, be- oder verarbeitet, abgibt, feilhält, veräußert, ein-, aus- oder durchführt oder sonst in den Verkehr bringt,

15. entgegen § 31 Abs. 2 den zuständigen Stellen auf Verlangen seine Befugnis zum Besitz wilder Pflanzen oder Tiere besonders geschützter Arten oder die ursprüngliche Herkunft besonders geschützter Pflanzen und Tiere aus der Kultur oder aus der Zucht nicht nachweist,

16. entgegen § 32 Abs. 1 Gehege ohne die erforderliche Genehmigung der Naturschutzbehörde errichtet oder erweitert,

17. entgegen § 33 Abs. 4 Satz 1 gebietsfremde Tiere ohne die erforderliche Genehmigung der Tierschutzbehörde in der freien Natur aussetzt,

18. in mißbräuchlicher Ausübung des Rechts auf Erholung (§ 35) insbesondere beim Betreten der freien Landschaft (§ 37 Abs. 1 und 4) Grundstücke beschädigt oder verunreinigt,

19. entgegen § 37 Abs. 1 in der Nutzzeit landwirtschaftlich genutzte Flächen oder Sonderkulturen außerhalb der Wege betritt,

20. auf Flächen, die nicht dafür bestimmt sind, entgegen § 38 reitet, mit bespannten oder motorisierten Fahrzeugen fährt, zeltet oder Wohnwagen aufstellt,

21. entgegen § 41 Abs. 1 Satz 2 Sperren ohne die erforderliche Genehmigung der Naturschutzbehörde errichtet,

22. Vorrichtungen zur Kennzeichnung von geschützten Gebieten oder Gegenständen (§ 59 Abs. 9 Satz 1) beschädigt, zerstört oder auf andere Weise unbrauchbar macht,
23. in der freien Landschaft ausgediente Kraftfahrzeuge abstellt, wenn die Handlung nicht nach anderen Vorschriften geahndet werden kann.

(3) Die Ordnungswidrigkeit nach Absatz 1 kann mit einer Geldbuße bis zu einhunderttausend Deutsche Mark, die Ordnungswidrigkeit nach Absatz 2 mit einer Geldbuße bis zu dreißigtausend Deutsche Mark geahndet werden.

(4) Gegenstände, auf die sich eine Ordnungswidrigkeit bezieht oder die zur Vorbereitung oder Begehung verwendet worden sind oder die durch eine Ordnungswidrigkeit gewonnen oder erlangt worden sind, können eingezogen werden. § 22 des Gesetzes über Ordnungswidrigkeiten ist anzuwenden.

(5) Verwaltungsbehörden im Sinne des § 36 Abs. 2 Nr. 1 des Gesetzes über Ordnungwidrigkeiten sind die unteren Naturschutzbehörden; hat die höhere Naturschutzbehörde eine vollziehbare Anordnung erlassen, so ist sie zuständig.

Erl. zu § 64

Rechtsverstöße nach § 64 Abs. 1 können mit einer Geldbuße bis zu 100 000 DM geahndet werden. Damit hat der Gesetzgeber die Gemeinschädlichkeit schwerwiegender Umweltverstöße deutlich zum Ausdruck gebracht.

Vorsätzliche oder fahrlässige Rechtsverstöße nach § 64 Abs. 2 sind mit Geldbußen bis zu 30 000 DM bedroht (vgl. § 64 Abs. 3).

VIERTER TEIL
Waffenrecht

(Stand 30. September 1990)

VORBEMERKUNG:

Die Gesetzgebungskompetenz auf dem Gebiet des Waffenwesens obliegt seit dem Jahre 1972 dem Bund. Die in der Bundesrepublik bis dahin bestehende Rechtszersplitterung wurde durch das Waffengesetz vom 19. September 1972 beseitigt und damit ein wesentlicher Beitrag zur Erhöhung der inneren Sicherheit geleistet.

Das Waffenrecht (ohne Kriegswaffenrecht) ist im wesentlichen durch folgende Vorschriften geregelt:

- **Waffengesetz** (WaffG) in der Fassung der Bekanntmachung vom 8. März 1976 (BGBl. I S. 432), zuletzt geändert durch Gesetz vom 18. Februar 1986 (BGBl. I S. 265)
- **Erste Verordnung zum Waffengesetz** (1. WaffV) in der Fassung vom 10. März 1987 (BGBl. I S. 777)
- **Dritte Verordnung zum Waffengesetz** (3. WaffV) vom 20. Dezember 1980 (BGBl. I S. 2344)
- **Allgemeine Verwaltungsvorschrift zum Waffengesetz** (WaffVwV) vom 29. November 1979 (Beilage zum Bundesanzeiger Nr. 229 a vom 7. November 1979)

In diesem Teil werden die waffenrechtlichen Vorschriften in dem Umfange behandelt, als sie für die Jägerschaft von Bedeutung und Interesse sind. Die wichtigsten Bestimmungen des Waffengesetzes und der 1. WaffV sind im Wortlaut abgedruckt.

Inhalt　　　　　　　　　　　　　　　　　　　　　**Waffenrecht**

1.

Waffengesetz (WaffG)

in der Fassung vom 8. März 1976 (BGBl. I S. 432),
zuletzt geändert durch Gesetz vom 18. Februar 1986
(BGBl. S. 265), vom 23. September 1990 (BGBl. II S. 885)

– Auszug –

Inhaltsübersicht

I. Abschnitt
Allgemeine Vorschriften

§		Seite
1	Waffenbegriffe	234
2	Munition und Geschosse	235
3	Wesentliche Teile von Schußwaffen, Schalldämpfer	238
4	Erwerben, Überlassen, Führen	239
5	Zuverlässigkeit	240
6	Anwendungsbereich, Ermächtigungen	240

II. Abschnitt
Gewerbsmäßige Waffenherstellung, Waffenhandel

13	Kennzeichnungspflicht	241

III. Abschnitt
Prüfung und Zulassung von Handfeuerwaffen und Munition

16	Beschußpflicht	243
17	Ausnahmen von der Beschußpflicht	244
18	Beschußprüfung	245
19	Prüfzeichen	245
21	Zulassung von Handfeuerwaffen und Einstecklaufen	246
22	Zulassung von Schreckschuß-, Reizstoff- und Signalwaffen	248
24	Gewerbsmäßiges Überlassen	249
25	Zulassung von Munition	249

Waffenrecht Inhalt

§ Seite

IV. Abschnitt
Einfuhr

27 Einfuhr von Schußwaffen und Munition 251

V. Abschnitt
Erwerben und Überlassen von Waffen und Munition

28 Waffenbesitzkarte 257
29 Munitionserwerb.................................. 262
30 Versagung 264
31 Sachkunde 265
32 Bedürfnis 265
33 Erwerb erlaubnisfreier Waffen und Munition 267
34 Überlassen von Waffen und Munition 267

VI. Abschnitt
Führen von Waffen

35 Waffenschein 270
36 Versagung des Waffenscheins....................... 272

VII. Abschnitt
Verbote

37 Verbotene Gegenstände............................ 274
39 Verbot des Führens von Waffen bei öffentlichen
   Veranstaltungen 278
40 Verbote für den Einzelfall 280

VIII. Abschnitt
Sonstige waffenrechtliche Vorschriften

41 Nichtgewerbsmäßige Waffenherstellung 281
42 Sicherung gegen Abhandenkommen 282
43 Anzeigepflichten 282
44 Schießstätten, Ausbildung im Verteidigungsschießen . 284
45 Schießen 288

Inhalt   **Waffenrecht**

§   Seite

   IX. Abschnitt
   Straf- und Bußgeldvorschriften

52a Strafvorschriften................................... 291
53 Strafvorschriften................................... 291
55 Ordnungswidrigkeiten 296
56 Einziehung.. 301
59b Überleitungsregelung aus Anlaß der Herstellung
    der Einheit Deutschlands *(Hinweise)*............... 301

2.

Erste Verordnung zum Waffengesetz (1. WaffV)

in der Fassung vom 10. März 1987 (BGBl. I S. 777)

– Auszug –

I. Abschnitt
Anwendungsbereich des Gesetzes   Seite
§§ 1, 2, 4 und 8 .... 235, 260, 277

II. Abschnitt
**Gleichstellung ausländischer Jagderlaubnisse mit
dem deutschen Jagdschein**
§ 9 255

IX. Abschnitt
Benutzung von Schießstätten
§§ 33, 34, 35, 36 und 37 .... 286 ff.

XI. Abschnitt
Straf- und Bußgeldvorschriften
§§ 42 a und 43 .... 295, 300

1. Waffengesetz (WaffG)

I. Abschnitt

Allgemeine Vorschriften

§ 1

Waffenbegriffe

(1) Schußwaffen im Sinne dieses Gesetzes sind Geräte, die zum Angriff, zur Verteidigung, zum Sport, Spiel oder zur Jagd bestimmt sind und bei denen Geschosse durch einen Lauf getrieben werden.

(2) Tragbare Geräte, die zum Abschießen von Munition bestimmt sind, stehen den Schußwaffen gleich.

(3) Die Schußwaffeneigenschaft geht erst verloren, wenn alle wesentlichen Teile so verändert sind, daß sie mit allgemein gebräuchlichen Werkzeugen nicht wieder gebrauchsfähig gemacht werden können.

(4) Handfeuerwaffen im Sinne dieses Gesetzes sind

1. Schußwaffen, bei denen zum Antrieb der Geschosse heiße Gase verwendet werden,
2. Geräte nach Absatz 2.

(5) Selbstladewaffen im Sinne dieses Gesetzes sind Schußwaffen, bei denen nach dem ersten Schuß lediglich durch Betätigen des Abzuges weitere Schüsse aus demselben Lauf abgegeben werden können.

(6) Schußapparate im Sinne dieses Gesetzes sind tragbare Geräte, die für gewerbliche oder technische Zwecke bestimmt sind und bei denen zum Antrieb Munition verwendet wird.

(7) Hieb- und Stoßwaffen im Sinne dieses Gesetzes sind Waffen, die ihrer Natur nach dazu bestimmt sind, unter unmittelbarer Ausnutzung der Muskelkraft durch Hieb,

Anwendungsbereich (§ 1 1. WaffV) § 2 WaffG

Stoß oder Stich Verletzungen beizubringen. Den Hieb- und Stoßwaffen stehen Geräte gleich, die ihrer Natur nach dazu bestimmt sind, unter Ausnutzung einer anderen als mechanischen Energie durch körperliche Berührung Verletzungen beizubringen.

§ 2
Munition und Geschosse

(1) Munition im Sinne dieses Gesetzes ist
1. Patronenmunition (Hülsen mit Ladungen, die das Geschoß enthalten),
2. Kartuschenmunition (Hülsen mit Ladungen, die ein Geschoß nicht enthalten),
3. pyrotechnische Munition (Patronenmunition, bei der das Geschoß einen pyrotechnischen Satz enthält),

die zum Verschießen aus Schußwaffen bestimmt ist. Der pyrotechnischen Munition nach Satz 1 Nummer 3 stehen gleich Raketen, die nach dem Abschuß durch die von ihnen mitgeführte Ladung angetrieben werden, und Geschosse, die einen pyrotechnischen Satz enthalten.

(2) Der Munition stehen nicht in Hülsen untergebrachte Treibladungen gleich, wenn die Treibladungen eine den Innenabmessungen einer Schußwaffe angepaßte Form haben und zum Antrieb von Geschossen bestimmt sind.

(3) Geschosse im Sinne dieses Gesetzes sind
1. feste Körper oder
2. gasförmige, flüssige oder feste Stoffe in Umhüllungen.

1. WaffV § 1
Anwendungsbereich des Gesetzes

(1) Das Waffengesetz (Gesetz) ist nicht anzuwenden auf
1. Schußwaffen nach § 1 Abs. 1 des Gesetzes, die zum Spiel be-

§ 2 WaffG (§ 1 1. WaffV)   Anwendungsbereich

stimmt sind, wenn aus ihnen nur Geschosse nach § 2 Abs. 3 Nr. 1 des Gesetzes verschossen werden können, denen eine Bewegungsenergie von nicht mehr als 0,5 Joule (J) erteilt wird,

2. Schußwaffen nach § 1 Abs. 1 des Gesetzes, bei denen feste Körper mittelbar durch Muskelkraft angetrieben werden,
3. die in § 1 Abs. 2 des Gesetzes bezeichneten Geräte, die zum Spiel bestimmt sind, wenn mit ihnen nur
    a) Zündblättchen, -bänder oder -ringe (Amorces) abgeschossen werden können,
    b) Knallkorken abgeschossen werden können,
4. Geräte nach § 1 Abs. 2 des Gesetzes, die zum einmaligen Abschießen von pyrotechnischen Gegenständen im Sinne des Sprengstoffgesetzes bestimmt sind,
5. Munition nach § 2 Abs. 1 des Gesetzes, bei der die Ladung nicht schwerer als 15 mg ist, sowie Knallkorken,
6. Gegenstände nach § 2 Abs. 1 Satz 2 des Gesetzes, wenn sie nicht dazu bestimmt sind, aus Schußwaffen oder aus Geräten nach § 1 Abs. 2 des Gesetzes verschossen zu werden.

(2) Auf Vorderladerwaffen mit Lunten- oder Funkenzündung ist das Gesetz mit Ausnahme der §§ 16 bis 20, 44 und 45 nicht anzuwenden.

(3) Absatz 1 gilt nicht für

1. Schußwaffen nach Absatz 1 Nr. 1, die mit allgemein gebräuchlichen Werkzeugen so geändert werden können, daß die Bewegungsenergie der Geschosse gesteigert wird,
2. Geräte nach Absatz 1 Nr. 3, wenn sie mit allgemein gebräuchlichen Werkzeugen in eine Schußwaffe oder ein anderes, einer Schußwaffe gleichstehendes Gerät umgearbeitet werden können,
3. Schußwaffen und Geräte nach Absatz 1, die ihrer äußeren Form nach den Anschein einer vollautomatischen Selbstladewaffe hervorrufen, die Kriegswaffe im Sinne des Gesetzes über die Kontrolle von Kriegswaffen ist.

Erl. zu den §§ 1, 2 WaffG und § 1 der 1. WaffV

1. Der **Schußwaffenbegriff** ist in § 1 WaffG abschließend umschrieben. Hiernach müssen Schußwaffen einen Lauf haben und zu Angriff, Verteidigung, Sport, Spiel oder Jagd bestimmt sein. Auf das Antriebsmittel, das Kaliber und die Geschoßart kommt es nicht an.

Anwendungsbereich (§ 1 1. WaffV) § 2 WaffG

2. **Tragbare Geräte** stehen unabhängig von ihrer Zweckbestimmung den Schußwaffen rechtlich gleich, wenn sie zum Abschießen von Munition i. S. des § 2 WaffG bestimmt sind. Von den echten Schußwaffen unterscheiden sie sich dadurch, daß sie keinen Lauf haben. Erfaßt werden hier vor allem Schreckschußpistolen, Gaspistolen, Schießbleistifte, Handböller, Signalwaffen und Selbstschußapparate, die nicht fest montiert sind.
   Nicht tragbare Geräte, z. B. Selbstschußapparate zur Vertreibung von Tieren, werden von § 1 Abs. 2 WaffG nicht erfaßt, unterliegen jedoch gemäß § 5 Abs. 3 der 1. WaffV der Bauartzulassung.
   Nach § 5 Abs. 2 der 1. WaffV gelten die Vorschriften über Schußwaffen auch für tragbare Geräte, bei denen die Geschosse nicht mittelbar durch Muskelkraft angetrieben werden, z. B. Schußwaffen zum Betäuben oder Markieren von Wild.

3. Die **Schußwaffeneigenschaft** geht erst dann verloren, wenn **alle** wesentlichen Teile der Schußwaffe (vgl. § 3 Abs. 2 WaffG) derart gebrauchsunfähig sind, daß sie mit allgemein gebräuchlichen Werkzeugen nicht wieder gebrauchsfähig gemacht werden können.

4. **Handfeuerwaffen** i. S. des WaffG sind alle Schußwaffen, bei denen zum Antrieb der Geschosse heiße Gase verwendet werden, und tragbare Geräte, die zum Abschießen von Munition bestimmt sind. Der Begriff hat für die Beschuß- und Zulassungspflicht Bedeutung.

5. **Selbstladewaffen** sind Schußwaffen (Gewehre, Pistolen), bei denen nach der Auslösung des ersten Schusses lediglich durch Betätigung des Abzugs weitere Schüsse aus **demselben** Lauf abgegeben werden können.
   Handrepetierer und mehrläufige Jagdwaffen sind keine Selbstladewaffen.
   Revolver gehören zu den Selbstladewaffen nur in der Ausführung „double action", bei der mit der Betätigung des Abzugs zunächst die Trommel weitergedreht wird, so daß ein Lager mit einer neuen Patrone vor den Lauf und den Schlagbolzen zu liegen kommt; ferner wird dabei die Feder gespannt. Die Schußauslösung erfolgt erst nach vollständigem Durchziehen des Abzugs (vgl. Nr. 1.5 WaffVwV).

6. **Schußapparate** sind keine Schußwaffen i. S. des WaffG, sondern Geräte, die für gewerbliche oder technische Zwecke bestimmt sind, z. B. Bolzenschußapparate zur Tötung von Vieh, Bolzensetzapparate und Kabelschießer. Werkzeuge dieser Art, die mit Munition angetrieben werden, unterliegen der Zulassungspflicht nach § 21 WaffG.

7. **Hieb- und Stoßwaffen** sind insbesondere Schlagringe, Stahlruten, Stilette, Dolche, Seitengewehre, Säbel (vgl. hierzu §§ 33, 34 und 37 WaffG).

8. **Jagdwaffenmunition** (Büchsen- und Schrotpatronen) ist Patronenmunition i. S. von § 2 Abs. 1 Nr. 1 WaffG. Schrote sind Geschosse i. S. von Abs. 3 Nr. 1.

§ 3
Wesentliche Teile von Schußwaffen, Schalldämpfer

(1) Wesentliche Teile von Schußwaffen und Schalldämpfer stehen den Schußwaffen gleich. Dies gilt auch dann, wenn sie mit anderen Gegenständen verbunden sind und die Gebrauchsfähigkeit als Waffenteil nicht beeinträchtigt ist oder mit allgemein gebräuchlichen Werkzeugen wiederhergestellt werden kann.

(2) Wesentliche Teile sind

1. der Lauf, der Verschluß sowie das Patronen- oder Kartuschenlager, wenn diese nicht bereits Bestandteil des Laufes sind,
2. bei Schußwaffen, bei denen zum Antrieb ein entzündbares flüssiges oder gasförmiges Gemisch verwendet wird, auch die Verbrennungskammer und die Einrichtung zur Erzeugung des Gemisches,
3. bei Schußwaffen mit anderem Antrieb auch die Antriebsvorrichtung, sofern sie fest mit der Schußwaffe verbunden ist,
4. bei Handfeuerwaffen mit einer Länge von nicht mehr als 60 cm auch das Griffstück oder sonstige Waffenteile, soweit sie für die Aufnahme des Auslösemechanismus bestimmt sind.

(3) Als wesentliche Teile gelten auch vorgearbeitete wesentliche Teile von Schußwaffen, wenn sie mit allgemein gebräuchlichen Werkzeugen fertiggestellt werden können.

(4) Schalldämpfer sind Vorrichtungen, die der Dämpfung des Mündungsknalls dienen und für Schußwaffen bestimmt sind.

Erl. zu § 3 WaffG

Die in § 3 WaffG genannten „wesentlichen Teile" von Schußwaffen sowie Schalldämpfer stehen den Schußwaffen rechtlich gleich. Das bedeutet, daß die Vorschriften über den Erwerb, das Überlassen und die Ausübung der tatsächlichen Gewalt von Schußwaffen Anwendung finden (Waffenbesitzkartenpflicht!).

§ 4
Erwerben, Überlassen, Führen

(1) Im Sinne dieses Gesetzes erwirbt einen Gegenstand, wer die tatsächliche Gewalt über ihn erlangt.

(2) Im Sinne dieses Gesetzes überläßt einen Gegenstand, wer die tatsächliche Gewalt über ihn einem anderen einräumt.

(3) Die tatsächliche Gewalt von Personen, die im Rahmen einer Erlaubnis nach § 7 tätig werden, ist dem Erlaubnisinhaber zuzurechnen.

(4) Im Sinne dieses Gesetzes führt eine Waffe, wer die tatsächliche Gewalt über sie außerhalb seiner Wohnung, Geschäftsräume oder seines befriedeten Besitztums ausübt.

Erl. zu § 4 WaffG

1. **Erwerben** ist die Erlangung der **tatsächlichen Gewalt,** d. h. die Möglichkeit, über den Gegenstand nach eigenem Willen zu verfügen. Entsprechendes gilt für den Begriff „Überlassen".
2. Der Begriff des „Führens" einer Waffe i. S. des § 4 Abs. 4 WaffG setzt nicht voraus, daß die Waffe zugriffsbereit oder schußbereit ist oder daß Munition mitgeführt wird. Entscheidend ist allein die Ausübung der tatsächlichen Gewalt **außerhalb** der Wohnung, Geschäftsräume oder des befriedeten Besitztums.
   Für die Begriffe „Wohnung, Geschäftsräume und befriedetes Besitztum" gelten die Auslegungen zu § 123 StGB (Hausfriedensbruch). Vgl. hierzu Erl. zu den §§ 6 BJG und 3 LJG im Ersten Teil.

§ 5
Zuverlässigkeit

Auf den Abdruck der Vorschrift wird verzichtet. Die gesetzlichen Anforderungen an die Zuverlässigkeit, die Grundvoraussetzung für waffenrechtliche Erlaubnisse ist, sind im wesentlichen dieselben wie in § 17 BJG (Versagung des Jagdscheines).

§ 6
Anwendungsbereich, Ermächtigungen

(1) Dieses Gesetz ist auf die obersten Bundes- und Landesbehörden, die Bundeswehr und die Deutsche Bundesbank sowie auf deren Bedienstete, soweit sie dienstlich tätig werden, nicht anzuwenden, wenn es nicht ausdrücklich etwas anderes bestimmt. Bei Polizeivollzugsbeamten und bei Beamten der Zollverwaltung mit Polizeivollzugsaufgaben gilt dies, soweit sie durch Dienstvorschriften hierzu ermächtigt sind, auch für die Ausübung der tatsächlichen Gewalt über dienstlich zugelassene Schußwaffen und für das Führen dieser Schußwaffen außerhalb des Dienstes. Die Bundesregierung kann durch Rechtsverordnung, die der Zustimmung des Bundesrates nicht bedarf, eine dem Satz 1 entsprechende Regelung für sonstige Dienststellen des Bundes treffen. Die Landesregierungen oder die von ihnen bestimmten Stellen können durch Rechtsverordnung eine dem Satz 1 entsprechende Regelung für Dienststellen des Landes treffen.

(2) Personen, die wegen der von ihnen wahrzunehmenden hoheitlichen Aufgaben des Bundes oder eines Landes erheblich gefährdet sind, wird an Stelle einer Waffenbesitzkarte, eines Waffenscheins und einer Ausnahmebewilligung nach § 39 Abs. 2 eine Bescheinigung über die Berechtigung zum Erwerb von und zur Ausübung der tat-

sächlichen Gewalt über Schußwaffen sowie zum Führen dieser Waffen erteilt. Die Bescheinigung ist auf die voraussichtliche Dauer der Gefährdung zu befristen. Die Bescheinigung erteilt für den Zuständigkeitsbereich des Bundes der Bundesminister des Innern oder eine von ihm bestimmte Stelle.

....

II. Abschnitt
Gewerbsmäßige Waffenherstellung, Waffenhandel

Die §§ 7 bis 15 enthalten Vorschriften über die gewerbsmäßige Waffen- und Munitionsherstellung, den Waffenhandel, die Buchführungspflicht für Waffen und Munition sowie die Kennzeichnungspflicht für Waffen und Munition. Umfangreiche Bestimmungen für diesen Bereich enthält außerdem die 1. WaffV.

§ 13
Kennzeichnungspflicht

(1) Wer gewerbsmäßig Schußwaffen herstellt, einführt (§ 4 Abs. 2 Nr. 4 des Außenwirtschaftsgesetzes) oder sonst in den Geltungsbereich dieses Gesetzes verbringt, hat unverzüglich auf einem wesentlichen Teil der Waffe deutlich sichtbar und dauerhaft folgende Angaben anzubringen:

1. den Namen, die Firma oder ein eingetragenes Warenzeichen eines Waffenherstellers oder -händlers, der im Geltungsbereich dieses Gesetzes eine gewerbliche Niederlassung hat,
2. die Bezeichnung der Munition oder, wenn keine Munition verwendet wird, die Bezeichnung der Geschosse,
3. eine fortlaufende Nummer.

§ 13 WaffG   Kennzeichnungspflicht

(2) Schußwaffen, deren Geschossen eine Bewegungsenergie von nicht mehr als 7,5 J erteilt wird, müssen eine Typenbezeichnung sowie ein Kennzeichen tragen, dessen Art, Form und Aufbringung durch Rechtsverordnung nach § 15 Abs. 1 bestimmt werden. Auf Schußwaffen im Sinne des § 12 Abs. 1 Satz 2 Nr. 1 ist Absatz 1 Nr. 3 nicht anzuwenden.

(3) Wer gewerbsmäßig Munition herstellt, einführt oder sonst in den Geltungsbereich dieses Gesetzes verbringt, hat unverzüglich auf der kleinsten Verpackungseinheit Zeichen anzubringen, die den Hersteller, die Fertigungsserie (Fertigungszeichen) und die Bezeichnung der Munition erkennen lassen; das Herstellerzeichen und die Bezeichnung der Munition sind auch auf der Hülse anzubringen. Munition, die wiedergeladen wird, ist außerdem mit einem besonderen Kennzeichen zu versehen. Als Hersteller gilt auch derjenige, unter dessen Namen, Firma oder Warenzeichen die Munition vertrieben oder anderen überlassen wird und der die Verantwortung dafür übernimmt, daß die Munition den Vorschriften dieses Gesetzes entspricht.

(4) Wer Waffenhandel betreibt, darf Schußwaffen oder Munition anderen gewerbsmäßig nur überlassen, wenn er festgestellt hat, daß die Schußwaffen gemäß Absatz 1 oder 2 gekennzeichnet sind oder wenn er auf Grund von Stichproben überzeugt ist, daß die Munition nach Absatz 3 mit dem Herstellerzeichen gekennzeichnet ist.

(5) Schußwaffen, die von der Bundeswehr, vom Bundesgrenzschutz, von der Bundeszollverwaltung oder von den Polizeien der Länder erworben werden, sind von ihnen mit einem Zeichen zu versehen, welches das Besitzrecht dieser Behörden erkennen läßt.

Erl. zu § 13 WaffG

Schußwaffen, deren Geschossen eine Bewegungsenergie von nicht mehr als **7,5 Joule** erteilt wird, müssen nach § 19 der 1. WaffV i. V. mit Anlage 1 zur 1. WaffV folgendes Kennzeichen tragen:

Mit dieser Kennzeichnung sind sie auch von der Waffenbesitzkartenpflicht ausgenommen (vgl. § 2 Abs. 4 Nr. 3 a der 1. WaffV).

III. Abschnitt
Prüfung und Zulassung von Handfeuerwaffen und Munition

§ 16
Beschußpflicht

(1) Wer Handfeuerwaffen, Böller, Einsteckläufe oder Austauschläufe einführt, sonst in den Geltungsbereich dieses Gesetzes verbringt oder herstellt, hat sie durch Beschuß amtlich prüfen zu lassen.

(2) Wer an einer Handfeuerwaffe, einem Einsteckluaf oder einem Böller, die nach Absatz 1 geprüft sind, einen nach § 3 Abs. 2 Nr. 1 wesentlichen Teil austauscht, verändert oder instandsetzt, hat die Handfeuerwaffe, den Einsteckluaf oder den Böller erneut durch Beschuß amtlich prüfen zu lassen. Satz 1 ist nicht anzuwenden auf Handfeuerwaffen, deren Lauf ohne Anwendung von Hilfsmitteln ausgetauscht worden ist.

(3) Handfeuerwaffen, Böller, Einsteckläufe oder Austauschläufe dürfen anderen nur überlassen oder zum Schießen nur verwendet werden, wenn sie das amtliche

Beschußzeichen tragen. Dies gilt nicht für das Überlassen der genannten Gegenstände, wenn die zuständige Behörde bescheinigt, daß die amtliche Prüfung nicht durchgeführt werden kann.

§ 17
Ausnahmen von der Beschußpflicht

(1) § 16 ist nicht anzuwenden auf

1. die in § 21 bezeichneten Handfeuerwaffen und Einst700ckläufe und die in § 22 bezeichneten Schußwaffen mit einem Patronen- oder Kartuschenlager bis zu 6 mm Durchmesser und Länge;

2. Handfeuerwaffen, die

   a) zu Prüf- und Meßzwecken von wissenschaftlichen Einrichtungen, Behörden sowie Waffen- und Munitionsherstellern verwendet werden,

   b) für die Bundeswehr, den Bundesgrenzschutz, die Bundeszollverwaltung oder die Polizeien der Länder hergestellt und ihnen überlassen werden, wenn die nach diesem Gesetz erforderliche Beschußprüfung durch die jeweils zuständige Stelle sichergestellt ist,

   c) vor dem 1. Januar 1891 hergestellt und nicht verändert worden sind,

   d) nach § 27 Abs. 2 und 3 von Personen eingeführt oder sonst in den Geltungsbereich des Gesetzes verbracht werden,

3. wesentliche Teile von Handfeuerwaffen mit Ausnahme der Einsteck- und Austauschläufe.

(2) § 16 Abs. 1 ist nicht anzuwenden auf Handfeuerwaffen und Läufe, die außerhalb des Geltungsbereiches dieses Gesetzes hergestellt sind und ein im Geltungsbereich dieses Gesetzes anerkanntes Beschußzeichen tragen.

§ 18
Beschußprüfung

(1) Bei dem Beschuß ist zu prüfen, ob

1. die wesentlichen Teile der Handfeuerwaffe der Beanspruchung standhalten, der sie bei der Verwendung der zugelassenen Munition ausgesetzt werden (Haltbarkeit),
2. der Benutzer die Waffe ohne Gefahr laden, schließen und abfeuern kann (Handhabungssicherheit),
3. die Abmessungen des Patronen- oder Kartuschenlagers, der Verschlußabstand, die Maße des Übergangs, der Feld- und Zugdurchmesser oder des Laufquerschnitts bei gezogenen Läufen und der Laufinnendurchmesser bei glatten Läufen den Nenngrößen (§ 20 Nr. 1) entsprechen (Maßhaltigkeit) und
4. die nach § 13 oder die auf Grund einer Rechtsverordnung nach § 15 Abs. 1 vorgeschriebene Kennzeichnung auf der Waffe angebracht ist.

(2) Auf Antrag ist der Beschuß mit einem erhöhten Gasdruck vorzunehmen (verstärkter Beschuß).

§ 19
Prüfzeichen

(1) Handfeuerwaffen, Böller, Einsteckläufe und Austauschläufe sind mit dem amtlichen Beschußzeichen zu versehen, wenn sie mindestens weißfertig sind und die Beschußprüfung Beanstandungen nicht ergeben hat. Andernfalls sind sie mit dem amtlichen Rückgabezeichen zu versehen. Wesentliche Teile, die nicht mehr instandgesetzt werden können, sind ferner als unbrauchbar zu kennzeichnen.

(2) In den Fällen des § 17 Abs. 1 Nr. 2 Buchstabe b sind die Gegenstände mit einem Prüfzeichen der jeweils zuständigen Stelle zu versehen.

§ 21
Zulassung von Handfeuerwaffen und Einsteckläufen

(1) Handfeuerwaffen
1. mit einem Patronen- oder Kartuschenlager bis zu 5 mm Durchmesser und bis zu 15 mm Länge,
2. mit einem Patronen- oder Kartuschenlager bis zu 6 mm Durchmesser und bis zu 6 mm Länge zum Verschießen von Munition, bei der der Zündsatz zugleich Treibsatz ist und bei denen dem Geschoß eine Bewegungsenergie von nicht mehr als 7,5 Joule erteilt wird, mit Ausnahme der Schußwaffen nach § 22,
3. zum einmaligen Abschießen von Munition oder eines festen oder flüssigen Treibmittels

sowie Schußapparate dürfen nur eingeführt, sonst in den Geltungsbereich des Gesetzes verbracht oder gewerbsmäßig hergestellt werden, wenn sie ihrer Bauart und Bezeichnung nach von der Physikalisch-Technischen Bundesanstalt zugelassen sind. Satz 1 ist nur auf serienmäßig hergestellte Gegenstände anzuwenden. Satz 1 gilt nicht für Handfeuerwaffen, Einstecklaufe und Schußapparate aus Staaten, mit denen die gegenseitige Anerkennung der Prüfzeichen vereinbart ist und die ein Prüfzeichen eines solchen Staates tragen.

(2) Absatz 1 gilt auch für
1. Einstecklaufe ohne eigenen Verschluß für Munition mit einem zulässigen höchsten Gebrauchsgasdruck bis zu 2000 bar,
2. Einsätze, die dazu bestimmt sind, Munition mit kleinerer Abmessung zu verschießen.

Zulassung von Waffen § 21 WaffG

(3) Die Zulassung ist zu versagen,

1. wenn die Bauart nicht haltbar, nicht handhabungssicher oder nicht maßhaltig ist,
2. wenn es sich um eine Schußwaffe nach Absatz 1 Nr. 1 oder 2 handelt, deren Geschossen eine Bewegungsenergie von nicht mehr als 7,5 J erteilt werden kann, die Schußwaffe aber mit allgemein gebräuchlichen Werkzeugen so verändert werden kann, daß die Bewegungsenergie eines Geschosses auf mehr als 7,5 J erhöht wird.

(4) Die Zulassung der Bauart eines Schußapparates ist ferner zu versagen, wenn

1. aus dem Schußapparat zugelassene Patronenmunition verschossen werden kann,
2. der Schußapparat so beschaffen ist, daß Beschäftigte, die sich bei der Verwendung des Schußapparates in seinem Gefahrenbereich befinden, bei ordnungsgemäßer Verwendung mehr als unvermeidbar gefährdet oder belästigt werden oder
3. der Antragsteller nicht nachweist, daß er über die für die Durchführung von Wiederholungsprüfungen erforderlichen Einrichtungen verfügt.

(5) Die Zulassung kann befristet werden. Sie kann ferner inhaltlich beschränkt oder mit Auflagen verbunden werden, um Leben oder Gesundheit von Menschen gegen die aus dem Umgang mit diesen Gegenständen entstehenden Gefahren zu schützen; nachträgliche Auflagen sind zulässig.

(6) Die Physikalisch-Technische Bundesanstalt kann im Einzelfall Ausnahmen von dem Erfordernis der Zulassung nach den Absätzen 1 und 2 bewilligen oder Abweichungen von den Versagungsgründen nach Absatz 3 oder

§ 22 WaffG   Zulassung von Waffen

4 zulassen, wenn öffentliche Interessen nicht entgegenstehen. Absatz 5 ist entsprechend anzuwenden.

§ 22
Zulassung von Schreckschuß-, Reizstoff- und Signalwaffen

(1) Schußwaffen mit einem Patronen- oder Kartuschenlager bis 12 mm Durchmesser, die zum

1. Abschießen von Kartuschenmunition,
2. Verschießen von Reiz- oder anderen Wirkstoffen oder
3. Verschießen von pyrotechnischer Munition

bestimmt sind, dürfen nur eingeführt, sonst in den Geltungsbereich dieses Gesetzes verbracht oder gewerbsmäßig hergestellt werden, wenn sie ihrer Bauart und Bezeichnung nach von der Physikalisch-Technischen Bundesanstalt zugelassen sind.

(2) Die Zulassung ist zu versagen, wenn

1. vorgeladene Geschosse verschossen werden können und den Geschossen eine Bewegungsenergie von mehr als 7,5 J erteilt wird,
2. der Lauf der Waffe einen Innendurchmesser von weniger als 7 mm hat,
3. mit der Waffe nach Umarbeitung mit allgemein gebräuchlichen Werkzeugen die in Nummer 1 bezeichnete Wirkung erreicht werden kann oder
4. die Waffe den technischen Anforderungen an die Bauart nicht entspricht.

(3) Die Zulassung der Bauart einer Schußwaffe mit einem Patronen- oder Kartuschenlager bis zu 6 mm Durchmesser und Länge ist ferner zu versagen, wenn die Bauart nicht haltbar, nicht handhabungssicher oder nicht maßhaltig ist.

(4) Die Physikalisch-Technische Bundesanstalt kann im Einzelfall Ausnahmen von dem Erfordernis der Zulassung nach Absatz 1 bewilligen oder Abweichungen von den Versagungsgründen nach Abs. 2 oder 3 zulassen, wenn öffentliche Interessen nicht entgegenstehen, insbesondere wenn die in Absatz 1 bezeichneten Gegenstände zur Ausfuhr oder zum sonstigen Verbringen aus dem Geltungsbereich dieses Gesetzes bestimmt sind.

(5) § 21 Abs. 5 ist entsprechend anzuwenden.

§ 24
Gewerbsmäßiges Überlassen

Schußwaffen, Einsteckläufe und Munition, die nach § 21, § 22, § 23 oder § 25 der Bauartzulassung unterliegen, dürfen gewerbsmäßig anderen nur überlassen werden, wenn sie das vorgeschriebene Zulassungszeichen tragen.

§ 25
Zulassung von Munition

(1) Patronen- und Kartuschenmunition sowie Treibladungen nach § 2 Abs. 2 für Handfeuerwaffen dürfen gewerbsmäßig nur vertrieben oder anderen überlassen werden, wenn sie ihrem Typ und ihrer Bezeichnung nach von der zuständigen Behörde zugelassen sind.

(2) Die Zulassung ist zu versagen,

1. wenn der Antragsteller oder ein von ihm beauftragtes Fachinstitut nicht die zur Ermittlung der Maße, des Gebrauchsgasdrucks oder der Vergleichswerte erforderlichen Geräte besitzt,
2. wenn der Antragsteller oder ein von ihm beauftragtes Fachinstitut nicht über das zur Bedienung der Prüfgeräte erforderliche Fachpersonal verfügt oder
3. wenn die Prüfung der Munition ergibt, daß ihre Maße, ihr Gasdruck und ihre Bezeichnung nicht einer Rechtsverordnung nach Absatz 3 entsprechen.

§ 25 WaffG Zulassung von Munition

Die Versagungsgründe nach den Nummern 1 und 2 werden nicht geprüft, wenn der Antragsteller die Überwachung der Herstellung der zuständigen Behörde übertragen hat.

(3) Der Bundesminister des Innern wird ermächtigt, zur Abwehr von Gefahren für Leben oder Gesundheit von Menschen durch Rechtsverordnung mit Zustimmung des Bundesrates die zulässigen Höchst- und Mindestmaße, die höchstzulässigen normalen und überhöhten Gebrauchsgasdrücke, die Mindestgasdrücke, die Höchst- und Mindestenergien und die Bezeichnung der Munition und der Treibladungen nach § 2 Abs. 2 festzulegen. Munition, die auf Grund ihrer Beschaffenheit eine schwere gesundheitliche Schädigung herbeiführt, die über die mit der üblichen mechanischen Wirkung verbundene Schädigung hinausgeht, darf nicht zugelassen werden.

Erl. zu den §§ 16 bis 25 WaffG

1. Der amtlichen **Beschußprüfung** unterliegen alle Handfeuerwaffen, Böller, Einsteck- oder Austauschläufe.
   Sofern ein **wesentlicher** Teil (§ 3 Abs. 2 WaffG), ausgenommen Austauschläufe, verändert, ausgetauscht oder instandgesetzt wird, muß eine erneute Beschußprüfung erfolgen. Die Vorschrift gilt auch für den nichtgewerbsmäßigen Bereich.
   Für beschußrechtliche Maßnahmen ist in Baden-Württemberg das Landesgewerbeamt – Beschußamt in Ulm – zuständig.
   Vorschriften über die Durchführung der Beschußprüfung, das Verfahren und die Prüfzeichen sind in den §§ 1 bis 8 der 3. WaffV und den Anlagen I und II zur 3. WaffV enthalten.
2. Das amtliche **Beschußzeichen** besteht aus dem **Bundesadler** mit dem jeweiligen **Kennbuchstaben** (z. B. „N" für normalen Beschuß oder „V" für verstärkten Beschuß), dem **Ortszeichen** des Beschußamtes und dem **Jahreszeichen,** bestehend aus den beiden letzten Ziffern der Jahreszahl, denen die Monatszahl angefügt werden kann.
   Handfeuerwaffen, Einsteckläufe oder Austauschläufe dürfen anderen nur überlassen oder zum Schießen nur verwendet werden, wenn sie das amtliche Beschußzeichen tragen. Wer gegen diese Vorschrift verstößt, handelt ordnungswidrig (vgl. § 55 Abs. 1 Nr. 8 WaffG).

3. Die in § 21 WaffG genannten **Handfeuerwaffen** und **Einsteckläufe** sind zwar von der Beschußpflicht ausgenommen, müssen aber aus Sicherheitsgründen von der Physikalisch-Technischen Bundesanstalt (PTB) bauartzugelassen sein und folgendes Zulassungszeichen mit Kennummer der PTB tragen:

4. **Schreckschuß-, Reizstoff-** und **Signalwaffen** unterliegen unter den Voraussetzungen des § 22 WaffG ebenfalls der Zulassung durch die PTB und müssen folgendes Zulassungszeichen mit Kennummer der PTB tragen:

Schußwaffen, die das o. a. Kennzeichen tragen, sind von der Waffenbesitzkarten- und Waffenscheinpflicht ausgenommen. Mit diesen Waffen darf jedoch nur unter den Voraussetzungen des § 45 WaffG geschossen werden.

5. **Patronenmunition** gilt grundsätzlich als zugelassen, wenn Maße, Gasdruck und Bezeichnung den Vorschriften der §§ 17 und 18 der 3. WaffV und der Anlage III hierzu entsprechen.

IV. Abschnitt

Einfuhr
§ 27
Einfuhr von Schußwaffen und Munition

(1) Wer Schußwaffen oder Munition, zu deren Erwerb es ihrer Art nach der Erlaubnis bedarf, einführen oder sonst in den Geltungsbereich dieses Gesetzes verbringen oder durch einen anderen einführen oder verbringen lassen will, hat seine Berechtigung zum Erwerb der Schußwaffen oder Munition oder zur Ausübung der tatsächlichen Gewalt über die Schußwaffen nachzuweisen. Ist der

Nachweis nach Satz 1 durch eine Waffenbesitzkarte erbracht worden, so ist diese der zuständigen Behörde innerhalb eines Monats zur Eintragung des Erwerbs vorzulegen.

(2) Absatz 1 gilt nicht

1. für die Beförderung von Schußwaffen oder Munition durch den Geltungsbereich dieses Gesetzes unter zollamtlicher Überwachung sowie für ihre Lagerung in Zollniederlagen, Zollverschlußlagern oder in Freihäfen,
2. für Signalwaffen und die dazugehörige Munition, die aus Gründen der Sicherheit an Bord von Luftfahrzeugen und Schiffen mitgeführt werden.

(3) Absatz 1 gilt ferner nicht für

1. Personen, die ihren Wohnsitz oder gewöhnlichen Aufenthalt nicht im Geltungsbereich dieses Gesetzes haben und die
    a) nicht mehr als zwei Schußwaffen mit einer Länge von mehr als 60 cm und die dafür bestimmte Munition lediglich durch den Geltungsbereich dieses Gesetzes befördern wollen,
    b) Schußwaffen oder Munition lediglich zur Teilnahme an Sammlerveranstaltungen in den Geltungsbereich dieses Gesetzes verbringen wollen,

    wenn sie darüber eine Bescheinigung der nach Absatz 6 zuständigen Überwachungsbehörde besitzen,
2. Schußwaffen und Munition, die Mitglieder von Schießsportvereinen oder Vereinigungen, bei denen es Brauch ist, bei besonderem Anlaß Schußwaffen zu tragen, zur Teilnahme an schießsportlichen oder Brauchtumsveranstaltungen in den Geltungsbereich dieses Gesetzes mitbringen,

3. andere als die in Absatz 2 Nr. 2 bezeichneten Schußwaffen und die dafür bestimmte Munition, die an Bord von Schiffen oder Luftfahrzeugen mitgeführt, während des Aufenthalts im Hafen oder auf dem Flughafen unter Verschluß gehalten und der nach Absatz 6 zuständigen Überwachungsbehörde unter Angabe des Hersteller- oder Warenzeichens, der Modellbezeichnung und, wenn die Waffe eine Herstellungsnummer hat, auch dieser, gemeldet werden,

sofern die Schußwaffen – im Falle der Nummer 1 Buchstabe b auch die Munition – spätestens innerhalb eines Monats wieder aus dem Geltungsbereich des Gesetzes verbracht werden oder im Falle der Nummer 1 Buchstabe b der nach Absatz 6 zuständigen Überwachungsbehörde nachgewiesen wird, daß die Schußwaffen oder die Munition einem Berechtigten überlassen worden sind; der Nachweis ist durch eine Bescheinigung der für den Veranstaltungsort zuständigen Behörde zu erbringen.

(4) Schußwaffen und Munition hat derjenige, der sie einführt oder sonst in den Geltungsbereich dieses Gesetzes verbringt, bei der nach Absatz 6 zuständigen Überwachungsbehörde anzumelden und auf Verlangen vorzuführen. Eine Befreiung nach § 6 Abs. 1 ist durch eine Bescheinigung der einführenden Dienststelle, eine Berechtigung nach § 6 Abs. 2 durch die in dieser Vorschrift bezeichnete Bescheinigung, eine Berechtigung zum Erwerb oder zur Ausübung der tatsächlichen Gewalt durch den Inhaber einer Erlaubnis nach § 7 durch eine Bescheinigung der zuständigen Behörde, eine Berechtigung nach § 28 Abs. 1 und 2 durch eine Waffenbesitzkarte, eine Berechtigung nach § 28 Abs. 4 Nr. 7 durch die in dieser Vorschrift genannten Jagdscheine, eine Berechtigung nach § 29 Abs. 2 Nr. 1 durch die Waffenbesitzkarte, den Waffenschein, den

§ 27 WaffG · Einfuhr

Jagdschein oder eine Bescheinigung nach § 6 Abs. 2 nachzuweisen. Auf Verlangen sind diese Nachweise den nach Absatz 6 zuständigen Überwachungsbehörden zur Prüfung auszuhändigen. Die Überwachungsbehörden teilen der zuständigen Behörde jede Einfuhr und jedes sonstige Verbringen von Schußwaffen, ferner von Munition durch Inhaber einer Erlaubnis nach § 7 unter Angabe der Art und Menge, bei Schußwaffen auch der Kennzeichen und Nummern, sowie unter Angabe des Absenders und des Empfängers mit.

(5) Die nach Absatz 6 zuständigen Überwachungsbehörden können Beförderungsmittel und Behälter mit Schußwaffen oder Munition sowie deren Lade- und Verpakkungsmittel anhalten, um zu überprüfen, ob die für die Einfuhr oder das sonstige Verbringen in den Geltungsbereich dieses Gesetzes geltenden Bestimmungen eingehalten sind.

(6) Der Bundesminister der Finanzen bestimmt die Zolldienststellen, der Bundesminister des Innern bestimmt die Behörden des Bundesgrenzschutzes, die bei der Überwachung der Einfuhr oder des sonstigen Verbringens von Schußwaffen oder Munition in den Geltungsbereich dieses Gesetzes mitwirken. Soweit der grenzpolizeiliche Einzeldienst von Kräften der Länder wahrgenommen wird (§ 1 Nr. 1, § 63 Abs. 1 des Bundesgrenzschutzgesetzes), wirken diese bei der Überwachung mit. Für das Gebiet des Freihafens Hamburg kann der Bundesminister der Finanzen die Mitwirkung bei der Überwachung dem Freihafenamt Hamburg übertragen; § 14 Abs. 2 des Gesetzes über die Finanzverwaltung in der Fassung des Artikels 5 des Finanzanpassungsgesetzes vom 30. August 1971 (Bundesgesetzbl. I S. 1426) gilt entsprechend.

Einfuhr (§ 9 1.WaffV) **§ 27 WaffG**

1. WaffV

Abschnitt II
Gleichstellung ausländischer Jagderlaubnisse mit dem deutschen Jagdschein
§ 9

(1) Den in der Bundesrepublik Deutschland erteilten Jagdscheinen stehen bei der Anwendung des Gesetzes die in folgenden Staaten erteilten Jagderlaubnisse gleich, sofern der Zeitpunkt der Ausstellung oder Verlängerung nicht länger als drei Jahre zurückliegt:
Bulgarien, Dänemark, Finnland, Jugoslawien, Liechtenstein, Luxemburg, Österreich, Polen, Rumänien, Schweiz mit Ausnahme der Kantone Uri, Schwyz, Obwalden, Nidwalden, Glarus, Zug, Appenzell-Außerrhoden und Appenzell-Innerrhoden, Tschechoslowakei, Ungarn. Bei Dauerjagderlaubnissen gilt das Datum des Nachweises über die Zahlung der Gebühr für die Verlängerung der Erlaubnis als Datum der Verlängerung, wenn gewährleistet ist, daß die Inhaber der Dauerjagderlaubnisse in Abständen von höchstens drei Jahren auf ihre Zuverlässigkeit überprüft werden.

(2) Die Gleichstellung nach Absatz 1 gilt nur in Verbindung mit

1. einer von einer Auslandsvertretung der Bundesrepublik Deutschland erteilten Bestätigung, daß die ausländische Jagderlaubnis in der den Gesetzen des Landes entsprechenden Form ausgestellt worden ist (Legalisation nach § 13 Abs. 4 des Konsulargesetzes vom 11. September 1974 – BGBl. I S. 2317 –),
2. einer Übersetzung der Jagderlaubnis, sofern diese in einer fremden Sprache abgefaßt ist, in die deutsche Sprache durch einen in der Bundesrepublik Deutschland öffentlich bestellten oder vereidigten Übersetzer oder durch einen in dem betreffenden Land amtlich zugelassenen oder vereidigten Übersetzer, dessen Unterschrift von der in Nummer 1 genannten Auslandsvertretung beglaubigt worden ist.

Die Legalisation der Jagderlaubnis im Sinne des Satzes 1 Nr. 1 kann entfallen, wenn mit dem betreffenden Land eine entsprechende zwischenstaatliche Vereinbarung getroffen worden ist.

§ 27 WaffG (§ 9 1. WaffG) — Einfuhr

(3) Die Jagderlaubnis nach Absatz 1 berechtigt ihren Inhaber zur Einfuhr, zum sonstigen Verbringen in den Geltungsbereich des Gesetzes oder zum Erwerb von zwei Schußwaffen. Diese müssen eine Länge von mehr als 60 cm haben und dürfen keine Selbstladewaffen sein, deren Magazin mehr als zwei Patronen aufnehmen kann.

(4) Wer als Inhaber einer Jagderlaubnis nach Absatz 1 eine Schußwaffe nach § 28 Abs. 4 Nr. 7 des Gesetzes erwirbt, hat dem Überlasser die Bestätigung nach Absatz 2 Nr. 1 zur Eintragung von Art und Zahl, Hersteller- oder Warenzeichen, Modellbezeichnung und Herstellungsnummer der Waffe vorzulegen.

Erl. zu § 27 WaffG und § 9 der 1. WaffV

1. Die **Einfuhr** von Schußwaffen und Munition ist nicht genehmigungspflichtig, jedoch muß die Berechtigung zum Erwerb oder zur Ausübung der tatsächlichen Gewalt den zuständigen Zoll- oder Bundesgrenzschutzdienststellen nachgewiesen werden.
Als **Nachweis** für die Berechtigung zum Erwerb von Langwaffen, ausgenommen Selbstladewaffen, deren Magazin mehr als zwei Patronen aufnehmen kann, gilt bei der Einfuhr der Jahresjagdschein, Tagesjagdschein oder Jugendjagdschein. Für alle anderen erlaubnispflichtigen Schußwaffen ist der Nachweis der Erwerbsberechtigung durch die Waffenbesitzkarte zu erbringen.
In jedem Falle muß der Erwerber die Schußwaffe innerhalb eines Monats bei der Kreispolizeibehörde in die Waffenbesitzkarte eintragen lassen.
Die Dienststellen des Zolls und des BGS sind verpflichtet, den zuständigen Kreispolizeibehörden jede Einfuhr und jedes sonstige Verbringen von Schußwaffen mitzuteilen.
2. Der Inhaber einer dem deutschen Jagdschein gleichgestellten ausländischen Jagderlaubnis (§ 9 Abs. 1 und 2 der 1. WaffV) ist berechtigt, zwei Langwaffen, ausgenommen Selbstladewaffen, deren Magazin mehr als zwei Patronen aufnehmen kann, einzuführen oder zu verbringen oder zu erwerben. Die Vorschriften gemäß § 9 Abs. 4 und 5 der 1. WaffV sind zu beachten. Bezüglich der Waffeneinfuhr sonstiger ausländischer Jäger vgl. § 27 Abs. 3 WaffG.
3. Verstöße gegen die Einführungsvorschriften sind Vergehen, wobei schon der Versuch strafbar ist (vgl. § 53 Abs. 1 Nr. 2 und Abs. 2 WaffG).

V. Abschnitt

Erwerben und Überlassen von Waffen und Munition

§ 28
Waffenbesitzkarte

(1) Wer Schußwaffen erwerben und die tatsächliche Gewalt über sie ausüben will, bedarf der Erlaubnis der zuständigen Behörde. Die Erlaubnis wird durch eine Waffenbesitzkarte erteilt; sie ist auf eine bestimmte Art und Anzahl von Schußwaffen auszustellen. Die Erlaubnis zum Erwerb gilt für die Dauer eines Jahres. Die Erlaubnis zur Ausübung der tatsächlichen Gewalt wird unbefristet erteilt. Sie kann zur Abwehr von Gefahren für die öffentliche Sicherheit befristet und mit Auflagen, insbesondere hinsichtlich der Aufbewahrung der Schußwaffen, verbunden werden; nachträgliche Auflagen sind zulässig.

(2) Sportschützen wird eine unbefristete Erlaubnis erteilt, die allgemein zum Erwerb von Einzelladerwaffen mit einer Länge von mehr als 60 cm berechtigt. Waffensammlern sowie Personen, denen Schußwaffen zur Erprobung, Begutachtung, Untersuchung oder für ähnliche Zwecke überlassen werden, kann die Erlaubnis zum Erwerb von Schußwaffen unbefristet und für bestimmte Arten von Schußwaffen, in begründeten Ausnahmefällen unbefristet für Schußwaffen jeder Art, erteilt werden. Absatz 1 Satz 5 gilt entsprechend für die Erteilung von Auflagen. Die Waffensammlern erteilte Erlaubnis ist mit der Auflage zu verbinden, mindestens einmal jährlich der zuständigen Behörde eine Aufstellung über den Bestand an Schußwaffen vorzulegen.

(3) Einer Erlaubnis nach Absatz 1 bedarf es nicht zum Erwerb von Schußapparaten und Einstiecksläufen und zur Ausübung der tatsächlichen Gewalt über sie.

§ 28 WaffG Waffenbesitzkarte

(4) Einer Erlaubnis nach Absatz 1 bedarf nicht, wer eine Schußwaffe

1. von Todes wegen erwirbt,
2. durch Fund (§ 965 Abs. 1 des Bürgerlichen Gesetzbuches) erwirbt, sofern er die Waffe unverzüglich dem Verlierer, dem Eigentümer, einem sonstigen Erwerbsberechtigten oder der für die Entgegennahme der Fundanzeige zuständigen Stelle abliefert,
3. von einem Berechtigten vorübergehend zum Zwecke der sicheren Verwahrung oder der nicht gewerbsmäßigen Beförderung zu einem Berechtigten erwirbt,
4. von einem anderen wiedererwirbt, dem er sie vorübergehend überlassen hat, ohne daß es hierfür einer Eintragung in die Waffenbesitzkarte bedurfte,
5. von einem anderen oder für einen anderen Berechtigten erwirbt, wenn und solange er die Weisungen des anderen über die Ausübung der tatsächlichen Gewalt über die Schußwaffe auf Grund eines gerichtlichen oder behördlichen Auftrags oder eines Arbeitsverhältnisses oder als Beauftragter einer jagdlichen oder schießsportlichen Vereinigung oder einer Vereinigung, bei der es Brauch ist, aus besonderem Anlaß Schußwaffen zu tragen, zu befolgen hat,
6. auf einer Schießstätte (§ 44) lediglich vorübergehend zum Schießen auf der Schießstätte erwirbt,
7. als Inhaber eines Jahresjagdscheines, Tagesjagdscheines oder Jugendjagdscheines (§§ 15, 16 des Bundesjagdgesetzes) erwirbt, sofern es sich um eine Schußwaffe mit einer Länge von mehr als 60 cm handelt, ausgenommen Selbstladewaffen, deren Magazin mehr als zwei Patronen aufnehmen kann,
8. lediglich zur gewerbsmäßigen Beförderung oder gewerbsmäßigen Lagerung erwirbt; der gewerbsmäßi-

gen Beförderung steht die Beförderung durch Eisenbahnen des öffentlichen Verkehrs oder durch die Post gleich,
9. nach dem Abhandenkommen wiedererwirbt,
10. als Gerichtsvollzieher oder Vollziehungsbeamter in einem Vollstreckungsverfahren erwirbt.

(5) In den Fällen des Absatzes 4 Nr. 1, 7 und 9 hat der Erwerber binnen eines Monats die Ausstellung einer Waffenbesitzkarte oder die Eintragung der Waffe in eine bereits erteilte Waffenbesitzkarte zu beantragen, sofern er die Schußwaffe nicht vorher einem Berechtigten überläßt. Im Falle des Absatzes 4 Nr. 1 beginnt die Frist des Satzes 1 mit der Annahme des Erwerbs oder mit Ablauf der für die Ausschlagung vorgeschriebenen Frist. In den Fällen des Absatzes 4 Nr. 2 bis 6, 8 und 10 und in den Fällen des § 27 Abs. 2 und 3 darf die tatsächliche Gewalt über die Schußwaffe ohne Erlaubnis nach Absatz 1 ausgeübt werden.

(6) Eine Waffenbesitzkarte über Schußwaffen, über die mehrere Personen die tatsächliche Gewalt ausüben, kann auf diese Personen ausgestellt werden.

(7) Wer eine Schußwaffe auf Grund einer Erlaubnis nach Absatz 1 erwirbt, hat binnen zwei Wochen der zuständigen Behörde den Erwerb schriftlich anzuzeigen und seine Waffenbesitzkarte zur Eintragung des Erwerbs vorzulegen. Dies gilt nicht in den Fällen des Absatzes 2 Satz 2, in denen die Waffenbesitzkarte auf Schußwaffen jeder Art ausgestellt worden ist und die tatsächliche Gewalt über die Schußwaffen nicht länger als drei Monate ausgeübt wird.

(8) Ist eine Schußwaffe, zu deren Erwerb es ihrer Art nach der Erlaubnis bedarf, nicht mit einer fortlaufenden Nummer (§ 13 Abs. 1 Nr. 3) gekennzeichnet, so kann die

§ 28 WaffG (§§ 2, 4 1. WaffG) Waffenbesitzkarte

zuständige Behörde – auch nachträglich – anordnen, daß der Erwerber ein bestimmtes Kennzeichen anbringen läßt.

1. WaffV § 2
.....
(4) Die Vorschriften des Gesetzes über die Waffenbesitzkarte und die Anmeldepflicht (§§ 28 und 59) sind nicht anzuwenden auf
1. Schußwaffen der in Absatz 1 Nr. 1 bezeichneten Art,
2. Schreckschuß-, Reizstoff- und Signalwaffen, die der zugelassenen Bauart entsprechen und das Zulassungszeichen nach Anlage 1 Abbildung 2 tragen,
3. Luftdruck-, Federdruck- und CO_2-Waffen,
    a) deren Geschossen eine Bewegungsenergie von nicht mehr als 7,5 J erteilt wird und die das Kennzeichen nach Anlage 1 Abbildung 1 tragen oder
    b) die vor dem 1. Januar 1970 erworben worden sind.
.....

1. WaffV § 4
(1) Die Vorschriften des Gesetzes über die Waffenbesitzkarte (§ 28) sind nicht anzuwenden auf
1. Wechsel- und Austauschläufe gleichen oder geringeren Kalibers einschließlich der für diese Läufe erforderlichen auswechselbaren Verschlüsse,
2. Einsätze, die dazu bestimmt sind, Munition mit kleinerer Abmessung zu verschießen, und die keine Einsteckläufe sind,

für Schußwaffen, die bereits in der Waffenbesitzkarte des Inhabers einer Erlaubnis nach § 28 des Gesetzes eingetragen sind.

(2) Der Erwerb der Wechsel- oder Austauschläufe nach Absatz 1 Nr. 1 ist der zuständigen Behörde innerhalb eines Monats unter Vorlage der Waffenbesitzkarte zur Eintragung des Erwerbs anzuzeigen.

Erl. zu § 28 WaffG, §§ 2 und 4 der 1. WaffV

1. Der **Erwerb** von **Schußwaffen** und die **Ausübung** der **tatsächlichen Gewalt** über sie ist grundsätzlich **erlaubnispflichtig.** Die Erlaubnis wird in Form einer **Waffenbesitzkarte** (WBK) erteilt, die eine Doppelfunk-

Waffenbesitzkarte § 28 WaffG

tion hat. Sie berechtigt den Inhaber zum Erwerb der darin angegebenen Schußwaffen mit einer Gültigkeitsdauer von einem Jahr **und** gilt als Erlaubnispapier zur Ausübung der tatsächlichen Gewalt über diese Schußwaffen **unbefristet.**
Der Erwerb muß innerhalb zwei Wochen der Kreispolizeibehörde schriftlich angezeigt und die WBK zum Eintrag vorgelegt werden (vgl. aber Nr. 4 der Erläuterungen).

2. Von der Waffenbesitzkartenpflicht ausgenommen sind neben den in § 2 Abs. 4 und § 4 1. WaffV genannten Schußwaffen und ihnen gleichgestellten Gegenständen u. a. auch Schußwaffen, die für Zier- oder Sammlerzwecke bestimmt sind, wenn sie den Anforderungen des § 3 der 1. WaffV entsprechen.
Bei den in § 2 Abs. 4 Nr. 1 der 1. WaffV genannten Ausnahmen handelt es sich um Schußwaffen mit Zündnadelzündung und **einläufige** Einzelladerwaffen mit Zündhütchenzündung (Perkussionswaffen, Vorder- und Hinterlader), deren Modell vor dem 1. 1. 1871 entwickelt worden ist.

3. Zu beachten ist, daß der Erwerb von Wechsel- oder Austauschläufen nach § 4 Abs. 1 Nr. 1 der 1. WaffV der Kreispolizeibehörde innerhalb eines Monats unter Vorlage der WBK zum Eintrag des Erwerbs anzuzeigen ist.

4. Für den Inhaber eines Jahres-, Tages- oder Jugendjagdscheines (§§ 15 und 16 BJG) ist der Erwerb von Schußwaffen durch die Ausnahmeregelung in § 28 Abs. 4 Nr. 7 WaffG wesentlich erleichtert. Mit dem **Jagdschein** als **Erwerbsberechtigung** können unbeschränkt sämtliche Schußwaffen mit einer Länge von mehr als 60 cm erworben werden. **Ausgenommen** sind allerdings Selbstladewaffen, deren Magazin mehr als zwei Patronen aufnehmen kann.
Der Erwerber ist verpflichtet, innerhalb eines Monats die Ausstellung einer WBK oder die Eintragung der Waffe in eine bereits erteilte WBK zu beantragen. Dasselbe gilt, wenn Schußwaffen geerbt oder nach Abhandenkommen wiedererworben werden.
Für den (außer auf einer Schießstätte auch leihweisen) **Erwerb** von **Kurzwaffen** und **Selbstladewaffen,** deren Magazin mehr als zwei Patronen aufnehmen kann, benötigen auch Jagdscheininhaber die **Waffenbesitzkarte,** wobei der erforderliche Nachweis des Bedürfnisses kraft Gesetzes erleichtert ist (§ 32 WaffG).

5. Nach § 28 Abs. 4 Nr. 3 WaffG kann ein Berechtigter seine Schußwaffen zum Zwecke der sicheren Verwahrung (z. B. während des Urlaubs) **vorübergehend** einer vertrauenswürdigen Person überlassen, ohne daß diese Person der Erlaubnis bedarf. Von der Erwerbserlaubnis freige-

stellt sind auch Personen, die Schußwaffen eines Berechtigten nicht gewerbsmäßig zu einem Berechtigten (Büchsenmacher, Waffenhändler, Beschußamt) verbringen. Selbstverständlich darf in solchen Fällen die Schußwaffe weder schußbereit noch zugriffsbereit sein.
6. Die Ausnahme nach § 28 Abs. 4 Nr. 5 WaffG berücksichtigt Fälle der **Besitzdienerschaft** (§ 855 BGB) und vergleichbare Fälle. Ist eine jagdliche Vereinigung (Hegering oder Kreisverein) im Besitz von Schußwaffen, muß die WBK auf ein vertretungsberechtigtes Vorstandsmitglied ausgestellt sein, Mitglieder der Vereinigung, die auf Weisung des berechtigten Vorstandsmitgliedes die tatsächliche Gewalt über solche Schußwaffen ausüben, bedürfen keiner Erlaubnis.
Besitzdiener i. S. von § 855 BGB ist z. B. auch die nichtberechtigte Begleitperson eines Jägers, wenn und solange sie in dessen unmittelbarem Einflußbereich die tatsächliche Gewalt über eine erlaubnispflichtige Schußwaffe ausübt.
Beispiel: Die Begleitperson eines Jägers (Ehegatte, Sohn oder Jagdscheinanwärter) trägt aufgrund besonderer Umstände dessen Schußwaffe im Revier.
In einem solchen Fall hat die Begleitperson die „tatsächliche Gewalt" über die Waffe i. S. des § 28 Abs. 1 WaffG nicht inne, da sie den Weisungen des Berechtigten Folge zu leisten hat und deshalb nicht frei über die Waffe verfügen kann.
Der Waffenbesitzkarte und des Waffenscheines bedarf es in Fällen der Besitzdienerschaft nicht.
8. Rechtsverstöße gegen die Waffenbesitzkartenpflicht werden als Vergehen verfolgt (vgl. § 53 Abs. 1 Nr. 3, Nr. 3a Buchstabe a, Abs. 3 Nr. 1a WaffG).

§ 29
Munitionserwerb

(1) Wer Munition erwerben will, bedarf der Erlaubnis der zuständigen Behörde. Die Erlaubnis wird durch einen Munitionserwerbschein erteilt. Sie wird für eine bestimmte Munitionsart und für die Dauer von fünf Jahren erteilt, kann jedoch in begründeten Fällen für Munition jeder Art und unbefristet erteilt werden.

(2) Einer Erlaubnis nach Absatz 1 bedarf nicht, wer

1. als Inhaber einer Waffenbesitzkarte, ausgenommen Waffenbesitzkarten für Waffensammler, oder einer Be-

scheinigung nach § 6 Abs. 2 Munition erwirbt, die für die in der Waffenbesitzkarte oder der Bescheinigung bezeichneten Schußwaffen bestimmt ist, oder als Inhaber eines Jagdscheines die für Waffen nach § 28 Abs. 4 Nr. 7 bestimmte Munition erwirbt,

2. unter den Voraussetzungen des § 28 Abs. 4 Nr. 1 bis 5 oder 8 bis 10 Munition erwirbt,

3. im Falle des § 28 Abs. 4 Nr. 6 Munition zum sofortigen Verbrauch auf einer Schießstätte erwirbt.

(3) Einer Erlaubnis nach Absatz 1 bedarf es nicht zum Erwerb von Patronen- oder Kartuschenmunition, die aus Schußwaffen verschossen werden kann, zu deren Erwerb es ihrer Art nach keiner Erlaubnis bedarf.

(4) Die Waffenbesitzkarte nach Absatz 2 Nr. 1 berechtigt ihren Inhaber zum Erwerb der für die Schußwaffe bestimmten Munition, wenn bei deren Erteilung die Voraussetzungen nach § 30 Abs. 1 Satz 1 vorgelegen haben oder als nachgewiesen gelten und wenn die Berechtigung zum Munitionserwerb in der Waffenbesitzkarte von der zuständigen Behörde vermerkt ist.

Erl. zu § 29 WaffG

1. Der **Erwerb** (nicht der Besitz) von **Munition** ist grundsätzlich **erlaubnispflichtig.** Als Erwerbspapier wurde der Munitionserwerbsschein eingeführt.

2. Der **Jagdschein** gilt als **Erwerbserlaubnis** für Munition für Langwaffen nach § 28 Abs. 4 Nr. 7 WaffG.
Inhaber von WBK sind ferner berechtigt, Munition für die in der WBK eingetragenen Kurzwaffen zu erwerben, wenn diese Berechtigung in folgender Weise vermerkt ist: „Berechtigt zum Munitionserwerb für unter ... eingetragene Schußwaffen" (vgl. Nr. 29.3 WaffVwV).
Für einen Eintrag müssen die Voraussetzungen nach § 30 Abs. 1 Satz 1 WaffG als nachgewiesen gelten. Für Jäger bedeutet dies, daß sie ein

§ 30 WaffG   Munitionserwerb, Versagung

Bedürfnis nachweisen müssen, wenn sie Munition für mehr als zwei für den Fangschuß geeignete Kurzwaffen erwerben wollen.

3. Verstöße gegen die Erlaubnispflicht für Munitionserwerb sind Vergehen (vgl. § 53 Abs. 1 Nr. 3, Abs. 3 Nr. 1a WaffG).

§ 30
Versagung

(1) Waffenbesitzkarte und Munitionserwerbschein sind zu versagen, wenn

1. der Antragsteller das achtzehnte Lebensjahr noch nicht vollendet hat,
2. Tatsachen die Annahme rechtfertigen, daß der Antragsteller die erforderliche Zuverlässigkeit (§ 5), Sachkunde (§ 31) oder körperliche Eignung nicht besitzt oder
3. ein Bedürfnis (§ 32) nicht nachgewiesen ist.

Die Erteilung einer Waffenbesitzkarte an einen Berechtigten nach § 28 Abs. 4 Nr. 1 darf nur versagt werden, wenn Tatsachen die Annahme rechtfertigen, daß der Antragsteller die erforderliche Zuverlässigkeit nicht besitzt. Inhabern von Jagdscheinen wird die Waffenbesitzkarte für Waffen nach § 28 Abs. 4 Nr. 7 ohne Prüfung der Versagungsgründe nach Satz 1, für sonstige Waffen ohne Prüfung der Versagungsgründe nach Satz 1 Nr. 1 und 2 erteilt.

(2) Die zuständige Behörde kann für den Einzelfall eine Ausnahme von dem Versagungsgrund im Sinne des Absatzes 1 Satz 1 Nr. 1 zulassen, wenn öffentliche Interessen nicht entgegenstehen.

(3) Die Erlaubnis kann versagt werden, wenn der Antragsteller

1. nicht Deutscher im Sinne des Artikels 116 des Grundgesetzes ist oder

2. nicht seit mindestens drei Jahren seinen Wohnsitz oder seinen gewöhnlichen Aufenthalt ununterbrochen in der Bundesrepublik Deutschland einschließlich des Landes Berlin hat.

(4) Die zuständige Behörde hat die Inhaber von Waffenbesitzkarten in regelmäßigen Abständen, mindestens jedoch nach Ablauf von fünf Jahren, erneut auf ihre Zuverlässigkeit zu prüfen. Dies gilt nicht für die Inhaber von Waffenscheinen oder Jagdscheinen.

§ 31
Sachkunde

(1) Den Nachweis der Sachkunde (§ 30 Abs. 1 Satz 1 Nr. 2) hat erbracht, wer eine Prüfung vor der dafür bestimmten Stelle bestanden hat oder seine Sachkunde durch eine Tätigkeit oder Ausbildung nachweist.

(2) Der Bundesminister des Innern wird ermächtigt, durch Rechtsverordnung mit Zustimmung des Bundesrates Vorschriften über die Anforderungen an die waffentechnischen und waffenrechtlichen Kenntnisse, über die Prüfung und das Prüfungsverfahren einschließlich der Einrichtung von Prüfungsausschüssen sowie über den anderweitigen Nachweis der Sachkunde zu erlassen.

§ 32
Bedürfnis

(1) Ein Bedürfnis (§ 30 Abs. 1 Satz 1 Nr. 3) liegt insbesondere vor, wenn der Antragsteller glaubhaft macht,
1. als Inhaber eines gültigen Jahresjagdscheines die Jagd auszuüben und dazu Selbstladewaffen mit einer Länge von mehr als 60 cm, die mehr als zwei Patronen in das Magazin aufnehmen können, zu benötigen,

2. als Sportschütze die Schußwaffen für den regelrechten Schießsport auf genehmigten Schießstätten, zur Teilnahme an ordentlichen Schießwettbewerben oder zur Pflege des Brauchtums in Schützenvereinigungen zu benötigen, sofern es sich um Einzelladerwaffen mit einer Länge von mehr als 60 cm handelt,

3. wesentlich mehr als die Allgemeinheit durch Angriffe auf Leib oder Leben gefährdet zu sein und der Erwerb von Schußwaffen oder Munition geeignet ist, diese Gefährdung zu mindern oder

4. als Waffensammler oder Munitionssammler wissenschaftlich oder technisch tätig zu sein oder durch den Erwerb eine kulturhistorisch bedeutsame Sammlung anzulegen oder zu erweitern, sofern diese gegen unbefugten Zugriff genügend gesichert ist.

(2) Ein Bedürfnis braucht nicht nachzuweisen, wer

1. Schußwaffen erwerben will, die nach § 21 Abs. 1 zugelassen sind, wenn deren Geschossen eine Bewegungsenergie von nicht mehr als 7,5 J erteilt wird oder die nach § 22 zugelassen sind,

2. als Inhaber eines gültigen Jahresjagdscheins Waffen mit einer Länge von weniger als 60 cm erwerben will, sofern er nicht bereits zwei Waffen dieser Art besitzt oder

3. als Mitglied eines Schießsportvereins die Waffe zur Teilnahme an ordentlichen Schießwettbewerben benötigt, sofern es sich um eine Waffe von nicht mehr als 60 cm oder um eine Selbstladewaffe mit einer Länge von mehr als 60 cm handelt, und er durch eine Bescheinigung des Vereins nachweist, daß er an den Übungsschießen des Vereins mindestens sechs Monate regelmäßig und erfolgreich teilgenommen hat und welche Waffenart für die auszuübende Sportdisziplin erforder-

lich ist. Für Schußwaffen mit einer Länge von weniger als 60 cm gilt dies nicht, wenn der Antragsteller schon zwei Waffen dieser Art besitzt.

§ 33
Erwerb erlaubnisfreier Waffen und Munition

(1) Schußwaffen und Munition, zu deren Erwerb es ihrer Art nach keiner Erlaubnis bedarf, sowie Hieb- und Stoßwaffen darf nur erwerben, wer das achtzehnte Lebensjahr vollendet hat, es sei denn, daß er zu dem in § 28 Abs. 4 Nr. 1 bis 6, 8 und 9 genannten Personenkreis gehört.

(2) Die zuständige Behörde kann für den Einzelfall Ausnahmen vom Alterserfordernis zulassen, wenn öffentliche Interessen nicht entgegenstehen.

§ 34
Überlassen von Waffen und Munition

(1) Schußwaffen und Munition, zu deren Erwerb es ihrer Art nach einer Erlaubnis bedarf, dürfen nur Personen überlassen werden, die nach diesem Gesetz oder nach einer Rechtsverordnung auf Grund des § 6 zum Erwerb berechtigt sind. Schußwaffen und Munition, zu deren Erwerb es ihrer Art nach keiner Erlaubnis bedarf, sowie Hieb- und Stoßwaffen dürfen nur an nach § 33 Berechtigte überlassen werden. Munition darf gewerbsmäßig nur in verschlossenen Packungen überlassen werden.

(2) Die Berechtigung muß offensichtlich sein oder nachgewiesen werden. Im Falle des § 33 Abs. 2 ist der Ausnahmebescheid auszuhändigen; im Falle des § 6 Abs. 2 ist die Bescheinigung nach dieser Vorschrift, im Falle des § 28 Abs. 1 und 2 die Waffenbesitzkarte, im Falle des § 28 Abs. 4 Nr. 7 der Jagdschein, im Falle des § 29 Abs. 1 der

Munitionserwerbschein und im Falle des § 29 Abs. 2 Nr. 1 die Waffenbesitzkarte, der Jagdschein oder eine Bescheinigung nach § 6 Abs. 2 vorzulegen. Der Waffenbesitzkarte oder dem Munitionserwerbschein steht eine Bescheinigung einer obersten Bundes- oder Landesbehörde oder einer nach § 6 Abs. 1 bestimmten Stelle gleich.

(3) Der Inhaber einer Erlaubnis nach § 7, der einem anderen auf Grund einer Erlaubnis nach § 28 Abs. 1 eine Schußwaffe überläßt, hat in die Waffenbesitzkarte unverzüglich Hersteller- oder Warenzeichen und – wenn gegeben – die Herstellungsnummer der Waffe, ferner den Tag des Überlassens und die Bezeichnung und den Sitz des Betriebes dauerhaft einzutragen. Überläßt sonst jemand einem anderen auf Grund einer Erlaubnis nach § 28 Abs. 1 eine Schußwaffe, so hat er das unter Angabe der Personalien des Erwerbers binnen zwei Wochen der zuständigen Behörde anzuzeigen und ihr, sofern ihm eine Waffenbesitzkarte erteilt worden ist, diese zur Eintragung des Übergangs vorzulegen. Die Sätze 1 und 2 gelten nicht in den Fällen des § 28 Abs. 7 Satz 2.

(4) Die Absätze 1 bis 3 gelten nicht für denjenigen, der Schußwaffen oder Munition einem anderen, der sie außerhalb der Bundesrepublik Deutschland einschließlich des Landes Berlin erwirbt, insbesondere im Versandwege unter eigenem Namen überläßt.

(5) Wer Waffen oder Munition einem anderen lediglich zur gewerbsmäßigen Beförderung (§ 28 Abs. 4 Nr. 8) an einen Dritten übergibt, überläßt sie abweichend von § 4 Abs. 2 dem Dritten.

(6) Wer als Inhaber einer Erlaubnis nach § 7 eine Schußwaffe gegen Aushändigung einer Bescheinigung nach Absatz 2 Satz 3 oder eines Ausnahmebescheides überläßt, hat die Urkunde als Beleg zum Waffenherstel-

Überlassung von Waffen § 34 WaffG

lungsbuch oder zum Waffenhandelsbuch zu nehmen. Die Urkunde ist dem Erwerber zurückzugeben, wenn die Zahl der Schußwaffen, auf die sie lautet, noch nicht erreicht ist; auf der Urkunde sind unverzüglich Modellbezeichnung, Hersteller- oder Warenzeichen, wenn die Waffe eine Herstellungsnummer trägt, auch diese, der Tag und Ort des Überlassens und der Name des Überlassenden samt Anschrift dauerhaft zu vermerken. Wer sonst einem anderen gegen Aushändigung eines Ausnahmebescheides eine Schußwaffe überläßt, hat die in Satz 2 vorgeschriebenen Angaben unverzüglich auf der Urkunde dauerhaft zu vermerken und diese binnen zweier Wochen der zuständigen Behörde vorzulegen, die die Urkunde einbehält. Satz 2 gilt entsprechend.

(7) Dürfen Schußwaffen nur mit Erlaubnis der zuständigen Behörde geführt werden, so hat der Inhaber einer Erlaubnis nach § 7 bei ihrem Überlassen im Einzelhandel den Erwerber auf das Erfordernis des Waffenscheins hinzuweisen.

(8) Schußwaffen und Munition, zu deren Erwerb es ihrer Art nach der Erlaubnis bedarf, dürfen in Anzeigen und Werbeschriften zum Kauf oder Tausch nur angeboten werden, wenn auf das Erfordernis der Erlaubnis zum Erwerb hingewiesen wird sowie Name und Anschrift des Anbieters angegeben werden.

Erl. zu den §§ 30 bis 34 WaffG

1. **Mindestalter, Zuverlässigkeit, Sachkunde, körperliche Eignung** und **Bedürfnis** sind grundsätzlich Voraussetzung für die Erteilung von Waffenbesitzkarte, Munitionserwerbschein und Waffenschein.
Inhabern von Jagdscheinen (auch Jugendjagdscheinen) wird die Waffenbesitzkarte für Langwaffen nach § 28 Abs. 4 Nr. 7 WaffG ohne Zuverlässigkeits-, Sachkunde- und Bedürfnisprüfung erteilt.
Nach § 32 Abs. 1 Nr. 1a der 1. WaffV gilt die Sachkunde als nachgewiesen, wenn der Antragsteller die Jägerprüfung bestanden hat oder

§ 35 WaffG   Waffenschein

durch eine Bescheinigung eines Ausbildungsleiters für das Schießwesen nachweist, daß er die erforderlichen Kenntnisse durch Teilnahme an einem Lehrgang für die Ablegung der Jägerprüfung erworben hat.

2. Für den **Erwerb** von **zwei** Kurzwaffen durch Jagdscheininhaber gilt ein Bedürfnis als nachgewiesen. Sofern der Jagdscheininhaber bereits zwei Kurzwaffen besitzt, die nicht für die Abgabe des Fangschusses geeignet sind, ist ein Bedürfnis für den Erwerb einer zusätzlichen, hierfür geeigneten Waffe anzunehmen (vgl. Nr. 32.1 WaffVwV). Zur Frage der Eignung von Kurzwaffen für den Fangschuß vgl. Erl. zu § 20 LJG S. 71.

3. Die Erteilung einer WBK zum Erwerb einer **Selbstladewaffe** mit einer Länge von mehr als 60 cm, deren Magazin mehr als zwei Patronen aufnehmen kann, ist nur zulässig, wenn ein Bedürfnis nachgewiesen ist. Nachdem solche Waffen zur Jagdausübung nicht mehr zugelassen sind (§ 19 Abs. 1 Nr. 2c BJG), liegt ein Bedürfnis allenfalls dann vor, wenn eine entsprechende Jagdausübung im Ausland erfolgen soll und die Waffen dort zugelassen sind.

4. Die **Erwerbsberechtigung** für erlaubnispflichtige Schußwaffen ergibt sich entweder aus einer WBK, einem Jagdschein oder einer Bescheinigung nach § 6 Abs. 1 und 2 WaffG. Die Berechtigung zum Erwerb von Munition ergibt sich aus dem Munitionserwerbschein, dem Jagdschein (für Jagdwaffenmunition), der WBK mit Erwerbsvermerk oder durch eine Bescheinigung nach § 6 Abs. 1 und 2 WaffG.

5. Wer erlaubnispflichtige Schußwaffen oder Munition zum Kauf oder Tausch anbietet, muß in Anzeigen auf die Erlaubnispflicht hinweisen und seine Anschrift angeben.

6. Wer erlaubnispflichtige Schußwaffen oder Munition einem Nichtberechtigten überläßt, macht sich eines Vergehens schuldig (vgl. § 53 Abs. 3 Nr. 2 WaffG).

VI. Abschnitt

Führen von Waffen

§ 35

Waffenschein

(1) Wer Schußwaffen führen will, bedarf der Erlaubnis der zuständigen Behörde. Die Erlaubnis wird durch einen Waffenschein erteilt. Sie wird für bestimmte Waffen auf

höchstens drei Jahre erteilt. Die Geltungsdauer kann zweimal um höchstens je drei Jahre verlängert werden.

(2) Die Geltungsdauer des Waffenscheins ist kürzer zu bemessen, wenn nur ein vorübergehendes Bedürfnis nachgewiesen wird. Der Geltungsbereich des Waffenscheins ist auf bestimmte Anlässe oder Gebiete zu beschränken, wenn ein darüber hinausgehendes Bedürfnis nicht nachgewiesen wird. Der Waffenschein kann zur Abwehr von Gefahren für Leben, Gesundheit oder Sachgüter sowie für die öffentliche Sicherheit mit Auflagen, insbesondere über das Führen der Schußwaffe, verbunden werden; nachträgliche Auflagen sind zulässig.

(3) Der Waffenschein kann mit dem Zusatz ausgestellt werden, daß er auch für andere zuverlässige, sachkundige und körperlich geeignete Personen gilt, die auf Grund eines Arbeitsverhältnisses die Schußwaffe nach den Weisungen des Erlaubnisinhabers zu führen haben. Solche Waffenscheine sind mit der Auflage zu erteilen, daß der Erlaubnisinhaber die Personen, die die Schußwaffe führen sollen, der zuständigen Behörde vorher benennt.

(4) Eines Waffenscheins bedarf nicht, wer
1. Schußwaffen, deren Bauart nach § 22 Abs. 1 zugelassen ist und die das vorgeschriebene Zulassungszeichen tragen, oder Schußapparate führt,
2. sonstige Schußwaffen
   a) zur befugten Jagdausübung, zum Jagdschutz oder Forstschutz oder im Zusammenhang damit führt,
   b) mit Zustimmung eines anderen in dessen Wohnung, Geschäftsräumen oder befriedetem Besitztum oder in dessen Schießstätte führt,
   c) nicht schußbereit und nicht zugriffsbereit lediglich von einem Ort an einen anderen verbringt, sofern er

an beiden Orten nicht der Erlaubnis nach Absatz 1 bedarf,

d) mit Ermächtigung nach § 2 Abs. 3 des Gesetzes über Versammlungen und Aufzüge (Versammlungsgesetz) vom 24. Juli 1953 (Bundesgesetzbl. I S. 684), zuletzt geändert durch Artikel 181 des Einführungsgesetzes zum Strafgesetzbuch vom 2. März 1974 (Bundesgesetzbl. I S. 469), oder mit Erlaubnis nach § 39 dieses Gesetzes führt, soweit diese Ermächtigung oder Erlaubnis reicht.

(5) Wer eine Schußwaffe führt, muß

1. seinen Personalausweis, Paß, Dienstausweis oder Jagdschein und
2. die Waffenbesitzkarte oder, wenn er einer Erlaubnis nach Absatz 1 bedarf, den Waffenschein

mit sich führen und Polizeibeamten oder sonst zur Personenkontrolle Befugten auf Verlangen zur Prüfung aushändigen. An Stelle der Waffenbesitzkarte genügt ein schriftlicher Nachweis darüber, daß die Frist in den Fällen des § 28 Abs. 5 Satz 1 noch nicht verstrichen ist, ein Antrag nach dieser Vorschrift gestellt worden ist oder daß ein Fall des § 27 Abs. 2 oder 3 vorliegt. Satz 1 gilt nicht in den Fällen des Absatzes 4 Nr. 2 Buchstabe b, Satz 1 Nr. 2 gilt nicht für das Führen der in Absatz 4 Nr. 1 bezeichneten Schußwaffen.

§ 36
Versagung des Waffenscheins

(1) Der Waffenschein ist zu versagen, wenn ein Versagungsgrund im Sinne des § 30 Abs. 1 Satz 1 gegeben ist. Er ist ferner zu versagen, wenn der Antragsteller eine angemessene Versicherung gegen Haftpflicht – 500 000

Deutsche Mark für Personenschäden und 50 000 Deutsche Mark für Sachschäden – nicht nachweist. Die zuständige Behörde kann für den Einzelfall eine Ausnahme von den Versagungsgründen im Sinne des § 30 Abs. 1 Satz 1 Nr. 1 oder der Vorschrift des Satzes 2 zulassen, wenn öffentliche Interessen nicht entgegenstehen.

(2) Der Waffenschein kann versagt werden, wenn ein Versagungsgrund im Sinne des § 30 Abs. 3 gegeben ist.

Erl. zu den §§ 35 und 36 WaffG

1. Wer **Schußwaffen** führen will (Ausübung der tatsächlichen Gewalt **außerhalb** seiner Wohnung, Geschäftsräume oder seines befriedeten Besitztums), bedarf hierzu – unabhängig von der WBK – der Erlaubnis, die von der Kreispolizeibehörde durch einen Waffenschein erteilt wird. Zum Begriff des „Führens" vgl. Erl. zu § 4 WaffG.

2. Zur **befugten Jagdausübung** zum **Jagdschutz** oder **Forstschutz** oder zu Tätigkeiten, die damit im **Zusammenhang** stehen, bedarf es keines Waffenscheines. Mit dieser Ausnahmeregelung wurden die berechtigten Interessen der Jäger angemessen berücksichtigt.
Der Begriff „im Zusammenhang damit" beinhaltet nicht nur das erlaubnisfreie Führen von Schußwaffen auf dem Hin- und Rückweg zum Revier, sondern gestattet auch Besorgungen privater Art sowie den Besuch von Gaststätten, auch wenn damit kleinere Umwege verbunden sind.
Die Grenze der Waffenscheinfreiheit wird jedenfalls dann überschritten, wenn Erledigungen, Fahrten und Aufenthalte räumlich und zeitlich nicht (oder nicht mehr) mit der Jagdausübung, dem Jagdschutz oder dem Hin- oder Rückweg in Verbindung gebracht werden können.

3. Der **waffenscheinfreie** Transport von Schußwaffen nach § 35 Abs. 4 Nr. 2c WaffG setzt voraus, daß diese nicht schußbereit **und** nicht zugriffsbereit sind und der Transport zwischen zwei Orten erfolgt, an denen es keines Waffenscheines bedarf. Hierunter fällt z. B. das Verbringen von der Wohnung zur Schießstätte, zum Büchsenmacher und Waffenhändler oder zu einem Bekannten, in dessen Wohnung die Waffe vorübergehend sicher verwahrt werden soll.
Eine Schußwaffe ist **schußbereit,** wenn sie geladen ist, d. h. Munition oder Geschosse im Patronenlager, im Magazin oder in der Trommel sind, auch wenn sie nicht gespannt oder gesichert ist.

Zugriffsbereit ist eine Schußwaffe, wenn sie mit wenigen schnellen Griffen in Anschlag gebracht werden kann, z. B., wenn sie in einem Halfter getragen oder im unverschlossenen Handschuhfach des Kraftfahrzeugs mitgeführt wird. Sie ist nicht zugriffsbereit, wenn sie entsprechend verpackt getragen oder befördert wird. Munition muß von der Waffe getrennt und ebenfalls verpackt sein.

4. Verstöße gegen die Waffenscheinpflicht werden als Vergehenstatbestände (mit unterschiedlicher Strafandrohung) verfolgt (vgl. § 53 Abs. 1 Nr. 3a Buchstabe b, Abs. 3 Nr. 1 b WaffG).

VII. Abschnitt

Verbote

§ 37
Verbotene Gegenstände

(1) Es ist verboten, folgende Gegenstände herzustellen, zu bearbeiten, instandzusetzen, zu erwerben, zu vertreiben, anderen zu überlassen, einzuführen, sonst in den Geltungsbereich dieses Gesetzes zu verbringen oder sonst die tatsächliche Gewalt über sie auszuüben:

1. Schußwaffen, die

    a) über den für Jagd- und Sportzwecke allgemein üblichen Umfang hinaus zusammengeklappt, zusammengeschoben, verkürzt oder schnell zerlegt werden können,

    b) eine Länge von mehr als 60 cm haben und zerlegbar sind, deren längster Waffenteil kürzer als 60 cm ist und die zum Verschießen von Randfeuerpatronen bestimmt sind,

    c) ihrer Form nach geeignet sind, einen anderen Gegenstand vorzutäuschen oder die mit Gegenständen des täglichen Gebrauchs verkleidet sind,

    d) vollautomatische Selbstladewaffen sind,

    e) ihrer äußeren Form nach den Anschein einer vollautomatischen Selbstladewaffe hervorrufen, die

Kriegswaffe im Sinne des Gesetzes über die Kontrolle von Kriegswaffen ist,

2. Vorrichtungen, die zum Anleuchten oder Anstrahlen des Zieles oder der Beleuchtung der Zieleinrichtung dienen und für Schußwaffen bestimmt sind,
3. Nachtzielgeräte, die einen Bildwandler oder eine elektronische Verstärkung besitzen und für Schußwaffen bestimmt sind,
4. Hieb- und Stoßwaffen, die ihrer Form nach geeignet sind, einen anderen Gegenstand vorzutäuschen oder die mit Gegenständen des täglichen Gebrauchs verkleidet sind,
5. Messer, deren Klingen auf Knopf- oder Hebeldruck hervorschnellen und hierdurch festgestellt werden können (Springmesser), ferner Messer, deren Klingen beim Lösen einer Sperrvorrichtung durch ihre Schwerkraft oder durch eine Schleuderbewegung aus dem Griff hervorschnellen und selbsttätig festgestellt werden (Fallmesser),
6. Stahlruten, Totschläger oder Schlagringe,
7. Geschosse, Wurfkörper oder sonstige Gegenstände, die Angriffs- oder Verteidigungszwecken dienen und dazu bestimmt sind, leicht entflammbare Stoffe so zu verteilen und zu entzünden, daß schlagartig ein Brand entstehen kann,
8. Geschosse mit Betäubungsstoffen, die zu Angriffs- oder Verteidigungszwecken bestimmt sind,
9. Geschosse und sonstige Gegenstände mit Reizstoffen, die zu Angriffs- oder Verteidigungszwecken oder zur Jagd bestimmt sind, wenn sie bei bestimmungsgemäßer Verwendung den Anforderungen einer Rechtsverordnung nach § 6 Abs. 4 Nr. 4 nicht entsprechen,

§ 37 WaffG Verbote

10. Nachbildungen von Schußwaffen im Sinne der Nummer 1 Buchstabe e,
11. unbrauchbar gemachte vollautomatische Selbstladewaffen, die Kriegswaffen waren, und unbrauchbar gemachte Schußwaffen, die den Anschein vollautomatischer Kriegswaffen hervorrufen.

Satz 1 Nummer 1 Buchstabe b gilt nicht für Einsteckläufe und Austauschläufe; Satz 1 Nummer 5 gilt nicht für Springmesser und Fallmesser, die nach Größe sowie Länge und Schärfe der Spitze als Taschenmesser anzusehen sind. Es ist ferner verboten, zur Herstellung von Gegenständen der in Satz 1 Nr. 7 bezeichneten Art anzuleiten oder Bestandteile zu vertreiben, die zur Herstellung dieser Gegenstände bestimmt sind.

(2) Absatz 1 ist nicht anzuwenden, soweit
1. die dort bezeichneten Gegenstände für die Bundeswehr, den Bundesgrenzschutz, die Bundeszollverwaltung oder die Polizeien der Länder bestimmt sind und ihnen überlassen werden,
2. jemand auf Grund eines gerichtlichen oder behördlichen Auftrages tätig wird oder
3. jemand für Schußwaffen, die zugleich Kriegswaffen sind, eine Genehmigung nach dem Gesetz über die Kontrolle von Kriegswaffen besitzt oder einer solchen Genehmigung nicht bedarf.

(3) Das Bundeskriminalamt kann von den Verboten des Absatzes 1 allgemein oder für den Einzelfall Ausnahmen zulassen, wenn öffentliche Interessen nicht entgegenstehen, insbesondere wenn die in Absatz 1 bezeichneten Gegenstände zur Ausfuhr oder zum sonstigen Verbringen aus dem Geltungsbereich dieses Gesetzes bestimmt sind. Die Ausnahmen können mit Auflagen verbunden werden,

Verbote (§ 8 1.WaffV) **§ 37 WaffG**

wenn dies zur Abwehr von Gefahren für Leben oder Gesundheit von Menschen oder zur Verhütung von sonstigen erheblichen Gefahren für die öffentliche Sicherheit erforderlich ist. Nachträgliche Auflagen sind zulässig.

(4) Das Verbot nach Absatz 1 wird nicht wirksam, wenn
1. der Erbe den durch Erbfolge erworbenen Gegenstand unverzüglich unbrauchbar macht, einem Berechtigten überläßt oder einen Antrag nach Absatz 3 stellt,
2. der Finder den gefundenen Gegenstand unverzüglich einem Berechtigten überläßt.

(5) Solange keine Ausnahme nach Absatz 3 zugelassen ist, kann die zuständige Behörde den Gegenstand sicherstellen. Wird eine Ausnahme nach Absatz 3 nicht unverzüglich beantragt, oder wird sie unanfechtbar versagt, so kann die zuständige Behörde den Gegenstand einziehen. Ein Erlös aus der Verwertung des Gegenstandes steht dem bisher Berechtigten zu.

1. WaffV §8

(1) Verboten ist es, folgende Gegenstände herzustellen, zu bearbeiten, instand zu setzen, zu erwerben, zu vertreiben, anderen zu überlassen, einzuführen, sonst in den Geltungsbereich des Gesetzes zu verbringen oder die tatsächliche Gewalt über sie auszuüben:
1. Nadelgeschosse, die für Schußwaffen – ausgenommen Schußapparate – bestimmt sind und bei denen der Durchmesser des zylindrischen Teils nicht mehr als 3 mm beträgt und die Geschoßlänge das Zehnfache des Durchmessers des zylindrischen Teils übersteigt; bei ummantelten Geschossen gilt als Durchmesser derjenige des Kerns,
2. Revolver- und Pistolenmunition (Tabellen 8a und 8b der Anlage III zur Dritten Verordnung zum Waffengesetz) mit
   a) Hohlspitzgeschossen,
   b) Teilmantelgeschossen mit Sollbruchstellen
   sowie Geschosse für solche Munition,

3. Gegenstände, die nach ihrer Beschaffenheit und Handhabung dazu bestimmt sind, durch Würgen die Gesundheit zu beschädigen,
4. Präzisionsschleudern, dafür bestimmte Armstützen und vergleichbare Vorrichtungen sowie sonstige tragbare Schleudern und wesentliche Teile für diese Geräte, sofern bei den Schleudern das halbe Produkt aus Auszugskraft und -länge einen Wert von 23 J übersteigt,
5. für Schußwaffen mit gezogenen Läufen bestimmte Patronenmunition, deren Geschosse
    a) im Durchmesser kleiner sind als die Felddurchmesser der dazugehörigen Schußwaffe und
    b) die mit einer Treib- und Führungshülse umgeben sind, die sich nach Verlassen des Laufes vom Geschoß trennt.

(2) § 37 Abs. 2 bis 5 des Gesetzes ist auf die in Absatz 1 bezeichneten Gegenstände entsprechend anzuwenden.

(3) Als Hohlspitzgeschosse im Sinne des Absatzes 1 Nr. 2 gelten nicht
1. Vollgeschosse, die einen flachen Kopf haben und in der Kopffläche nicht mehr als 2 mm eingewölbt sind,
2. Vollgeschosse, die einen flachen Kopf haben und mit einer Haube abgedeckt sind und in der Kopffläche nicht mehr als 2 mm eingewölbt sind,
3. Geschosse, die mit einer Haube abgedeckt sind, eine durchgehende achsiale Bohrung von höchstens 2 mm Durchmesser haben und in der Kopffläche nicht mehr als 2 mm eingewölbt sind.

(4) Präzisionsschleudern im Sinne des Absatzes 1 Satz 1 Nr. 4 sind tragbare Schleudern, die zur Erreichung einer höchst möglichen Bewegungsenergie eine Armstütze oder eine vergleichbare Vorrichtung besitzen oder für eine solche Vorrichtung eingerichtet sind.

§ 39
Verbot des Führens von Waffen bei öffentlichen Veranstaltungen

(1) Wer an öffentlichen Veranstaltungen, insbesondere an Volksfesten und öffentlichen Vergnügungen teil-

nimmt, darf keine Schußwaffen, Hieb- oder Stoßwaffen führen.

(2) Die zuständige Behörde kann für den Einzelfall eine Ausnahme von Absatz 1 zulassen, wenn

1. der Antragsteller die erforderliche Zuverlässigkeit besitzt,
2. ein Bedürfnis nachgewiesen ist und
3. Gefahren für die öffentliche Sicherheit und Ordnung nicht entstehen.

(3) Unter den Voraussetzungen des Absatzes 2 können Ausnahmen widerruflich auf die Dauer von höchstens fünf Jahren für Vereinigungen zugelassen werden, bei denen es Brauch ist, aus besonderem Anlaß Waffen zu tragen, wenn gewährleistet ist, daß die erforderliche Sorgfalt beachtet wird.

(4) Die Ausnahmen nach den Absätzen 2 und 3 können mit Auflagen verbunden werden, wenn das zur Abwehr von Gefahren für Leben oder Gesundheit von Menschen erforderlich ist.

(5) Der nach Absatz 2 Berechtigte muß die Waffenbesitzkarte, den Ausnahmebescheid und seinen Personalausweis oder Paß mit sich führen und Polizeibeamten oder sonst zur Personenkontrolle Befugten auf Verlangen zur Prüfung aushändigen.

(6) Die Absätze 1 bis 5 sind nicht anzuwenden

1. auf die Mitwirkenden an Theateraufführungen und diesen gleichzuachtenden Vorführungen, wenn zu diesem Zweck ungeladene oder mit Kartuschenmunition geladene Schußwaffen oder Hieb- oder Stoßwaffen geführt werden,
2. auf das Schießen in Schießstätten (§ 44),
3. soweit eine Schießerlaubnis nach § 45 reicht.

§ 40
Verbote für den Einzelfall

(1) Die zuständige Behörde kann die Ausübung der tatsächlichen Gewalt über Schußwaffen und Munition untersagen, wenn Tatsachen, insbesondere das bisherige Verhalten oder körperliche oder geistige Mängel des Inhabers die Annahme rechtfertigen, daß diese Gegenstände mißbräuchlich verwendet werden.

(2) Die zuständige Behörde kann den Gegenstand sicherstellen und, falls der Inhaber ihn nicht binnen angemessener, von der Erlaubnisbehörde zu bestimmender Frist einem Berechtigten überläßt, einziehen. § 37 Abs. 5 Satz 3 ist entsprechend anzuwenden.

Erl. zu den §§ 37, 39, 40 WaffG und § 8 der 1. WaffV

1. Die §§ 37 WaffG und 8 der 1. WaffV enthalten umfassende Verbote für solche Waffen, Zubehör, Munition und Geschosse, die erfahrungsgemäß zur Begehung von Straftaten verwendet werden.
2. Bei den in § 37 Abs. 1 Nr. 1a WaffG genannten Waffen handelt es sich um solche, die nicht selten von Wilderern verwendet werden.
   Eine verkürzbare Schußwaffe fällt nur dann unter das Verbot, wenn die Eigenschaft im Vergleich zu den allgemein üblichen Jagd- oder Sportwaffen besonders ausgeprägt ist, wenn sie also zum schnellen Verändern in einer Weise eingerichtet ist, daß sie sich nicht mehr als eine Waffe darstellt, wie sie üblicherweise bei der waidgerechten Jagdausübung oder beim Sportschießen benutzt wird (vgl. Nr. 37.2.1 WaffVwV).
3. Die in § 37 Abs. 1 Nr. 2 und 3 WaffG genannten Vorrichtungen und Geräte werden vorwiegend von Wilderern benutzt. Nach § 19 Abs. 1 Nr. 5a BJG ist die Verwendung bei der Jagdausübung verboten.
4. **Spring-** und **Fallmesser** sind nur dann verboten, wenn der aus dem Griff herausragende Teil der Klinge länger als 8,5 cm ist, in der Mitte schmaler ist als 14 v. H. seiner Länge, zweiseitig geschliffen ist oder keinen Rücken hat, der sich zur Schneide hin verjüngt. Das Verbot wird schon dann wirksam, wenn eines der aufgeführten Merkmale erfüllt ist (vgl. Nr. 37.2.6 WaffVwV).

5. Unter das Verbot nach § 8 Abs. 1 Nr. 5 der 1. WaffV fällt z. B. die Remington 30–06 mit dem Accelerator-Geschoß.
6. Verstöße gegen die Verbote nach § 37 WaffG und § 8 der WaffV sind je nach Tathandlung Verbrechen, Vergehen oder Ordnungswidrigkeiten (vgl. § 52a Abs. 1 Nr. 1 und 2, § 53 Abs. 1 Nr. 4 und 5, Abs. 3 Nr. 3, § 55 Abs. 1 Nr. 22a und b WaffG und § 42a der 1. WaffV).
7. Von dem Führungsverbot bei öffentlichen Veranstaltungen nach § 39 Abs. 1 WaffG werden **alle** Schußwaffen sowie Hieb- oder Stoßwaffen erfaßt. Zuwiderhandlungen gegen die Vorschrift sind Vergehen (vgl. § 53 Abs. 3 Nr. 5 WaffG).

VIII. Abschnitt
Sonstige waffenrechtliche Vorschriften

§ 41
Nichtgewerbsmäßige Waffenherstellung

(1) Wer außerhalb des Anwendungsbereiches des § 7 Schußwaffen herstellen, bearbeiten oder instandsetzen will, bedarf der Erlaubnis der zuständigen Behörde. § 7 Abs. 2 Satz 1 und § 30 Abs. 1 Satz 1 und Abs. 3 sind entsprechend anzuwenden.

(2) Die Erlaubnis ist auf höchstens drei Jahre zu befristen und auf eine bestimmte Zahl und Art von Schußwaffen zu beschränken. Personen, denen Schußwaffen zur Erprobung, Begutachtung, Untersuchung oder für ähnliche Zwecke überlassen werden, kann die Erlaubnis nach Absatz 1 ohne Beschränkung auf eine bestimmte Zahl und Art von Schußwaffen erteilt werden. Die Erlaubnis kann zur Abwehr von Gefahren für Leben oder Gesundheit von Menschen mit Auflagen, insbesondere über die Beschaffenheit, die Prüfung und die Kennzeichnung der Schußwaffen verbunden werden. Solche Auflagen sind auch nachträglich zulässig.

§ 42
Sicherung gegen Abhandenkommen

(1) Der Inhaber einer Erlaubnis nach § 7 hat die erforderlichen Vorkehrungen zu treffen, um zu verhindern, daß Schußwaffen oder Munition abhandenkommen oder daß Dritte diese Gegenstände unbefugt an sich nehmen. Gleiches gilt für Personen, die außerhalb des Anwendungsbereiches des § 7 die tatsächliche Gewalt über solche Gegenstände ausüben.

(2) Die zuständige Behörde kann zur Erfüllung der sich nach Absatz 1 ergebenden Pflichten die erforderlichen Maßnahmen anordnen.

§ 43
Anzeigepflichten

(1) Wer eine Schußwaffe oder Munition, deren Erwerb ihrer Art nach der Erlaubnis bedarf, durch Aneignung einer herrenlosen Sache, als Nachlaßverwalter, Konkursverwalter, Zwangsverwalter, Vormund oder Pfleger erwirbt, hat den Erwerb unverzüglich der zuständigen Behörde anzuzeigen.

(2) Kommen jemandem

1. Schußwaffen, deren Erwerb der Erlaubnis bedarf,
2. Munition, deren Erwerb der Erlaubnis bedarf,
3. Munition für Schußapparate,
4. Erlaubnisurkunden oder Ausnahmebescheide

abhanden, so hat er das binnen einer Woche, nachdem er davon Kenntnis erlangt hat, der zuständigen Behörde anzuzeigen. In den Fällen der Nummern 2 und 3 ist die Anzeige nur erforderlich, wenn Anhaltspunkte für eine unbefugte Wegnahme vorliegen. Im Falle des Satzes 1 Nr. 1 ist die Waffenbesitzkarte der Behörde zur Berichtigung vorzulegen.

Anzeigepflichten **§ 43 WaffG**

Erl. zu den §§ 41 bis 43 WaffG

1. Die Erlaubnis für die nichtgewerbsmäßige (private) Herstellung, Bearbeitung oder Instandsetzung von Schußwaffen darf nur erteilt werden, wenn der Antragsteller die erforderliche Sachkunde besitzt und ein Bedürfnis nachweist.
Nach § 7 Abs. 2 WaffG wird eine Schußwaffe insbesondere dann bearbeitet oder instand gesetzt, wenn sie verkürzt, in der Schußfolge verändert oder so geändert wird, daß andere Munition oder andere Geschosse aus ihr verschossen werden können oder wenn wesentliche Teile ausgewechselt werden. Eine Schußwaffe wird weder bearbeitet noch instand gesetzt, wenn lediglich geringfügige Änderungen, insbesondere am Schaft oder an der Zieleinrichtung, vorgenommen werden.
Verstöße gegen die Erlaubnispflicht sind Vergehen (vgl. § 53 Abs. 3 Nr. 1c WaffG).

2. Die Vorschrift zur **sicheren** Verwahrung von Schußwaffen und Munition richtet sich an **alle** Personen, die über solche Gegenstände die tatsächliche Gewalt ausüben.
Welche Maßnahmen zu treffen sind, richtet sich nach den Umständen des Einzelfalles. Es ist im allgemeinen erforderlich, Kurzwaffen, auch wenn sie sich in einer ordnungsgemäß verschlossenen Wohnung befinden, noch besonders einzuschließen. Soweit Langwaffen nicht besonders eingeschlossen werden, sind sie durch besondere Maßnahmen z. B. durch Anschließen am Aufbewahrungsort vor einer unbefugten Entwendung zu sichern. Bewahrt jemand Schußwaffen oder Munition in zeitweise nicht bewohnten Räumen auf, so sind weitere Sicherheitsvorkehrungen erforderlich (vgl. Nr. 42.4 WaffVwV).
Die **Verwahrung** von **Schußwaffen** oder **Munition** im (unbeaufsichtigten) **verschlossenen Kraftfahrzeug** wird **nicht** als ausreichende Maßnahme zur Verhinderung eines Diebstahls angesehen.
Ein Verstoß gegen die Pflicht zur sorgfältigen Verwahrung kann für den Betroffenen schwerwiegende Folgen haben, denn nach den §§ 5 Abs. 1 Nr. 2 WaffG und 17 Abs. 3 Nr. 3 BJG besitzen Personen die erforderliche Zuverlässigkeit nicht, wenn Tatsachen die Annahme rechtfertigen, daß sie mit Waffen und Munition nicht vorsichtig und sachgemäß umgehen und diese Gegenstände nicht sorgfältig verwahren werden. Wird die erforderliche Zuverlässigkeit verneint, **müssen** die zuständigen Behörden waffenrechtliche Erlaubnisse und Jagdschein versagen bzw. einziehen.
Wer gegen § 42 Abs. 1 verstößt, handelt ordnungswidrig (vgl. § 55 Abs. 1 Nr. 23 WaffG).

3. Zuständige Behörde i. S. von § 43 WaffG ist die Kreispolizeibehörde.

Bei Diebstahl sollte auch unverzüglich Anzeige bei der zuständigen Polizeidienststelle erstattet werden.

Verstöße gegen die Anzeigepflicht sind Ordnungswidrigkeiten (vgl. § 55 Abs. 1 Nr. 3 WaffG).

§ 44
Schießstätten, Ausbildung im Verteidigungsschießen

(1) Wer eine Schießstätte betreiben oder in ihrer Beschaffenheit oder in der Art ihrer Benutzung wesentlich ändern will, bedarf der Erlaubnis der zuständigen Behörde. Zur Verhütung von schädlichen Umwelteinwirkungen im Sinne des Bundes-Immissionsschutzgesetzes sowie von sonstigen Gefahren, erheblichen Nachteilen oder erheblichen Belästigungen für die Bewohner des Grundstücks, die Nachbarschaft oder die Allgemeinheit kann die Erlaubnis mit Auflagen über die Beschaffenheit, Abnahme, Benutzung, regelmäßige Prüfung der Anlage und über die Versicherung gegen Haftpflicht und Unfall verbunden werden; solche Auflagen können auch nachträglich auferlegt werden. Die Erlaubnis ist zu versagen, wenn der Antragsteller nicht zuverlässig ist oder erhebliche Belästigungen durch Auflagen nicht verhindert werden können.

(2) Absatz 1 ist nicht anzuwenden auf Anlagen

1. der in der Bundesrepublik Deutschland stationierten ausländischen Streitkräfte,

2. die der Veranstaltung eines anderen Spiels im Sinne des § 33d Abs. 1 Satz 1 der Gewerbeordnung dienen oder für die eine Genehmigung nach § 33i der Gewerbeordnung erforderlich ist.,

3. für deren erstmalige Aufstellung und Ingebrauchnahme eine Baugenehmigung (Ausführungsgenehmigung) erforderlich ist, weil sie geeignet und dazu bestimmt

sind, wiederholt aufgestellt und zerlegt zu werden (fliegende Bauten).

(3) Der Bundesminister des Innern wird ermächtigt, durch Rechtsverordnung mit Zustimmung des Bundesrates zur Abwehr von Gefahren für die öffentliche Sicherheit und zum Schutz der in Absatz 1 Satz 2 bezeichneten Rechtsgüter

1. die Benutzung von Schießstätten, insbesondere die Aufsicht über das Schießen zu regeln und das Mindestalter der Schützen vorzuschreiben,
2. Vorschriften über den Umfang der Verpflichtungen zu erlassen, die bei Lehrgängen zur Ausbildung in der kampfmäßigen Verteidigung mit Schußwaffen und bei Schießübungen dieser Art einzuhalten sind; darin kann bestimmt werden,

    a) daß die Durchführung dieser Veranstaltungen einer Anzeige bedarf,

    b) daß und in welcher Weise der Veranstalter die Einstellung und das Ausscheiden der verantwortlichen Aufsichtsperson und der Ausbilder anzuzeigen hat,

    c) daß nur Personen an den Veranstaltungen teilnehmen dürfen, die aus Gründen persönlicher Gefährdung oder aus dienstlichen Gründen zur Ausübung der tatsächlichen Gewalt über oder zum Führen von Schußwaffen berechtigt sind,

    d) daß und in welcher Weise der Veranstalter Aufzeichnungen zu führen, aufzubewahren und der zuständigen Behörde vorzulegen hat,

    e) daß die zuständige Behörde die Veranstaltungen untersagen darf, wenn der Veranstalter, die verantwortliche Aufsichtsperson oder ein Ausbilder die erforderliche Zuverlässigkeit oder Sachkunde nicht oder nicht mehr besitzt.

§ 44 WaffG (§§ 33, 34 1. WaffV) Schießstätten

(4) Schießstätten sind ortsfeste oder ortsveränderliche Anlagen, die ausschließlich oder neben anderen Zwecken dem Schießsport oder sonstigen Schießübungen mit Schußwaffen, der Erprobung von Schußwaffen oder dem Schießen mit Schußwaffen zur Belustigung dienen.

1. WaffV § 33
Benutzung von Schießstätten

(1) Auf Schießstätten (§ 44 Abs. 4 des Gesetzes) darf nur mit Schußwaffen und Munition geschossen werden, die durch die Erlaubnis für die Schießstätte zugelassen sind.

(2) Schußwaffen dürfen auf Schießstätten nur in ungeladenem Zustand und räumlich getrennt von Munition und Geschossen aufbewahrt werden.

(3) Die Absätze 1 und 2 sowie die §§ 34 bis 37 sind nicht anzuwenden auf Schießstätten, zu deren Betrieb nach § 44 Abs. 2 des Gesetzes eine Erlaubnis nicht erforderlich ist.

1. WaffV § 34

(1) Der Inhaber der Erlaubnis für die Schießstätte (Erlaubnisinhaber) hat eine oder mehrere volljährige verantwortliche Aufsichtspersonen für das Schießen zu bestellen, soweit er nicht selbst die Aufsicht wahrnimmt oder eine schießsportliche oder jagdliche Vereinigung durch eigene verantwortliche Aufsichtspersonen die Aufsicht übernimmt.

(2) Der Erlaubnisinhaber hat der zuständigen Behörde die Personalien der verantwortlichen Aufsichtspersonen zwei Wochen vor der Übernahme der Aufsicht schriftlich anzuzeigen; beauftragt eine schießsportliche oder jagdliche Vereinigung die verantwortliche Aufsichtsperson, so obliegt diese Anzeige der Aufsichtsperson selbst. Der Anzeige sind Nachweise beizufügen, aus denen hervorgeht, daß die Aufsichtsperson die erforderliche Sachkunde besitzt. Der Erlaubnisinhaber hat das Ausscheiden der angezeigten Aufsichtsperson und die Bestellung einer neuen Aufsichtsperson der zuständigen Behörde unverzüglich anzuzeigen.

Schießstätten (§§ 35, 36 1. WaffV) § 44 WaffG

(3) Rechtfertigen Tatsachen die Annahme, daß die verantwortliche Aufsichtsperson die erforderliche Zuverlässigkeit oder Sachkunde nicht besitzt, so kann die zuständige Behörde verlangen, daß die Aufsichtsperson die Aufsicht nicht oder nicht mehr wahrnimmt. Der Erlaubnisinhaber hat auf Verlangen der zuständigen Behörde den Schießbetrieb einzustellen, solange keine verantwortliche Aufsichtsperson die Aufsicht übernommen hat oder dem Verlangen der Behörde nach Satz 1 nicht entsprochen worden ist.

1. WaffV § 35

(1) Die verantwortlichen Aufsichtspersonen haben das Schießen in der Schießstätte ständig zu beaufsichtigen, insbesondere dafür zu sorgen, daß die in der Schießstätte Anwesenden durch ihr Verhalten keine vermeidbaren Gefahren verursachen und daß § 33 und § 36 Abs. 1 und 2 befolgt werden. Sie haben, wenn dies zur Verhütung von Gefahren erforderlich ist, das Schießen oder den Aufenthalt in der Schießstätte zu untersagen.

(2) Die Benutzer der Schießstätten haben die Anordnungen der verantwortlichen Aufsichtspersonen nach Absatz 1 zu befolgen.

1. WaffV § 36

(1) Kindern unter zwölf Jahren darf das Schießen mit Schußwaffen in Schießstätten nicht gestattet werden.

(2) Die verantwortlichen Aufsichtspersonen dürfen Kindern, die das zwölfte Lebensjahr vollendet haben und noch nicht 14 Jahre alt sind, das Schießen mit Luftdruck-, Federdruck- und CO_2-Waffen, Jugendlichen, die das 14. Lebensjahr vollendet haben und noch nicht 16 Jahre alt sind, auch das Schießen mit sonstigen Schußwaffen gestatten, wenn der Sorgeberechtigte schriftlich sein Einverständnis erklärt hat oder beim Schießen anwesend ist.

(3) Die zuständige Behörde kann dem Kind oder dem Jugendlichen aus besonderen Gründen Ausnahmen von dem Alterserfordernis der Absätze 1 und 2 bewilligen.

(4) Die verantwortlichen Aufsichtspersonen haben, solange die betreffenden Kinder oder Jugendlichen am Schießen teilnehmen, die nach Absatz 2 erforderlichen schriftlichen Einverständniserklärungen der Sorgeberechtigten aufzubewahren und der zuständigen Behörde oder deren Beauftragten auf Verlangen zur Prüfung auszuhändigen.

1. WaffV § 37

(1) Schießstätten sind in regelmäßigen Abständen von der zuständigen Behörde in sicherheitstechnischer Hinsicht zu überprüfen. Falls Zweifel an dem ordungsgemäßen Zustand oder den erforderlichen schießtechnischen Einrichtungen bestehen, kann die zuständige Behörde die Schießstätte in sicherheitstechnischer Hinsicht überprüfen oder von dem Erlaubnisinhaber die Vorlage eines Gutachtens eines amtlich anerkannten Sachverständigen verlangen.

(2) Werden bei der Überprüfung Mängel festgestellt, die eine Gefährdung der Benutzer der Schießstätte oder der Nachbarschaft befürchten lassen, kann die zuständige Behörde die weitere Benutzung der Schießstätte bis zur Beseitigung der Mängel untersagen.

§ 45
Schießen

(1) Wer außerhalb von Schießstätten mit einer Schußwaffe oder mit einem Böller schießen will, bedarf der Erlaubnis der zuständigen Behörde.

(2) Die Erlaubnis kann mit Auflagen verbunden werden, wenn dies erforderlich ist, um Gefahren, erhebliche Nachteile oder erhebliche Belästigungen für die Bewohner des Grundstücks, die Nachbarschaft oder die Allgemeinheit zu verhüten.

(3) Die Erlaubnis ist zu versagen, wenn Versagungsgründe im Sinne des § 30 Abs. 1 Satz 1 gegeben sind oder wenn sonst Gefahren, erhebliche Nachteile oder Belästigungen durch Auflagen nicht verhindert werden können.

§ 36 Abs. 1 Satz 2 und 3 sind entsprechend anzuwenden. Sie kann versagt werden, wenn ein Versagungsgrund im Sinne des § 30 Abs. 3 gegeben ist.

(4) Die Erlaubnis zum Schießen mit Kartuschenmunition und mit Böllern kann widerruflich auf die Dauer von höchstens fünf Jahren auch Vereinigungen erteilt werden, bei denen es Brauch ist, aus besonderem Anlaß zu schießen, wenn gewährleistet ist, daß die erforderliche Sorgfalt beachtet wird. Absatz 3 Satz 1 und 2 ist entsprechend anzuwenden.

(5) Der Erlaubnisinhaber muß in den Fällen des Absatzes 1 den Erlaubnisschein und seinen Personalausweis oder Paß mit sich führen und Polizeibeamten oder sonst zur Personenkontrolle Befugten auf Verlangen zur Prüfung aushändigen.

(6) Die Absätze 1 bis 5 sind nicht anzuwenden
1. auf das Schießen mit Schußapparaten,
2. auf das Schießen durch den Inhaber des Hausrechts oder mit dessen Zustimmung im befriedeten Besitztum
    a) mit Schußwaffen, deren Geschossen eine Bewegungsenergie von nicht mehr als 7,5 J erteilt wird, oder deren Bauart nach § 21 Abs. 1 Satz 1 Nr. 1 zugelassen ist,
    b) mit Randfeuerschrotpatronen mit einem Durchmesser bis 9 mm,
    c) mit Schußwaffen, aus denen nur Kartuschenmunition verschossen wird,

    und in den Fällen der Buchstaben a oder b die Geschosse das Besitztum nicht verlassen können,
3. in den Fällen der Notwehr und des Notstandes,
4. auf das Schießen mit Signalwaffen zur Gefahrenabwehr und bei Rettungsübungen,

5. auf die befugte Jagdausübung einschließlich des Anschießens von Jagdwaffen im Revier sowie auf den Jagd- und Forstschutz,
6. auf die Mitwirkenden an Theateraufführungen und diesen gleichzuachtenden Vorführungen, wenn zu diesem Zweck nur mit Kartuschenmunition geschossen wird,
7. auf die Abgabe von Startzeichen mit Kartuschenmunition im Auftrage der Veranstalter.

Erl. zu den §§ 44, 45 WaffG und §§ 33 bis 37 der 1. WaffV

1. Von der Erlaubnispflicht nach § 44 WaffG werden alle ortsfesten oder beweglichen Anlagen erfaßt, die ausschließlich oder neben anderen Zwecken dem Schießsport oder sonstigen Schießübungen mit Schußwaffen, der Erprobung von Schußwaffen oder dem Schießen mit Schußwaffen zur Belustigung dienen. Ausgenommen sind lediglich die in § 44 Abs. 2 genannten Anlagen.
Welche sicherheitstechnischen Anforderungen an Schießstätten zu richten sind, ergibt sich aus den „Richtlinien für die Einrichtung und die Abnahme von Schießstandanlagen für sportliches oder jagdliches Schießen", herausgegeben vom Deutschen Schützenbund e.V., Wiesbaden.
Verstöße gegen die Erlaubnispflicht oder Auflagenerfüllung sind Ordnungswidrigkeiten (vgl. § 55 Abs. 1 Nr. 1 und 24 WaffG).
2. Die in den §§ 33 bis 37 der 1. WaffV enthaltenen Vorschriften über die Benutzung von Schießstätten richten sich an die Erlaubnisinhaber, Aufsichtspersonen und Benutzer. Rechtsverstöße sind Ordnungswidrigkeiten (vgl. § 43 Abs. 1 Nr. 5 bis 10 der 1. WaffV).
3. Das erlaubte **Anschießen** von Jagdwaffen (auch Kurzwaffen) im Revier nach § 45 Abs. 6 Nr. 5 WaffG muß sich auf die Überprüfung der Zieleinrichtung oder der Treffpunktanlage beschränken. Übungsschießen ist im Revier nicht gestattet, es sei denn, es liegt eine behördliche Erlaubnis vor.
4. Bezüglich des erlaubnisfreien Schießens durch den Inhaber des Hausrechts oder mit dessen Zustimmung im befriedeten **Besitztum** (§ 45 Abs. 6 Nr. 2 WaffG) in Verbindung mit dem beschränkten Jagdausübungsrecht in befriedeten **Bezirken** vgl. Erl. 7 zu § 3 LJG.
5. Zuwiderhandlungen gegen die Vorschrift des § 45 Abs. 1 WaffG sind Ordnungswidrigkeiten (vgl. § 55 Abs. 1 Nr. 25 WaffG).

IX. Abschnitt
Straf- und Bußgeldvorschriften

§ 52a
Strafvorschriften

(1) Mit Freiheitsstrafe von einem Jahr bis zu fünf Jahren wird bestraft, wer
1. entgegen § 37 Abs. 1 Satz 1 Nr. 1 Buchstabe d eine vollautomatische Selbstladewaffe oder
2. entgegen § 37 Abs. 1 Satz 1 Nr. 1 Buchstabe e eine dort bezeichnete halbautomatische Selbstladewaffe

herstellt, bearbeitet, instandsetzt, erwirbt, vertreibt, anderen überläßt oder sonst die tatsächliche Gewalt über sie ausübt, einführt oder sonst in den Geltungsbereich dieses Gesetzes verbringt.

(2) In besonders schweren Fällen ist die Strafe Freiheitsstrafe von einem Jahr bis zu zehn Jahren. Ein besonders schwerer Fall liegt in der Regel vor, wenn der Täter gewerbsmäßig oder als Mitglied einer Bande, die sich zur fortgesetzten Begehung solcher Straftaten verbunden hat, unter Mitwirkung eines anderen Bandenmitgliedes handelt.

(3) In minder schweren Fällen ist die Strafe Freiheitsstrafe bis zu drei Jahren oder Geldstrafe.

(4) Handelt der Täter fahrlässig, so ist die Strafe Freiheitsstrafe bis zu zwei Jahren oder Geldstrafe.

§ 53
Strafvorschriften

(1) Mit Freiheitsstrafe von sechs Monaten bis zu fünf Jahren wird bestraft wer,
1. ohne die erforderliche Erlaubnis

§ 53 WaffG Strafvorschriften

a) entgegen § 7 Abs. 1 Nr. 1 Schußwaffen oder Munition herstellt, bearbeitet oder instandsetzt,

b) entgegen § 7 Abs. 1 Nr. 2 Schußwaffen oder Munition ankauft, vertreibt, anderen überläßt oder den Erwerb, den Vertrieb oder das Überlassen solcher Gegenstände vermittelt,

2. entgegen § 27 Abs. 1 Satz 1 Schußwaffen oder Munition, zu deren Erwerb es der Erlaubnis bedarf, einführt oder sonst in den Geltungsbereich dieses Gesetzes verbringt, oder durch einen anderen einführen oder verbringen läßt, ohne seine Berechtigung zum Erwerb oder zur Ausübung der tatsächlichen Gewalt nachgewiesen zu haben,

3. entgegen § 28 Abs. 1 Satz 1 Schußwaffen oder entgegen § 29 Abs. 1 Satz 1 Munition ohne die erforderliche Erlaubnis erwirbt, um sie an Nichtberechtigte weiterzugeben,

3.a ohne die erforderliche Erlaubnis

a) entgegen § 28 Abs. 1 Satz 1 eine halbautomatische Selbstladewaffe mit einer Länge von nicht mehr als 60 cm erwirbt oder die tatsächliche Gewalt über sie ausübt oder

b) entgegen § 35 Abs. 1 Satz 1 eine halbautomatische Selbstladewaffe mit einer Länge von nicht mehr als 60 cm führt,

4. entgegen § 37 Abs. 1 Satz 1 Nr. 7 einen dort bezeichneten Gegenstand herstellt, bearbeitet, instandsetzt, erwirbt, vertreibt, anderen überläßt oder sonst die tatsächliche Gewalt über ihn ausübt, einführt oder sonst in den Geltungsbereich dieses Gesetzes verbringt,

5. entgegen § 37 Abs. 1 Satz 3 zur Herstellung von in § 37 Abs. 1 Satz 1 Nr. 7 bezeichneten Gegenständen anleitet

Strafvorschriften **§ 53 WaffG**

oder auffordert oder Bestandteile vertreibt oder überläßt, die zur Herstellung dieser Gegenstände bestimmt sind,

6. entgegen § 38 Abs. 1 Schußwaffen oder Munition, zu deren Erwerb es der Erlaubnis bedarf, im Reisegewerbe, im Marktverkehr, auf Volksfesten, Schützenfesten oder ähnlichen Veranstaltungen vertreibt oder anderen überläßt oder

7. die tatsächliche Gewalt über eine Schußwaffe,

    a) die er ohne die nach diesem Gesetz oder nach dem Gesetz über die Kontrolle von Kriegswaffen erforderliche Erlaubnis erworben, eingeführt oder sonst in den Geltungsbereich dieses Gesetzes verbracht hat oder

    b) über die er sie nach § 59 Abs. 4 Satz 1 nicht mehr ausüben darf, sofern es sich um eine Schußwaffe handelt, zu deren Erwerb es nach bisherigem Recht der Erlaubnis bedurfte,

während der Betriebszeit in gewerblichen Räumen, die der Bewirtung von Gästen oder der Unterhaltung dienen, oder in Räumen ausübt, die der gemeinschaftlichen Unterbringung oder Verpflegung von Arbeitnehmern dienen.

In minder schweren Fällen ist die Strafe Freiheitsstrafe bis zu drei Jahren oder Geldstrafe.

(2) Der Versuch ist strafbar.

(3) Mit Freiheitsstrafe bis zu drei Jahren oder mit Geldstrafe wird bestraft, wer

1. ohne die erforderliche Erlaubnis

    a) entgegen § 28 Abs. 1 Satz 1 eine Schußwaffe erwirbt oder die tatsächliche Gewalt über sie ausübt, wenn die Tat nicht in Abs. 1 Satz 1 Nr. 3 a mit Strafe bedroht ist, oder entgegen § 29 Abs. 1 Satz 1 Munition erwirbt,

b) entgegen § 35 Abs. 1 Satz 1 eine Schußwaffe führt, wenn die Tat nicht in Abs. 1 Satz 1 Nr. 3a mit Strafe bedroht ist,

c) entgegen § 41 Abs. 1 Satz 1 eine Schußwaffe herstellt, bearbeitet oder instandsetzt,

2. entgegen § 34 Abs. 1 Satz 1 eine Schußwaffe oder Munition, zu deren Erwerb es einer Erlaubnis bedarf, einem Nichtberechtigten überläßt,

3. entgegen § 37 Abs. 1 Satz 1 Nr. 1 bis 6 einen dort bezeichneten Gegenstand herstellt, bearbeitet, instandsetzt, erwirbt, vertreibt, anderen überläßt oder sonst die tatsächliche Gewalt über ihn ausübt, ihn einführt oder sonst in den Geltungsbereich dieses Gesetzes verbringt, wenn die Tat nicht in § 52a Abs. 1 bis 3 mit Strafe bedroht ist, oder

  einer nach § 6 Abs. 4 Nr. 2 erlassenen Rechtsverordnung zuwiderhandelt, soweit sie sich auf Gegenstände bezieht, die in den in § 37 Abs. 1 Satz 1 Nr. 1 bis 7 bezeichneten vergleichbar sind, und für einen bestimmten Tatbestand auf diese Strafvorschrift verweist,

4. entgegen § 38 Abs. 1 Schußwaffen oder Munition, zu deren Erwerb es keiner Erlaubnis bedarf, oder Hieb- oder Stoßwaffen im Reisegewerbe, im Marktverkehr, auf Volksfesten, Schützenfesten oder ähnlichen Veranstaltungen vertreibt oder anderen überläßt,

5. entgegen § 39 Abs. 1 bei öffentlichen Veranstaltungen eine Schuß-, Hieb- oder Stoßwaffe führt,

6. entgegen einer vollziehbaren Anordnung nach § 40 Abs. 1 die tatsächliche Gewalt über einen dort bezeichneten Gegenstand ausübt,

Ordnungswidrigkeiten (§ 42 a 1. WaffV) § 53 WaffG

7. entgegen § 59 Abs. 4 Satz 1 in anderen als den in Absatz 1 Nr. 7 Buchstabe b bezeichneten Fällen nach Ablauf der Meldefrist die tatsächliche Gewalt über eine nicht angemeldete Schußwaffe ausübt oder
8. entgegen § 59b Abs. 5 Satz 1 nach Ablauf der Meldefrist die tatsächliche Gewalt über eine nicht angemeldete Schußwaffe oder über nicht angemeldete Munition ausübt.

(4) Handelt der Täter in den Fällen des Absatzes 1 Satz 1 Nr. 1, 2, 3a bis 7 oder des Absatzes 3 fahrlässig, so ist die Strafe bei Taten nach Absatz 1 Satz 1 Nr. 1, 2, 3a bis 7 Freiheitsstrafe bis zu zwei Jahren oder Geldstrafe, bei Taten nach Absatz 3 Freiheitsstrafe bis zu einem Jahr oder Geldstrafe.

1. WaffV § 42a

Nach § 53 Abs. 3 Nr. 3, Abs. 4 des Gesetzes wird bestraft, wer vorsätzlich oder fahrlässig

1. entgegen § 8 Abs. 1 Satz 1 Nr. 1 Nadelgeschosse für Schußwaffen,
2. entgegen § 8 Abs. 1 Satz 1 Nr. 2 die dort bezeichnete Munition oder Geschosse,
3. entgegen § 8 Abs. 1 Satz 1 Nr. 3 einen dort bezeichneten Gegenstand,
4. entgegen § 8 Abs. 1 Satz 1 Nr. 4 eine Präzisionsschleuder oder
5. entgegen § 8 Abs. 1 Satz 1 Nr. 5 eine dort bezeichnete Patronenmunition

herstellt, bearbeitet, instand setzt, erwirbt, vertreibt, anderen überläßt, einführt, sonst in den Geltungsbereich des Gesetzes verbringt oder die tatsächliche Gewalt über sie ausübt.

§ 55
Ordnungswidrigkeiten

(1) Ordnungswidrig handelt, wer vorsätzlich oder fahrlässig

1. eine vollziehbare Auflage nach § 10 Abs. 1 Satz 2 oder 3, § 21 Abs. 5 Satz 2 oder Abs. 6 Satz 2, § 22 Abs. 5, § 23 Abs. 5, § 28 Abs. 1 Satz 5 oder Abs. 2 Satz 3 oder 4, § 35 Abs. 2 Satz 3 oder Abs. 3 Satz 2, § 37 Abs. 3 Satz 2 oder 3, § 38 Abs. 2 Satz 2, § 39 Abs. 4, § 41 Abs. 2 Satz 3 oder 4, § 44 Abs. 1 Satz 2 oder § 45 Abs. 2 nicht, nicht vollständig oder nicht rechtzeitig erfüllt,
2. einer vollziehbaren Anordnung nach § 10 Abs. 2, § 15 Abs. 2, § 28 Abs. 2, § 42 Abs. 2, § 46 Abs. 3 oder § 48 Abs. 2 Satz 1 zuwiderhandelt,
3. einer Anzeigepflicht nach § 11, § 28 Abs. 7 Satz 1, § 34 Abs. 3 Satz 2, § 43 Abs. 1 oder 2 Satz 1 zuwiderhandelt,
4. entgegen § 12 Abs. 1, 2 oder 3 das Waffenherstellungsbuch, das Waffenhandelsbuch oder das Munitionshandelsbuch nicht, nicht richtig oder nicht vollständig führt,
5. entgegen § 13 Abs. 1, 2 Satz 1 oder Abs. 3 Schußwaffen oder Munition nicht oder nicht in der vorgeschriebenen Weise kennzeichnet,
6. entgegen § 13 Abs. 4 Schußwaffen oder Munition anderen gewerbsmäßig überläßt,
7. entgegen § 16 Abs. 1 oder 2 Satz 1 Handfeuerwaffen, Böller, Einstecksläufe oder Austauschläufe nicht durch Beschuß amtlich prüfen läßt,
8. entgegen § 16 Abs. 3 Satz 1 Handfeuerwaffen, Böller, Einstecksläufe oder Austauschläufe, die nicht das amtliche Beschußzeichen tragen, anderen überläßt oder zum Schießen verwendet,

9. entgegen § 21 Abs. 1 oder 2 Handfeuerwaffen, Schußapparate oder Einstreckläufe, die nicht zugelassen sind, einführt, sonst in den Geltungsbereich dieses Gesetzes verbringt oder gewerbsmäßig herstellt,
10. entgegen § 22 Abs. 1 Schußwaffen, die nicht zugelassen sind, einführt, sonst in den Geltungsbereich dieses Gesetzes verbringt oder gewerbsmäßig herstellt,
11. entgegen § 23 Abs. 1 pyrotechnische Munition, die nicht zugelassen ist, einführt, sonst in den Geltungsbereich dieses Gesetzes verbringt oder gewerbsmäßig herstellt,
12. entgegen § 24 Schußwaffen, Einstreckläufe oder Munition, die nicht das vorgeschriebene Zulassungszeichen tragen, gewerbsmäßig anderen überläßt,
13. entgegen § 25 Abs. 1 Patronen- oder Kartuschenmunition oder eine Treibladung nach § 2 Abs. 2, die nicht zugelassen sind, gewerbsmäßig vertreibt oder anderen überläßt,
14. entgegen § 27 Abs. 1 Satz 2 die Waffenbesitzkarte nicht oder nicht rechtzeitig vorlegt oder entgegen § 27 Abs. 4 Satz 1 Schußwaffen oder Munition bei der zuständigen Überwachungsbehörde nicht anmeldet oder auf Verlangen nicht vorführt,
15. entgegen § 28 Abs. 5 Satz 1 die Ausstellung einer Waffenbesitzkarte oder die Eintragung der Waffe in eine bereits erteilte Waffenbesitzkarte nicht oder nicht rechtzeitig beantragt oder entgegen § 28 Abs. 7 Satz 1 die Waffenbesitzkarte nicht oder nicht rechtzeitig vorlegt,
16. entgegen § 33 Abs. 1 eine Schußwaffe, Munition oder eine Hieb- oder Stoßwaffe erwirbt oder entgegen § 34 Abs. 1 Satz 2 eine Schußwaffe oder Munition, zu deren Erwerb es keiner Erlaubnis bedarf, oder eine Hieb-

oder Stoßwaffe einem Nichtberechtigten oder entgegen § 34 Abs. 1 Satz 3 Munition gewerbsmäßig überläßt oder entgegen § 34 Abs. 3 Satz 1 die dort bezeichneten Angaben nicht einträgt,

17. entgegen § 34 Abs. 6 Satz 1 die dort bezeichneten Urkunden nicht zum Waffenherstellungsbuch oder zum Waffenhandelsbuch nimmt,
18. entgegen § 34 Abs. 6 Satz 2, 3 oder 4 die vorgeschriebenen Angaben nicht, nicht rechtzeitig oder nicht dauerhaft vermerkt oder entgegen § 34 Abs. 6 Satz 3 den Ausnahmebescheid nicht oder nicht rechtzeitig vorlegt,
19. entgegen § 34 Abs. 7 den Erwerber einer Schußwaffe nicht auf das Erfordernis eines Waffenscheines hinweist,
20. entgegen § 34 Abs. 8 eine dort bezeichnete Schußwaffe oder Munition zum Kauf oder Tausch anbietet, ohne auf das Erfordernis einer Erlaubnis zum Erwerb hinzuweisen oder ohne seinen Namen oder seine Anschrift anzugeben,
21. entgegen § 35 Abs. 5, § 39 Abs. 5 oder § 45 Abs. 5 die dort bezeichneten Urkunden nicht mit sich führt oder Befugten auf Verlangen nicht zur Prüfung aushändigt,
22. a) entgegen § 37 Abs. 1 Satz 1 Nr. 8 Geschosse mit Betäubungsstoffen oder entgegen § 37 Abs. 1 Satz 1 Nr. 9 Geschosse oder sonstige Gegenstände der dort bezeichneten Art, die nicht den Anforderungen einer Rechtsverordnung nach § 6 Abs. 4 Nr. 4 entsprechen,

    b) entgegen § 37 Abs. 1 Satz 1 Nr. 10 Nachbildungen von Schußwaffen oder entgegen § 37 Abs. 1 Satz 1 Nr. 11 unbrauchbar gemachte Schußwaffen

Ordnungswidrigkeiten § 55 WaffG

herstellt, bearbeitet, instandsetzt, erwirbt, vertreibt, anderen überläßt, einführt, sonst in den Geltungsbereich dieses Gesetzes verbringt oder sonst die tatsächliche Gewalt über sie ausübt oder

c) entgegen § 58 Abs. 3 eine unbrauchbar gemachte Schußwaffe führt,

23. entgegen § 42 Abs. 1 nicht die erforderlichen Vorkehrungen trifft, um zu verhindern, daß Schußwaffen oder Munition abhanden kommen oder daß Dritte diese Gegenstände unbefugt an sich nehmen,

24. entgegen § 44 Abs. 1 Satz 1 eine Schießstätte betreibt oder ihre Beschaffenheit oder die Art ihrer Benutzung wesentlich ändert,

25. entgegen § 45 Abs. 1 mit einer Schußwaffe oder mit einem Böller schießt,

26. entgegen § 46 Abs. 1 Satz 1 eine Auskunft nicht, nicht richtig oder nicht vollständig erteilt oder entgegen § 46 Abs. 2 Satz 2 den Zutritt zu den Geschäftsräumen, Grundstücken oder Wohnräumen oder die Vornahme von Prüfungen oder Besichtigungen oder die Entnahme von Proben oder die Einsichtnahme in die geschäftlichen Unterlagen nicht gestattet,

27. entgegen § 48 Abs. 1 die dort bezeichneten Urkunden nicht oder nicht rechtzeitig zurückgibt,

28. einer Rechtsverordnung
    a) nach § 6 Abs. 4 Nr. 2, soweit sie sich auf Gegenstände bezieht, die den in § 37 Abs. 1 Satz 1 Nr. 8 bis 11 bezeichneten in ihrer Gefährlichkeit vergleichbar sind, oder
    b) nach § 6 Abs. 4 Nr. 4 oder 5, Abs. 5 Nr. 6 oder 7, § 15 Abs. 1 Nr. 1, 3, 5 oder 6, § 20 Abs. 1 Nr. 5, § 26 Abs. 1 Satz 1 Nr. 4 oder 5, jeweils auch in Verbindung mit Absatz 2, oder § 44 Abs. 3

§ 55 WaffG (§ 43 1. WaffV)   Ordnungswidrigkeiten

zuwiderhandelt, soweit sie für einen bestimmten Tatbestand auf diese Bußgeldvorschrift verweist.

(2) Die Bußgeldvorschriften des Absatzes 1 gelten auch in Verbindung mit einer Rechtsverordnung nach § 6 Abs. 4 Nr. 1 Buchstabe d, e, f oder g.

(3) Die Ordnungswidrigkeit kann mit einer Geldbuße bis zu zehntausend Deutsche Mark geahndet werden.

(4) Verwaltungsbehörde im Sinne des § 36 Abs. 1 Nr. 1 des Gesetzes über Ordnungswidrigkeiten ist, soweit dieses Gesetz von der Physikalisch-Technischen Bundesanstalt, der Bundesanstalt für Materialprüfung oder dem Bundeskriminalamt ausgeführt wird, die für die Erteilung von Erlaubnissen nach § 7 Abs. 1 zuständige Behörde.

1. WaffV   § 43

(1) Ordnungswidrig im Sinne des § 55 Abs. 1 Nr. 28 Buchstabe b des Gesetzes handelt, wer vorsätzlich oder fahrlässig

1. einer Vorschrift der §§ 14, 15, 16, 17 oder 18 über Inhalt, Führung, Aufbewahrung und Vorlage des Waffenherstellungs-, des Waffenhandels- oder Munitionshandelsbuches zuwiderhandelt,
2. einer Vorschrift des § 19 Abs. 1 oder der §§ 20, 21, 22 oder 23 über die Kennzeichnung von Schußwaffen, Munition oder Geschossen zuwiderhandelt,
3. entgegen § 24 Munition oder Treibladungen nach § 2 Abs. 2 des Gesetzes nicht vorschriftsmäßig verpackt,
4. der Vorschrift des § 25 Abs. 1 oder 2 über die Verpackung und Lagerung von Munition oder Treibladungen nach § 2 Abs. 2 des Gesetzes zuwiderhandelt,
5. entgegen § 4 Abs. 2, § 26 Abs. 1, § 27, § 28 Abs. 1 oder 2, § 28a Abs. 1 oder 2, § 34 Abs. 2, § 38 Abs. 1 oder 2 oder § 42 Abs. 2, 3 oder 4 eine Anzeige nicht, nicht richtig, nicht vollständig oder nicht rechtzeitig erstattet oder entgegen § 26 Abs. 2, § 27, § 34 Abs. 2, § 38 Abs. 2 oder § 42 Abs. 3 oder 4 die vorgeschriebenen Unterlagen nicht beifügt,

Ordnungswidrigkeiten § 56 WaffG

6. entgegen § 33 Abs. 1 mit einer Schußwaffe oder Munition schießt, die nach der Erlaubnis für die Schießstätte nicht zugelassen ist, oder entgegen § 33 Abs. 2 Schußwaffen in geladenem Zustand oder nicht räumlich getrennt von Munition und Geschossen aufbewahrt,
7. entgegen § 34 Abs. 1 verantwortliche Aufsichtspersonen oder entgegen § 38 Abs. 3 verantwortliche Aufsichtspersonen oder Ausbilder nicht bestellt,
8. entgegen § 34 Abs. 3 Satz 2 den Schießbetrieb oder entgegen § 41 Abs. 2 Satz 1 die Durchführung einzelner Lehrgänge oder Schießübungen auf Verlangen der zuständigen Behörde nicht einstellt,
9. als verantwortliche Aufsichtsperson für das Schießen einer Pflicht nach § 35 Abs. 1 zuwiderhandelt,
10. entgegen § 35 Abs. 2 eine Anordnung einer verantwortlichen Aufsichtsperson nicht befolgt,
11. als verantwortliche Aufsichtsperson entgegen § 39 Abs. 1 einen Nichtbeteiligten zur Teilnahme an einem Lehrgang oder einer Schießübung zuläßt,
12. einer Vorschrift des § 40 über Führung, Inhalt, Vorlage oder Aufbewahrung des Verzeichnisses zuwiderhandelt.

(2) Wer eine in § 55 Abs. 1 Nr. 9 oder 12 des Gesetzes bezeichnete Handlung in bezug auf ein in § 5 Abs. 3 bezeichnetes Gerät begeht, handelt nach § 55 Abs. 2 des Gesetzes ordnungswidrig.

(3) Wer eine in § 55 Abs. 1 Nr. 5 in Verbindung mit § 13 Abs. 3 des Gesetzes oder eine in § 55 Abs. 1 Nr. 23 des Gesetzes bezeichnete Handlung in bezug auf in § 6 Abs. 2 bezeichnete Geschosse mit Reizstoffen begeht, handelt nach § 55 Abs. 2 des Gesetzes ordnungswidrig.

§ 56
Einziehung

(1) Ist eine Straftat nach § 52a Abs. 1 oder 2 oder § 53 Abs. 1 Nr. 1, 2, 3, 3a Buchstabe a, 4 oder 7 oder Absatz 3 Nr. 1 Buchstabe a, 3 oder 7 begangen worden, so werden Gegenstände,

1. auf die sich die Straftat bezieht oder

2. die zur Begehung oder Vorbereitung gebraucht worden oder bestimmt gewesen sind,

eingezogen.

(2) Ist eine sonstige Straftat nach § 53 oder eine Ordnungswidrigkeit nach § 55 begangen worden, so können in Absatz 1 bezeichnete Gegenstände eingezogen werden.

(3) § 74a des Strafgesetzbuches und § 23 des Gesetzes über Ordnungswidrigkeiten sind anzuwenden.

(4) Als Maßnahme im Sinne des § 74b Abs. 2 Satz 2 des Strafgesetzbuches kommt auch die Anweisung in Betracht, binnen einer angemessenen Frist eine Entscheidung der zuständigen Behörde über die Erteilung einer Erlaubnis nach den §§ 28 oder 29 vorzulegen oder die Gegenstände einem Berechtigten zu überlassen.

§ 59b
Überleitungsregelung aus Anlaß der Herstellung der Einheit Deutschlands
(nicht abgedruckt)

Hinweise: Nach § 59b Abs. 1 ist eine in der DDR erteilte Erlaubnis zum Verkehr mit Schußwaffen und patronierter Munition in bisherigem Umfang grundsätzlich bis zum 3. 4. 1991 zulässig. Abs. 2 der Vorschrift bestimmt, daß im Besitz befindliche Schußwaffen und Munition, für die keine Erlaubnis vorliegt, bis zum 4. 2. 1991 angemeldet werden müssen. Die rechtzeitige Anmeldung verschafft nach Abs. 4 Befreiung der Verfolgung einer etwaigen Zuwiderhandlung. Dem Anmeldenden wird eine Waffenbesitzkarte erteilt, die jedoch nicht zum Erwerb von Munition berechtigt (Abs. 3).

Wer die Anmeldefrist verstreichen läßt, verwirkt das Besitzrecht. Der weitere Besitz ist eine Ordnungswidrigkeit (§ 53 Abs. 3 Nr. 8). Waffen und Munition werden eingezogen.

Im Besitz befindliche verbotene Sachen (§ 37 Abs. 1) müssen bis zum 3. 4. 1991 grundsätzlich unbrauchbar gemacht oder abgegeben werden (§ 59b Abs. 6).

FÜNFTER TEIL

Anhang

Inhaltsübersicht — Seite

1. Vorschriften des Bürgerlichen Gesetzbuches (BGB), des Strafgesetzbuches (StGB), der Strafprozeßordnung (StPO), des Gerichtsverfassungsgesetzes (GVG), des Gesetzes über Ordnungswidrigkeiten (OWiG) und des Polizeigesetzes für Baden-Württemberg (PolG) 304
2. Verordnung über den Schutz von Wild (Bundeswildschutzverordnung – BWildSchV) vom 25. Oktober 1985 (BGBl. I S. 2040) 321
3. Verordnung des Ministeriums für Ernährung, Landwirtschaft und Forsten über die Bildung von Rotwildgebieten (RotwildVO) vom 28. März 1958 (GBl. S. 121) .. 331
4. Gemeinsame Richtlinie des Ministeriums für Ernährung, Landwirtschaft, Umwelt und Forsten und der Regierungspräsidien Karlsruhe, Freiburg und Tübingen für die Hege und den Abschuß von Rotwild in Baden-Württemberg (Rotwildrichtlinie) vom 29. Januar 1982 (GABl. S. 332) 334
5. Verwaltungsvorschrift des Ministeriums für Ernährung, Landwirtschaft, Umwelt und Forsten über die Hege und Abschuß des Rehwildes (Vw-Rehwild) vom 11. Oktober 1985 (GABl. S. 1077) 342
6. Auszug aus dem Tierseuchengesetz in der Fassung vom 28. März 1980 (BGBl. I S. 386) 349
7. Verordnung zum Schutz gegen die Tollwut (Tollwut-Verordnung) vom 11. März 1977 (BGBl. I S. 444) 357
8. Auszug aus dem Gesetz über die Beseitigung von Tierkörpern, Tierkörperteilen und tierischen Erzeugnissen (Tierkörperbeseitigungsgesetz – TierKBG) vom 2. September 1975 (BGBl. I S. 2313) 367

BGB Anhang 1

9. Auszug aus dem Waldgesetz für Baden-Württemberg (Landeswaldgesetz – LWaldG) in der Fassung vom 4. April 1985 (GBl. S. 10) 369
10. Unfallverhütungsvorschrift Jagd (UVV 4.4 „Jagd") der Landwirtschaftlichen Berufsgenossenschaften 381
11. Auszüge aus dem Fleischhygienegesetz (FlHG) und der Fleischhygieneverordnung (FlHV) 386, 390
12. Verordnung des Ministeriums Ländlicher Raum über die Jägerprüfung (Jägerprüfungsordnung – JPrO –) vom 6. März 1990 (GBl. S. 95) 396

Anhang 1

BGB § 90 a

Tiere sind keine Sachen. Sie werden durch besondere Gesetze geschützt. Auf sie sind die für Sachen geltenden Vorschriften entsprechend anzuwenden, soweit nicht etwas anderes bestimmt ist.

BGB § 228

(Notstand)

Wer eine fremde Sache beschädigt oder zerstört, um eine durch sie drohende Gefahr von sich oder einem anderen abzuwenden, handelt nicht widerrechtlich, wenn die Beschädigung oder die Zerstörung zur Abwendung der Gefahr erforderlich ist und der Schaden nicht außer Verhältnis zu der Gefahr steht. Hat der Handelnde die Gefahr verschuldet, so ist er zum Schadensersatz verpflichtet.

BGB § 854

(Erwerb des Besitzes)

(1) Der Besitz einer Sache wird durch die Erlangung der tatsächlichen Gewalt über die Sache erworben.

(2) Die Einigung des bisherigen Besitzers und des Erwerbers genügt zum Erwerbe, wenn der Erwerber in der Lage ist, die Gewalt über die Sache auszuüben.

BGB §855
(Besitzdiener)

Übt jemand die tatsächliche Gewalt über eine Sache für einen anderen in dessen Haushalt oder Erwerbsgeschäft oder in einem ähnlichen Verhältnis aus, vermöge dessen er den sich auf die Sache beziehenden Weisungen des anderen Folge zu leisten hat, so ist nur der andere Besitzer.

BGB §904
(Notstand)

Der Eigentümer einer Sache ist nicht berechtigt, die Einwirkung eines anderen auf die Sache zu verbieten, wenn die Einwirkung zur Abwendung einer gegenwärtigen Gefahr notwendig und der drohende Schaden gegenüber dem aus der Einwirkung dem Eigentümer entstehenden Schaden unverhältnismäßig groß ist. Der Eigentümer kann Ersatz des ihm entstehenden Schadens verlangen.

BGB §958
(Eigentumserwerb an herrenlosen Sachen)

(1) Wer eine herrenlose bewegliche Sache in Eigenbesitz nimmt, erwirbt das Eigentum an der Sache.

(2) Das Eigentum wird nicht erworben, wenn die Aneignung gesetzlich verboten ist oder wenn durch die Besitzergreifung das Aneignungsrecht eines anderen verletzt wird.

BGB §960
(Eigentumserwerb an herrenlosen Tieren)

(1) Wilde Tiere sind herrenlos, solange sie sich in der Freiheit befinden. Wilde Tiere in Tiergärten und Fische in Teichen oder anderen geschlossenen Privatgewässern sind nicht herrenlos.

(2) Erlangt ein gefangenes wildes Tier die Freiheit wieder, so wird es herrenlos, wenn nicht der Eigentümer das Tier unverzüglich verfolgt oder wenn er die Verfolgung aufgibt.

(3) Ein gezähmtes Tier wird herrenlos, wenn es die Gewohnheit ablegt, an den ihm bestimmten Ort zurückzukehren.

StGB

§ 32
Notwehr

(1) Wer eine Tat begeht, die durch Notwehr geboten ist, handelt nicht rechtswidrig.

(2) Notwehr ist die Verteidigung, die erforderlich ist, um einen gegenwärtigen rechtswidrigen Angriff von sich oder einem anderen abzuwenden.

StGB

§ 33
Überschreitung der Notwehr

Überschreitet der Täter die Grenzen der Notwehr aus Verwirrung, Furcht oder Schrecken, so wird er nicht bestraft.

StGB

§ 34
Rechtfertigender Notstand

Wer in einer gegenwärtigen, nicht anders abwendbaren Gefahr für Leben, Leib, Freiheit, Ehre, Eigentum oder ein anderes Rechtsgut eine Tat begeht, um die Gefahr von sich oder einem anderen abzuwenden, handelt nicht rechtswidrig, wenn bei Abwägung der widerstreitenden Interessen, namentlich der betroffenen Rechtsgüter und des Grades der ihnen drohenden Gefahren, das geschützte Interesse das beeinträchtigte wesentlich überwiegt. Dies gilt jedoch nur, soweit die Tat ein angemessenes Mittel ist, die Gefahr abzuwenden.

StGB

§ 35
Entschuldigender Notstand

(1) Wer in einer gegenwärtigen, nicht anders abwendbaren Gefahr für Leben, Leib oder Freiheit eine rechtswidrige Tat begeht, um die Gefahr von sich, einem Angehörigen oder einer anderen ihm nahestehenden Person abzuwenden, handelt ohne Schuld. Dies gilt nicht, soweit dem Täter nach den Umständen, namentlich weil er die Gefahr selbst verursacht hat oder weil er in einem besonderen Rechtsverhältnis stand, zugemutet werden konnte, die Gefahr hinzunehmen; jedoch kann die Strafe nach § 49 Abs. 1 gemildert werden, wenn der Täter nicht mit Rücksicht

auf ein besonderes Rechtsverhältnis die Gefahr hinzunehmen hatte.

(2) Nimmt der Täter bei Begehung der Tat irrig Umstände an, welche ihn nach Absatz 1 entschuldigen würden, so wird er nur dann bestraft, wenn er den Irrtum vermeiden konnte. Die Strafe ist nach § 49 Abs. 1 zu mildern.

StGB § 113
Widerstand gegen Vollstreckungsbeamte

(1) Wer einem Amtsträger oder Soldaten der Bundeswehr, der zur Vollstreckung von Gesetzen, Rechtsverordnungen, Urteilen, Gerichtsbeschlüssen oder Verfügungen berufen ist, bei der Vornahme einer solchen Diensthandlung mit Gewalt oder durch Drohung mit Gewalt Widerstand leistet oder ihn dabei tätlich angreift, wird mit Freiheitsstrafe bis zu zwei Jahren oder mit Geldstrafe bestraft.

(2) In besonders schweren Fällen ist die Strafe Freiheitsstrafe von sechs Monaten bis zu fünf Jahren. Ein besonders schwerer Fall liegt in der Regel vor, wenn

1. der Täter oder ein anderer Beteiligter eine Waffe bei sich führt, um diese bei der Tat zu verwenden, oder
2. der Täter durch eine Gewalttätigkeit den Angegriffenen in die Gefahr des Todes oder einer schweren Körperverletzung (§ 224) bringt.

(3) Die Tat ist nicht nach dieser Vorschrift strafbar, wenn die Diensthandlung nicht rechtmäßig ist. Dies gilt auch dann, wenn der Täter irrig annimmt, die Diensthandlung sei rechtmäßig.

(4) Nimmt der Täter bei Begehung der Tat irrig an, die Diensthandlung sei nicht rechtmäßig, und konnte er den Irrtum vermeiden, so kann das Gericht die Strafe nach seinem Ermessen mildern (§ 49 Abs. 2) oder bei geringer Schuld von einer Bestrafung nach dieser Vorschrift absehen. Konnte der Täter den Irrtum nicht vermeiden und war ihm nach den ihm bekannten Umständen auch nicht zuzumuten, sich mit Rechtsbehelfen gegen die vermeintlich rechtswidrige Diensthandlung zu wehren, so ist die Tat nicht nach dieser Vorschrift strafbar; war ihm dies zuzumuten, so kann das Gericht die Strafe nach seinem Ermessen mildern (§ 49 Abs. 2) oder von einer Bestrafung nach dieser Vorschrift absehen.

StGB

§ 114
Widerstand gegen Personen, die Vollstreckungsbeamten gleichstehen

(1) Der Diensthandlung eines Amtsträgers im Sinne des § 113 stehen Vollstreckungshandlungen von Personen gleich, die die Rechte und Pflichten eines Polizeibeamten haben oder Hilfsbeamte der Staatsanwaltschaft sind, ohne Amtsträger zu sein.

(2) § 113 gilt entsprechend zum Schutz von Personen, die zur Unterstützung bei der Diensthandlung zugezogen sind.

StGB

§ 292
Jagdwilderei

(1) Wer unter Verletzung fremden Jagdrechts dem Wilde nachstellt, es fängt, erlegt oder sich zueignet oder eine Sache, die dem Jagdrecht unterliegt, sich zueignet, beschädigt oder zerstört, wird mit Freiheitsstrafe bis zu fünf Jahren oder mit Geldstrafe bestraft.

(2) In besonders schweren Fällen, insbesondere wenn die Tat zur Nachtzeit, in der Schonzeit, unter Anwendung von Schlingen oder in anderer, nicht waidmännischer Weise oder von mehreren mit Schußwaffen ausgerüsteten Tätern gemeinsam begangen wird, ist auf Freiheitsstrafe von drei Monaten bis zu fünf Jahren zu erkennen.

(3) Wer die Tat gewerbs- oder gewohnheitsmäßig begeht, wird mit Freiheitsstrafe von drei Monaten bis zu fünf Jahren, in besonders schweren Fällen mit Freiheitsstrafe von einem Jahr bis zu fünf Jahren bestraft.

StGB

§ 294
Strafantrag

In den Fällen des § 292 Abs. 1 und des § 293 Abs. 1 wird die Tat nur auf Antrag des Verletzten verfolgt, wenn sie von einem Angehörigen oder an einem anderen Ort begangen worden ist, wo der Täter die Jagd oder die Fischerei in beschränktem Umfang ausüben durfte.

StGB

§ 295
Einziehung

Jagd- und Fischereigeräte, Hunde und andere Tiere, die der Täter oder Teilnehmer bei der Tat mit sich geführt oder verwendet hat, können eingezogen werden. § 74a ist anzuwenden.

StPO

§ 94
(Beweisgegenstände)

(1) Gegenstände, die als Beweismittel für die Untersuchung von Bedeutung sein können, sind in Verwahrung zu nehmen oder in anderer Weise sicherzustellen.

(2) Befinden sich die Gegenstände in dem Gewahrsam einer Person und werden sie nicht freiwillig herausgegeben, so bedarf es der Beschlagnahme.

(3) Die Absätze 1 und 2 gelten auch für Führerscheine, die der Einziehung unterliegen.

StPO

§ 98
(Anordnung der Beschlagnahme)

(1) Beschlagnahmen dürfen nur durch den Richter, bei Gefahr im Verzug auch durch die Staatsanwaltschaft und ihre Hilfsbeamten (§ 152 des Gerichtsverfassungsgesetzes) angeordnet werden. Die Beschlagnahme nach § 97 Abs. 5 Satz 2 in den Räumen einer Redaktion, eines Verlages, einer Druckerei oder einer Rundfunkanstalt darf nur durch den Richter angeordnet werden.

(2) Der Beamte, der einen Gegenstand ohne richterliche Anordnung beschlagnahmt hat, soll binnen drei Tagen die richterliche Bestätigung beantragen, wenn bei der Beschlagnahme weder der davon Betroffene noch ein erwachsener Angehöriger anwesend war oder wenn der Betroffene und im Falle seiner Abwesenheit ein erwachsener Angehöriger des Betroffenen gegen die Beschlagnahme ausdrücklichen Widerspruch erhoben hat. Der Betroffene kann jederzeit die richterliche Entscheidung beantragen. Solange die öffentliche Klage noch nicht erhoben ist, entscheidet das Amtsgericht, in dessen Bezirk die Beschlagnahme stattgefunden hat. Hat bereits eine Beschlagnahme, Postbeschlagnahme oder Durchsuchung in einem anderen Bezirk statt-

gefunden, so entscheidet das Amtsgericht, in dessen Bezirk die Staatsanwaltschaft ihren Sitz hat, die das Ermittlungsverfahren führt. Der Betroffene kann den Antrag auch in diesem Fall bei dem Amtsgericht einreichen, in dessen Bezirk die Beschlagnahme stattgefunden hat. Ist dieses Amtsgericht nach Satz 4 unzuständig, so leitet der Richter den Antrag dem zuständigen Amtsgericht zu. Der Betroffene ist über seine Rechte zu belehren.

(3) Ist nach erhobener öffentlicher Klage die Beschlagnahme durch die Staatsanwaltschaft oder einen ihrer Hilfsbeamten erfolgt, so ist binnen drei Tagen dem Richter von der Beschlagnahme Anzeige zu machen; die beschlagnahmten Gegenstände sind ihm zur Verfügung zu stellen.

StPO § 102

(Durchsuchung beim Verdächtigen)

Bei dem, welcher als Täter oder Teilnehmer einer Straftat oder der Begünstigung, Strafvereitelung oder Hehlerei verdächtig ist, kann eine Durchsuchung der Wohnung und anderer Räume sowie seiner Person und der ihm gehörenden Sachen sowohl zum Zweck seiner Ergreifung als auch dann vorgenommen werden, wenn zu vermuten ist, daß die Durchsuchung zur Auffindung von Beweismitteln führen werde.

StPO § 105

(Anordnung der Durchsuchung; Ausführung)

(1) Durchsuchungen dürfen nur durch den Richter, bei Gefahr im Verzug auch durch die Staatsanwaltschaft und ihre Hilfsbeamten (§ 152 des Gerichtsverfassungsgesetzes) angeordnet werden. Durchsuchungen nach § 103 Abs. 1 Satz 2 ordnet der Richter an; die Staatsanwaltschaft ist hierzu befugt, wenn Gefahr im Verzug ist.

(2) Wenn eine Durchsuchung der Wohnung, der Geschäftsräume oder des befriedeten Besitztums ohne Beisein des Richters oder des Staatsanwalts stattfindet, so sind, wenn möglich, ein Gemeindebeamter oder zwei Mitglieder der Gemeinde, in deren Bezirk die Durchsuchung erfolgt, zuzuziehen. Die als Gemeindemitglieder zugezogenen Personen dürfen nicht Polizeibeamte oder Hilfsbeamte der Staatsanwaltschaft sein.

(3) Wird eine Durchsuchung in einem Dienstgebäude oder einer nicht allgemein zugänglichen Einrichtung oder Anlage der Bundeswehr erforderlich, so wird die vorgesetzte Dienststelle der Bundeswehr um die Durchführung ersucht. Die ersuchende Stelle ist zur Mitwirkung berechtigt. Des Ersuchens bedarf es nicht, wenn die Durchsuchung von Räumen vorzunehmen ist, die ausschließlich von anderen Personen als Soldaten bewohnt werden.

StPO § 112
(Voraussetzungen der Untersuchungshaft)

(1) Die Untersuchungshaft darf gegen den Beschuldigten angeordnet werden, wenn er der Tat dringend verdächtig ist und ein Haftgrund besteht. Sie darf nicht angeordnet werden, wenn sie zu der Bedeutung der Sache und der zu erwartenden Strafe oder Maßregel der Besserung und Sicherung außer Verhältnis steht.

(2) Ein Haftgrund besteht, wenn auf Grund bestimmter Tatsachen
1. festgestellt wird, daß der Beschuldigte flüchtig ist oder sich verborgen hält,
2. bei Würdigung der Umstände des Einzelfalles die Gefahr besteht, daß der Beschuldigte sich dem Strafverfahren entziehen werde (Fluchtgefahr), oder
3. das Verhalten des Beschuldigten den dringenden Verdacht begründet, er werde
    a) Beweismittel vernichten, verändern, beiseite schaffen, unterdrücken oder fälschen oder
    b) auf Mitbeschuldigte, Zeugen oder Sachverständige in unlauterer Weise einwirken oder
    c) andere zu solchem Verhalten veranlassen,

    und wenn deshalb die Gefahr droht, daß die Ermittlung der Wahrheit erschwert werde (Verdunkelungsgefahr).

StPO § 127
(Vorläufige Festnahme)

(1) Wird jemand auf frischer Tat betroffen oder verfolgt, so ist, wenn er der Flucht verdächtig ist oder seine Identität nicht sofort festgestellt werden kann, jedermann befugt, ihn auch ohne

richterliche Anordnung vorläufig festzunehmen. Die Feststellung der Identität einer Person durch die Staatsanwaltschaft oder die Beamten des Polizeidienstes bestimmt sich nach § 163 b Abs. 1.

(2) Die Staatsanwaltschaft und die Beamten des Polizeidienstes sind bei Gefahr im Verzug auch dann zur vorläufigen Festnahme befugt, wenn die Voraussetzungen eines Haftbefehls oder eines Unterbringungsbefehls vorliegen.

(3) Ist eine Straftat nur auf Antrag verfolgbar, so ist die vorläufige Festnahme auch dann zulässig, wenn ein Antrag noch nicht gestellt ist. Dies gilt entsprechend, wenn eine Straftat nur mit Ermächtigung oder auf Strafverlangen verfolgbar ist.

StPO § 163

(Polizei als Ermittlungsbehörde)

(1) Die Behörden und Beamten des Polizeidienstes haben Straftaten zu erforschen und alle keinen Aufschub gestattenden Anordnungen zu treffen, um die Verdunkelung der Sache zu verhüten.

(2) Die Behörden und Beamten des Polizeidienstes übersenden ihre Verhandlungen ohne Verzug der Staatsanwaltschaft. Erscheint die schleunige Vornahme richterlicher Untersuchungshandlungen erforderlich, so kann die Übersendung unmittelbar an das Amtsgericht erfolgen.

StPO § 163 b

(Feststellung der Identität)

(1) Ist jemand einer Straftat verdächtig, so können die Staatsanwaltschaft und die Beamten des Polizeidienstes die zur Feststellung seiner Identität erforderlichen Maßnahmen treffen; § 163 a Abs. 4 Satz 1 gilt entsprechend. Der Verdächtige darf festgehalten werden, wenn die Identität sonst nicht oder nur unter erheblichen Schwierigkeiten festgestellt werden kann. Unter den Voraussetzungen von Satz 2 sind auch die Durchsuchung der Person des Verdächtigen und der von ihm mitgeführten Sachen sowie die Durchführung erkennungsdienstlicher Maßnahmen zulässig.

(2) Wenn und soweit dies zur Aufklärung einer Straftat geboten ist, kann auch die Identität einer Person festgestellt werden,

die einer Straftat nicht verdächtig ist; § 69 Abs. 1 Satz 2 gilt entsprechend. Maßnahmen der in Absatz 1 Satz 2 bezeichneten Art dürfen nicht getroffen werden, wenn sie zur Bedeutung der Sache außer Verhältnis stehen; Maßnahmen der in Absatz 1 Satz 3 bezeichneten Art dürfen nicht gegen den Willen der betroffenen Person getroffen werden.

GVG § 167

(Verfolgung Flüchtiger über Landesgrenzen)

(1) Die Polizeibeamten eines deutschen Landes sind ermächtigt, die Verfolgung eines Flüchtigen auf das Gebiet eines anderen deutschen Landes fortzusetzen und den Flüchtigen dort zu ergreifen.

(2) Der Ergriffene ist unverzüglich an das nächste Gericht oder die nächste Polizeibehörde des Landes, in dem er ergriffen wurde, abzuführen.

OWiG § 46

Anwendung der Vorschriften über die Strafverfahren

(1) Für das Bußgeldverfahren gelten, soweit dieses Gesetz nichts anderes bestimmt, sinngemäß die Vorschriften der allgemeinen Gesetze über das Strafverfahren, namentlich der Strafprozeßordnung, des Gerichtsverfassungsgesetzes und des Jugendgerichtsgesetzes.

(2) Die Verfolgungsbehörde hat, soweit dieses Gesetz nichts anderes bestimmt, im Bußgeldverfahren dieselben Rechte und Pflichten wie die Staatsanwaltschaft bei der Verfolgung von Straftaten.

(3) Anstaltsunterbringung, Verhaftung und vorläufige Festnahme, Beschlagnahme von Postsendungen und Telegrammen sowie Auskunftsersuchen über Umstände, die dem Post- und Fernmeldegeheimnis unterliegen, sind unzulässig. § 160 Abs. 3 Satz 2 der Strafprozeßordnung über die Gerichtshilfe ist nicht anzuwenden. Ein Klageerzwingungsverfahren findet nicht statt. Die Vorschriften über die Beteiligung der Verletzten sind nicht anzuwenden.

(4) § 81a Abs. 1 Satz 2 der Strafprozeßordnung ist mit der Einschränkung anzuwenden, daß nur die Entnahme von Blutproben und andere geringfügige Eingriffe zulässig sind.

(5) Die Anordnung der Vorführung des Betroffenen und der Zeugen, die einer Ladung nicht nachkommen, bleibt dem Richter vorbehalten.

OWiG § 53

Aufgaben der Polizei

(1) Die Behörden und Beamten des Polizeidienstes haben nach pflichtgemäßem Ermessen Ordnungswidrigkeiten zu erforschen und dabei alle unaufschiebbaren Anordnungen zu treffen, um die Verdunkelung der Sache zu verhüten. Sie haben bei der Erforschung von Ordnungswidrigkeiten, soweit dieses Gesetz nichts anderes bestimmt, dieselben Rechte und Pflichten wie bei der Verfolgung von Straftaten. Ihre Akten übersenden sie unverzüglich der Verwaltungsbehörde, in den Fällen des Zusammenhangs (§ 42) der Staatsanwaltschaft.

(2) Die Beamten des Polizeidienstes, die zu Hilfsbeamten der Staatsanwaltschaft bestellt sind (§ 152 des Gerichtsverfassungsgesetzes), können nach den für sie geltenden Vorschriften der Strafprozeßordnung Beschlagnahmen, Durchsuchungen, Untersuchungen und sonstige Maßnahmen anordnen.

PolG § 3

Polizeiliche Maßnahmen

Die Polizei hat innerhalb der durch das Recht gesetzten Schranken zur Wahrnehmung ihrer Aufgaben diejenigen Maßnahmen zu treffen, die ihr nach pflichtmäßigem Ermessen erforderlich erscheinen.

PolG § 4

Einschränkung von Grundrechten

Durch polizeiliche Maßnahmen auf Grund dieses Gesetzes können im Rahmen des Grundgesetzes für die Bundesrepublik Deutschland eingeschränkt werden
1. das Recht auf körperliche Unversehrtheit (Art. 2 Abs. 2 Satz 1 des Grundgesetzes),

2. die Freiheit der Person (Art. 2 Abs. 2 Satz 2 des Grundgesetzes),
3. die Freizügigkeit (Art. 11 des Grundgesetzes),
4. die Unverletzlichkeit der Wohnung (Art. 13 des Grundgesetzes),
5. das Eigentum (Art. 14 des Grundgesetzes).

PolG § 5

Art der Maßnahmen

(1) Kommen für die Wahrnehmung einer polizeilichen Aufgabe mehrere Maßnahmen in Betracht, so hat die Polizei die Maßnahme zu treffen, die den einzelnen und die Allgemeinheit voraussichtlich am wenigsten beeinträchtigt.

(2) Durch eine polizeiliche Maßnahme darf kein Nachteil herbeigeführt werden, der erkennbar außer Verhältnis zu dem beabsichtigten Erfolg steht.

PolG § 23

Durchsuchung von Personen

(1) Die Polizei kann eine Person durchsuchen, wenn
1. sie nach diesem Gesetz oder anderen Rechtsvorschriften festgehalten oder in Gewahrsam genommen werden darf,
2. Tatsachen die Annahme rechtfertigen, daß sie Sachen mit sich führt, die sichergestellt oder beschlagnahmt werden dürfen,
3. dies zur Feststellung ihrer Identität erforderlich ist und die Person sich erkennbar in einem die freie Willensbestimmung ausschließenden Zustand oder sonst in einer hilflosen Lage befindet,
4. sie sich an einem der in § 20 Abs. 1 Nr. 3 genannten Orte aufhält oder
5. sie sich in einem Objekt im Sinne des § 20 Abs. 1 Nr. 4 oder in dessen unmittelbarer Nähe aufhält und Tatsachen die Annahme rechtfertigen, daß in oder an Objekten dieser Art Straftaten begangen werden sollen.

(2) Die Polizei kann eine Person, deren Identität gemäß § 20 festgestellt werden soll, nach Waffen, anderen gefährlichen Werkzeugen und Sprengstoffen durchsuchen, wenn dies nach den Umständen zum Schutz des Polizeibeamten oder eines Dritten gegen eine Gefahr für Leib oder Leben erforderlich erscheint.

(3) Personen dürfen nur von Personen gleichen Geschlechts oder Ärzten durchsucht werden; dies gilt nicht, wenn die sofortige Durchsuchung nach den Umständen zum Schutz gegen eine Gefahr für Leib oder Leben erforderlich erscheint.

PolG § 24

Durchsuchung von Sachen

Die Polizei kann eine Sache durchsuchen, wenn

1. sie von einer Person mitgeführt wird, die nach § 23 Abs. 1 oder 2 durchsucht werden darf,
2. Tatsachen die Annahme rechtfertigen, daß sich in ihr eine Person befindet, die
   a) in Gewahrsam genommen werden darf,
   b) widerrechtlich festgehalten wird oder
   c) infolge Hilflosigkeit an Leib oder Leben gefährdet ist,
3. Tatsachen die Annahme rechtfertigen, daß sich in ihr eine andere Sache befindet, die sichergestellt oder beschlagnahmt werden darf,
4. sie sich an einem der in § 20 Abs. 1 Nr. 3 genannten Orte befindet oder
5. sie sich in einem Objekt im Sinne des § 20 Abs. 1 Nr. 4 oder in dessen unmittelbarer Nähe befindet und Tatsachen die Annahme rechtfertigen, daß Straftaten in oder an Objekten dieser Art begangen werden sollen, oder
6. es sich um ein Land-, Wasser- oder Luftfahrzeug handelt, in dem sich eine Person befindet, deren Identität nach § 20 Abs. 1 Nr. 5 oder 6 festgestellt werden darf; die Durchsuchung kann sich auch auf die in dem Fahrzeug enthaltenen Sachen erstrecken.

PolG § 27

Beschlagnahme

(1) Die Polizei kann eine Sache beschlagnahmen, wenn dies erforderlich ist
1. zum Schutz eines einzelnen oder des Gemeinwesens gegen eine unmittelbar bevorstehende Störung der öffentlichen Sicherheit oder Ordnung oder zur Beseitigung einer bereits eingetretenen Störung,
2. zur Verhinderung einer mißbräuchlichen Verwendung durch eine Person, die nach diesem Gesetz in Gewahrsam genommen worden ist.

(2) Dem Betroffenen sind der Grund der Beschlagnahme und die gegen sie zulässigen Rechtsbehelfe unverzüglich bekanntzugeben. Auf Verlangen ist ihm eine Bescheinigung zu erteilen. § 26 Abs. 3 gilt entsprechend.

(3) Die Beschlagnahme ist aufzuheben, sobald ihr Zweck erreicht ist. Ist eine Sache vom Polizeivollzugsdienst (§ 45 Nr. 2) in eigener Zuständigkeit beschlagnahmt worden, so ist die Beschlagnahme spätestens nach drei Tagen aufzuheben, wenn sie nicht von der zuständigen allgemeinen Polizeibehörde bestätigt wird. Vorbehaltlich besonderer gesetzlicher Regelung darf die Beschlagnahme nicht länger als sechs Monate aufrechterhalten werden.

Polizeizwang

PolG § 32

Allgemeines

(1) Die Polizei wendet die Zwangsmittel Zwangsgeld, Zwangshaft und Ersatzvornahme nach den Vorschriften des Landesverwaltungsvollstreckungsgesetzes an.

(2) Die Polizei wendet das Zwangsmittel unmittelbarer Zwang nach den Vorschriften dieses Gesetzes an.

PolG § 33

Begriff und Mittel des unmittelbaren Zwangs

(1) Unmittelbarer Zwang ist jede Einwirkung auf Personen oder Sachen durch einfache körperliche Gewalt, Hilfsmittel der körperlichen Gewalt oder Waffengebrauch.

(2) Das Innenministerium bestimmt, welche Hilfsmittel der körperlichen Gewalt und welche Waffen im Polizeidienst zu verwenden sind.

PolG § 34

Zuständigkeit für die Anwendung unmittelbaren Zwangs

Die Anwendung unmittelbaren Zwangs obliegt den Beamten des Polizeivollzugsdienstes.

PolG § 35

Voraussetzungen und Durchführung des unmittelbaren Zwangs

(1) Unmittelbarer Zwang darf nur angewandt werden, wenn der polizeiliche Zweck auf andere Weise nicht erreichbar erscheint. Gegen Personen darf unmittelbarer Zwang nur angewandt werden, wenn der polizeiliche Zweck durch unmittelbaren Zwang gegen Sachen nicht erreichbar erscheint. Das angewandte Mittel muß nach Art und Maß dem Verhalten, dem Alter und dem Zustand des Betroffenen angemessen sein. Gegenüber einer Menschenansammlung darf unmittelbarer Zwang nur angewandt werden, wenn seine Anwendung gegen einzelne Teilnehmer der Menschenansammlung offensichtlich keinen Erfolg verspricht.

(2) Unmittelbarer Zwang ist, soweit es die Umstände zulassen, vor seiner Anwendung anzudrohen.

(3) Unmittelbarer Zwang darf nicht mehr angewandt werden, wenn der polizeiliche Zweck erreicht ist oder wenn es sich zeigt, daß er durch die Anwendung von unmittelbarem Zwang nicht erreicht werden kann.

(4) Für die Anwendung des unmittelbaren Zwangs zur Vollstreckung von Verwaltungsakten der Polizei gelten im übrigen

die §§ 2 bis 6, 9, 10, 12, 21, 27, 28 und § 31 Abs. 1 bis 3 und Abs. 5 des Landesverwaltungsvollstreckungsgesetzes.

PolG § 39

Voraussetzungen des Schußwaffengebrauchs

(1) Der Schußwaffengebrauch ist nur zulässig, wenn die allgemeinen Voraussetzungen für die Anwendung unmittelbaren Zwangs vorliegen und wenn einfache körperliche Gewalt sowie verfügbare Hilfsmittel der körperlichen Gewalt oder mitgeführte Hiebwaffen erfolglos angewandt worden sind oder ihre Anwendung offensichtlich keinen Erfolg verspricht. Auf Personen darf erst geschossen werden, wenn der polizeiliche Zweck durch Waffenwirkung gegen Sachen nicht erreicht werden kann.

(2) Der Schußwaffengebrauch ist unzulässig, wenn mit hoher Wahrscheinlichkeit unbeteiligte Personen gefährdet werden, es sei denn, daß sich dies beim Einschreiten gegen eine Menschenmenge (§ 40 Abs. 2) nicht vermeiden läßt.

PolG § 40

Schußwaffengebrauch gegenüber Personen

(1) Schußwaffen dürfen gegen einzelne Personen nur gebraucht werden,
1. um die unmittelbar bevorstehende Ausführung oder die Fortsetzung einer rechtswidrigen Tat zu verhindern, die sich den Umständen nach
   a) als ein Verbrechen oder
   b) als ein Vergehen, das unter Anwendung oder Mitführung von Schußwaffen oder Sprengstoffen begangen werden soll oder ausgeführt wird,

   darstellt;
2. um eine Person, die sich der Festnahme oder der Feststellung ihrer Person durch die Flucht zu entziehen versucht, anzuhalten, wenn sie
   a) bei einer rechtswidrigen Tat auf frischer Tat betroffen wird, die sich den Umständen nach als ein Verbrechen darstellt oder als ein Vergehen, das unter Anwendung oder

Mitführung von Schußwaffen oder Sprengstoffen begangen wird,
b) eines Verbrechens dringend verdächtig ist oder
c) eines Vergehens dringend verdächtig ist und Anhaltspunkte befürchten lassen, daß sie von einer Schußwaffe oder einem Sprengstoff Gebrauch machen werde;
3. zur Vereitelung der Flucht oder zur Wiederergreifung einer Person, die sich in amtlichem Gewahrsam befindet oder befand,
   a) zur Verbüßung einer Freiheitsstrafe wegen einer Straftat mit Ausnahme des Strafarrestes,
   b) zum Vollzug der Unterbringung in einer sozialtherapeutischen Anstalt oder in der Sicherungsverwahrung,
   c) wegen des dringenden Verdachts eines Verbrechens,
   d) aufgrund richterlichen Haftbefehls oder
   e) sonst wegen des dringenden Verdachts eines Vergehens, wenn zu befürchten ist, daß sie von einer Schußwaffe oder einem Sprengstoff Gebrauch machen werde;
4. gegen eine Person, die mit Gewalt einen Gefangenen oder jemanden, dessen
   a) Sicherungsverwahrung (§ 4e des Strafgesetzbuchs),
   b) Unterbringung in einem psychiatrischen Krankenhaus (§ 63 des Strafgesetzbuchs, § 126 a der Strafprozeßordnung) oder
   c) Unterbringung in einer Entziehungsanstalt (§ 64 des Strafgesetzbuchs) oder
   d) *Unterbringung in einer sozialtherapeutischen Anstalt (§ 65 des Strafgesetzbuchs, § 126 der Strafprozeßordnung)**

angeordnet ist, aus dem amtlichen Gewahrsam zu befreien versucht.

(2) Schußwaffen dürfen gegen eine Menschenmenge nur dann gebraucht werden, wenn von ihr oder aus ihr heraus Gewalttaten begangen werden oder unmittelbar bevorstehen und Zwangsmaßnahmen gegen einzelne nicht zum Ziele führen oder offensichtlich keinen Erfolg versprechen.

(3) Das Recht zum Gebrauch von Schußwaffen aufgrund anderer gesetzlicher Vorschriften bleibt unberührt.

---

* gegenstandslos.

Anhang 2

Verordnung über den Schutz von Wild (Bundeswildschutzverordnung – BWildSchV)

vom 25. Oktober 1985 (BGBl. I S. 2040)

Auf Grund des § 36 Abs. 1 Nr. 2, 4 und 5 in Verbindung mit § 36 Abs. 3 des Bundesjagdgesetzes in der Fassung der Bekanntmachung vom 29. September 1976 (BGBl. I S. 2849) wird mit Zustimmung des Bundesrates verordnet:

§ 1

Anwendungsbereich, Begriffsbestimmungen

(1) Diese Verordnung findet Anwendung auf Tiere der in den Anlagen 1 und 4 genannten Arten. Für die Abgrenzung der Tierarten im Sinne dieser Verordnung ist ihre wissenschaftliche Bezeichnung maßgebend. Die Art schließt Unterarten ein, auch soweit diese im Geltungsbereich des Bundeswaldgesetzes in der Natur nicht vorkommen.

(2) Der Begriff Tiere im Sinne dieser Verordnung umfaßt lebende und tote Tiere, ihre ohne weiteres erkennbaren Teile, ohne weiteres erkennbar aus ihnen gewonnenen Erzeugnisse sowie ihre Eier, sonstigen Entwicklungsformen und Nester.

§ 2

Verbote

(1) Es ist verboten, Tiere der in Anlage 1 genannten Arten

1. in Besitz zu nehmen, zu erwerben, die tatsächliche Gewalt über sie auszuüben, sie zu be- oder verarbeiten oder sonst zu verwenden,
2. abzugeben, anzubieten, zu veräußern oder sonst in den Verkehr zu bringen sowie
3. für eine der in Nummer 2 genannten Tätigkeiten zu befördern.

Das Aneignungsrecht des Jagdausübungsberechtigten sowie Vorschriften der Länder nach § 36 Abs. 2 Nr. 2 des Bundesjagdgesetzes über das Aufnehmen, die Pflege und die Aufzucht verletzten oder kranken Wildes und dessen Verbleib bleiben unberührt.

BWildSchV Anhang 2

(2) Die Verbote des Absatzes 1 gelten nicht für Tiere, an denen nach Inkrafttreten dieser Verordnung im Rahmen der Ausübung des Jagdrechts Eigentum erworben wurde. Diese Tiere dürfen jedoch nicht an Dritte gegen Entgelt abgegeben oder zu diesem Zweck befördert, gehalten oder angeboten werden. Ausgenommen von diesen Beschränkungen sind

1. Tiere der in Anlage 2 genannten Arten,
2. Tiere der in Anlage 3 genannten Arten, soweit die in Satz 2 aufgeführten Tätigkeiten nicht zu gewerbsmäßigen Zwecken erfolgen sowie
3. in der Natur aufgefundene tote Tiere, soweit sie für Zwecke der Forschung oder Lehre verwendet werden.

(3) Die Verbote des Absatzes 1 gelten ferner nicht für Tiere, die

1. vor Inkrafttreten dieser Verordnung in Übereinstimmung mit den Vorschriften zum Schutz der betreffenden Art im Geltungsbereich des Bundeswaldgesetzes erworben worden sind,
2. in Übereinstimmung mit den Vorschriften zum Schutz der betreffenden Art in den Geltungsbereich des Bundeswaldgesetzes gelangt sind. Für Tiere der in Anlage 1 genannten Arten, die auf Grund einer lediglich zum persönlichen Gebrauch oder als Hausrat zulässigen Einfuhr in den Geltungsbereich des Bundeswaldgesetzes gelangt sind, gelten die Beschränkungen des Absatzes 2 Satz 2 entsprechend.

(4) Die Verbote des Absatzes 1 gelten ferner nicht für Tiere der Arten Rebhuhn, Fasan, Wachtel und Stockente, die im Geltungsbereich des Bundeswaldgesetzes in der Gefangenschaft gezüchtet und nicht herrenlos geworden sind.

(5) Die nach Landesrecht zuständige Behörde kann im Einzelfall Ausnahmen von den Verboten des Absatzes 1 zulassen, soweit dies für die Verwertung beschlagnahmter oder eingezogener Tiere erforderlich ist. Sie kann ferner im Einzelfall Ausnahmen von den Verboten des Absatzes 1 sowie von den Verboten des Absatzes 2 Satz 2 und des Absatzes 3 Satz 2 zulassen, soweit dies

1. für Zwecke der Forschung oder Lehre,
2. zur Ansiedlung von Tieren in der freien Natur oder der damit zusammenhängenden Aufzucht oder
3. aus einem sonstigen vernünftigen Grund für eine Nutzung von Tieren in geringen Mengen

erforderlich ist und Belange des Arten- und Biotopschutzes sowie Rechtsakte des Rates oder der Kommission der Europäischen Gemeinschaften oder Verpflichtungen aus internationalen Artenschutzübereinkommen nicht entgegenstehen.

**Anlage 1
(zu § 2 Abs. 1)**

1. **Haarwild**
   Steinwild (*Capra ibex* L.),
   Schneehase (*Lepus timidus* L.),
   Murmeltier (*Marmota marmota* L.),
   Seehund (*Phoca vitulina* L.);

2. **Federwild**
   Rebhuhn (*Perdix perdix* L.),
   Fasan (*Phasianus colchicus* L.),
   Wachtel (*Coturnix coturnix* L.),
   Auerwild (*Tetrao urogallus* L.),
   Birkwild (*Lyrurus tetrix* L),
   Rackelwild *(Lyrurus tetrix x Tetrao urogallus)*,
   Haselwild *(Tetrastes bonasia* L.),
   Alpenschneehuhn (*Lagopus mutus* MONTIN),
   Wildtruthuhn (*Meleagris gallopavo* L.),
   Hohltaube (*Columba oenas* L.),
   Ringeltaube (*Columba palumbus* L.),
   Bergente (*Aythya marila* L.),
   Reiherente (*Aythya fuligula* L.),
   Tafelente (*Aythya ferina* L.),
   Schellente (*Bucephala clangula* L.),
   Brandente (*Tadorna tadorna* L.),
   Eisente (*Clangula hyemalis* L.),
   Samtente (*Melanitta fusca* L.),
   Trauerente (*Melanitta nigra* L.),
   Eiderente (*Somateria mollissima* L.),
   Mittelsäger (*Mergus serrator* L.),
   Gänsesäger (*Mergus merganser* L.),
   Zwergsäger (*Mergus albellus* L.),
   Waldschnepfe (*Scolopax rusticola* L.),
   Bläßhuhn (*Fulica atra* L.),
   Turteltaube (*Streptopelia turtur* L.),
   Türkentaube (*Streptopelia decaocto* FRIVALDSKY),
   Höckerschwan (*Cygnus olor* GMELIN),
   Graugans (*Anser anser* L.),
   Bläßgans (*Anser albifrons* SCOPOLI),
   Saatgans (*Anser fabalis LATHAM)*,
   Kurzschnabelgans (Anser brachyrhynchos BAILLON),
   Ringelgans (Branta bernicla L.),
   Weißwangengans (*Branta leucopsis BECHSTEIN)*,
   Kanadagans (*Branta canadensis* L.),
   Stockente (*Anas platyrhynchos* L.),
   Löffelente (*Anas clypeata* L.),
   Schnatterente (*Anas strepera* L.),
   Pfeifente (*Anas penelope* L.),
   Krickente (*Anas crecca* L.),
   Spießente (*Anas acuta* L.),
   Kolbenente (*Netta rufina* PALLAS),
   Mantelmöwe (*Larus marinus* L.),
   Heringsmöwe (*Larus fuscus* L.),
   Silbermöwe (*Larus argentatus* PONTOPPIDAN),
   Sturmmöwe (*Larus canus* L.),
   Lachmöwe (*Larus ridibundus* L.),
   Schwarzkopfmöwe (*Larus melanocephalus* TEMMINCK),
   Zwergmöwe (*Larus minutus* PALLAS),
   Dreizehenmöwe (*Rissa tridactyla* L.),
   Haubentaucher (*Podiceps cristatus* L.),
   Graureiher (*Ardea cinerea* L.),
   Kolkrabe (*Corvus corar* L.),

**Anlage 2
(zu § 2 Abs. 2 Satz 3 Nr. 1)**

Rebhuhn (*Perdix perdix* L.),
Fasan (*Phasianus colchicus* L.),
Ringeltaube (*Columba palumbus* L.),
Graugans (*Anser anser* L.),
Stockente (*Anas platyrhynchos* L.),

Pfeifente (*Anas penelope* L.),
Krickente (*Anas crecca* L.),
Spießente (*Anas acuta* L.),
Tafelente (*Aythya ferina* L.),
Bläßhuhn (*Fulica atra* L.),

**Anlage 3
(zu § 2 Abs. 2 Satz 3 Nr. 2)**

Bläßgans (*Anser albifrons* SCOPOLI),
Reiherente (*Aythya fuligula* L.),

Waldschnepfe (*Scolopax rusticola* L.).

§ 3

Halten von Greifen und Falken

(1) Die Haltung von Greifen oder Falken der in Anlage 4 genannten Arten ist nur nach Maßgabe der Absätze 2 bis 6 zulässig.

(2) Wer Greife oder Falken hält,

1. muß Inhaber eines auf seinen Namen lautenden gültigen Falknerjagdscheines sein,
2. darf insgesamt nicht mehr als zwei Exemplare der Arten Habicht, Steinadler und Wanderfalke halten,
3. hat unverzüglich die Greife und Falken dauerhaft und unverwechselbar nach Maßgabe des Absatzes 3 zu kennzeichnen und
4. hat der nach Landesrecht zuständigen Stelle
   a) spätestens bis zum 1. Juni 1986, bei späterem Beginn der Haltung binnen vier Wochen nach Begründung des Eigenbesitzes, den Bestand an Greifen und Falken und
   b) nach der Bestandsanzeige jeweils unverzüglich den Zu- und Abgang von Greifen und Falken

schriftlich anzuzeigen; die Anzeige muß Angaben enthalten über Zahl, Art, Alter, Geschlecht, Herkunft, Verbleib, Standort, Verwendungszweck und Kennzeichen der Greife und Falken. Die Verlegung des regelmäßigen Standortes der Greife und Falken ist ebenfalls unverzüglich anzuzeigen.

Das durch den Tod eines Tieres freigewordene Kennzeichen ist mit der Anzeige über den Abgang zurückzugeben.

(3) Für die nach Absatz 2 Nr. 3 vorgeschriebene Kennzeichnung sind Fußringe zu verwenden, die von der nach Landesrecht zuständigen Stelle ausgegeben werden. Diese kann verlangen, daß die Kennzeichnung unter ihrer Aufsicht vorzunehmen ist. Die Fußringe müssen
1. so beschaffen sein, daß sie nur einmal verwendet werden können, und
2. mit dem abgekürzten Namen des Bundeslandes, in dem die Beringung vorgenommen wird, der Bezeichnung der ausgebenden Stelle und einer fortlaufenden Nummer aus einem in jedem Bundesland einzurichtenden Nummernsystem beschriftet sein.

Die nach Landesrecht zuständige Behörde kann im Einzelfall eine andere Kennzeichnung zulassen, wenn diese im übrigen den Anforderungen nach Satz 3 entspricht. Sind Greife und Falken in Vollzug des Washingtoner Artenschutzübereinkommens zu kennzeichnen, so ist dieses Kennzeichen maßgebend und eine Kennzeichnung nach dieser Verordnung nicht erforderlich.

(4) Die nach Landesrecht zuständige Behörde kann im Einzelfall von den Voraussetzungen des Absatzes 2 Nr. 1 und 2 Ausnahmen zulassen, wenn
1. die Haltung wissenschaftlichen, Lehr- oder Forschungszwekken dient oder die Ausnahme zur Nachzucht für einen der vorstehenden Zwecke, zur Nachzucht für die Ausübung der Beizjagd oder zur Nachzucht für die Ansiedlung in der freien Natur erforderlich ist,
2. der Halter die erforderliche Zuverlässigkeit und ausreichende Kenntnisse über das Halten und die Pflege von Greifen und Falken besitzt und
3. eine fachgerechte Betreuung sowie eine den tierschutzrechtlichen Vorschriften entsprechende Haltung gewährleistet sind.

(5) Absatz 2 Nr. 1 und 2 ist nicht anzuwenden auf Greife und Falken, die bei Inkrafttreten dieser Verordnung in Übereinstimmung mit den zu ihrem Schutz geltenden Vorschriften gehalten werden. Die Anwendung des Absatzes 2 Nr. 1 und 2 auf die Erweiterung solcher Bestände und auf den Ersatz des Abgangs bleibt unberührt.

BWildSchV   Anhang 2

(6) Die Absätze 2 bis 5 gelten nicht für zoologische Einrichtungen von juristischen Personen des öffentlichen Rechts sowie für behördlich genehmigte oder anerkannte Auffang- und Pflegestationen.

Anlage 4
(zu § 3 Abs. 1)

Fischadler (*Pandion haliaeetus* L.),
Wespenbussard (*Pernis apivorus* L.),
Schwarzmilan (*Milvus migrans* BODDAERT),
Rotmilan (*Milvus milvus* L.),
Seeadler (*Haliaeetus albicilla* L.),
Rohrweihe (*Circus aeruginosus* L.),
Kornweihe (*Circus cyaneus* L.),
Wiesenweihe (*Circus pygargus* L.),
Sperber (*Accipiter nisus* L.),

Habicht (*Accipiter gentilis* L.),
Mäusebussard (*Buteo buteo* L.),
Rauhfußbussard (*Buteo lagopus* BRUENNICH),
Steinadler (*Aquila chrysaetos* L.),
Turmfalke (*Falco tinnunculus* L.),
Rotfußfalke (*Falco vespertinus* L.),
Merlin (*Falco columbarius* L.),
Baumfalke (*Falco subbuteo* L.),
Wanderfalke (*Falco peregrinus* TUNSTALL).

§ 4
Aufzeichnungs- und Kennzeichnungspflichten

(1) Wer gewerbsmäßig

1. tote Tiere der in Anlage 5 genannten Arten oder Teile dieser Tiere präpariert oder
2. lebende oder tote Tiere der in Anlage 5 genannten Arten oder Teile dieser Tiere in den Verkehr bringt oder erwirbt,

hat über diese Tiere ein Aufnahme- und Auslieferungsbuch mit täglicher Eintragung nach dem Muster der Anlage 6 zu führen. Werden Tiere nach Nummer 2 im Einzelhandel abgegeben, brauchen Name und Anschrift des Empfängers sowie der Abgangstag nur bei den Tieren angegeben zu werden, deren Verkaufspreis über 250 Deutsche Mark beträgt.

(2) Alle Eintragungen in das Buch sind in dauerhafter Form vorzunehmen; § 43 Abs. 2 bis 4 Satz 1 und 2 des Handelsgesetzbuches gilt sinngemäß.

(3) Die Bücher mit den Belegen sind der nach Landesrecht zuständigen Stelle auf Verlangen zur Prüfung auszuhändigen.

(4) Die Bücher mit den Belegen sind fünf Jahre aufzubewahren. Die Aufbewahrungsfrist beginnt mit dem Schluß des Kalenderjahres, in dem die letzte Eintragung für ein abgeschlossenes Geschäftsjahr gemacht worden ist.

(5) Die in Absatz 1 genannten Tiere und Teile von Tieren sind zu kennzeichnen, soweit dies mit angemessenem Aufwand möglich ist.

Anlage 5
(zu § 4 Abs. 1, § 5)

1. **Haarwild**
   Steinwild (*Capra ibex* L.),
   Schneehase (*Lepus timidus* L.),
   Murmeltier (*Marmota marmota* L.),
   Seehund (*Phoca vitulina* L.);

2. **Federwild**
   Wachtel (*Coturnix coturnix* L.),
   Auerwild (*Tetrao urogallus* L.),
   Birkwild (*Lyrurus tetrix* L.),
   Rackelwild *(lyrurus tetrix x Tetrao urogallus)*
   Haselwild (*Tetrastes bonasia* L.),
   Alpenschneehuhn (*Lagopus mutus* MONTIN),
   Hohltaube (*Columba oenas* L.),
   Turteltaube (*Streptopelia turtur* L.),
   Kurzschnabelgans (*Anser brachyrhynchos* BAILLON),
   Weißwangengans (*Branta leucopsis* BECHSTEIN),
   Löffelente (*Ana sclypeata* L.),
   Schnatterente (*Anas strepera* L.),
   Kolbenente (*Netta rufina* PALLAS),
   Schellente (*Bucephala clangula* L.),
   Brandente (*Tadorna tadorna* L.),
   Eisente (*Clangula hyemalis* L.),
   Eiderente (*Somateria mollissima* L.),
   Mittelsäger (*Mergus serrator* L.),
   Gänsesäger (*Mergus merganser* L.),
   Zwergsäger (*Mergus albellus* L.),
   Schwarzkopfmöwe (*Laurus melanocephalus* TEMMINCK),
   Zwergmöwe (*Larus minutus* PALLAS),
   Dreizehenmöwe (*Rissa tridactyla* L.),
   Haubentaucher (*Podiceps cristatus* L.),
   Graureiher (*Ardea cinerea* L.),
   Kolkrabe (*Corvus corax* L.).

Anlage 6
(zu § 4 Abs. 1)

Aufnahme- und Auslieferungsbuch

Lfd. Nr.	Eingangstag	Bezeichnung der im Bestand vorhandenen oder übernommenen Sache nach Art, Zahl, ggf. Kennzeichen und ggf. Bezeichnung der zum Erwerb berechtigenden Dokumente	Name und genaue Anschrift des Einlieferers oder der sonstigen Bezugsquelle	Abgangstag	Name und genaue Anschrift des Empfängers oder Art des sonstigen Abganges

§ 5

Rechtmäßiger Besitz, Nachweispflicht

Wer Tiere der in Anlage 5 genannten Arten besitzt oder die tatsächliche Gewalt darüber ausübt, kann sich gegenüber der zuständigen Behörde auf eine Berechtigung hierzu nur berufen, wenn er auf Verlangen nachweist, daß die Voraussetzungen für eine Ausnahme nach § 2 Abs. 2 bis 5 vorliegen oder glaubhaft macht, daß er oder ein Dritter die Tiere bei Inkrafttreten dieser Verordnung in Besitz hatte. Für Gegenstände zum persönlichen Gebrauch oder Hausrat gilt dies nur, wenn Tatsachen die Annahme rechtfertigen, daß eine Berechtigung nach § 2 Abs. 2 bis 5 nicht besteht.

§ 6

Ordnungswidrigkeiten

Ordnungswidrig im Sinne des § 39 Abs. 2 Nr. 5 des Bundesjagdgesetzes handelt, wer vorsätzlich oder fahrlässig

1. entgegen § 2 Abs. 1 Satz 1 dort bezeichnete Tiere in Besitz nimmt, erwirbt, die tatsächliche Gewalt über sie ausübt, sie be- oder verarbeitet oder sonst verwendet, in den Verkehr bringt oder befördert,
2. entgegen § 2 Abs. 2 Satz 2 oder Abs. 3 Nr. 2 Satz 2 dort bezeichnete Tiere an Dritte gegen Entgelt abgibt oder zu diesem Zweck befördert, hält oder anbietet,
3. entgegen § 3 Abs. 2 Nr. 1 Greife oder Falken hält,
4. einer Vorschrift des § 3 Abs. 2 Nr. 2, 3 oder 4 über die Haltung oder Kennzeichnung von Greifen oder Falken, über Anzeigepflichten oder über die Pflicht zur Rückgabe eines freigewordenen Kennzeichens zuwiderhandelt oder
5. einer Vorschrift des § 4 Abs. 1 Satz 1, Abs. 2 bis 5 über die Führung, Form, Aushändigung oder Aufbewahrung von Aufnahme- und Auslieferungsbüchern oder Belegen oder über die Kennzeichnung von Tieren oder Teilen von Tieren zuwiderhandelt.

§ 7

Berlin-Klausel

(nicht abgedruckt)

§ 8

Inkrafttreten

§ 3 Abs. 2 Nr. 3 und 4 und Abs. 3, § 4 sowie § 6, soweit er sich auf die genannten Vorschriften bezieht, treten am 1. April 1986 in Kraft; im übrigen tritt diese Verordnung am Tage nach der Verkündung in Kraft. Gleichzeitig treten außer Kraft:

Baden-Württemberg

1. die Verordnung zum Schutz der Greifvögel vom 11. März 1975 (Gesetzblatt für Baden-Württemberg S. 223),
2. die Verordnung über den Verkehr mit Wild vom 2. Januar 1951 (Regierungsblatt der Regierung Württemberg-Baden S. 9), geändert durch Verordnung vom 16. Oktober 1954 (Gesetzblatt für Baden-Württemberg S. 144),
3. die Verordnung über den Verkehr und Handel mit Wild vom 13. Februar 1951 (Regierungsblatt für das Land Württemberg-Hohenzollern S. 29),

Erl. zur BWildSchV

1. Die seit 1. April 1986 in vollem Umfange in Kraft befindliche Bundeswildschutzverordnung (BWildSchV) vom 25. 10. 1985 (BGBl. I S. 2040) ergänzt die jagdrechtlichen Vorschriften. Sie stützt sich auf § 36 Abs. 1 Nr. 2, 4 und 5 i. V. mit § 36 Abs. 3 BJG (vgl. Seite 121/122). Zugleich setzt sie Vorschriften der EG-Vogelschutzrichtlinie in nationales Recht um. Ziel der BWildSchV ist es, den Schutz von dem Jagdrecht unterliegenden Tierarten, die in ihrem Bestand bedroht erscheinen und deshalb auch ganzjährige Schonzeit genießen, zu verstärken, was durch umfassende Besitz- und Verkehrsverbote erreicht werden soll.
2. Von der BWildSchV werden die in Anlage 1 zu § 2 und die Anlage 4 zu § 3 aufgeführten Tierarten erfaßt. Wegen der besseren Übersicht wurden die Anlagen nicht am Schluß der VO, sondern nach den jeweiligen Paragraphen abgedruckt.
3. Die auf dem Gebiet des Tierartenschutzes vielfach bestehende Rechtsunsicherheit infolge Überlagerungen von naturschutz- und jagdrechtlichen Vorschriften wurde durch die BWildSchV nicht beseitigt.
Von den wildlebenden Tierarten, die dem Jagdrecht unterliegen, bleiben vom Haarwild Wildkatze, Luchs und Fischotter, vom Federwild der Großtrappe, sämtliche Falken und Greife wie bisher dem besonderen Schutz des Naturschutzrechts unterstellt.

4. Nach § 2 BWildSchV ist es verboten, Tiere der in Anlage 1 aufgeführten Arten (lebend oder tot)
   - in Besitz zu nehmen,
   - zu erwerben,
   - die tatsächliche Gewalt über sie auszuüben,
   - sie zu be- oder verarbeiten oder sonst zu verwenden,
   - abzugeben, anzubieten, zu veräußern oder sonst in den Verkehr zu bringen sowie
   - für eine der genannten Tätigkeiten zu befördern.

   Zu beachten ist, daß diese Verbote auch für Teile dieser Tierarten und für aus ihnen gewonnenen Erzeugnisse sowie ihre Eier, sonstigen Entwicklungsformen und Nester gilt.
   Zuständige Behörden für die Zulassung von Ausnahmen im Einzelfalle i. S. von § 2 Abs. 5 sind in BW die Regierungspräsidien.
   Wichtig: Das in § 1 BJG verankerte Aneignungsrecht des Jagdausübungsberechtigten bleibt unberührt. Dies bedeutet, daß der Jagdausübungsberechtigte sich alle in Anlage 1 aufgeführten Tierarten nach Maßgabe der jagdrechtlichen Vorschriften aneignen darf. Er darf sie aber nicht an Dritte gegen **Entgelt** abgeben. Von diesem Vermarktungsverbot sind die in Anlage 2 genannten Arten (**Rebhuhn, Fasan, Ringeltaube, Graugans, Stockente, Pfeifente, Krickente, Spießente, Tafelente** und **Bläßhuhn**) ausgenommen. Die Tierarten der Anlage 3 (**Bläßgans, Reiherente** und **Waldschnepfe**) sind dann vom Vermarktungsverbot ausgenommen, wenn die Abgabe (auch gegen Entgelt) nicht **gewerbsmäßig** geschieht.

   Schließlich dürfen in der Natur aufgefundene tote Tiere uneingeschränkt für Lehr- und Forschungszwecke verwendet werden. Die Verbote des § 2 Abs. 1 gelten auch nicht für solche Tiere (Präparate), die vor Inkrafttreten der VO rechtmäßig erworben wurden (Altbesitz) sowie nicht für Tiere der Arten **Rebhuhn, Fasan, Wachtel** und **Stockente,** die in der Gefangenschaft gezüchtet und nicht herrenlos geworden sind.

5. Die **Haltung** von **Greifen** und **Falken** ist nunmehr durch die Bestimmungen in § 3 der BWildSchV bundeseinheitlich geregelt. Zuständige Behörden i. S. von § 3 Abs. 4 sind in BW die Regierungspräsidien.

6. Von der Aufzeichnungs- und Kennzeichnungspflicht durch gewerbliche Verwerter (Präparatoren und Händler) werden die in Anlage 5 aufgeführten Tierarten erfaßt.
   Zuständige Stelle i. S. von § 4 Abs. 3 ist in BW die Landesanstalt für Umweltschutz.

Die Aufzeichnungs- und Kennzeichnungsvorschriften gemäß § 4 und die Nachweispflichten nach § 5 sollen der zuständigen Behörde die Möglichkeit einer Herkunftskontrolle eröffnen.
7. Vorschriften über die Anwendung von Ursprungszeichen und Führung von Wildhandelsbüchern enthält die BWildSchV nicht. Die in BW bisher geltenden Vorschriften über die Verpflichtung zur Anbringung von Ursprungszeichen und zur Führung von Wildhandelsbüchern sind seit dem 9. 11. 1985 durch die BWildSchV aufgehoben, was zu bedauern ist.

Es ist zu befürchten, daß sich der Wegfall dieser Kontrollmöglichkeiten auf dem Gebiet des Jagdschutzes nachteilig auswirkt.
8. Vorsätzliche oder fahrlässige Verstöße gegen die BWildSchV werden als Ordnungswidrigkeiten mit Geldbuße geahndet.

Anhang 3

Verordnung des Ministeriums für Ernährung, Landwirtschaft und Forsten über die Bildung von Rotwildgebieten (RotwildVO)

vom 28. März 1958 (GBl. S. 121)

Auf Grund des § 21 Abs. 5 des Landesjagdgesetzes vom 15. März 1954 (GBl. S. 35) wird verordnet:

§ 1

(Rotwildgebiete)

(1) Es werden folgende Rotwildgebiete gebildet:
1. im Regierungsbezirk Nordbaden das Rotwildgebiet „Odenwald";
2. in den Regierungsbezirken Südbaden und Südwürttemberg-Hohenzollern das Rotwildgebiet „Nördlicher Schwarzwald";
3. im Regierungsbezirk Südbaden das Rotwildgebiet „Südlicher Schwarzwald";

4. in den Regierungsbezirken Nordwürttemberg und Südwürttemberg-Hohenzollern das Rotwildgebiet „Schönbuch";
5. im Regierungsbezirk Südwürttemberg-Hohenzollern das Rotwildgebiet „Allgäu".

(2) Die Grenzen der Rotwildgebiete ergeben sich aus der Anlage* zu dieser Verordnung.

(3) Die obere Jagdbehörde kann beim Vorliegen besonderer Umstände in Jagdbezirken, in welchen die nach Abs. 2 bestimmte Rotwildgrenze den Jagdbezirk durchschneidet, mit Zustimmung der obersten Jagdbehörde den Grenzverlauf ändern, wenn dies aus Gründen einer ordnungsgemäßen Jagdpflege und Jagdausübung notwendig ist und berechtigte Ansprüche der Land- und Forstwirtschaft nicht entgegenstehen. Die Änderung ist im Staatsanzeiger bekanntzumachen.

§ 2

(Abschuß innerhalb der Rotwildgebiete)

(1) Der Abschuß des Rotwildes ist unter Berücksichtigung der Belange der Landeskultur für jedes Rotwildgebiet einheitlich zu planen und festzusetzen.

(2) Die obere Jagdbehörde hat im Benehmen mit der Staatsforstverwaltung und nach Anhörung der beteiligten unteren Jagdbehörde Richtlinien für die Abschußplanung in den einzelnen Rotwildgebieten zu geben und jeweils eine untere Jagdbehörde zu bestimmen, die unbeschadet der in § 34 des Landesjagdgesetzes für die staatseigenen Jagden getroffenen Zuständigkeitsregelung für die Planung und Festsetzung des Abschusses im gesamten Rotwildgebiet zuständig ist.

(3) Erstreckt sich ein Rotwildgebiet auf das Gebiet mehrerer Regierungsbezirke, so haben die nach Abs. 2 zuständigen unteren Jagdbehörden die Planung und Festsetzung des Abschusses im gegenseitigen Benehmen durchzuführen.

---

* Anlage (Abgrenzung der Rotwildgebiete) nicht abgedruckt.

§ 3
(Abschuß außerhalb der Rotwildgebiete)

(1) Außerhalb der Rotwildgebiete ist das gesamte Rotwild mit Ausnahme der Kronenhirsche während der Jagdzeit abzuschießen. Der Abschuß ist von den unteren Jagdbehörden durch eine allgemeine Abschußgenehmigung im Abschußplan freizugeben.

(2) Die untere Jagdbehörde kann auf Antrag den Abschuß von Kronenhirschen ausnahmsweise freigeben, wenn dies zur Verhinderung übermäßigen Wildschadens erforderlich ist.

§ 4
(Abschußmeldung)

(1) Über den Abschuß von Rotwild innerhalb und außerhalb der Rotwildgebiete hat der Jagdausübungsberechtigte der unteren Jagdbehörde binnen 3 Tagen eine schriftliche Abschußmeldung unter Angabe von Geschlecht, Alter und Stärkeklasse zu erstatten.

(2) Der Jagdausübungsberechtigte hat den Kopfschmuck des erlegten Rotwildes der unteren Jagdbehörde auf Verlangen vorzulegen.

§ 5
(Ordnungswidrigkeiten)

(1) Eine Ordnungswidrigkeit im Sinne des § 35 Abs. 1 Nr. 12 und Abs. 2 des Landesjagdgesetzes begeht, wer
1. die vorgeschriebene Abschußmeldung nicht oder nicht rechtzeitig erstattet (§ 4 Abs. 1);
2. den Kopfschmuck des erlegten Rotwildes auf Verlangen der unteren Jagdbehörde nicht vorlegt (§ 4 Abs. 2).

(2) Zuständige Verwaltungsbehörden im Sinne des § 73 Abs. 1 des Gesetzes über Ordnungswidrigkeiten *vom 25. März 1952 (RGBl. I S. 177)* sind die Landratsämter und in den Stadtkreisen, bei denen Kreisjagdämter errichtet sind, die Bürgermeisterämter.

§ 6
(Inkrafttreten)

Die Verordnung tritt am Tage nach ihrer Verkündung in Kraft.

Anhang 4

Gemeinsame Richtlinie des Ministeriums für Ernährung, Landwirtschaft, Umwelt und Forsten und der Regierungspräsidien Karlsruhe, Freiburg und Tübingen für die Hege und den Abschuß von Rotwild in Baden-Württemberg (Rotwildrichtlinie)

vom 29. Januar 1982 – (GABl. S. 332)

1. Allgemeines, Rechtsgrundlagen

1.1 Einleitung

Nach § 2 Abs. 2 der Verordnung des Ministeriums für Ernährung, Landwirtschaft und Forsten über die Bildung von Rotwildgebieten vom 28. März 1958 (GBl. S. 121) – Rotwildgebietsverordnung – sind die oberen Jagdbehörden für den Erlaß von Rotwildrichtlinien zuständig. Daneben kann nach § 32 des Landesjagdgesetzes i.d.F. vom 20. Dezember 1978 (GBl. 1979 S. 12) die Landesforstverwaltung für staatseigene Jagden eigene Hege- und Abschußrichtlinien erlassen.

Um zu vermeiden, daß aus einer Vielzahl von Rotwildrichtlinien unterschiedliche, jedoch sachlich nicht gerechtfertigte Regelungen entstehen, kamen die Landesforstverwaltung und die zuständigen oberen Jagdbehörden überein, nachfolgende gemeinsame Richtlinie für die Hege und den Abschuß des Rotwildes zu erlassen.

Die oberen Jagdbehörden können im Benehmen mit der Landesforstverwaltung und nach Anhörung der beteiligten unteren Jagdbehörden in einer Ergänzung dieser Rotwildrichtlinie zusätzliche und abweichende Regelungen treffen für

– die maßgebenden Geweihgewichte bei den Klassen I und II,
– erforderliche Anpassungen an entsprechende Richtlinien benachbarter Länder bei länderübergreifenden Rotwildgebieten,
– die Ausformung von Abschußkriterien innerhalb der drei Klassen.

1.2 Allgemeine Ziele für Hege und Abschuß

Die Hege hat nach den Bestimmungen des § 1 Abs. 2 des Bundesjagdgesetzes (BJagdG) die Erhaltung eines den landschaftlichen und landeskulturellen Verhältnissen angepaßten, artenreichen und gesunden Wildbestandes zum Ziel. Die Hege muß so durchgeführt werden, daß Beeinträchtigungen einer ordnungsgemäßen land-, forst- und fischereiwirtschaftlichen Nutzung, insbesondere Wildschäden, möglichst vermieden werden.

Nach § 21 Abs. 1 BJagdG ist der Abschuß so zu regeln, daß die berechtigten Ansprüche der Land-, Forst- und Fischereiwirtschaft auf Schutz gegen Wildschäden voll gewahrt bleiben sowie die Belange von Naturschutz und Landschaftspflege berücksichtigt werden. Innerhalb der hierdurch gebotenen Grenzen soll die Abschußregelung dazu beitragen, daß ein gesunder Wildbestand aller heimischen Tierarten in angemessener Zahl erhalten bleibt und insbesondere der Schutz von Tierarten gesichert ist, deren Bestand bedroht erscheint.

Aus diesen gesetzlichen Bestimmungen leiten sich für die Hege und Abschußregelung des Rotwildes, insbesondere für die anzustrebende Wilddichte, folgende Ziele ab:

- Die Begründung standortgemäßer Mischwälder darf durch Rotwild nicht in Frage gestellt werden. Die in einem bestimmten Gebiet vorkommenden Hauptbaumarten müssen sich in der Regel ohne Schutzmaßnahmen verjüngen lassen. Schälschäden dürfen die erforderliche Mindestzahl an Zukunftsstämmen nicht gefährden.

- Der Rotwildbestand ist in den einzelnen Rotwildgebieten grundsätzlich den jeweiligen Biotopverhältnissen und sonstigen Umweltbedingungen anzupassen. Diese sind erforderlichenfalls durch geeignete Biotoppflege- und Äsungsverbesserungsmaßnahmen zu ergänzen, um die Ernährung und Gesunderhaltung des Rotwildes, möglichst ohne Beeinträchtigungen einer ordnungsgemäßen Land- und Forstwirtschaft, sicherzustellen. Die Fütterung ist auf die vegetationsarme Jahreszeit und auf die Zeit besonders hohen Äsungsbedarfs zu beschränken.

Für Gatterreviere können besondere Regelungen getroffen werden.

2. Abschußregelung in Rotwildgebieten

2.1 Beurteilung der Ausgangslage

Rotwildzählungen können erfahrungsgemäß nicht hinreichend genau durchgeführt werden und führen meist zur Unterschätzung des Wildbestandes. Ein überhöhter Wildbestand vergrößert die Äsungskonkurrenz und vermehrt Verbiß- und Schälschäden. Nicht sach- und zeitgerechte Fütterung verschärft die Probleme.

Überhöhte Wildbestände werden erkannt an
- der Übernutzung der Vegetation, insbesondere an starken Verbiß- und Schälschäden,
- der schlechten körperlichen Verfassung des Wildes, insbesondere an geringem Körpergewicht und schlechter Trophäenqualität.

2.2 Ziel der Abschußregelung

Die Abschußregelung wird im Rahmen des Abschußplanes ausgerichtet auf:
- die zahlenmäßige Regulierung der Wildbestände, insbesondere zur Vermeidung untragbarer Schäden,
- eine gesunde, vitale Population mit guten Wildbretgewichten und Trophäenträgern,
- eine ausgewogene Altersstruktur,
- ein Geschlechterverhältnis von 1:1.

2.2.1 Regulierung des Wildbestandes

Die Höhe des Abschusses orientiert sich am Abschuß der Vorjahre und am geschätzten Zuwachs. Sie ist entscheidend abhängig vom Zustand der Vegetation, insbesondere vom Umfang der Schälschäden und von der Kondition des Wildes. Solange die gesetzlichen Forderungen und die daraus abgeleiteten Ziele nicht erfüllt werden, muß der Abschuß deutlich erhöht werden. Die Reduktion hat dabei vor allem bei den Kälbern, dem weiblichen Wild und in der Jugendklasse der Hirsche zu erfolgen.

2.2.2 Gesunde und vitale Population

Sie wird gefördert durch den vorrangigen Abschuß von krankem, schwachem Wild mit unbefriedigender Körper- und Trophäenentwicklung.

2.2.3 Altersstruktur

Eine ausgewogene Altersstruktur ist von großer Bedeutung und hat Vorrang vor Trophäenmerkmalen. Starke Abweichungen von einer ausgewogenen Altersstruktur – etwa durch einseitiges Überwiegen der Jugendklasse – führen zu Störungen im Sozialgefüge und zu vermehrten Schäden.

Eine ausgewogene Altersstruktur bei Hirschen liegt etwa bei folgender Zusammensetzung des Wildbestandes nach Vollzug des Abschusses vor:

Hirschkälber	ca. 20 v. H.,
Klasse III – Jugendklasse (geringe Hirsche)	ca. 30 v. H.,
Klasse II – mittlere Altersklasse (mittlere Hirsche)	ca. 40 v. H.,
Klasse I – obere Altersklasse (starke Hirsche)	ca. 10 v. H.

2.2.4 Geschlechterverhältnis

Ein ausgewogenes Geschlechterverhältnis von 1:1 läßt einen höchstmöglichen Anteil männlichen Wildes am Abschuß zu und grenzt die Vermehrungsrate ein.

2.3 Klasseneinteilung des Rotwildes

2.3.1 Männliches Wild

Die Einteilung erfolgt vorrangig nach dem Alter. Gewicht und Qualität der Trophäe spielen zusätzlich eine Rolle.

Es werden folgende Klassen gebildet:

Hirschkälber

Klasse III – Jugendklasse (geringe Hirsche)
  Hirsche in der Regel vom ersten bis dritten Kopf
- III a mit mindestens durchschnittlicher Körperentwicklung und Geweihentwicklung
- III b mit unterdurchschnittlicher Körperentwicklung und Geweihentwicklung

Klasse II – mittlere Altersklasse (mittlere Hirsche)
   Hirsche in der Regel vom vierten bis neunten Kopf und ältere Hirsche mit einem Geweihgewicht unter 4,0 kg*

II a mit mindestens durchschnittlicher Körperentwicklung und Geweihbildung

II b mit unterdurchschnittlicher Körperentwicklung und Geweihbildung

Klasse I – obere Altersklasse (starke Hirsche)
   Hirsche ab zehntem Kopf und einem Geweihgewicht von 4,0 kg* und mehr

I a die Geweihbildung – vor allem die doppelseitige Krone – entspricht nach Stärke und Ausformung dem Hegeziel des Gebietes

I b die Geweihbildung wird nach Ausformung dem Hegeziel des Gebietes nicht gerecht

2.3.2 Weibliches Wild

Der Bestand an weiblichem Wild setzt sich zusammen aus Wildkälbern, Schmaltieren und Alttieren.

2.4 Struktur des Abschusses

2.4.1 Grundsatz

Bei einem nach Zahl, Altersaufbau und Geschlechterverhältnis regulierten Wildbestand sollte sich der Abschuß etwa wie folgt zusammensetzen:

	in v. H. des Gesamtabschusses
Männliches Wild:	
Kälber	ca. 40
Klasse III (Jugendklasse)	ca. 35
Klasse II (mittlere Altersklasse)	ca. 10
Klasse I (obere Altersklasse)	ca. 15
Weibliches Wild:	
Kälber	ca. 40
Schmaltiere	ca. 25
Alttiere	ca. 35

---

* Abweichende Festsetzungen für einzelne Rotwildgebiete bleiben nach Nummer 1.1 vorbehalten.

Anhang 4 **Rotwildrichtlinie**

Die Graphik in Anlage 1* stellt den Aufbau und den jährlichen Abschuß eines Rotwildbestandes von 100 Stück nach Altersklassen modellhaft dar.

2.4.2 Hirschabschuß

Klasse III (1. bis 3. Kopf):
Die Erfüllung des zahlenmäßigen Abschusses hat Vorrang vor qualitativen Forderungen.
Soweit möglich, müssen zunächst Hirsche der Klasse III b geschossen werden. Der Abschuß muß zumindest zur Hälfte aus Schmalspießern bestehen.

Klasse II (4. bis 9. Kopf):
Erlegt werden Hirsche der Klasse II b sowie Hirsche ab dem zehnten Kopf mit einem Geweihgewicht unter 4,0 kg**

Klasse I (10. Kopf und älter):
Sie sind im Rahmen der angestrebten Altersstruktur freizugeben. Bei Bedarf kann eine Einteilung in die Klassen I a und I b vorgenommen werden.

An Stelle eines zum Abschuß freigegebenen und nicht erlegten Hirsches einer höheren Alters- und Güteklasse (I a, I b, II b) kann ein Hirsch einer niedrigeren Klasse (ausgenommen II a) erlegt werden.

2.4.3 Abschuß von Schmaltieren und Alttieren

Der Schwerpunkt des Abschusses hat bei den Schmaltieren und älteren Alttieren zu erfolgen. Bei führenden Alttieren ist stets zuerst das Kalb zu erlegen!

2.4.4 Abschuß von Kälbern

Beim Abschuß von Kälbern ist, soweit möglich, auf gleiche Anteile von männlichen und weiblichen Stücken zu achten, um Verschiebungen im Geschlechterverhältnis zu vermeiden. Der Nachweis erfolgt nach Hirsch- und Wildkälbern getrennt.

---

* Anlagen 1 und 2 nicht abgedruckt.
** Abweichende Festsetzungen für einzelne Rotwildgebiete bleiben nach Nummer 1.1 vorbehalten.

Rotwildrichtlinie Anhang 4

2.5 Aufstellung des Abschußplanes

Die Abschußplanung geht von den in § 2 Abs. 1 der Rotwildgebietsverordnung festgelegten Rotwildgebieten aus. Konkrete Hilfen zur Ermittlung von Rotwildbeständen und für die Abschußplanung in diesen Gebieten enthält die Anlage 2.*

Die Aufstellung der Abschußpläne für die einzelnen Jagdbezirke richtet sich nach § 21 des Bundesjagdgesetzes und § 21 des Landesjagdgesetzes.

2.6 Abschußmeldungen

Nach § 4 Abs. 1 der Rotwildgebietsverordnung hat der Jagdausübungsberechtigte binnen drei Tagen den Abschuß des von ihm erlegten Rotwildes unter Angabe von Geschlecht, Alter, Stärkeklasse und Wildbretgewicht schriftlich zu melden. Dasselbe gilt auch für Fallwild. Für das vom Jagdgast erlegte Rotwild ist der Jagdausübungsberechtigte meldepflichtig.

Zur Kontrolle des Abschusses kann die untere Jagdbehörde die Vorlage des Kopfschmuckes des erlegten Rotwildes verlangen.

Das Geweihgewicht wird in abgekochtem und getrocknetem Zustand ermittelt.

Wird der Schädel mit Oberkiefer gewogen, ist dieses Gewicht um 0,5 kg zu kürzen.

3. Abschußregelung außerhalb der Rotwildgebiete

Außerhalb der Rotwildgebiete ist während der Jagdzeit alles dort auftretende Rotwild mit Ausnahme von Kronenhirschen zu erlegen. Der Abschuß ist von den unteren Jagdbehörden im Abschußplan freizugeben. Der Abschuß von Kronenhirschen (auch einseitigen) bedarf jeweils einer besonderen Abschußgenehmigung, die von der unteren Jagdbehörde zur Vermeidung von erheblichen Wildschäden erteilt werden kann.

4. Verbesserung der Äsungsverhältnisse und Wildfütterung

Die Maßnahmen des Waldbaues und der Waldpflege sollen auf Erhaltung bzw. Schaffung günstiger Lebensbedingungen für das

---

* Anlagen 1 und 2 nicht abgedruckt.

Wild Rücksicht nehmen. Durch Verbesserung natürlicher Äsungsverhältnisse soll das Wild gesund erhalten und der Wildschaden verringert werden. Durch Pflege und Düngung von zur Holzerzeugung nicht geeigneten Flächen, z. B. Leitungsaufhiebe, Feuerschutzstreifen, Graswege, Holzlagerplätze, Anrücklinien, Wegeböschungen, Vereisung und längeren Frostperioden, aufgelassene Pflanzschulen und durch sonstige forstwirtschaftliche Maßnahmen wie Schonung von Weichlaubhölzern, Anbau und Erhaltung von masttragenden Bäumen an Wegen und Schneisen, ist für das Wild zusätzliche Äsung bereitzustellen.

Vornehmlich in geschlossenen Waldgebieten sind gepflegte Wildwiesen und Grünflächen in ausreichendem Umfang und in günstiger Verteilung anzulegen und zu unterhalten.

In Notzeiten, d. h. in Zeiten, in denen das Wild wegen ungünstiger Witterungs- und Bodenverhältnisse, vor allem bei hoher Schneedecke, Vereisung und längeren Frostperioden, keine ausreichende natürliche Äsung vorfindet, ist das Wild aus Gründen des Tierschutzes und zur Verringerung der Verbiß- und Schälschäden sachgerecht und ausreichend zu füttern. Dabei sind nachteilige Wildkonzentrationen zu vermeiden. Fütterungen sind nur an geeigneten Standorten zu erstellen.

Auf die jahreszeitlich richtige Auswahl geeigneter Futtermittel ist zu achten. Soweit möglich, ist durch zusätzliches Fällen von Proßholz bzw. durch Verlegen geeigneter Hiebe in die Wintermonate die Nahrungsgrundlage des Wildes zu verbessern.

5. Schlußvorschriften

Die bisher gültigen Allgemeinen Richtlinien für den Abschuß und die Hege des Rotwildes und die regional begrenzten Abschußrichtlinien werden aufgehoben.

Anmerkung

Gemäß Bekanntmachung des Regierungspräsidiums Tübingen vom 29. Juni 1982 (GABl. S. 508) wird auf Grund der Ermächtigung in Nummer 1.1 Abs. 3 der Rotwildrichtlinie für das Rotwildgebiet Allgäu die Zahl „4,0" jeweils durch die Zahl „3,5" ersetzt.

Anhang 5

Verwaltungsvorschrift des Ministeriums für Ernährung, Landwirtschaft, Umwelt und Forsten über Hege und Abschuß des Rehwildes (VwV-Rehwild)

vom 11. Oktober 1985 (GABl. S. 1077)

1. Für Hege und Abschuß des Rehwildes ist die nachfolgende Rehwildrichtlinie zu beachten. Auf die gleichzeitig vom Ministerium für Ernährung, Landwirtschaft, Umwelt und Forsten und vom Landesjagdverband herausgegebenen „Empfehlungen zur Bejagung von Reh- und Rotwild" wird hingewiesen.
2. Die Drückjagd auf Rehwild (Nr. 3 der Rehwildrichtlinie) ist eine besondere Form der Treibjagd, die bei Vorliegen der Voraussetzungen des § 34 des Landesjagdgesetzes (LJagdG) einer Genehmigung nach § 20 Abs. 23 Nr. 1 LJagdG bedarf.

   Treibjagden auf Rehwild sollen nur in Form der Drückjagd genehmigt werden.
3. Bezüglich des Ankirrens (Nr. 3 der Rehwildrichtlinie) wird auf Abschnitt B der unter Nummer 1 genannten Empfehlungen hingewiesen.

Anlage 1
Richtlinien für Hege und Abschuß des Rehwildes
(Rehwildrichtlinie vom 24. 11. 1979)

1. Gesetzliche Grundlagen

Die Hege hat nach § 1 Abs. 2 des Bundesjagdgesetzes (BJagdG) die Erhaltung eines den landwirtschaftlichen und landeskulturellen Verhältnissen angepaßten, artenreichen und gesunden Wildbestandes zum Ziel. Die Hege muß so durchgeführt werden, daß Beeinträchtigungen einer ordnungsgemäßen land-, forst- und fischereiwirtschaftlichen Nutzung, insbesondere Wildschäden, möglichst vermieden werden.

Nach § 21 Abs. 1 BJagdG ist der Abschuß so zu regeln, daß die berechtigten Ansprüche der Land-, Forst- und Fischereiwirtschaft auf Schutz gegen Wildschäden voll gewahrt bleiben sowie die Belange von Naturschutz und Landschaftspflege berücksichtigt werden. Innerhalb der hierdurch gebotenen Grenzen soll die Abschußregelung dazu beitragen, daß ein gesunder Wildbestand aller heimischen Tierarten in angemessener Zahl erhalten bleibt und insbesondere der Schutz von Tierarten gesichert ist, deren Bestand bedroht erscheint.

2. Grundsätzliches zur Hege und Abschußregelung

2.1 Beurteilung der Ausgangslage

Rehwild lebt in Wäldern territorial. Die Größe der Territorien und damit die Rehwilddichte hängen ab von der Qualität des Lebensraums, in erster Linie vom Äsungsangebot. Rehwildbestände sind in der Regel auch durch intensive Zählung nicht zu ermitteln. Rehwildzählungen haben in der Vergangenheit im allgemeinen zur Unterschätzung der Bestände geführt. Zu hohe Wildbestände vergrößern die Konkurrenz um hochwertige Äsung, verschärfen die Verbißbelastung und lassen das Rehwild kümmern.

Überhöhte Wildbestände können erkannt werden an

– der Übernutzung der Vegetation, insbesondere an starken Verbißschäden;

– der schlechten körperlichen Verfassung des Wildes, insbesondere an geringem Körpergewicht und schlechter Trophäenqualität;

– der Anfälligkeit gegen Krankheiten und Parasiten und am hohen Anteil von Fallwild.

2.2 Ziel der Hege und Abschußregelung

Aus den gesetzlichen Bestimmungen lassen sich für die Hege und Abschußregelung des Rehwildes, insbesondere für die anzustrebende Wilddichte, folgende Ziele ableiten:

– Die Begründung standortsgemäßer Mischwälder darf durch den Rehwildverbiß nicht in Frage gestellt werden. Die in einem bestimmten Gebiet vorkommenden Hauptbaumarten sollen sich in der Regel ohne Schutzmaßnahmen verjüngen lassen.

– Die standortstypische Flora darf durch Verbiß nicht wesentlich verändert, insbesondere soll die Artenvielfalt nicht beeinträchtigt werden.

– Der Rehwildbestand ist der gegebenen Biotopkapazität eines Reviers anzupassen. Diese soll für die Ernährung und Gesunderhaltung des Rehwildes nachhaltig ausreichen. Bei Bedarf ist dies durch geeignete

Rehwildrichtlinie

Biotoppflegemaßnahmen und Äsungsverbesserungen (vgl. Nr. 4) zu unterstützen. Fütterung soll auf Notzeiten beschränkt bleiben.

2.3 Höhe des Abschusses

Die Höhe des Abschusses orientiert sich am Abschuß des Vorjahres und ist entscheidend abhängig vom Zustand der Vegetation und der Kondition des Rehwildes. Dementsprechend ist der Abschuß zu erhöhen, zu belassen oder herabzusetzen. Zur besseren Einschätzung des Vegetationszustandes dient das „Forstliche Gutachten zum Abschußplan". Es wird vom zuständigen Forstamt erstellt und dient der unteren Jagdbehörde als Entscheidungshilfe bei der Festsetzung des Abschusses.

2.4 Struktur des Abschusses

Solange überhöhte Wildbestände bestehen, ist der Abschuß beim weiblichen Wild und in der Jugendklasse besonders stark zu erhöhen.

Sind biotopgerechte Wildbestände gegeben, sollten die jagdlichen Eingriffe in die verschiedenen Altersklassen bzw. sozialen Klassen des Bestandes im Anhalt an die arteigene Altersstruktur und die natürliche Auslese erfolgen. Das bedeutet:

– Starke Eingriffe in der Jugendklasse der Kitze und einjährigen Stücke,
– weitgehende Schonung der zwei- und dreijährigen Rehe. Hier sind nur die kranken und unterdurchschnittlich entwickelten Stücke zu erlegen,
– wiederum stärkere Eingriffe bei den vierjährigen und älteren Rehen,
– anzustrebendes Geschlechtsverhältnis 1:1.

Auf diese Weise kann eine gut strukturierte, gesunde und stabile Population mit guten Trophäenträgern aufgebaut und erhalten werden.

3. Jagdbetriebliche Empfehlungen

Ein den forstwirtschaftlichen und ökologischen Erfordernissen angepaßter Wildbestand kann nur durch intensive Bejagung erreicht und erhalten werden.

Die Erfüllung des Abschußplanes kann erleichtert werden durch:

– Beteiligung revierloser Jäger,
– Verbesserung der Jagdeinrichtungen,
– frühzeitigen Beginn der Bejagung nach Aufgang der Jagdzeit,
– Drückjagden,
– Ankirren.

4. Verbesserung der Äsungsverhältnisse

Die Maßnahmen des Waldbaus und der Waldpflege sollen auf Erhaltung bzw. Schaffung günstiger Lebensbedingungen für das Wild Rücksicht nehmen. Durch Verbesserung der natürlichen Äsungsverhältnisse soll das Wild gesunderhalten und der Wildschaden verringert werden. Zusätzliche Äsung ist dem Wild bereitzustellen durch Pflege und Düngung von zur Holzerzeugung nicht geeigneten Flächen, z. B. Leitungsaufhiebe, Feuerschutzstreifen, Graswege, Holzlagerplätze, Wegeböschungen, aufgelassene Pflanzschulen und durch sonstige forstwirtschaftliche Maßnahmen wie Schonung von Weichlaubhölzern, Anbau und Erhaltung von masttragenden Bäumen an Wegen und Schneisen. Soweit erforderlich, sind in ausreichendem Umfang Wildwiesen und Wildäcker anzulegen und zu unterhalten.

Äsungsflächen sollten in erster Linie in der Nähe der Wildeinstände angelegt werden, damit das Wild die Möglichkeit hat, den ihm artgemäßen Äsungsrhythmus einzuhalten.

In Zusammenarbeit zwischen Jagdpächtern und Forstämtern sollte erreicht werden, daß die Äsungsflächen in größeren Waldgebieten 1 v. H. der Holzbodenfläche betragen.

5. Wildfütterung

In Notzeiten ist das Wild ausreichend zu füttern (§ 18 LJagdG). Rehwildbestände, die der gegebenen Biotopkapazität eines Revieres angepaßt sind, sind im allgemeinen gut ernährt und besitzen ausreichende Reserven für die äsungsarme Zeit. Forstliche Maßnahmen, die geeignet sind, die Nahrungsgrundlage des Wildes zu verbessern, z. B. das Fällen von Proßholz, sollen möglichst in den Wintermonaten durchgeführt werden. Bei der Fütterung ist auf eine angemessene Menge von Saftfutter, z. B. Silage, Rüben zu achten.

Anlage 2
Empfehlungen zur Bejagung von Reh- und Rotwild

Herausgegeben vom Ministerium für Ernährung, Landwirtschaft, Umwelt und Forsten und dem Landesjagdverband Baden-Württemberg e. V.

Allgemeines

I. Die Bejagung von Reh- und Rotwild in der zunehmend belasteten Kulturlandschaft wird immer schwieriger. Häufig können die Ab-

Rehwildrichtlinie — Anhang 5

schußpläne nicht mehr erfüllt werden. Zu den Faktoren, die die Bejagung erschweren, zählen u. a.

- der wachsende Besucherdruck, der das Wild heimlicher werden läßt,
- geänderte Waldbauverfahren, die die Lebensbedingungen des Wildes im Wald zwar verbessern, aber gleichzeitig dessen Bewegungsaktivitäten vermindern,
- die geringere Wilddichte, durch die der Anblick von Wild überproportional abnimmt, wodurch der Zeitaufwand für eine erfolgreiche Bejagung und damit der Jagddruck steigt.

II. Das Bundesjagdgesetz fordert von Jagdausübungsberechtigten die Erfüllung des Abschußplanes. Soweit die herkömmlichen Jagdmethoden wegen der veränderten Umweltbedingungen eine erfolgreiche Bejagung nicht mehr, oder nur bei unverhältnismäßig hohem Zeitaufwand ermöglichen, bedarf es einer Fortentwicklung der Jagdmethoden im Rahmen der jagdgesetzlichen Bestimmungen. Neben den einschlägigen sachlichen Verboten des Bundesjagdgesetzes und des Landesjagdgesetzes sind auch die allgemein anerkannten Grundsätze deutscher Weidgerechtigkeit zu beachten. Indes ist auch der Begriff der Weidgerechtigkeit in Anpassung an die veränderten Umweltverhältnisse der Wandlung unterworfen.

III. Jagdmethoden, die den erforderlichen Abschuß mit angemessenem Zeitaufwand sicherstellen und andererseits den Jagddruck vermindern, verbessern die Lebensbedingungen für das Wild. Die vorwiegend geübte Jagdmethode auf Reh- und Rotwild ist die Ansitzjagd.

Der Jagderfolg kann aber durch Treibjagden in Form von Drückjagden sowie durch das Auslegen geringer Futtermengen (Ankirren) vergrößert werden.

Aus diesen Gründen geben das Ministerium für Ernährung, Landwirtschaft, Umwelt und Forsten Baden-Württemberg und der Landesjagdverband die nachstehenden Empfehlungen zur Bejagung von Reh- und Rotwild für Jäger, Forstverwaltungen und Jagdbehörden heraus.

Diese Empfehlungen gelten sinngemäß auch für die Bejagung von Dam- und Sikawild.

Anhang 5 **Rehwildrichtlinie**

A. Treib- und Drückjagden

1. Grundsätzliches

1.1 *Treibjagd* ist jede Art von Jagd, bei der Personen teilnehmen, die das Wild aufscheuchen und Schützen zutreiben. Das Landesjagdgesetz verbietet im Grundsatz Treibjagden auf Reh- und Rotwild nur dann, wenn mehr als vier Schützen, bei der Treibjagd im Walde mehr als acht Schützen oder mehr als vier Personen, die das Wild aufscheuchen, teilnehmen. Ausnahmen von diesem Verbot kann die untere Jagdbehörde gemäß § 20 Abs. 1 und 3 LJagdG zulassen.

Gesellschaftsjagden auf Reh- und Rotwild, bei denen die vorstehend genannte Anzahl von Schützen oder Treibern nicht überschritten wird, verstoßen nicht gegen das Treibjagdverbot.

1.2 Die *Drückjagd* ist eine besondere Form der Treibjagd. Bei der Drückjagd werden die Schützen weit entfernt von der Einstandsfläche, aus der das Wild getrieben werden soll, abgestellt und wenige Treiber, ggf. mit zum Stöbern geeigneten Hunden, bringen das Wild zum Verlassen der Einstandsfläche. Auch die Drückjagd bedarf einer Ausnahmegenehmigung der unteren Jagdbehörde, wenn dabei die unter Nummer 1.1 genannte Anzahl von Schützen oder Treibern überschritten wird.

1.3 Wird Rehwild und/oder Rotwild getrieben, ist den allgemein anerkannten Grundsätzen deutscher Weidgerechtigkeit dann Rechnung getragen, wenn das Treiben in Form der Drückjagd (s. Nr. 1.2) erfolgt und wenn

– mit wenigen Treibern vernehmlich getrieben wird,

– die Schützen weit von der zu treibenden Einstandsfläche entfernt abgestellt werden, so daß ein sicheres Ansprechen des Wildes und ein sicherer Schuß möglich sind,

– sofern ein Einsatz erforderlich ist – nur geeignete Hunde zum Stöbern verwendet werden,

– die Wetterverhältnisse das Wild nicht wesentlich in der Bewegung hindern, insbesondere keine hohe Schneelage oder kein Harsch vorhanden sind.

2. Zulassung von Treibjagden durch die untere Jagdbehörde

2.1 Wenn aus besonderen Gründen bei der Jagd auf Reh- und Rotwild im Wald mehr als acht Schützen oder mehr als vier Treiber erforderlich sind, ist eine Ausnahmegenehmigung vom Treibjagdverbot bei der unteren Jagdbehörde zu beantragen.

2.2 Besondere Gründe für eine Ausnahme liegen vor, wenn das Abschußsoll sich auf andere Weise nicht erfüllen läßt oder Treib- bzw. Drückjagden zur Verringerung des Jagddrucks erforderlich sind. Die Revierfläche, auf der die Treib- bzw. Drückjagd stattfinden soll, muß so beschaffen sein, daß ein weiträumiges Abstellen der Schützen möglich ist und Nachbarreviere nicht über das zumutbare Maß hinaus beeinträchtigt werden.

Außerdem muß gewährleistet sein, daß den unter Nummer 1.3 aufgeführten Grundsätzen Rechnung getragen wird.

B. Ankirren

3.1 Ankirren muß vom Füttern unterschieden werden. Füttern dient der ausreichenden Ernährung des Wildes in der äsungsarmen Zeit. Unter Ankirren ist das Anlocken des Wildes durch Auslegen von Futter in kleinen Mengen außerhalb fester Fütterungseinrichtungen zu verstehen; es dient auch der Abschußerfüllung.

3.2 Ankirren ist nur während der gesetzlich festgelegten Fütterungszeit erlaubt (1. Oktober bis 30. April). Es ist in dieser Zeit unter Beachtung der Jagdzeit grundsätzlich zulässig, Reh- und Rotwild an Kirrungen zu erlegen. An Kirrungen darf aber nicht geschossen werden, wenn das Wild, insbesondere durch hohen Schnee oder durch Harsch, Not leidet.

C. Jagd in Kulturzäunen*

4.1 In Zäunen kann Reh- und Rotwild nicht geduldet werden. Der Jagdausübungsberechtigte ist verpflichtet, die eingezäunte Fläche auf eingedrungenes Wild zu kontrollieren, dieses zu entfernen und gegebenenfalls zu bejagen.

4.2 In kleineren Zäunen mit überschaubarer Fläche verstößt die Bejagung von Reh- und Rotwild innerhalb des Zaunes gegen die allge-

---

* **Anmerkung**

Die fachgerechte Errichtung, die Unterhaltung sowie der Abbau von Zäunen im Wald sind Sache des Waldbesitzers. Regelmäßige Zaunkontrolle ist wichtig, sie obliegt grundsätzlich dem Waldbesitzer.

Muß der Jagdausübungsberechtigte zur Entfernung von Wild Zäune niederlegen, ist eine Absprache mit dem Waldbesitzer erforderlich.

mein anerkannten Grundsätze deutscher Weidgerechtigkeit. Hingegen sind Abschüsse zulässig, wenn der Jäger sich außerhalb des Zauns befindet.

4.3 In Zäunen mit nicht überschaubarer Fläche verstößt die Bejagung von Reh- und Rotwild grundsätzlich nicht gegen die allgemein anerkannten Grundsätze deutscher Weidgerechtigkeit. Soweit Treiber oder Hunde eingesetzt werden, ist der Zaun an geeigneter Stelle in ausreichendem Umfang zu öffnen.

Anhang 6

Tierseuchengesetz

in der Fassung vom 28. März 1980 (BGBl. I S. 386)

– Auszug –

§ 1
(Begriffsbestimmungen)

(1) Dieses Gesetz regelt die Bekämpfung von Seuchen, die bei Haustieren oder Süßwasserfischen auftreten oder bei anderen Tieren auftreten und auf Haustiere oder Süßwasserfische übertragen werden können (Tierseuchen).

(2) Im Sinne dieses Gesetzes sind

1. Haustiere:
von Menschen gehaltene Tiere einschließlich der Bienen, jedoch ausschließlich der Fische;
2. Vieh:
folgende Haustiere: Pferde, Esel, Maulesel, Maultiere, Rinder, Schweine, Schafe, Ziegen, Kaninchen, Gänse, Enten, Hühner – einschließlich Perl- und Truthühner – und Tauben;
3. Schlachtvieh:
Vieh, von dem anzunehmen ist, daß es zur Verwendung des Fleisches zum Genuß für Menschen alsbald geschlachtet werden soll;
4. Süßwasserfische:
Fische in allen Entwicklungsstadien einschließlich der Eier und des Spermas, die fischereilich genutzt werden und
   a) ständig oder zeitweise im Süßwasser leben oder
   b) im Meerwasser oder Brackwasser gehalten werden;

als Fische in diesem Sinne gelten auch Neunaugen (Cyclostomata) und Zehnfußkrebse (Dekapoden);
5. verdächtige Tiere:
 seuchenverdächtige und ansteckungsverdächtige Tiere;
6. seuchenverdächtige Tiere:
 Tiere, an denen sich Erscheinungen zeigen, die den Ausbruch einer Seuche befürchten lassen;
7. ansteckungsverdächtige Tiere:
 Tiere, die nicht seuchenverdächtig sind, von denen aber anzunehmen ist, daß sie den Ansteckungsstoff aufgenommen haben.

II. Bekämpfung von Tierseuchen im Inland

1. Allgemeine Vorschriften

a) Anzeigepflicht

§ 9

(Verpflichtete Personen)

(1) Bricht eine anzeigepflichtige Seuche aus oder zeigen sich Erscheinungen, die den Ausbruch einer solchen Seuche befürchten lassen, so hat der Besitzer der betroffenen Tiere unverzüglich der zuständigen Behörde oder dem beamteten Tierarzt Anzeige zu machen und die kranken und verdächtigen Tiere von Orten, an denen die Gefahr der Ansteckung fremder Tiere besteht, fernzuhalten.

(2) Die gleichen Pflichten hat, wer in Vertretung des Besitzers den Betrieb leitet, wer mit der Aufsicht über Tiere anstelle des Besitzers beauftragt ist, wer als Hirt, Schäfer, Schweizer, Senne oder in vergleichbarer Tätigkeit Tiere in Obhut hat oder wer Fischereiberechtigter, Fischereiausübungsberechtigter, Betreiber von Anlagen oder Einrichtungen zur Zucht, Haltung oder Hälterung von Süßwasserfischen ist. Die gleichen Pflichten hat für Tiere auf dem Transport ihr Begleiter, für Haustiere in fremdem Gewahrsam der Besitzer des betreffenden Gehöftes, der Stallungen, Koppeln oder Weideflächen.

(3) Zur unverzüglichen Anzeige sind auch die Tierärzte und Leiter tierärztlicher und sonstiger öffentlicher oder privater Un-

tersuchungsstellen sowie alle Personen verpflichtet, die sich mit der Ausübung der Tierheilkunde, der künstlichen Besamung, der Leistungsprüfung in der tierischen Erzeugung oder gewerbsmäßig mit der Kastration von Tieren beschäftigen, desgleichen die Fleischbeschauer einschließlich der Trichinenschauer, die Geflügelfleischkontrolleure, die Fischereisachverständigen, die Fischereiberater und die Fischereiaufseher, ferner die Personen, die das Schlächtergewerbe betreiben, sowie solche, die sich gewerbsmäßig mit der Bearbeitung, Verwertung oder Beseitigung geschlachteter, getöteter oder verendeter Tiere oder tierischer Bestandteile beschäftigen, wenn sie, bevor ein behördliches Einschreiten stattgefunden hat, von dem Ausbruch einer der Anzeigepflicht unterliegenden Seuche (§ 10) oder von Erscheinungen, die den Ausbruch einer solchen Seuche befürchten lassen, Kenntnis erhalten.

§ 10
(Anzeigepflichtige Seuchen)

(1) Anzeigepflichtige Seuchen sind:
1. Milzbrand und Rauschbrand;
2. Tollwut;
3. Rotz;
4. Maul- und Klauenseuche;
5. Lungenseuche der Rinder;
6. Pockenseuche der Schafe;
7. Beschälseuche der Pferde;
8. Räude der Einhufer und der Schafe;
9. Schweinepest und ansteckende Schweinelähmung (Teschener Krankheit);
10. Rinderpest;
11. Geflügelcholera, Geflügelpest und Newcastle-Krankheit;
12. Tuberkulose des Rindes;
13. Afrikanische Pferdepest;
14. Afrikanische Schweinepest;
15. Brucellose der Rinder, Schweine, Schafe und Ziegen;
16. ansteckende Blutarmut der Einhufer;
17. Psittakose;
18. Faulbrut und Milbenseuche der Bienen.

(2) Der Bundesminister wird ermächtigt, durch Rechtsverordnung mit Zustimmung des Bundesrates die Anzeigepflicht

1. zum Schutz gegen die Gefährdung von Tieren durch Tierseuchen für weitere Seuchen einzuführen und
2. für bestimmte Seuchen aufzuheben,

soweit Vorkommen, Ausmaß oder Gefährlichkeit einer Seuche dies erfordern oder zulassen.

(3) Bei Gefahr im Verzuge kann der Bundesminister Rechtsverordnungen nach Absatz 2 Nr. 1 ohne Zustimmung des Bundesrates erlassen; sie treten spätestens sechs Monate nach ihrem Inkrafttreten außer Kraft. Ihre Geltungsdauer kann nur mit Zustimmung des Bundesrates verlängert werden.

b) Ermittlung der Seuchenausbrüche

§ 11
(Maßnahmen der beamteten Tierärzte)

(1) Ist eine Anzeige erfolgt oder der Ausbruch einer Tierseuche oder der Verdacht eines Seuchenausbruchs sonst zur Kenntnis der zuständigen Behörde gelangt, so hat diese sofort den beamteten Tierarzt zuzuziehen. § 14 bleibt unberührt. Bei Auftreten einer Tierseuche oder des Verdachts eines Seuchenausbruchs unter Haustieren hat die zuständige Behörde inzwischen anzuordnen, daß die kranken und verdächtigen Haustiere von anderen Tieren abgesondert, soweit erforderlich auch eingesperrt und bewacht werden. Der beamtete Tierarzt hat die Art, den Stand und die Ursachen der Krankheit zu ermitteln und sein Gutachten darüber abzugeben, ob durch den Befund der Ausbruch der Seuche festgestellt oder der Verdacht eines Seuchenausbruchs begründet ist und welche besonderen Maßregeln zur Bekämpfung der Seuche erforderlich erscheinen. Ist eine Anzeige beim beamteten Tierarzt erstattet, hat dieser unverzüglich die in Satz 1 bezeichnete Behörde zu benachrichtigen.

(2) In eiligen Fällen kann der beamtete Tierarzt schon vor Einschreiten der zuständigen Behörde dringliche Maßnahmen zur Verhütung der Weiterverbreitung der Tierseuche, insbesondere die vorläufige Einsperrung und Absonderung der kranken und verdächtigen Haustiere, soweit erforderlich auch deren Bewachung, anordnen und die notwendigen Ermittlungen anstellen. Die getroffenen vorläufigen Anordnungen sind dem Besitzer der Tiere oder dessen Vertreter entweder zu Protokoll oder durch

schriftliche Verfügung zu eröffnen, auch ist davon der zuständigen Behörde unverzüglich Anzeige zu machen.

(3) Auf Ersuchen des beamteten Tierarztes hat die zuständige Behörde für die vorläufige Bewachung der erkrankten und verdächtigen Tiere sowie für die Durchführung der dringlichen Maßregeln zu sorgen.

2. Besondere Vorschriften für einzelne Seuchen

§ 31

Bei einzelnen Seuchen greifen folgende besonderen Vorschriften mit der Maßgabe Platz, daß außerdem alle nach den sonstigen Vorschriften dieses Gesetzes zulässigen Maßregeln angeordnet werden können.

a) Milzbrand und Rauschbrand

§ 32
(Verbot von Schlachtungen)

Tiere, die an Milzbrand oder Rauschbrand erkrankt oder einer dieser Seuchen verdächtigt sind, dürfen nicht geschlachtet werden.

§ 33
(Blutige Operationen, Öffnung von Tierkörpern)

(1) Die Vornahme blutiger Operationen an Tieren, die an Milzbrand oder Rauschbrand erkrankt oder einer dieser Seuchen verdächtig sind, ist nur approbierten Tierärzten gestattet.

(2) Eine Öffnung des Tierkörpers darf ohne behördliche Erlaubnis nur von approbierten Tierärzten vorgenommen werden.

§ 34
(Beseitigung von Tierkörpern)

(1) Die Tierkörper verendeter oder getöteter Tiere, die an Milzbrand oder Rauschbrand erkrankt oder einer dieser Seuchen verdächtig waren, müssen sofort nach Anweisung des beamteten Tierarztes unschädlich beseitigt werden. Bis dahin ist für eine Aufbewahrung Sorge zu tragen, durch die eine Verschleppung von Krankheitserregern nach Möglichkeit vermieden wird.

(2) Das Abhäuten der Tierkörper ist verboten. Jedoch kann bei Rauschbrand das Abhäuten der Tierkörper unter ausreichenden Vorsichtsmaßnahmen gestattet werden.

(3) Die gleichen Vorschriften finden beim Ausbruch des Milzbrandes oder Rauschbrandes unter Wildbeständen auf das verendete oder getötete Wild Anwendung.

b) Tollwut

§ 36
(Tötung von Hunden und Katzen)

Seuchenverdächtige Hunde oder Katzen müssen von dem Besitzer oder demjenigen, unter dessen Aufsicht sie stehen, sofort getötet oder bis zu behördlichem Einschreiten in einem sicheren Behältnis eingesperrt werden. Die Vorschriften des Satzes 1 über das Einsperren gelten auch für andere seuchenverdächtige Haustiere.

§ 37
(Keine Heilversuche vor behördlichem Einschreiten)

Vor behördlichem Einschreiten dürfen bei wutkranken oder seuchenverdächtigen Tieren keinerlei Heilversuche angestellt werden.

§ 38
(Schlacht- und Verwertungsverbot wutkranker Tiere)

Das Schlachten wutkranker oder seuchenverdächtiger Tiere und jeder Verkauf oder Verbrauch einzelner Teile, der Milch oder sonstiger Erzeugnisse solcher Tiere sind verboten.

§ 39
(Tötung bei Feststellung oder Verdacht von Tollwut)

(1) Für Tiere, bei denen die Tollwut festgestellt ist, ist die sofortige Tötung behördlich anzuordnen, für Hunde und Katzen auch dann, wenn das tierärztliche Gutachten nur auf Verdacht der Seuche lautet. Wenn ein seuchenverdächtiger Hund oder eine seuchenverdächtige Katze einen Menschen gebissen hat oder nachweislich gegen Tollwut geimpft worden ist und auf Grund des Zeitpunktes der Impfung das Bestehen eines wirksamen

Impfschutzes gegen die Seuche zu erwarten ist, so kann das Tier eingesperrt und bis zur Bestätigung oder Beseitigung des Verdachts behördlich beobachtet werden.

(2) Für Hunde und Katzen, von denen anzunehmen ist, daß sie mit wutkranken Tieren oder seuchenverdächtigen Hunden oder Katzen in Berührung gekommen sind, ist gleichfalls die sofortige Tötung anzuordnen. Dies gilt nicht für Hunde und Katzen, die nachweislich gegen Tollwut geimpft worden sind und bei denen auf Grund des Zeitpunktes der Impfung das Bestehen eines wirksamen Impfschutzes zu erwarten ist. Andere Tiere, bei denen die Voraussetzungen des Satzes 1 vorliegen, sowie Hunde und Katzen im Falle des Satzes 2 sind sofort der behördlichen Beobachtung zu unterstellen. Die zuständige Behörde kann im Einzelfall für nicht geimpfte Hunde statt der Tötung eine mindestens dreimonatige Einsperrung unter behördlicher Beobachtung zulassen, sofern diese mit genügender Sicherheit durchzuführen ist und Belange der Seuchenbekämpfung nicht entgegenstehen.

§ 40
(Anordnungen bei frei umherlaufenden Hunden und Katzen)

(1) Ist ein Hund oder eine Katze, die von Tollwut befallen oder seuchenverdächtig ist, frei umhergelaufen oder ist anzunehmen, daß das Tier frei umhergelaufen ist, so muß für die Dauer der Gefahr die Festlegung aller in dem gefährdeten Bezirk vorhandenen Hunde behördlich angeordnet werden. Der Festlegung gleich zu erachten sind das Führen der Hunde an der Leine mit Maulkorb, sofern sie nicht gegen Tollwut geimpft sind, sowie das Führen der Hunde an der Leine ohne Maulkorb, sofern sie nachweislich gegen Tollwut geimpft worden sind und auf Grund des Zeitpunktes der Impfung das Bestehen eines wirksamen Impfschutzes gegen die Seuche zu erwarten ist.

(2) Die zuständige Behörde kann Ausnahmen von Absatz 1 zulassen für

1. Hunde, die im Dienste der Bundeswehr, des Bundesgrenzschutzes, der Polizei, der Zollverwaltung, zur Führung von Blinden und im Rettungsdienst verwendet werden,

2. Hirtenhunde zur Begleitung von Herden sowie

3. Jagdhunde, sofern deren Verwendung gesetzlich vorgeschrieben ist.

§ 41
(Beseitigung von Kadavern)

(1) Die Tierkörper der verendeten oder getöteten wutkranken oder seuchenverdächtigen Tiere müssen unverzüglich unschädlich beseitigt werden.

(2) Das Abhäuten solcher Tierkörper ist verboten.

III. Straf- und Bußgeldvorschriften

§ 74
(Strafbestimmungen)

(1) Mit Freiheitsstrafe bis zu zwei Jahren oder mit Geldstrafe wird bestraft, wer

1. unter Tieren eine anzeigepflichtige Seuche verbreitet,
...

(2) Führt der Täter in den Fällen des Absatzes 1 absichtlich eine Gefährdung von Tierbeständen herbei, so ist die Strafe Freiheitsstrafe von sechs Monaten bis zu fünf Jahren.

(3) Der Versuch ist strafbar.

(4) Wer fahrlässig eine der in Absatz 1 bezeichneten Handlungen begeht, wird mit Freiheitsstrafe bis zu einem Jahr oder mit Geldstrafe bestraft.

§ 76
(Ordnungswidrigkeiten)

(1) Ordnungswidrig handelt, wer vorsätzlich oder fahrlässig

1. entgegen § 9 die ihm obliegende Anzeige nicht oder nicht unverzüglich erstattet oder ein krankes oder ein verdächtiges Tier nicht von Orten, an denen die Gefahr der Ansteckung fremder Tiere besteht, fernhält,

1a. entgegen § 17c Abs. 1 Satz 1 nicht zugelassene Sera, Impfstoffe oder Antigene abgibt oder anwendet,

1b. entgegen § 17d Abs. 1 Mittel nach § 17c Abs. 1 Satz 1 ohne Erlaubnis herstellt,

2. entgegen § 32 oder § 43 Abs. 2 ein Tier schlachtet,

3. entgegen § 33 Abs. 1 eine Operation an einem Tier vornimmt oder entgegen § 33 Abs. 2 einen Tierkörper öffnet,

4. entgegen § 34 Abs. 1 Satz 1 oder Abs. 3 oder § 45 Abs. 1 Satz 1 einen Tierkörper nicht sofort oder entgegen § 41 Abs. 1 nicht unverzüglich unschädlich beseitigt,
5. entgegen § 34 Abs. 2 oder 3, § 41 Abs. 2 oder § 45 Abs. 2 einen Tierkörper abhäutet,
6. entgegen § 36 einen Hund oder eine Katze nicht sofort entweder tötet oder einsperrt oder ein anderes Haustier nicht einsperrt,
7. entgegen § 37 einen Heilversuch anstellt,
8. entgegen § 38 ein Tier schlachtet oder Teile von Tieren oder Erzeugnisse verkauft oder verbraucht,

...

(2) ...

(3) Die Ordnungswidrigkeit kann mit einer Geldbuße bis zu dreißigtausend Deutsche Mark geahndet werden.

Anhang 7

Verordnung zum Schutz gegen die Tollwut (Tollwut-Verordnung)

vom 11. März 1977 (BGBl. I S. 444)

Auf Grund des § 79 Abs. 1 des Viehseuchengesetzes* in der Fassung der Bekanntmachung vom 23. Februar 1977 (BGBl. I S. 313) wird mit Zustimmung des Bundesrates verordnet:

I. Allgemeine Vorschriften

§ 1

Hundeausstellungen und Katzenausstellungen sowie Veranstaltungen ähnlicher Art mit Hunden und Katzen sind der zuständigen Behörde mindestens acht Wochen vor Beginn anzuzeigen. Wenn es aus Gründen der Seuchenbekämpfung erforderlich

---

* Jetzt Tierseuchengesetz; siehe Anh. 6.

ist, kann die zuständige Behörde solche Ausstellungen und Veranstaltungen beschränken oder verbieten.

§ 2

Es ist verboten, über drei Monate alte Hunde außerhalb geschlossener Räume umherlaufen zu lassen oder mit sich zu führen, wenn sie nicht ein Halsband, einen Gurt oder ein sonstiges Hundegeschirr tragen, auf oder an dem Name und Wohnung des Besitzers angegeben sind oder an dem eine Steuermarke befestigt ist. Dies gilt nicht für Hunde auf umfriedeten Grundstükken, von denen sie nicht entweichen können, und für Jagdhunde bei jagdlicher Verwendung

II. Schutzmaßregeln

1. Allgemeine Schutzmaßregeln

§ 3

(1) Gegen die Tollwut darf nur mit Impfstoffen aus nicht vermehrungsfähigen (inaktivierten) Erregern geimpft werden. Impfungen tollwutkranker, seuchenverdächtiger oder ansteckungsverdächtiger Tiere gegen die Tollwut sind verboten.

(2) Die zuständige Behörde kann, sofern Belange der Seuchenbekämpfung nicht entgegenstehen, Ausnahmen zulassen
1. von Absatz 1 für wissenschaftliche Versuche,
2. von Absatz 1 Satz 1 für die Impfung mit anderen als den dort bezeichneten Impfstoffen,
3. von Absatz 1 Satz 2 für ansteckungsverdächtige Tiere, sofern nachgewiesen wird, daß sie mindestens vier Wochen und längstens ein Jahr vor dem Zeitpunkt, an dem sie tatsächlich oder vermutlich mit tollwutkranken oder seuchenverdächtigen Tieren in Berührung gekommen sind, gegen Tollwut geimpft worden sind.

(3) Die zuständige Behörde kann Impfungen gegen die Tollwut anordnen, sofern dies aus Gründen der Seuchenbekämpfung erforderlich ist.

§ 4

Tollwutkranke Hunde oder Katzen müssen ebenso wie seuchenverdächtige Hunde oder Katzen (§ 36 Satz 1 des Viehseuchengesetzes) von dem Besitzer oder demjenigen, unter dessen Aufsicht sie stehen, bis zum behördlichen Einschreiten in einem sicheren Behältnis eingesperrt oder sofort getötet werden. Über § 36 Satz 2 des Viehseuchengesetzes* hinaus müssen tollwutkranke andere Haustiere und tollwutkranke oder seuchenverdächtige gefangengehaltene, sonst wildlebende Tiere in einem sicheren Behältnis eingesperrt werden. Die Tiere sind so abzusondern, daß andere Tiere sowie Menschen nicht mit ihnen in Berührung kommen können.

§ 5

Tote Tiere, die tollwutkrank oder seuchenverdächtig waren, muß der Besitzer oder derjenige, unter dessen Aufsicht die Tiere gestanden haben, bis zur unschädlichen Beseitigung so lagern oder verwahren, daß Menschen und Tiere nicht mit ihnen in Berührung kommen können. Sie dürfen nur von einem Tierarzt oder unter Leitung eines solchen zerlegt werden; das Abtrennen des Kopfes gilt nicht als Zerlegen.

§ 6

Führt die amtsärztliche Untersuchung bei einem als tollwutkrank oder seuchenverdächtig gemeldeten Tier nicht zu einem eindeutigen Ergebnis, so ordnet die zuständige Behörde die Beobachtung des Tieres an; hierzu ist es sicher einzusperren. Die Beobachtung wird aufgehoben, wenn durch amtstierärztliche Untersuchung festgestellt wird, daß das Tier unverdächtig ist.

§ 7

Jagdausübungsberechtigte haben dafür zu sorgen, daß dem Wild, bei dem Anzeichen einer Tollwuterkrankung oder Ver-

---

* Jetzt Tierseuchengesetz; siehe Anh. 6.

dacht auf Tollwut vorliegt, sofort nachgestellt wird und dieses erlegt sowie nach § 41 des Viehseuchengesetzes* unverzüglich unschädlich beseitigt wird. Ausgenommen von der Verpflichtung zur unschädlichen Beseitigung ist Untersuchungsmaterial zur Feststellung der Tollwut: bei Füchsen und kleineren Tieren ist das der ganze Tierkörper, bei größeren Tieren nur der Kopf. Wird das Untersuchungsmaterial nicht der zuständigen Behörde oder einem staatlichen Veterinäruntersuchungsamt abgeliefert, so ist der zuständigen Behörde mitzuteilen, wo sich das Untersuchungsmaterial befindet.

2. Schutzmaßregeln nach amtlicher Feststellung der Tollwut oder des Seuchenverdachts

§ 8

Seuchenverdächtige Haustiere und seuchenverdächtige gefangengehaltene, sonst wildlebende Tiere sind bis zur Bestätigung oder Beseitigung des Verdachts sicher einzusperren, soweit nicht nach § 39 Abs. 1 des Viehseuchengesetzes* die Tötung angeordnet ist.

§ 9

(1) Ist ein tollwutkranker oder seuchenverdächtiger Hund oder eine tollwutkranke oder seuchenverdächtige Katze frei umhergelaufen oder ist dies anzunehmen, so erklärt die zuständige Behörde unter Berücksichtigung der örtlichen Gegebenheiten die Ortschaften oder Teile der Ortschaften, in denen das Tier gewesen ist oder von denen dies anzunehmen ist, zum gefährdeten Bezirk und gibt dies öffentlich bekannt. Sofern es aus Gründen der Seuchenbekämpfung erforderlich ist, kann die zuständige Behörde auch umliegende Gemarkungen in den gefährdeten Bezirk einbeziehen.

---

* Jetzt Tierseuchengesetz; siehe Anh. 6.

(2) Absatz 1 gilt auch, wenn ein tollwutkrankes oder seuchenverdächtiges wildlebendes Tier einen Hund oder eine Katze gebissen oder auf andere Weise verletzt hat oder wenn dies anzunehmen ist.

(3) Die zuständige Behörde bringt an den Eingängen der Ortschaften des gefährdeten Bezirks und an anderen geeigneten Stellen Schilder mit der deutlichen und haltbaren Aufschrift „Tollwut! Gefährdeter Bezirk" gut sichtbar an.

(4) Für den gefährdeten Bezirk gilt folgendes:
1. Hunde sind nach Maßgabe des § 40 des Viehseuchengesetzes* festzulegen.
2. Katzen darf man nicht frei umherlaufen lassen; innerhalb von geschlossenen Ortschaften und von Siedlungen gilt dies nicht, sofern die Katzen nachweislich seit mindestens vier Wochen und längstens einem Jahr gegen Tollwut geimpft worden sind.
3. Hunde und Katzen dürfen aus dem gefährdeten Bezirk verbracht werden, wenn sie nachweislich seit mindestens vier Wochen und längstens einem Jahr gegen Tollwut geimpft worden sind oder nur bis zu vier Tagen entfernt wurden; andere Hunde und Katzen dürfen nur mit Genehmigung der zuständigen Behörde und nach tierärztlicher Untersuchung entfernt werden.

(5) Hunde und Katzen, die der Vorschrift des Absatzes 4 zuwider angetroffen werden, sind durch die von der zuständigen Behörde beauftragten Personen einzufangen oder, falls dies nicht möglich ist, zu töten.

§ 10

(1) Ist bei wildlebenden Tieren die Tollwut festgestellt oder besteht Verdacht auf Ausbruch der Tollwut, so erklärt die zuständige Behörde unter Berücksichtigung der örtlichen Gegebenheiten die Umgebung der Abschuß-, Tötungs- oder Fundstelle eines wildlebenden Tieres, das tollwutkrank oder seuchenverdächtig war, bis zu einer Entfernung von etwa 10 Kilometern zum gefährdeten Bezirk und gibt dies öffentlich bekannt.

---

* Jetzt Tierseuchengesetz; siehe Anh. 6.

(2) Die zuständige Behörde bringt an den Zugängen zu dem gefährdeten Bezirk, an den Ausgängen der Ortschaften im gefährdeten Bezirk und an anderen geeigneten Stellen Schilder mit der deutlichen und haltbaren Aufschrift „Wildtollwut! Gefährdeter Bezirk" gut sichtbar an.

(3) Für den gefährdeten Bezirk gilt folgendes:
1. Hunde, die nicht gegen Tollwut geimpft worden sind, dürfen außerhalb von geschlossenen Ortschaften und von Siedlungen
   a) nur an der Leine geführt werden,
   b) auf öffentlichen Straßen jedoch frei umherlaufen, wenn sie von einer Person beaufsichtigt werden, der sie zuverlässig gehorchen.
2. Hunde, die nachweislich seit mindestens vier Wochen und längstens einem Jahr gegen Tollwut geimpft worden sind, darf man außerhalb geschlossener Ortschaften und Siedlungen frei umherlaufen lassen, wenn sie von einer Person beaufsichtigt werden, der sie zuverlässig gehorchen.
3. Katzen darf man außerhalb von geschlossenen Ortschaften und von Siedlungen nicht frei umherlaufen lassen.

(4) Hunde und Katzen, die der Vorschrift des Absatzes 3 zuwider angetroffen werden, sind durch die von der zuständigen Behörde beauftragten Personen einzufangen oder, falls dies nicht möglich ist, zu töten.

3. Schutzmaßregeln bei Ansteckungsverdacht

§ 11

Über § 39 Abs. 2 Satz 1 des Viehseuchengesetzes* hinaus kann die zuständige Behörde für Hunde und Katzen, die mit seuchenverdächtigen Tieren in Berührung gekommen sind, die sofortige Tötung anordnen; § 39 Abs. 2 Satz 4 des Viehseuchengesetzes* gilt entsprechend. Dies gilt nicht für Hunde und Katzen, die nachweislich mindestens vier Wochen und längstens ein Jahr vor der Berührung gegen Tollwut geimpft worden sind. Solche Tiere sind sofort der amtlichen Beobachtung zu unterstellen und unverzüglich erneut gegen Tollwut zu impfen. Die zuständige Behörde kann zulassen, daß von der Impfung abgesehen wird, wenn die Tiere bereits mehrmals in kurzen Abständen gegen Tollwut geimpft worden sind.

* Jetzt Tierseuchengesetz; siehe Anh. 6.

§ 12

(1) Die Dauer der amtlichen Beobachtung im Falle des § 39 Abs. 2 Satz 3 des Viehseuchengesetzes* und des § 11 Satz 3 beträgt für ansteckungsverdächtige

1. Einhufer und Rinder sechs Monate,
2. Schweine, Schafe und Ziegen drei Monate,
3. Hunde und Katzen mindestens drei, höchstens sechs Monate.

Die zuständige Behörde kann die Dauer bis auf zwei Monate verkürzen, sofern nachgewiesen wird, daß diese Tiere mindestens vier Wochen und längstens ein Jahr vor dem Zeitpunkt, an dem sie mit tollwutkranken oder seuchenverdächtigen Tieren in Berührung gekommen sind, gegen Tollwut geimpft worden sind; dabei ist zur Auflage zu machen, daß die Tiere unverzüglich erneut gegen Tollwut geimpft werden; § 11 Satz 4 gilt entsprechend.

(2) Während der amtlichen Beobachtung darf das Tier nur mit Genehmigung der zuständigen Behörde von seinem Standort entfernt werden. Die Nutzung und der Weidegang von Einhufern, Rindern, Schweinen, Schafen und Ziegen sind gestattet; die Nutzung der Hunde bedarf der Genehmigung der zuständigen Behörde. Wird das Tier vom Standort entfernt, so unterliegt es der Beobachtung am neuen Standort.

(3) Statt der amtlichen Beobachtung kann die zuständige Behörde für ansteckungsverdächtige Einhufer, Rinder, Schweine, Schafe und Ziegen die Tötung anordnen, sofern dies aus Gründen der Seuchenbekämpfung erforderlich ist.

4. Besondere Maßregeln gegen die Tollwut wildlebender Tiere

§ 13

(1) Wird die Tollwut bei wildlebenden Tieren festgestellt und liegen gesicherte Anhaltspunkte dafür vor, daß die Seuche in dem betroffenen Gebiet durch den Fuchs verbreitet wird, ist die Tollwut durch verstärkte Bejagung der Füchse zu bekämpfen. Die Verpflichtung obliegt dem Jagdausübungsberechtigten.

(2) Ist die Verringerung der Fuchspopulation durch Maßnahmen nach Absatz 1 nicht in dem für die Bekämpfung der Tollwut

---

* Jetzt Tierseuchengesetz; siehe Anh. 6.

erforderlichen Umfang zu erreichen, kann die zuständige Behörde zusätzlich andere Maßnahmen zur Tötung des Fuchses, auch im Bau, anordnen, wobei dafür Sorge zu tragen ist, daß der Fuchs nicht ausgerottet wird. Bei der Bekämpfung ist der Dachs zu schonen; sicher von ihm befahrene Fuchsbaue sind von den Maßnahmen auszunehmen. Die Durchführung obliegt der von der zuständigen Behörde bestimmten Stelle oder den von ihr beauftragten Personen. Der Jagdausübungsberechtigte, Grundstückseigentümer und Grundstücksbesitzer haben sicherzustellen, daß der zuständigen Behörde auf Anforderung die in dem nach Absatz 3 bestimmten Gebiet liegenden Fuchsbaue angezeigt und den mit der Durchführung der Bekämpfungsmaßnahmen beauftragten Personen gezeigt werden. Sie haben die Bekämpfungsmaßnahmen zu dulden und dafür zu sorgen, daß bei ihrer Durchführung erforderlichenfalls Hilfe geleistet wird.

(3) Den Zeitraum und das Gebiet, in denen die Bekämpfungsmaßnahmen nach den Absätzen 1 und 2 durchzuführen sind, bestimmt die zuständige Behörde; dabei sind die Epidemiologie der Seuche und die landschaftsstrukturellen Gegebenheiten zugrunde zu legen. In gefährdeten Bezirken getötete Füchse sind unverzüglich ohne Abbalgen unschädlich zu beseitigen, soweit sie nicht zu Untersuchungszwecken von der zuständigen Behörde benötigt werden.

5. Desinfektion

§ 14

Die Standplätze, an denen sich tollwutkranke oder verdächtige Tiere aufgehalten haben, ferner die Lager- und Verwahrplätze von toten Tieren und Teilen dieser Tiere, ausgenommen von wildlebenden Tieren, sowie alle Ausrüstungs-, Gebrauchs- und sonstigen Gegenstände, mit denen tollwutkranke oder verdächtige Tiere in Berührung gekommen sind, sind unverzüglich nach Entfernung der Tiere nach näherer Anweisung des beamteten Tierarztes zu reinigen und zu desinfizieren. Einstreu, Maulkörbe, Halsbänder, Leinen, Decken, Geräte und sonstige Gegenstände, mit denen tollwutkranke oder verdächtige Hunde oder Katzen in Berührung gekommen sind, sind zu verbrennen oder nach näherer Anweisung des beamteten Tierarztes auf andere Weise unschädlich zu beseitigen oder zu desinfizieren.

6. Aufhebung der Schutzmaßregeln

§ 15

(1) Angeordnete Schutzmaßregeln sind aufzuheben, wenn die Tollwut erloschen ist oder der Seuchenverdacht sich als unbegründet erwiesen hat.

(2) Die Tollwut gilt als erloschen, wenn
1. die tollwutkranken Tiere sowie die seuchenverdächtigen Hunde und Katzen getötet worden oder verendet sind,
2. die toten Tiere unschädlich beseitigt worden sind und die Desinfektion nach Anweisung des beamteten Tierarztes durchgeführt und von ihm abgenommen worden ist und
3. in den Fällen der §§ 9 und 10 seit Bestimmung des gefährdeten Bezirks drei Monate vergangen sind und Tollwut oder Seuchenverdacht bei frei umherlaufenden Tieren nicht mehr festgestellt worden ist.

III. Ordnungswidrigkeiten

§ 16

Ordnungswidrig im Sinne des § 76 Abs. 2 Nr. 2 des Viehseuchengesetzes handelt, wer vorsätzlich oder fahrlässig
1. entgegen § 1 Satz 1 eine Veranstaltung nicht oder nicht rechtzeitig anzeigt,
2. entgegen § 2 Satz 1 einen Hund ohne gekennzeichnetes Halsband, gekennzeichneten Gurt oder gekennzeichnetes sonstiges Hundegeschirr umherlaufen läßt oder mit sich führt,
3. einer Vorschrift des § 3 Abs. 1 über die Impfung zuwiderhandelt,
4. einer Vorschrift des § 4 über die Einsperrung, sofortige Tötung oder Absonderung tollwutkranker Tiere zuwiderhandelt,
5. entgegen § 5 Absatz 1 ein totes Tier nicht in der vorgeschriebenen Weise lagert oder verwahrt oder entgegen § 5 Satz 2 unbefugt ein totes Tier zerlegt,
6. als Jagdausübungsberechtigter entgegen § 7 Satz 1 nicht dafür sorgt, daß Wild erlegt oder unverzüglich unschädlich beseitigt wird,

TollwutVO Anhang 7

7. in einem gefährdeten Bezirk einer Schutzmaßregel bei Hunden oder Katzen nach § 9 Abs. 4 oder nach § 10 Abs. 3 zuwiderhandelt,
8. entgegen § 12 Abs. 2 Satz 1 ein Tier ohne Genehmigung von seinem Standort entfernt,
9. als Jagdausübungsberechtigter, Grundstückseigentümer oder Grundstücksbesitzer einer ihm nach § 13 Abs. 2 Satz 4 oder 5 obliegenden Verpflichtung nicht nachkommt,
10. entgegen § 13 Abs. 3 Satz 2 einen getöteten Fuchs nicht unverzüglich unschädlich beseitigt,
11. einer Vorschrift des § 14 über die Reinigung, Desinfektion oder die unschädliche Beseitigung zuwiderhandelt.

IV. Schlußvorschriften

§ 16a

Hunde und Katzen dürfen abweichend von § 3 Abs. 1 Satz 1 bis längstens 6 Monate nach Inkrafttreten der Verordnung auch mit anderen Impfstoffen geimpft werden.

§ 17

Diese Verordnung gilt nach § 14 des Dritten Überleitungsgesetzes in Verbindung mit Artikel 3 des Gesetzes zur Änderung des Viehseuchengesetzes vom 26. Juli 1965 (BGBl. I S. 327) auch im Land Berlin.

§ 18

Diese Verordnung tritt am Tage nach der Verkündung in Kraft. Gleichzeitig treten außer Kraft:
1. die Verordnung zum Schutz gegen die Tollwut vom 13. März 1970 (BGBl. I S. 289), zuletzt geändert durch die Verordnung vom 7. November 1975 (BGBl. I S. 2851),

...

Anhang 8

Gesetz über die Beseitigung von Tierkörpern, Tierkörperteilen und tierischen Erzeugnissen (Tierkörperbeseitigungsgesetz – TierKBG)

vom 2. September 1975 (BGBl. I S. 2313, ber. BGBl. I S. 2610)

– Auszug –

§ 1
Begriffsbestimmungen

(1) Im Sinne dieses Gesetzes sind
1. Tierkörper:
   Verendete, totgeborene oder ungeborene Tiere sowie getötete Tiere, die nicht zum menschlichen Genuß verwendet werden;
2. Tierkörperteile:
   a) Teile von Tieren aus Schlachtungen einschließlich Blut, Borsten, Federn, Fellen, Häuten, Hörnern, Klauen, Knochen und Wolle,
   b) sonst anfallende Teile von Tieren,
   die nicht zum menschlichen Genuß verwendet werden;
3. Erzeugnisse:
   Erzeugnisse, die von Tieren stammen, insbesondere zubereitetes Fleisch, Eier und Milch, deren sich der Besitzer entledigen will oder deren unschädliche Beseitigung geboten ist; tierische Exkremente gelten nicht als Erzeugnis;
4. Tierkörperbeseitigungsanstalten:
   Anlagen, die von einem nach § 4 Beseitigungspflichtigen oder Beauftragten betrieben und in denen Tierkörper, Tierkörperteile und Erzeugnisse gelagert, behandelt und verwertet werden;
5. Sammelstellen:
   Einrichtungen, in denen Tierkörper, Tierkörperteile und Erzeugnisse zur Beseitigung in Tierkörperbeseitigungsanstalten abgeliefert, gesammelt und gelagert werden.

(2) Die Beseitigung im Sinne dieses Gesetzes umfaßt das Abliefern, Abholen, Sammeln, Befördern, Lagern, Vergraben, Verbrennen, Behandeln und Verwerten von Tierkörpern, Tierkörperteilen und Erzeugnissen.

§ 3
Grundsatz

(1) Tierkörper, Tierkörperteile und Erzeugnisse sind so zu beseitigen, daß
1. die Gesundheit von Mensch und Tier nicht durch Erreger übertragbarer Krankheiten oder toxische Stoffe gefährdet,
2. Gewässer, Boden und Futtermittel durch Erreger übertragbarer Krankheiten oder toxische Stoffe nicht verunreinigt,
3. schädliche Umwelteinwirkungen im Sinne des Bundes-Immissionsschutzgesetzes nicht herbeigeführt,
4. die öffentliche Sicherheit und Ordnung sonst nicht gefährdet oder gestört werden.

Die Belange des Naturschutzes und der Landschaftspflege sowie des Städtebaues sind bei Errichtung und Betrieb von Tierkörperbeseitigungsanstalten zu wahren.

(2) Bei der Beseitigung in Tierkörperbeseitigungsanstalten dürfen Erzeugnisse zum Genuß für Menschen nicht gewonnen werden.

§ 5
Beseitigung von Tierkörpern

(1) In Tierkörperbeseitigungsanstalten sind zu beseitigen
1. Körper von Einhufern, Klauentieren, Hunden, Katzen, Geflügel, Kaninchen und Edelpelztieren, die sich im Haus, Betrieb oder sonst im Besitz des Menschen befinden,
2. Körper von Tieren, die in Zoologischen Gärten oder ähnlichen Einrichtungen sowie in Tierhandlungen gehalten werden,
3. herrenlose Tierkörper der in Nummer 1 genannten Tierarten, ausgenommen solche von freilebendem Wild.

Dies gilt auch für Körper anderer Tiere, einschließlich solcher von freilebendem Wild, soweit es zur Wahrung des Grundsatzes des § 3 erforderlich ist und die zuständige Behörde dies anordnet. Vor der Beseitigung dürfen Tierkörper zu diagnostischen Untersuchungen in tierärztliche Untersuchungsanstalten verbracht werden.

(2) Absatz 1 Satz 1 gilt nicht für einzelne Körper von Hunden, Katzen, Ferkeln, Kaninchen, unter vier Wochen alten Schaf- und Ziegenlämmern sowie einzelne Körper von Geflügel oder in Tierhandlungen gehaltenen Kleintieren und Vögeln, die auf geeigne-

ten und von der zuständigen Behörde hierfür besonders zugelassenen Plätzen oder auf eigenem Gelände, jedoch nicht in Wasserschutzgebieten und nicht in unmittelbarer Nähe öffentlicher Wege und Plätze, vergraben oder in dafür zugelassenen Abfallbeseitigungsanlagen verbrannt werden. Die Tierkörper müssen so vergraben werden, daß sie mit einer ausreichenden, mindestens 50 Zentimeter starken Erdschicht, gemessen vom Rande der Grube an, bedeckt sind. § 26 Abs. 2, die §§ 32 b und 34 Abs. 2 des Wasserhaushaltsgesetzes vom 27. Juli 1957 (Bundesgesetzbl. I S. 1110), zuletzt geändert durch das Einführungsgesetz zum Strafgesetzbuch vom 2. März 1974 (Bundesgesetzbl. I S. 469), bleiben unberührt.

Anhang 9

Waldgesetz für Baden-Württemberg (Landeswaldgesetz – LWaldG)

in der Fassung vom 4. April 1985 (GBl. S. 106), geändert durch Verordnung vom 13. Februar 1989 (GBl. 101)

– Auszug –

ERSTER TEIL

Allgemeine Vorschriften

§ 1

Gesetzeszweck

Zweck dieses Gesetzes ist

1. den Wald wegen seines wirtschaftlichen Nutzens (Nutzfunktion) und wegen seiner Bedeutung für die Umwelt, insbesondere für die dauernde Leistungsfähigkeit des Naturhaushaltes, das Klima, den Wasserhaushalt, die Reinhaltung der Luft, die Bodenfruchtbarkeit, das Landschaftsbild, die Agrar- und Infrastruktur und die Erholung der Bevölkerung (Schutz- und Erholungsfunktion) zu erhalten, erforderlichenfalls zu mehren und seine ordnungsgemäße Bewirtschaftung nachhaltig zu sichern,

2. die Forstwirtschaft zu fördern und den Waldbesitzer bei der Erfüllung seiner Aufgaben nach diesem Gesetz zu unterstützen,

3. einen Ausgleich zwischen dem Interesse der Allgemeinheit und den Belangen der Waldbesitzer herbeizuführen.

§ 2
Wald

(1) Wald im Sinne dieses Gesetzes ist jede mit Forstpflanzen (Waldbäume und Waldsträucher) bestockte Grundfläche.

(2) Als Wald gelten auch kahlgeschlagene oder verlichtete Grundflächen, Waldwege, Waldeinteilungs- und Sicherungsstreifen, Waldblößen und Lichtungen, Waldwiesen, Wildäsungsplätze sowie Holzlagerplätze.

(3) Als Wald gelten ferner im Wald liegende oder mit ihm verbundene
1. Pflanzgärten und Leitungsschneisen,
2. Waldparkplätze und Flächen mit Erholungseinrichtungen,
3. Teiche, Weiher, Gräben und andere Gewässer von untergeordneter Bedeutung unbeschadet der wasser-, fischerei- und naturschutzrechtlichen Vorschriften,
4. Moore, Heiden und Ödflächen, soweit sie zur Sicherung der Funktionen des angrenzenden Waldes erforderlich sind,

sowie weitere dem Wald dienende Flächen.

(4) In der Flur oder im bebauten Gebiet gelegene kleinere Flächen, die mit einzelnen Baumgruppen, Baumreihen oder mit Hecken bestockt sind oder als Baumschulen verwendet werden, Weihnachtsbaum- und Schmuckreisigkulturen sowie zum Wohnbereich gehörende Parkanlagen sind nicht Wald im Sinne dieses Gesetzes.

(5) Wald im Sinne der Absätze 1 bis 3 ist in Waldverzeichnisse einzutragen. Geschützte Waldgebiete sind als solche zu kennzeichnen. Die Waldverzeichnisse werden von der Forstbehörde geführt.

§ 4
Begriffsbestimmungen

Im Sinne dieses Gesetzes sind
1. Waldbesitzer:
Waldeigentümer sowie Nutzungsberechtigte, die unmittelbare Besitzer des Waldes sind;

2. Walderzeugnisse:
pflanzliche Erzeugnisse des Waldes wie
   a) Waldbäume und -sträucher oder Teile davon,
   b) Samen, Nüsse, Beeren, Zapfen, Pilze und sonstige wildwachsende Waldfrüchte (Waldfrüchte),
   c) Moose, Farne, Gräser, Schilf, Blumen und Kräuter (Waldpflanzen),
   d) Harz und Streu;
3. Waldwege:
die nicht dem öffentlichen Verkehr gewidmeten Wege im Staats-, Körperschafts- und Privatwald;
4. Erholungseinrichtungen:
landschaftsbezogene Einrichtungen im und am Wald, die der Erholung der Bevölkerung dienen.

§ 22
Umweltvorsorge im Rahmen der Bewirtschaftung des Waldes

(1) Die Umwelt, der Naturhaushalt und die Naturgüter sind bei der Bewirtschaftung des Waldes zu erhalten und zu pflegen.

(2) Die Vielfalt und natürliche Eigenart der Landschaft sind zu berücksichtigen. Auf die Anlage und Pflege naturgemäß aufgebauter Waldränder ist besonders zu achten. Der einheimischen Tier- und Pflanzenwelt sind ausreichende Lebensräume zu erhalten; die Erfordernisse zur Erhaltung eines gesunden und angemessenen Wildbestandes sind zu berücksichtigen.

(3) Natürliche Erholungsmöglichkeiten sind zu erhalten und zu entwickeln.

(4) Die Forstbehörden sollen darauf hinwirken, daß bei der Bewirtschaftung des Waldes die in Absatz 1 bis 3 genannten Grundsätze, insbesondere die Belange der Landschaftspflege, berücksichtigt werden.

§ 33
Erholungswald

(1) Wald in verdichteten Räumen, in der Nähe von Städten und größeren Siedlungen, Heilbädern, Kur- und Erholungsorten sowie in Erholungsräumen kann durch Rechtsverordnung zu Erholungswald erklärt werden, wenn es das Wohl der Allgemeinheit

erfordert, Waldflächen für Zwecke der Erholung zu schützen, zu pflegen oder zu gestalten.

(2) Soweit es sich um einen Erholungswald mit überwiegend örtlicher Bedeutung handelt und der Erholungswald auf dem Gebiet nur einer Gemeinde liegt, kann die Erklärung nach Absatz 1 durch Satzung der Gemeinde erfolgen. Die Satzung bedarf der Zustimmung der höheren Forstbehörde.

(3) In der Rechtsverordnung oder der Satzung können

1. die Bewirtschaftung des Waldes nach Art und Umfang vorgeschrieben werden,
2. die Jagdausübung zum Schutze der Waldbesucher beschränkt werden,
3. die Waldbesitzer verpflichtet werden, den Bau, die Errichtung und die Unterhaltung von Waldwegen und Erholungseinrichtungen sowie die Beseitigung von störenden Anlagen oder Einrichtungen zu dulden und
4. Vorschriften über das Verhalten der Waldbesucher erlassen werden.

(4) Privatwald soll nur dann zu Erholungswald erklärt werden, wenn Staatswald und Körperschaftswald zur Sicherung des Erholungsbedürfnisses nicht ausreichen oder wegen ihrer Lage nicht oder nur geringfügig für die Erholung in Anspruch genommen werden.

(5) Im Erholungswald können Erholungseinrichtungen geschaffen und unterhalten werden. Im Körperschaftswald und im Privatwald obliegt dies den Gemeinden als freiwillige Aufgabe.

§ 34
Gehege im Wald

(1) Die Errichtung und die Erweiterung eines Geheges oder einer ähnlichen Einrichtung im Wald bedürfen der Genehmigung der Forstbehörde. Sie entscheidet im Einvernehmen mit den beteiligten Behörden. Die Genehmigung schließt die Genehmigung nach § 32 des Naturschutzgesetzes ein; § 34 des Naturschutzgesetzes bleibt unberührt. Die Genehmigung nach Bundesrecht schließt die Genehmigung nach diesem Gesetz ein, soweit die zuständige Behörde im Einvernehmen mit der Forstbehörde entschieden hat.

(2) Die Genehmigung ist zu versagen, wenn

1. der Wald erheblich geschädigt wird,

2. die Unterbringung und Pflege der Tiere den Anforderungen der Tierhygiene und des Tierschutzes nicht entsprechen,
3. für die Allgemeinheit dringend erforderliche Waldflächen für den allgemeinen Zutritt gesperrt werden müssen oder
4. Landschaftspflege, Naturschutz und Umweltvorsorge wesentlich beeinträchtigt werden, insbesondere sonstige in § 32 Abs. 2 des Naturschutzgesetzes genannte Gründe vorliegen.

(3) Die Forstbehörde ist zuständige Landesbehörde im Sinne von § 4 Abs. 1 Nr. 20 Buchst. a des Umsatzsteuergesetzes.

(4) Sofern bei Gehegen, die bei Inkrafttreten dieses Gesetzes bestehen, Versagungsgründe nach Absatz 2 vorliegen, kann die höhere Forstbehörde die erforderlichen Maßnahmen anordnen. Die Beseitigung des Geheges kann angeordnet werden, soweit nicht auf andere Weise rechtmäßige Zustände hergestellt werden können.

VIERTER TEIL

Betreten des Waldes

§ 37
Betreten des Waldes

(1) Jeder darf Wald zum Zwecke der Erholung betreten. Das Radfahren, das Fahren mit Krankenfahrstühlen und das Reiten im Wald ist nur auf Straßen und Wegen gestattet; auf gekennzeichneten Wanderwegen und auf Fußwegen sowie auf Sport- und Lehrpfaden ist das Reiten nicht gestattet. In Verdichtungsräumen, in Naturschutzgebieten und im Erholungswald ist das Reiten im Wald nur auf den dafür ausgewiesenen Waldwegen gestattet.

(2) Der Waldbesitzer hat die Kennzeichnung von Waldwegen zur Ausübung des Betretens zu dulden. Die Kennzeichnung neuer Wanderwege im Wald bedarf der Genehmigung der Forstbehörde.

(3) Das Betreten des Waldes erfolgt auf eigene Gefahr. Wer den Wald betritt, hat sich so zu verhalten, daß die Lebensgemeinschaft Wald und die Bewirtschaftung des Waldes nicht gestört, der Wald nicht gefährdet, beschädigt oder verunreinigt sowie die Erholung anderer nicht beeinträchtigt wird.

(4) Ohne besondere Befugnisse ist nicht zulässig das Betreten von
1. gesperrten Waldflächen und Waldwegen,
2. Waldflächen und Waldwegen während der Dauer des Einschlags oder der Aufbereitung von Holz,
3. Naturverjüngungen, Forstkulturen und Pflanzgärten,
4. forstbetrieblichen und jagdbetrieblichen Einrichtungen.

(5) Das Fahren, Zelten, Abstellen von Wohnwagen und Aufstellen von Bienenstöcken im Wald ist nur mit besonderer Befugnis gestattet.

(6) Die Vorschriften des Straßenverkehrsrechts bleiben unberührt, ebenso andere Vorschriften des öffentlichen Rechts, die das Betreten des Waldes (Absatz 1 Satz 1 und 2) einschränken oder solche Einschränkungen zulassen.

(7) Zäune sind auf das zur Durchführung einer ordnungsgemäßen Forstwirtschaft notwendige Maß zu beschränken und dürfen das zulässige Betreten des Waldes unbeschadet des Absatzes 4 nicht verhindern oder unzumutbar erschweren. Zäune sind zu beseitigen, soweit sie nicht für die Erhaltung oder Bewirtschaftung des Waldes erforderlich sind. Die Beseitigung von Zäunen, die nach anderen öffentlich-rechtlichen Vorschriften angeordnet worden sind, kann nur im Einvernehmen mit der hierfür zuständigen Behörde verlangt werden.

§ 38
Sperren von Wald

(1) Der Waldbesitzer kann aus wichtigem Grund, insbesondere aus Gründen des Forstschutzes, der Wald- und Wildbewirtschaftung, zum Schutze der Waldbesucher, zur Vermeidung erheblicher Schäden oder zur Wahrung anderer schutzwürdiger Interessen des Waldbesitzers das Betreten des Waldes einschränken (Sperrung). Die Sperrung bedarf der Genehmigung der Forstbehörde. Die Sperrung kann auch von Amts wegen erfolgen. Die höhere Forstbehörde wird ermächtigt, Waldgebiete aus den Gründen des Satzes 1 durch Rechtsverordnung zu sperren. § 41 Abs. 1 des Naturschutzgesetzes findet keine Anwendung.

(2) Eine Sperrung für die Dauer bis zu zwei Monaten bedarf keiner Genehmigung. Sie ist der Forstbehörde unverzüglich anzuzeigen; sie kann die Aufhebung der Sperre anordnen.

(3) Das Ministerium wird ermächtigt, durch Rechtsverordnung die Art und Kennzeichnung der Sperrung zu bestimmen.

§ 39
Reiten auf ausgewiesenen Waldwegen

(1) Soweit das Reiten im Wald beschränkt ist, sollen genügend geeignete, möglichst zusammenhängende und an entsprechende Wege auf Gemeindegebieten von Nachbargemeinden anschließende Waldwege für das Reiten ausgewiesen werden. Die Ausweisung erfolgt durch die Forstbehörde nach Anhörung der beteiligten Waldbesitzer und der Betroffenen.

(2) Aufwendungen des Waldbesitzers für die Beseitigung nicht unerheblicher Schäden, die durch das Reiten auf ausgewiesenen Waldwegen entstanden sind, werden vom Land ersetzt.

(3) Zur Abgeltung der Aufwendungen nach Absatz 2 erhebt das Land für das Reiten auf ausgewiesenen Waldwegen eine Abgabe. Sie ist so zu bemessen, daß die hieraus insgesamt erzielten Einnahmen langfristig die nach Absatz 2 zu leistenden Aufwendungen nicht übersteigen.

(4) Das Ministerium wird ermächtigt, im Einvernehmen mit dem Finanzministerium durch Rechtsverordnung die Entschädigung der Waldbesitzer, die Erhebung und Höhe der Abgabe sowie die Kennzeichnung der Pferde zu regeln.

§ 40
Aneignung von Waldfrüchten und Waldpflanzen

(1) Jeder darf sich Waldfrüchte, Streu und Leseholz in ortsüblichem Umfang aneignen und Waldpflanzen, insbesondere Blumen und Kräuter, die nicht über einen Handstrauß hinausgehen, entnehmen. Die Entnahme hat pfleglich zu erfolgen. Die Entnahme von Zweigen von Waldbäumen und -sträuchern bis zur Menge eines Handstraußes ist nicht strafbar. Dies gilt nicht für die Entnahme von Zweigen in Forstkulturen und von Gipfeltrieben sowie das Ausgraben von Waldbäumen und -sträuchern.

(2) Organisierte Veranstaltungen zum Sammeln der in Absatz 1 Satz 1 genannten Walderzeugnisse bedürfen der Genehmigung der Forstbehörde.

(3) Vorschriften des öffentlichen Rechts, die diese Vorschriften einschränken, bleiben unberührt.

§ 41
Waldgefährdung durch Feuer

(1) Wer in einem Wald oder in einem Abstand von weniger als 100 Meter vom Wald

1. außerhalb einer eingerichteten und gekennzeichneten Feuerstelle ein Feuer anzündet oder offenes Licht gebraucht,
2. Bodendecken sowie Pflanzen oder Pflanzenreste unbeschadet der abfall- und naturschutzrechtlichen Vorschriften flächenweise abbrennt,
3. eine Anlage, mit der die Einrichtung oder der Betrieb einer Feuerstätte verbunden ist, errichtet,

bedarf der vorherigen Genehmigung der Forstbehörde. Die Genehmigung darf nur erteilt werden, wenn eine Gefährdung des Waldes durch Feuer nicht zu befürchten ist.

(2) Einer Genehmigung nach Absatz 1 bedürfen nicht

1. in den Fällen des Absatzes 1 Nr. 1
   a) der Waldbesitzer und Personen, die er in seinem Wald beschäftigt,
   b) die zur Jagdausübung Berechtigten und die Imker während der Ausübung ihrer Tätigkeit,
   c) Personen bei der Durchführung behördlich angeordneter oder genehmigter Arbeiten,
   d) Besitzer auf ihrem Grundstück, sofern der Abstand des Feuers zum Wald mindestens 30 Meter beträgt;
2. in den Fällen des Absatzes 1 Nr. 3 Personen für die Errichtung einer Anlage, die baurechtlich oder gewerberechtlich genehmigt wurde.

(3) In der Zeit vom 1. März bis 31. Oktober darf im Wald nicht geraucht werden. Dies gilt nicht für den in Absatz 2 Nr. 1 Buchst. a und b genannten Personenkreis.

(4) Brennende oder glimmende Gegenstände dürfen im Wald sowie im Abstand von weniger als 100 Meter vom Wald nicht weggeworfen oder sonst unvorsichtig gehandhabt werden.

SIEBTER TEIL
Landesforstverwaltung

I. Abschnitt

Forstbehörden

§ 62
Forstbehörden

Forstbehörden sind
1. das Ministerium Ländlicher Raum als oberste Forstbehörde,
2. die Forstdirektionen und die Körperschaftsdirektionen als höhere Forstbehörden,
3. die staatlichen und körperschaftlichen Forstämter als untere Forstbehörden.

§ 64
Zuständigkeit von Forstbehörden

(1) Soweit in diesem Gesetz oder in den auf Grund dieses Gesetzes erlassenen Rechtsverordnungen nichts anderes bestimmt ist, ist die untere Forstbehörde sachlich zuständig.

(2) Für den Körperschaftswald nimmt die Körperschaftsforstdirektion die Aufgaben der höheren Forstbehörde nach diesem Gesetz wahr.

(3) Örtlich zuständig ist die Forstbehörde, in deren Bezirk die Aufgaben wahrzunehmen sind. Erstreckt sich die Aufgabe auf die Bezirke mehrerer Forstbehörden, so bestimmt die gemeinsame übergeordnete Behörde die zuständige Forstbehörde.

ACHTER TEIL
Forstschutz

§ 78
Forstschutz

Der Forstschutz umfaßt die Aufgabe,
1. Gefahren, die dem Wald und den seinen Funktionen dienenden Einrichtungen durch Dritte drohen, abzuwehren und Stö-

rungen der öffentlichen Sicherheit oder Ordnung im Wald zu beseitigen sowie
2. rechtswidrige Handlungen Dritter zu verfolgen, die einen Bußgeldtatbestand im Sinne des § 83 oder des § 85 Abs. 2 oder einen sonstigen auf den Schutz des Waldes oder seiner Einrichtungen gerichteten Straf- oder Bußgeldtatbestand verwirklichen.

§ 79
Ausübung des Forstschutzes; Forstschutzbeauftragte

(1) Der Forstschutz obliegt
1. der Forstbehörde,
2. den Forstschutzbeauftragten.

(2) Forstschutzbeauftragte sind
1. die Bediensteten im forstlichen Revierdienst des Landes und der Körperschaften,
2. Privatforstbedienstete, wenn sie nach § 80 verpflichtet sind.

(3) Soweit ein Bedürfnis besteht, kann die Forstbehörde in begrenztem Umfang die Rechte und Pflichten eines Forstschutzbeauftragten auf sonstige Personen übertragen. Das Ministerium wird ermächtigt, das Nähere durch Rechtsverordnung zu regeln.

(4) Die Forstschutzbeauftragten haben bei der Ausübung des Forstschutzes die Stellung von Polizeibeamten im Sinne des Polizeigesetzes. § 67 Abs. 2 Satz 3 und 4 gilt entsprechend.

(5) Der Forstschutz ist unter Aufsicht der Forstbehörde und nach deren näherer Weisung auszuüben.

(6) Die Befugnisse des Polizeivollzugsdienstes bleiben unberührt.

§ 80
Verpflichtung der Privatforstbediensteten

(1) Die Verpflichtung der Privatforstbediensteten als Forstschutzbeauftragte obliegt der Forstbehörde.

(2) Verpflichtet werden auf Antrag des Waldbesitzers Personen, die eine für Forstbedienstete des Landes vorgeschriebene Ausbildung oder eine gleichwertige Ausbildung mit Erfolg abgeschlossen haben. Der Antrag ist abzulehnen, wenn Bedenken gegen die Zuverlässigkeit oder die Eignung zum Forstschutz bestehen.

§ 81
Weitere Aufgaben der Forstschutzbeauftragten

(1) Die Forstschutzbeauftragten sind im Rahmen ihrer Dienstaufgaben verpflichtet, rechtswidrige Handlungen, die einen auf den Schutz der Natur oder Umwelt gerichteten Straf- oder Bußgeldtatbestand verwirklichen,
1. zu verhüten,
2. ihre Fortsetzung zu verhindern und
3. anzuzeigen.

(2) Die Forstschutzbeauftragten haben bei der Verfolgung der in Absatz 1 genannten Handlungen mitzuwirken, soweit dies gesetzlich besonders bestimmt ist.

NEUNTER TEIL

Ordnungswidrigkeiten

§ 83
Allgemeine Ordnungswidrigkeiten

(1) Ordnungswidrig handelt, wer vorsätzlich oder fahrlässig im Wald oder in einem Abstand von weniger als 100 Meter von einem Wald
1. ein Vorhaben nach § 41 Abs. 1 ohne die erforderliche Genehmigung ausführt,
2. entgegen § 41 Abs. 4 brennende oder glimmende Gegenstände wegwirft oder sonst unvorsichtig handhabt,
3. ein genehmigtes offenes Feuer oder Licht, ein Feuer in einer eingerichteten und gekennzeichneten Feuerstelle, oder ein offenes Feuer oder Licht, das keiner Genehmigung bedarf, unbeaufsichtigt oder ohne ausreichende Sicherungsmaßnahmen läßt, oder Auflagen, die mit der Genehmigung verbunden sind, nicht befolgt.

(2) Ordnungswidrig handelt auch, wer vorsätzlich oder fahrlässig
1. entgegen § 37 Abs. 1 Satz 2 außerhalb von Straßen und Wegen im Wald radfährt oder außerhalb von Straßen und Wegen oder auf gekennzeichneten Wanderwegen, auf Fußwegen oder auf Sport- oder Lehrpfaden reitet oder in Verdichtungs-

räumen, in Naturschutzgebieten oder im Erholungswald außerhalb der für das Reiten ausgewiesenen Waldwege reitet,

2. entgegen § 37 Abs. 3 im Wald die Erholung anderer Waldbesucher beeinträchtigt, insbesondere durch ungebührlichen Lärm, wie Schreien, Gröhlen, Mißbrauch von Musikinstrumenten oder Musikapparaten,
3. entgegen § 37 Abs. 4 Wald oder forstbetriebliche oder jagdbetriebliche Einrichtungen, deren Betreten nicht zulässig ist, unbefugt betritt,
4. entgegen § 37 Abs. 5 unbefugt fährt, zeltet oder Wohnwagen abstellt oder unbefugt Verkaufsstände oder in mehr als nur unbedeutendem Umfang Tische oder Bänke aufstellt,
5. entgegen § 40 Abs. 2 organisierte Veranstaltungen zum Sammeln der in § 40 Abs. 1 genannten Walderzeugnisse ohne Genehmigung der Forstbehörde durchführt oder an solchen Veranstaltungen teilnimmt,
6. entgegen § 41 Abs. 3 in der Zeit vom 1. März bis 31. Oktober im Wald unbefugt raucht,
7. einer auf Grund von § 70 Nr. 2 oder 3 ergangenen Polizeiverordnung zuwiderhandelt, wenn diese ausdrücklich auf diese Bußgeldvorschrift verweist,
8. Erholungseinrichtungen im Wald mißbräuchlich benutzt oder verunreinigt oder im Bereich von Kinderspielplätzen, Spiel- und Liegewiesen und Wassertretanlagen Hunde frei laufen läßt,
9. im Wald Vorrichtungen, die zum Sperren von Wegen oder die dem Schutz der Einrichtungen nach § 37 Abs. 4 Nr. 3 und 4 dienen, unbefugt öffnet, offenstehen läßt, entfernt oder unbrauchbar macht,
10. im Wald Zeichen oder Vorrichtungen, die zur Abgrenzung, Absperrung, Vermessung oder als Wegweiser dienen, oder Zeichen, die zur Kennzeichnung an Walderzeugnissen angebracht sind, unbefugt zerstört, beschädigt, unbrauchbar macht, verändert oder entfernt,
11. im Wald Zeichen oder Vorrichtungen der in Nummer 10 genannten Art unbefugt anbringt,
12. das zur Bewässerung eines Waldgrundstückes dienende Wasser unbefugt ableitet und dadurch dieses oder ein anderes Waldgrundstück nachteilig beeinflußt oder Gräben, Wälle, Rinnen oder andere Anlagen, die der Be- oder Entwässerung

von Waldgrundstücken dienen, unbefugt verändert, beschädigt oder beseitigt,
13. geerntete Walderzeugnisse unbefugt von ihrem Standort entfernt, ihre Stützen wegnimmt oder diese umwirft,
14. im Wald Aufschüttungen oder Abgrabungen unbefugt vornimmt,
15. *(gestrichen)*
16. im Wald Ameisenhaufen zerstört oder beschädigt oder Ameisen oder deren Puppen unbefugt einsammelt,
17. im Wald unbefugt Vieh treibt, Vieh weidet oder weiden läßt,
18. im Wald unbefugt Holz schleift.

(3) Ordnungswidrig handelt auch, wer vorsätzlich oder fahrlässig einer auf Grund dieses Gesetzes ergangenen Rechtsverordnung, Satzung oder Anordnung zuwiderhandelt, wenn diese für einen bestimmten Tatbestand auf diese Bußgeldvorschrift verweist.

(4) Die Ordnungswidrigkeit kann mit einer Geldbuße bis zu 5000 Deutsche Mark, in besonders schweren Fällen bis zu 20 000 Deutsche Mark, geahndet werden.

Anhang 10

Unfallverhütungsvorschrift Jagd (UVV 4.4 „Jagd") der Landwirtschaftlichen Berufsgenossenschaften

mit Durchführungsanweisungen

§ 1
Waffe und Munition

(1) Es dürfen nur Schußwaffen verwendet werden, die nach dem Waffengesetz und dem Bundesjagdgesetz für jagdliche Zwecke zugelassen sind. Die Waffen müssen funktionssicher sein und dürfen nur bestimmungsgemäß verwendet werden.

(2) Es darf nur die für die jeweilige Schußwaffe bestimmte Munition in einwandfreiem Zustand verwendet werden. Die Bezeichnung der Munition (Kaliber) muß den Angaben auf der Schußwaffe entsprechen.

(3) Flintenlaufgeschoßpatronen müssen so mitgeführt werden, daß Verwechslungen mit Schrotpatronen ausgeschlossen sind.

Durchführungsanweisungen

Zu § 1 Abs. 1:

1. Eine Waffe ist funktionssicher, wenn sie z. B. zuverlässig gesichert werden kann, ihre Verschlüsse dicht sind und wenn sie keine Laufaufbauchungen, Laufdellen oder Rostnarben aufweist.
2. Eine bestimmungsgemäße Verwendung ist nicht das Erschlagen des Wildes mit der Waffe oder die Benutzung der Waffe als Werkzeug (z. B. Niederhalten von Zäunen, Aufstoßen von Hochsitzluken u. a.).

Zu § 1 Abs. 2:

1. In nicht einwandfreiem Zustand ist z. B. feucht gewordene Munition, die getrocknet wurde.
2. Nach § 27 des Sprengstoffgesetzes ist auch das nicht gewerbsmäßige Herstellen von Munition nur Personen gestattet, die über eine Erlaubnis verfügen.

§ 2
Ausübung der Jagd

(1) Schußwaffen dürfen nur während der tatsächlichen Jagdausübung geladen sein. Beim Laden oder Entladen ist die Laufmündung stets in eine Richtung zu halten, in der niemand gefährdet wird. Nach dem Laden ist die Waffe zu sichern.

(2) Beim Besteigen oder Verlassen eines Hochsitzes, beim Überschreiten von Hindernissen, beim Besteigen von Fahrzeugen und bei ähnlichen Gefahrlagen ist die Schußwaffe zu entladen.

(3) Ein Schuß darf erst abgegeben werden, wenn sich der Schütze vergewissert hat, daß niemand gefährdet wird.

(4) Von Wasserfahrzeugen aus darf im Stehen nur geschossen werden, wenn das Fahrzeug gegen Umschlagen und der Schütze gegen Stürzen gesichert ist.

(5) Bei einer mit besonderen Gefahren verbundenen Jagdausübung im Hochgebirge, auf Gewässern und in Mooren ist ein Begleiter zur Hilfeleistung mitzunehmen.

Durchführungsanweisungen

Zu § 2 Abs. 3:

Eine Gefährdung ist auch dann gegeben, wenn andere Personen durch Geschosse, die an Steinen, gefrorenem Boden, Ästen oder Wasserflächen abprallen, verletzt werden können.

Zu § 2 Abs. 5:

Besondere Gefahren können sich z. B. durch Witterungs-, Gelände- und Bodenverhältnisse ergeben.

§ 3
Besondere Bestimmungen bei Treib- und Gesellschaftsjagden

(1) Bei Treibjagden und anderen Gesellschaftsjagden ist ein Jagdleiter zu bestimmen. Die Anordnungen des Jagdleiters sind zu befolgen.

(2) Der Jagdleiter hat den Schützen und Treibern die erforderlichen Anordnungen für den gefahrlosen Ablauf der Jagd zu geben. Er hat insbesondere die Schützen und Treiber vor Beginn der Jagd zu belehren, ihnen die Signale bekanntzugeben und dem Schützen jeweils seinen Stand und den seiner beiden Nachbarn sowie den einzuhaltenden Schußbereich genau zu bezeichnen. Der Jagdleiter kann für einzelne Aufgaben Beauftragte einsetzen.

(3) Nach Einnehmen der Stände haben sich die Schützen mit den jeweiligen Nachbarn zu verständigen. Sofern der Jagdleiter nichts anderes bestimmt, darf der Stand vor Beendigung des Treibens weder verändert noch verlassen werden. Verändert oder verläßt ein Schütze seinen Stand, so hat er sich vorher mit seinen Nachbarn zu verständigen.

(4) Wenn sich Personen in gefahrbringender Nähe befinden, darf in diese Richtung weder angeschlagen noch geschossen werden. Ein Durchziehen mit der Schußwaffe durch die Schützen- oder Treiberlinie ist unzulässig.

(5) Das Schießen mit Büchsen- oder Flintenlaufgeschossen in das Treiben hinein ist nur mit Genehmigung des Jagdleiters erlaubt.

(6) Bei Kesseltreiben darf nach dem Signal „Treiber rein" nicht mehr in den Kessel geschossen werden.

(7) Nach jedem Treiben ist die Schußwaffe sofort zu entladen.

(8) Das Gewehr ist vor und nach dem Treiben mit der Mündung nach oben zu tragen. Der Jagdleiter kann erforderlichenfalls andere Sicherheitsmaßnahmen bestimmen.

(9) Bei Treibjagden und anderen Gesellschaftsjagden muß sich die Kleidung der Treiber farblich von der Umgebung abheben.

(10) Die Absätze 1 bis 8 gelten auch bei der Nachsuche auf Schalenwild, wenn mehrere Personen daran beteiligt sind.

Durchführungsanweisungen

Zu § 3 Abs. 2:

Zu den Aufgaben des Beauftragten können z. B. gehören: das Einweisen der Schützen in die Schützenstände und das Führen der Treiberwehr.

Zu § 3 Abs. 8:

1. eine Abweichung von Satz 1 kann z. B. bei Regen oder Schnee erforderlich sein.
2. Eine andere Sicherungsmaßnahme ist z. B. das Öffnen des Verschlusses.

Zu § 3 Abs. 9:

Als geeignete Maßnahmen können z. B. gelbe Regenbekleidung, Brustumhänge in orangeroter Alarmfarbe, wie sie z. B. beim Straßenbau Verwendung finden, angesehen werden.

§ 4
Verhalten auf Schießständen

(1) Das Übungsschießen ist nur auf nach dem Waffengesetz zugelassenen Schießständen unter Leitung einer verantwortlichen Aufsichtsperson erlaubt. Den Anordnungen der Aufsichtsperson ist Folge zu leisten.

(2) Beim Übungsschießen müssen die Gewehrriemen abgenommen sein und nicht benutzte Waffen ungeladen mit geöffnetem Verschluß bzw. abgekipptem Lauf abgestellt sein oder getragen werden. Schußwaffen dürfen erst auf dem Schießstand, bei Mehrladeeinrichtungen Büchsen nur mit einer und Flinten nur mit zwei Patronen geladen werden. Vor dem Verlassen des Schießstandes muß die Waffe entladen sein.

Durchführungsanweisungen

Zu § 4 Abs. 1:

Auf die gültige Fassung der Schießvorschriften des Deutschen Jagdschutzverbandes e.V. „Allgemeine Sicherheitsbestimmungen" und „DJV-Schießstandordnung" sowie auf die gültige Fassung des Waffengesetzes (WaffG) wird hingewiesen.

§ 5
Bauliche Jagdeinrichtungen

(1) Erhöht gebaute Jagdeinrichtungen, ihre Zugänge sowie Stege müssen aus kräftigem Material hergestellt sein. Holz darf nur verwendet werden, sofern es gesund ist. Aufgenagelte Sprossen sind nur an geneigt stehenden Leitern zulässig; sie sind in Einkerbungen einzulassen. Belaghölzer müssen so verlegt und befestigt sein, daß sie gegen Verschieben, Kippen und Kanten gesichert sind.

(2) Bauliche Jagdeinrichtungen müssen stets, insbesondere im Frühjahr, überprüft und in einwandfreiem Zustand erhalten werden. Mangelhafte Teile sind unverzüglich auszubessern. Nicht mehr benötigte Einrichtungen sind abzubauen.

Durchführungsanweisungen

Zu § 5 Abs. 1:

Auf UVV 2.1 „Allgemeine Bestimmungen für bauliche Anlagen und Einrichtungen" wird verwiesen.

§ 6
Fangeisen

Das Sichern und Entsichern von Fangeisen darf nur mit einem geeigneten Gegenstand durchgeführt werden.

§ 7
Inkrafttreten

Diese Unfallverhütungsvorschrift tritt am 1. Januar 1981 in Kraft. Gleichzeitig treten die Unfallverhütungsvorschriften vom 1. 10. 1958 in der Fassung vom 1. 1. 1978 außer Kraft.

Anhang 11

Auszüge aus dem Fleischhygienegesetz und der Fleischhygieneverordnung mit Anlage 2

Fleischhygienegesetz (FlHG)

vom 24. Februar 1987 BGBl. I S. 649, geändert durch Gesetz vom 23. 9. 1990 (BGBl. II S. 885, 1091)

– Auszug –

§ 1

Untersuchungspflicht

(1) Rinder, Schweine, Schafe, Ziegen, andere Paarhufer, Pferde, andere Einhufer, Kaninchen, die als Haustiere gehalten werden, unterliegen, wenn ihr Fleisch zum Genuß für Menschen bestimmt ist, vor und nach der Schlachtung einer amtlichen Untersuchung (Schlachttier- und Fleischuntersuchung); dies gilt entsprechend für Haarwild, das auf andere Weise als durch Erlegen getötet wird. Erlegtes Haarwild unterliegt unbeschadet des Satzes 3 bei gleicher Zweckbestimmung nur der Fleischuntersuchung. Die Schlachttier- und Fleischuntersuchung kann bei Hauskaninchen, die Fleischuntersuchung bei erlegtem Haarwild unterbleiben, wenn keine Merkmale festgestellt werden, die das Fleisch als bedenklich zum Genuß für Menschen erscheinen lassen, und

1. das Fleisch zum eigenen Verbrauch verwendet oder unmittelbar an einzelne natürliche Personen zum eigenen Verbrauch abgegeben wird oder

2. das erlegte Haarwild unmittelbar nach dem Erlegen in geringen Mengen an nahegelegene be- oder verarbeitende Betriebe zur Abgabe an Verbraucher zum Verzehr an Ort und Stelle oder zur Verwendung im eigenen Haushalt geliefert wird.

Fleisch von Affen, Hunden und Katzen darf zum Genuß für Menschen nicht gewonnen werden.

(2) Bei Notschlachtungen darf die Schlachttieruntersuchung unterbleiben. Eine Notschlachtung liegt dann vor, wenn zu befürchten steht, daß das Tier bis zur Ankunft des zuständigen Untersuchers sterben oder das Fleisch durch Verschlimmerung des

krankhaften Zustands wesentlich an Wert verlieren werde, oder wenn das Tier infolge eines Unglücksfalls sofort getötet werden muß.

(3) Schweine, deren Fleisch zum Genuß für Menschen verwendet werden soll, sind nach der Schlachtung amtlich auch auf Trichinen zu untersuchen. Ferner unterliegen der Untersuchung auf Trichinen nach der Tötung Wildschweine, Bären, Füchse, Sumpfbiber, Dachse und andere fleischfressende Tiere, die Träger von Trichinen sein können, wenn das Fleisch zum Genuß für Menschen verwendet werden soll. Die Untersuchung auf Trichinen ist nicht erforderlich bei Hausschweinen und Sumpfbibern, wenn das Fleisch einer zugelassenen Kältebehandlung unter Aufsicht der zuständigen Behörde unterzogen worden ist.

§ 4

Begriffsbestimmungen

(1) Im Sinne dieses Gesetzes sind:
1. Haarwild:
   Säugetiere, die üblicherweise nicht als Haustiere gehalten werden und nicht ständig im Wasser leben.
2. Erlegen:
   Töten von Haarwild durch Abschuß nach jagdrechtlichen Vorschriften; als erlegtes Haarwild gilt auch durch andere äußere gewaltsame Einwirkungen getötetes Wild und Fallwild.

§ 28

Strafvorschriften

Mit Freiheitsstrafe bis zu einem Jahr oder mit Geldstrafe wird bestraft, wer
1. entgegen § 1 Abs. 1 Satz 4 Fleisch von Affen, Hunden und Katzen zum Genuß für Menschen gewinnt, entgegen § 11 Satz 2 untaugliches Fleisch oder entgegen § 13 Abs. 1 Satz 1 bedingt taugliches Fleisch in den Verkehr bringt,
2. entgegen § 15 Nr. 1 Fleisch eines dort bezeichneten Tieres in den Geltungsbereich des Gesetzes verbringt oder entgegen § 15 Nr. 2 zubereitetes Fleisch von Pferden und anderen Einhufern einführt,

3. Fleisch, das entgegen § 15 oder nach § 20 in den Geltungsbereich des Gesetzes verbracht oder eingeführt worden ist, als Lebensmittel in den Verkehr bringt oder
4. Kennzeichen der in § 22 bezeichneten Art fälschlich anbringt oder verfälscht oder Fleisch, an dem die Kennzeichen fälschlich angebracht, verfälscht oder beseitigt worden sind, feilhält oder verkauft.

§ 29
Bußgeldvorschriften

(1) Ordnungswidrig handelt, wer fahrlässig eine der in § 28 Nr. 1 bis 4 bezeichneten Handlungen begeht.

(2) Ordnungswidrig handelt auch, wer vorsätzlich oder fahrlässig

1. ein Tier, das nach diesem Gesetz der Schlachttieruntersuchung unterliegt, schlachtet, bevor die vorgeschriebene Untersuchung durchgeführt worden ist,
2. Fleisch, das nach diesem Gesetz der Fleischuntersuchung oder der Untersuchung auf Trichinen unterliegt, zum Genuß für Menschen zubereitet oder in den Verkehr bringt, bevor die vorgeschriebene Untersuchung durchgeführt worden ist,
3. entgegen § 2 Abs. 3 Maßnahmen nach § 2 Abs. 1 oder 2 nicht duldet oder die bei ihrer Durchführung tätigen Personen nicht unterstützt,
4. einer vollziehbaren Anordnung nach § 7 Abs. 1 Satz 1 oder Abs. 2 Satz 1 zuwiderhandelt,
5. entgegen § 8 Abs. 1 Schlachttiere abgibt, erwirbt, befördert oder aufbewahrt, die nicht in der dort vorgeschriebenen Weise gekennzeichnet sind,
6. entgegen § 9 Abs. 2 ohne Erlaubnis oder ohne Einhaltung einer angeordneten Vorsichtsmaßregel schlachtet oder entgegen § 9 Abs. 3 die Schlachttieruntersuchung nicht wiederholen läßt,
7. entgegen § 9 Abs. 4 Haarwild nicht der vorgeschriebenen Schlachttieruntersuchung unterzieht oder Haarwild schlachtet, das gesundheitlich bedenkliche Merkmale aufweist,
8. entgegen § 9 Abs. 5 kranke, krankheitsverdächtige, im Allgemeinbefinden gestörte Tiere oder Tiere, die Krankheitserre-

ger ausscheiden, in anderen als den dort bezeichneten Betrieben oder Räumen schlachtet oder die Schlachtstätte, den Isolierschlachtraum oder die benutzten Geräte nicht reinigt oder desinfiziert,
9. entgegen § 13 Abs. 1 Satz 2 bedingt taugliches Fleisch brauchbar macht oder entgegen § 14 in Verbindung mit § 13 Abs. 1 Satz 1 minderwertiges Fleisch in den Verkehr bringt,
10. entgegen § 16 Abs. 1, § 18 Abs. 1 oder § 25 Abs. 1 Fleisch ohne Einfuhruntersuchung einführt oder in den Geltungsbereich des Gesetzes verbringt,
11. einer Rechtsverordnung nach § 5, § 8 Abs. 2, § 9 Abs. 7, § 13 Abs. 2, § 25 Abs. 2 oder einer Rechtsverordnung nach einer dieser Vorschriften in Verbindung mit § 26 Abs. 1 zuwiderhandelt, soweit die Rechtsverordnung für einen bestimmten Tatbestand auf diese Bußgeldvorschrift verweist; die Verweisung ist nicht erforderlich, soweit die Rechtsverordnung vor dem 1. Juli 1979 erlassen worden ist.

(3) Die Ordnungswidrigkeit kann in den Fällen des Absatzes 1 mit einer Geldbuße bis zu zwanzigtausend Deutsche Mark, in den Fällen des Absatzes 2 mit einer Geldbuße bis zu fünftausend Deutsche Mark geahndet werden.

§ 30
Einziehung

Das Fleisch und die Tiere, auf die sich eine Straftat nach § 28 oder eine Ordnungswidrigkeit nach § 29 bezieht, können eingezogen werden.

§ 31
Verhältnis zu anderen Gesetzen

Das Lebensmittel- und Bedarfsgegenständegesetz in der jeweils geltenden Fassung bleibt unberührt.

Verordnung über die hygienischen Anforderungen und amtlichen Untersuchungen beim Verkehr mit Fleisch (Fleischhygiene-Verordnung – FlHV)

vom 30. Oktober 1986 (BGBl. I S. 1678), geändert durch Verordnung vom 11. März 1988 (BGBl. I S. 303)

– Auszug –

§ 1
Anwendungsbereich

(1) Diese Verordnung findet nur Anwendung auf
1. Tiere einschließlich Haarwild, die nach dem Fleischhygienegesetz amtlichen Untersuchungen unterliegen, sowie Fleisch dieser Tiere,
2. Betriebe, in denen das Fleisch der in Nummer 1 genannten Tiere gewonnen, zubereitet, behandelt oder von denen es in den innergemeinschaftlichen Handelsverkehr verbracht oder eingeführt wird.

(2) Diese Verordnung findet keine Anwendung auf
1. Verkaufsräume von Einzelhandelsgeschäften einschließlich Fleischereibetrieben, mit Ausnahme von ortsfesten oder beweglichen Abgabestellen für Freibankfleisch;
2. Wochenmärkte, Jahrmärkte und ähnliche Veranstaltungen sowie das Reisegewerbe;
3. Küchen, Gaststuben oder ähnliche Räume in Gaststätten, Imbißstuben oder Einrichtungen zur Gemeinschaftsverpflegung.

§ 4
Anmeldung zur Schlachttier- und Fleischuntersuchung

(1) Der Verfügungsberechtigte hat Schlachttiere, die der Schlachttier- und Fleischuntersuchung unterliegen, so rechtzeitig unter Angabe des in Aussicht genommenen Zeitpunktes der Schlachtung bei der für die Schlachttier- und Fleischuntersuchung zuständigen Behörde anzumelden, daß die Untersuchungen ordnungsgemäß durchgeführt werden können.

(2) Wer erlegtes Haarwild, das nach § 1 Abs. 1 oder 3 des Fleischhygienegesetzes der Fleischuntersuchung unterliegt, in

Eigenbesitz nimmt, hat dieses bei der für den Erlegungsort oder für seinen Wohnsitz zuständigen Behörde zur Fleischuntersuchung vor der weiteren Behandlung oder vor der Abgabe anzumelden. Die Verpflichtung nach Satz 1 besteht nicht, wenn das erlegte Haarwild an be- oder verarbeitende Betriebe oder an zur Jagdausübung ermächtigte Personen abgegeben wird. In diesem Falle trifft die Anmeldepflicht diese Betriebe oder Personen.

(3) Wer erlegtes Haarwild an be- oder verarbeitende Betriebe abgibt, hat diese Merkmale nach Anlage 2 Kapitel VI Nr. 1.3, die beim Erlegen vorgelegen haben, bei der Abgabe mitzuteilen.

§ 7
Hygienische Anforderungen an das Gewinnen, Zubereiten und Behandeln von Fleisch im innerstaatlichen Verkehr

(1) Fleisch für den innerstaatlichen Verkehr darf nur so gewonnen, zubereitet und behandelt werden, daß es bei Beachtung der im Verkehr erforderlichen Sorgfalt weder unmittelbar noch mittelbar nachteilig beeinflußt werden kann, insbesondere durch Mikroorganismen, Schimmelpilze, tierische Schädlinge, menschliche oder tierische Ausscheidungen, Witterungseinflüsse, Staub, Schmutz, Gerüche, Desinfektions-, Schädlingsbekämpfungs- oder Pflanzenschutzmittel.

§ 18
Ordnungswidrigkeiten

Ordnungswidrig im Sinne des § 27 Abs. 2 Nr. 18 des Fleischhygienegesetzes handelt, wer vorsätzlich oder fahrlässig entgegen

1. § 3 Satz 1 Schlachttiere nicht oder nicht rechtzeitig kennzeichnet oder kennzeichnen läßt,
2. § 4 Abs. 3 dort bezeichnete Merkmale nicht oder nicht rechtzeitig mitteilt,
3. § 7 Abs. 2 Fleisch für den innerstaatlichen Verkehr gewinnt, zubereitet oder behandelt,
4. § 8 Abs. 2 bedingt taugliches Fleisch brauchbar macht oder es mit anderem Fleisch in Berührung kommen läßt,
5. § 8 Abs. 3 Satz 1 oder 2 Fleisch abgibt, das nicht oder nicht in der vorgeschriebenen Weise mit den dort vorgeschriebenen Angaben kenntlich gemacht ist,

FlHV (Anlage 2)   Anhang 11

6. § 8 Abs. 4 Brühwürstchen abgibt, die sich in anderen als dort bezeichneten Wursthüllen befinden oder nicht, oder nicht in der vorgeschriebenen Weise kenntlich gemacht sind,
7. § 8 Abs. 5 oder 6 Fleisch abgibt,
8. § 9 Isolierschlachtbetriebe oder -räume betreibt,
9. § 10 Abs. 1 Fleisch in einen anderen Mitgliedstaat verbringt,
10. § 12 Abs. 2 Fleisch aus einem anderen Mitgliedstaat in den Geltungsbereich dieser Verordnung verbringt,
11. § 13 Abs. 2 Fleisch einführt oder
12. § 15 Abs. 1 eine Probenahme nicht duldet.

Anlage 2
(zu § 4 Abs. 3 und den §§ 7, 8 und 9)

Kapitel I
Beschaffenheit und Ausstattung der Räume, in denen Fleisch gewonnen, zubereitet oder behandelt wird

1.   In den Räumen müssen
1.1   Fußböden mit einem Belag versehen sein, der wasserundurchlässig, leicht zu reinigen und zu desinfizieren ist;
1.2   Wände glatt und mit einem hellen Belag oder Anstrich versehen sein, der bis zu einer Höhe von mindestens 2 m abwaschfest ist;
1.3   Decken hell und glatt sein;
1.4   Türen und Fensterrahmen
1.4.1 aus Kunststoff oder Metall, glatt, hell, korrosionsbeständig oder korrosionsgeschützt sein oder
1.4.2 aus Holz glatt und mit einem hellen abwaschfesten Belag oder Anstrich versehen sein;
1.5   Beleuchtungen vorhanden sein, die Abweichungen des Fleisches erkennen lassen;
1.6   in größtmöglicher Nähe des Arbeitsplatzes in ausreichender Anzahl Einrichtungen zur Reinigung und Desinfektion
1.6.1 der Hände mit handwarmem, fließendem Wasser, Reinigungs- und Desinfektionsmitteln sowie Wegwerf-Handtüchern,
1.6.2 der Arbeitsgeräte mit Wasser von mindestens $+82\,°C$ vorhanden sein.

Bei den Einrichtungen zur Reinigung der Hände dürfen die Ventile nicht von Hand zu betätigen sein.

2. Einrichtungsgegenstände und Arbeitsgeräte, wie Schneidetische, Tische mit auswechselbaren Schneidunterlagen, Behältnisse, Transportbänder und Sägen müssen aus korrosionsbeständigem, die Qualität des Fleisches nicht beeinträchtigendem, leicht zu reinigendem und zu desinfizierendem Material bestehen. Die Verwendung von Holz ist nur zulässig in Räucher- oder Reiferäumen, bei Hackklötzen oder dem Transport von verpacktem Fleisch.

3. Es müssen ferner vorhanden sein

3.1 geeignete Vorrichtungen zum Schutz gegen Ungeziefer wie Insekten oder Nagetiere;

3.2 Vorrichtungen oder Behältnisse, die verhindern, daß das Fleisch unmittelbar mit dem Boden oder den Wänden in Berührung kommt;

3.3 für die Aufnahme von zum Genuß für Menschen nicht bestimmtem oder untauglichem Fleisch sowie für zum Genuß für Menschen nicht geeigneter Teile geschlachteter Tiere

3.3.1 besondere wasserdichte, korrosionsbeständige Behältnisse mit dicht schließenden Deckeln, die so beschaffen sind, daß eine unbefugte Entnahme des Inhaltes verhindert wird,

3.3.2 ein verschließbarer Raum, wenn es die anfallende Menge erforderlich macht oder dieses Fleisch nicht am Ende des Arbeitstages aus dem Betrieb entfernt wird, wobei sicherzustellen ist, daß Fleisch, das zum Genuß für Menschen bestimmt ist, dadurch nicht, insbesondere durch Gerüche, nachteilig beeinflußt werden kann;

3.4 Kühleinrichtungen, die gewährleisten, daß die in Kapitel IX vorgeschriebene Innentemperatur des Fleisches erreicht und eingehalten werden kann und die an die Abwasserleitung angeschlossen sind oder bei denen das Wasser auf andere Weise hygienisch abgeleitet wird;

3.5 eine Anlage, die in ausreichender Menge heißes Wasser liefert;

3.6 Wasser unter Druck in ausreichender Menge zum Reinigen;

3.7 Toilettenanlagen mit Handwaschgelegenheiten, in denen die Ventile nicht von Hand zu betätigen sein dürfen;

3.8 ein getrennter, geeigneter Platz zum Abstellen von Reinigungsgeräten sowie der Mittel zur Wartung, Reinigung und Desinfektion.

4. Die Vorschriften in Nummer 1 gelten nicht für Räucherräume und für Räume, in denen Rohwürste, Rohschinken und andere haltbare Fleischerzeugnisse reifen und lagern, sowie für Räume, in denen

FlHV (Anlage 2) Anhang 11

verpacktes Fleisch, Gewürze und andere Zutaten sowie Umhüllungs- und Verpackungsmaterial lagern.

Kapitel IV
Besondere Hygienevorschriften für erlegtes Haarwild

Über die Hygienevorschriften nach Kapitel I und II hinaus gilt für Fleisch von erlegtem Haarwild folgendes:

1. Beim Gewinnen des Fleisches ist folgendes zu beachten:
1.1 Erlegtes Haarwild ist unverzüglich aufzubrechen und auszuweiden, Hasen und ähnliches Niederwild spätestens bei der Anlieferung in den Betrieben. Das Enthäuten und eine Zerlegung am Erlegungsort ist nur zulässig, wenn der Transport sonst nicht möglich ist.
1.2 Erlegtes Haarwild ist unmittelbar nach dem Aufbrechen und Ausweiden so aufzubewahren, daß es gründlich auskühlen und in den Körperhöhlen abtrocknen kann. Das Haarwild muß alsbald nach dem Erlegen auf eine Innentemperatur von mindestens +7 °C abgekühlt sein; erforderlichenfalls ist es dazu in eine geeignete Kühleinrichtung zu verbringen.
1.3 Beim Erlegen, Aufbrechen, Zerwirken und weiteren Behandeln ist auf Merkmale zu achten, die das Fleisch als gesundheitlich bedenklich erscheinen lassen. Diese liegen insbesondere vor bei:
1.3.1 abnormen Verhaltensweisen und Störungen des Allgemeinbefindens;
1.3.2 Fehlen von Anzeichen äußerer Gewalteinwirkungen als Todesursache (Fallwild);
1.3.3 Geschwülsten oder Abszessen, wenn sie zahlreich oder verteilt in inneren Organen oder in der Muskulatur vorkommen;
1.3.4 Schwellungen der Gelenke oder Hoden, Hodenvereiterung, Leber- oder Milzschwellung, Darm- oder Nabelentzündung;
1.3.5 fremdem Inhalt in den Körperhöhlen, insbesondere Magen- und Darminhalt oder Harn, wenn Brust- oder Bauchfell verfärbt sind;
1.3.6 erheblicher Gasbildung im Magen- und Darmkanal mit Verfärbung der inneren Organe;
1.3.7 erheblichen Abweichungen der Muskulatur oder der Organe in Farbe, Konsistenz oder Geruch;
1.3.8 offenen Knochenbrüchen, soweit sie nicht unmittelbar mit dem Erlegen in Zusammenhang stehen;

1.3.9 erheblicher Abmagerung oder Schwund einzelner Muskelpartien;

1.3.10 frischen Verklebungen oder Verwachsungen von Organen mit Brust- oder Bauchfell;

1.3.11 sonstigen erheblichen sinnfälligen Veränderungen außer Schußverletzungen, wie z. B. stickige Reifung.

1.4 Organe, die Veränderungen aufweisen, sind so zu kennzeichnen, daß die Zugehörigkeit zu dem betreffenden Tierkörper festgestellt werden kann; sie müssen bis zum Abschluß der amtlichen Untersuchungen beim Tierkörper verbleiben.

2. Betriebe, die erlegtes Haarwild be- oder verarbeiten, müssen verfügen über:

2.1 einen ausreichend großen Raum für die Annahme, die Untersuchung und, soweit erforderlich, auch für das Ausweiden und Enthäuten;

2.2 einen ausreichend großen Raum für das Zerlegen sowie das Umhüllen, soweit dies im Betrieb erfolgt; dieser Raum muß ausreichend zu kühlen und mit einem Temperaturmeßgerät ausgerüstet sein;

2.3 einen Raum für das Verpacken und für den Versand.

Die Nummern 2.1 und 2.3 gelten nicht für inländische Betriebe, die einzelne Tierkörper von erlegtem Haarwild be- oder verarbeiten und unmittelbar an Verbraucher abgeben.

3. Räume zum Sammeln von Haarwild nach dem Erlegen (Wildkammern) müssen verfügen über:

3.1 eine geeignete Kühleinrichtung, wenn auf andere Weise eine gründliche Auskühlung des erlegten Haarwildes nicht erreicht werden kann;

3.2 einen geeigneten Platz zum Enthäuten und Zerlegen, wenn diese Arbeiten darin ausgeführt werden.

4. In den Betriebsräumen und gegebenenfalls in Wildkammern gilt für das Behandeln des erlegten Haarwildes folgendes:

4.1 Untersuchungspflichtiges erlegtes Haarwild ist so rechtzeitig der Untersuchung zuzuführen, daß Veränderungen durch den Untersucher erkannt und beurteilt werden können.

4.2 Erlegtes Haarwild ist auf Ersuchen des Untersuchers zur Untersuchung zu enthäuten; der Brustkorb ist zu öffnen; bei Einhufern ist der Kopf längs zu spalten. Die Wirbelsäule und der Kopf sind längs zu spalten, wenn nach Feststellung des Untersuchers gesundheitliche Gründe dies erforderlich machen. Erlegtes Haarwild in der Decke darf nicht eingefroren werden.

4.3 Haarwild in der Decke und ungerupftes Federwild dürfen enthäutetes oder zerwirktes Fleisch von erlegtem Haarwild nicht berühren.

Anhang 12
Verordnung des Ministeriums Ländlicher Raum über die Jägerprüfung
(Jägerprüfungsordnung – JPrO –)

vom 6. März 1990 (GBl S. 95)

Auf Grund von § 22 Abs. 1 Nr. 2 und 16 des Landesjagdgesetzes in der Fassung vom 20. Dezember 1978 (GBl. 1979 S. 12), zuletzt geändert durch Artikel 17 der 3. Anpassungsverordnung vom 13. Februar 1989 (GBl. S. 101), wird verordnet:

Inhaltsübersicht

ERSTER TEIL

Jägerprüfung

- § 1 Prüfungsbehörde, Prüfungsausschuß
- § 2 Schriftführer
- § 3 Gegenstand der Prüfung
- § 4 Zuständigkeit, Anmeldung
- § 5 Jagdliche Ausbildung
- § 6 Zulassung zur Prüfung
- § 7 Zeit, Ort und Form der Prüfung
- § 8 Rücktritt von der Prüfung, Verhinderung
- § 9 Prüfungsabschnitt „Jagdliches Schießen"
- § 10 Prüfungsabschnitt „Schriftlicher Teil"
- § 11 Prüfungsabschnitt „Mündlich-praktischer Teil"
- § 12 Bewertung
- § 13 Prüfungsergebnis, -zeugnis und -bescheid
- § 14 Niederschrift

§ 15 Rechtsfolgen bei Täuschungsversuchen und Verstößen gegen Sicherheitsvorschriften
§ 16 Wiederholung der Prüfung

ZWEITER TEIL

Jägerprüfung für Falkner (eingeschränkte Jägerprüfung) und gleichgestellte Prüfungen

§ 17 Jägerprüfung der Falkner (Eingeschränkte Jägerprüfung)
§ 18 Gleichgestellte Prüfungen

DRITTER TEIL

Übergangs- und Schlußbestimmungen

§ 19 Übergangsregelung
§ 20 Verordnung zur Durchführung des Landesjagdgesetzes
§ 21 Inkrafttreten, Außerkrafttreten

ERSTER TEIL

Jägerprüfung

§ 1
Prüfungsbehörde, Prüfungsausschuß

(1) Prüfungsbehörde ist das Kreisjagdamt. Bei jedem Kreisjagdamt ist zumindest ein Prüfungsausschuß zur Abnahme der Jägerprüfung zu bilden. Mehrere Kreisjagdämter können einen oder mehrere gemeinsame Prüfungsausschüsse bilden.

(2) Der Prüfungsausschuß besteht aus dem Vorsitzenden und vier weiteren Mitgliedern. Für jedes Mitglied wird ein Stellvertreter bestellt. Der Vorsitzende, die weiteren Mitglieder und die Stellvertreter werden vom Kreisjagdamt nach Anhörung der Kreisjägervereinigung auf die Dauer von sechs Jahren berufen. Der Vorsitzende soll dem Kreisjagdamt angehören. Die weiteren Mitglieder und deren Stellvertreter müssen im Sinne von § 11 Abs. 5 des Bundesjagdgesetzes in der Fassung vom 29. September 1976 (BGBl. I S. 2849) jagdpachtfähig sein. Die Mitglieder des Prüfungsausschusses sind unabhängig und nicht an Weisungen gebunden. Ihre Tätigkeit ist ehrenamtlich.

(3) Der Prüfungsausschuß ist beschlußfähig, wenn mindestens vier seiner Mitglieder anwesend sind. Beschlüsse bedürfen der Stimmenmehrheit; Stimmenthaltung ist nicht möglich.

§ 2
Schriftführer

(1) Das Kreisjagdamt bestellt für jeden Prüfungsausschuß einen Schriftführer. Dieser unterstützt den Vorsitzenden des Prüfungsausschusses bei der Vorbereitung und Durchführung der Prüfung und führt über den Hergang der Prüfung eine Niederschrift (§ 14).

(2) Bei der schriftlichen Prüfung führt der Schriftführer die Aufsicht.

§ 3
Gegenstand der Prüfung

(1) Die Prüfung besteht aus folgenden Prüfungsabschnitten:
1. dem jagdlichen Schießen,
2. dem schriftlichen Teil,
3. dem mündlich-praktischen Teil.

Sie ist in dieser Reihenfolge durchzuführen.

(2) In den Prüfungsabschnitten „Schriftlicher Teil' und „Mündlich-praktischer Teil" hat der Prüfling ausreichende Kenntnisse in den in § 15 Abs. 5 des Bundesjagdgesetzes aufgeführten Sachgebieten nachzuweisen. Diese gliedern sich in folgende Prüfungsfächer:
1. Tierarten, Wildbiologie, Wildhege und Land- und Waldbau;
2. Waffenrecht, Waffentechnik und Führung von Jagdwaffen (einschließlich Faustfeuerwaffen);
3. Führung von Jagdhunden, Jagdbetrieb, Wildschadensverhütung, Behandlung des erlegten Wildes unter besonderer Berücksichtigung der hygienisch erforderlichen Maßnahmen und Beurteilung der gesundheitlich unbedenklichen Beschaffenheit des Wildbrets, insbesondere auch hinsichtlich seiner Verwendung als Lebensmittel;
4. Jagd-, Tierschutz- sowie Naturschutz- und Landschaftspflegerecht.

§ 4
Zuständigkeit, Anmeldung

(1) Die Prüfung ist bei dem für die Wohnung, bei mehreren Wohnungen für die Hauptwohnung zuständigen Kreisjagdamt abzulegen. Sie kann aus besonderen Gründen mit Genehmigung des nach Satz 1 zuständigen Kreisjagdamtes bei einem anderen Kreisjagdamt abgelegt werden.

(2) Hat der Bewerber im Geltungsbereich des Bundesjagdgesetzes keine Hauptwohnung, so hat er die Prüfung bei dem Kreisjagdamt abzulegen, in dessen Bezirk er die Jagd ausüben will.

(3) Die Bewerber haben sich bis 15. Dezember schriftlich beim zuständigen Kreisjagdamt anzumelden.

(4) Der Anmeldung sind beizufügen:
1. ein Nachweis, daß der Bewerber bei der Meldebehörde ein Führungszeugnis zur Vorlage beim Kreisjagdamt beantragt hat; der Nachweis darf nicht älter als vier Wochen sein;
2. bei Ausländern außer dem Nachweis nach Nummer 1 ein dem Führungszeugnis entsprechender Nachweis ihres Heimatlandes, sofern dies möglich ist; dieser Nachweis soll nicht älter als drei Monate sein;
3. bei Minderjährigen eine schriftliche Einverständniserklärung des gesetzlichen Vertreters;
4. gegebenenfalls der Nachweis der nach Absatz 1 Satz 2 erteilten Genehmigung;
5. der Nachweis über die jagdliche Ausbildung (§ 5); dieser ist spätestens drei Wochen vor dem gemäß § 7 Abs. 2 festgesetzten Beginn des schriftlichen Teils der Prüfung dem Kreisjagdamt vorzulegen und darf zu diesem Zeitpunkt nicht älter als drei Jahre sein.

(5) Bei nicht ausreichender Zahl von Bewerbern kann das zuständige Kreisjagdamt die Bewerber einem anderen Kreisjagdamt mit dessen Einverständnis zuweisen. Das abgebende Kreisjagdamt entscheidet über die Zulassung.

§ 5
Jagdliche Ausbildung

(1) Die jagdliche Ausbildung erfolgt in einem vom Kreisjagdamt anerkannten Ausbildungslehrgang zur Vorbereitung auf die

Jägerprüfung. Der Lehrgang beinhaltet eine theoretische und eine praktische Ausbildung; er umfaßt mindestens 120 Stunden. Zeiten für Übungsschießen dürfen bei der Berechnung der Mindestausbildungszeit nach Satz 2 nicht berücksichtigt werden.

(2) Von der nach Absatz 1 vorgeschriebenen Mindestausbildungszeit soll mindestens ein Drittel auf eine praktische Ausbildung entfallen. Im Rahmen der praktischen Ausbildung sind insbesondere Kenntnisse im Bau jagdlicher Einrichtungen einschließlich von Fallen und deren Handhabung, sowie der Durchführung einer Gesellschaftsjagd zu vermitteln.

(3) Der Ausbildungsleiter hat dem Bewerber neben der Gesamtausbildungsdauer Ort und Zeit der praktischen Ausbildung schriftlich zu bestätigen (Nachweis über die jagdliche Ausbildung).

(4) Als Nachweis über die jagdliche Ausbildung gelten auch entsprechende Nachweise von behördlich zugelassenen Ausbildern anderer Bundesländer.

(5) Ein Ausbildungslehrgang ist vom Kreisjagdamt anzuerkennen, wenn dessen Leiter im Sinne von § 11 Abs. 5 des Bundesjagdgesetzes jagdpachtfähig und Inhaber eines Jahresjagdscheines ist, Zugang zu einem für die jagdliche Ausbildung geeigneten Jagdrevier hat, über einen brauchbaren Jagdhund und neben ausreichendem jagdlichen Anschauungsmaterial über die erforderliche Anzahl von geeigneten Lehrkräften verfügt.

§ 6
Zulassung zur Prüfung

(1) Bewerber, die zur Prüfung zugelassen werden, erhalten mindestens zwei Wochen vor Prüfungsbeginn eine Ladung durch das Kreisjagdamt.

(2) Zur Prüfung werden Bewerber nicht zugelassen,
1. bei denen die Anmeldeunterlagen (§ 4 Abs. 4) nicht vollständig oder nicht rechtzeitig vorliegen;
2. denen der Jagdschein nach § 17 Abs. 1 Nr. 2 des Bundesjagdgesetzes versagt werden müßte;
3. die am 1. Juli des auf den Anmeldeschluß folgenden Jahres das 16. Lebensjahr noch nicht vollendet haben.

(3) Bewerbern, denen nach § 17 Abs. 2 Nr. 4 des Bundesjagdgesetzes der Jagdschein versagt werden könnte, kann die Zulassung versagt werden.

(4) Wird der Bewerber zur Prüfung nicht zugelassen, erhält er einen schriftlichen Bescheid.

§ 7
Zeit, Ort und Form der Prüfung

(1) Die Prüfung wird einmal im Jahr in der Zeit vom 15. März bis 30. Juni durchgeführt.

(2) Tag und Uhrzeit des schriftlichen Teils der Prüfung setzt die oberste Jagdbehörde landeseinheitlich fest.

(3) Die Kreisjagdämter bestimmen im Einvernehmen mit dem Prüfungsausschuß Ort, Tag und Uhrzeit der Prüfungsabschnitte „Jagdliches Schießen" und „Mündlich-praktischer Teil".

(4) Der Vorsitzende des Prüfungsausschusses bereitet die Prüfung vor und leitet sie. Insbesondere obliegt ihm:
1. die Verteilung der Prüfungsfächer auf die Mitglieder des Prüfungsausschusses im Einvernehmen mit diesen, einschließlich der Bestimmung von Fach- und Zweitprüfern;
2. die Bereitstellung eines geeigneten Schießstandes, einer ausreichenden Anzahl von Waffen und der erforderlichen Munition;
3. die Nachprüfung, daß alle am Prüfungsabschnitt „Jagdliches Schießen" Beteiligten ausreichend gegen Unfall und Haftpflicht versichert sind;
4. die Unterstützung des Fachprüfers bei der Bereitstellung des notwendigen Prüfungsmaterials für den Prüfungsabschnitt „Mündlich-praktischer Teil".

(5) Das Kreisjagdamt hat den Vorsitzenden bei der Erfüllung seiner Aufgaben zu unterstützen.

(6) Die Prüfung ist nicht öffentlich; Vertreter der Jagdbehörden, stellvertretende Mitglieder des Prüfungsausschusses sowie notwendige Hilfskräfte können bei allen Prüfungsabschnitten anwesend sein.

§ 8
Rücktritt von der Prüfung, Verhinderung

(1) Die Prüfung gilt als nicht unternommen, wenn der Bewerber vor ihrem Beginn zurücktritt oder der Prüfung fernbleibt.

(2) Kann ein Bewerber aus Gründen, die er nicht zu vertreten hat, am Prüfungsabschnitt „Mündlich-praktischer Teil" nicht teilnehmen, so kann er diesen Prüfungsabschnitt bei der Jägerprüfung des nächsten Jahres nachholen, es sei denn, daß bis dahin Gründe nach § 6 Abs. 2 Nr. 2 oder Abs. 3 entgegenstehen. Der Nachweis der Verhinderung ist unverzüglich zu erbringen, im Falle einer Krankheit durch ärztliches Zeugnis. Der Vorsitzende des Kreisjagdamts stellt fest, ob eine vom Bewerber nicht zu vertretende Verhinderung vorgelegen hat. Das Ergebnis ist dem Bewerber mit den Zwischenergebnissen aus dem Prüfungsabschnitt „Schriftlicher Teil" schriftlich mitzuteilen.

(3) Kann der Bewerber im nächsten Jahr nicht zur Fortsetzung der Prüfung zugelassen werden oder bleibt er der Prüfung fern, stellt der Vorsitzende des Kreisjagdamts fest, daß die Prüfung nicht bestanden ist.

§ 9
Prüfungsabschnitt „Jagdliches Schießen"

(1) In diesem Prüfungsabschnitt hat der Prüfling den Nachweis zu erbringen, daß er unter Einhaltung der Allgemeinen Sicherheitsbestimmungen und der Schießstandsordnung (beide Bestandteile der Schießvorschrift des Deutschen Jagdschutzverbandes e. V. – DJV – Schießvorschrift – in der seit Januar 1977 geltenden Fassung) in der Lage ist, den in den folgenden Absätzen festgesetzten Anforderungen im Büchsen- und Flintenschießen zu genügen.

(2) Beim Büchsenschießen sind mit einem auf Schalenwild zugelassenen Kaliber und beliebiger Visierung und Optik abzugeben:

1. fünf Schüsse auf einen stehenden Rehbock (DJV-Wildscheibe Nr. 1, Bestandteil der DJV-Schießvorschrift) aus 100 m Entfernung stehend angestrichen und
2. fünf Schüsse auf einen flüchtigen Überläufer (DJV-Wildscheibe Nr. 5 oder Nr. 6, Bestandteil der DJV-Schießvorschrift)

Anhang 12 **JPrO**

aus 50 m oder 60 m Entfernung freihändig im jagdlichen Anschlag.
Dem Prüfling ist beim Schießen auf den stehenden Rehbock der Sitz des ersten Schusses und beim Schießen auf den flüchtigen Überläufer der Sitz jedes Schusses anzuzeigen.

(3) Beim Flintenschießen sind mit einer Schrotstärke bis zu 2,5 mm zu beschießen:
1. acht in gleicher Richtung laufende Kipphasen aus 35 m Entfernung und
2. acht Wurftauben (Traptauben in gerader Richtung mit mittlerer Geschwindigkeit geworfen).

Als „gerade Richtung" im Sinne von Satz 1 ist die Richtung der Geraden zu verstehen, die den gesamten Wurfrichtungswinkel in der Mitte teilt (Wurfrichtung der sogenannten Geradeaustaube). Durch die Standeinrichtung und Witterungseinflüsse bedingte geringfügige Abweichungen sind unbeachtlich.

(4) Im übrigen gelten für Anschlag, Abgabe des Schusses und Bewertung, soweit nicht in der Jägerprüfungsordnung besonders geregelt, die Bestimmungen der DJV-Schießvorschrift entsprechend.

(5) Die Anforderungen im Büchsen- und Flintenschießen sind erfüllt, wenn
1. beim Büchsenschießen insgesamt fünf Treffer,
2. beim Flintenschießen insgesamt sechs Treffer

erzielt werden, wobei in allen vier Disziplinen jeweils mindestens zwei Treffer erzielt werden müssen. Als Treffer gelten beim Büchsenschießen auf den Rehbock der getroffene achte bis zehnte Ring (ein berührter Ring gilt als getroffen) und beim Büchsenschießen auf den flüchtigen Überläufer alle Schüsse im Trefferfeld. Beim Flintenschießen gilt als Treffer, wenn infolge des Schusses beim einteiligen Kipphasen der Kipphase, beim mehrteiligen mindestens ein Teil desselben kippt und bei der Wurftaube mindestens ein deutlich sichtbares Stück abspringt.

(6) Der Prüfungsabschnitt „Jagdliches Schießen" kann bei dem Prüfling abgebrochen werden, der die Anforderungen nach Absatz 5 erfüllt hat oder bei dem feststeht, daß er sie nicht mehr erreichen kann.

(7) Erfüllt der Prüfling die Anforderungen weder im Büchsenschießen noch im Flintenschießen, so kann er den Prüfungsab-

schnitt „Jagdliches Schießen" bis zum Beginn des Prüfungsabschnitts „Schriftlicher Teil" einmal im ganzen zu einem vom Prüfungsvorsitzenden zu bestimmenden Zeitpunkt wiederholen. Eine Wiederholungsprüfung ist auf das Büchsenschießen oder das Flintenschießen zu beschränken, wenn der Prüfling die Anforderungen in Absatz 5 nur in der jeweiligen Disziplin nicht erfüllt hat.

(8) Der Prüfling, der die Anforderungen in Absatz 5 auch nach der Wiederholung nicht erfüllt oder gegen die einschlägigen Sicherheitsvorschriften erheblich verstoßen hat, hat die Prüfung nicht bestanden und ist von der weiteren Prüfung ausgeschlossen. Der Prüfling ist durch mündliche Erklärung des Vorsitzenden des Prüfungsausschusses hiervon zu unterrichten.

(9) Die Prüfung erstreckt sich nicht auf die übrigen Gegenstände des zweiten Prüfungsfaches (§ 3 Abs. 2 Nr. 2). Diese werden in den Prüfungsabschnitten „Schriftlicher Teil" und „Mündlich-praktischer Teil" geprüft.

(10) Der Prüfungsabschnitt „Jagdliches Schießen" wird durch den Vorsitzenden des Prüfungsausschusses, den Fachprüfer und mindestens zwei weitere Prüfer abgenommen. Wird in Gruppen geprüft, so ist der Vorsitzende abwechselnd bei den Prüfungsgruppen anwesend.

§ 10
Prüfungsabschnitt „Schriftlicher Teil"

(1) In diesem Prüfungsabschnitt hat der Prüfling unter einer Kennziffer Fragen aus den vier Prüfungsfächern des § 3 Abs. 2 zu beantworten. Die oberste Jagdbehörde stellt die Fragen für jede Prüfung landeseinheitlich und gibt hierzu eine Musterlösung. Der Landesjagdverband ist berechtigt, der obersten Jagdbehörde Vorschläge für Fragen und deren Lösung bis spätestens 31. Januar jeden Jahres einzureichen. Die Vorschläge sind vertraulich zu behandeln.

(2) Die oberste Jagdbehörde übersendet Fragebogen in ausreichender Zahl in versiegelten Umschlägen an die Kreisjagdämter. Die Umschläge dürfen erst bei Beginn der schriftlichen Prüfung in Gegenwart der Prüflinge durch den Schriftführer und – sofern dieser nicht Bediensteter des Kreisjagdamtes ist – in Anwesenheit eines Beauftragten des Kreisjagdamtes geöffnet wer-

den. Nicht benutzte Fragebögen sind zu den Prüfungsakten zu nehmen.

(3) Die Zeit für die Beantwortung der Fragen beträgt vier Stunden. Zuerst sind die Fragebogen für das erste und zweite Prüfungsfach (§ 3 Abs. 2) auszugeben und nach zwei Stunden mit den Antworten einzusammeln. Nach einer Pause von 20 Minuten sind die Fragebogen für das dritte und vierte Prüfungsfach auszugeben und nach zwei Stunden mit den Antworten einzusammeln.

(4) Vor Beginn des Prüfungsabschnitts „Schriftlicher Teil" sind die Prüflinge auf die Folgen unerlaubter Hilfsmittel oder sonstiger Täuschungshandlungen (§ 15) hinzuweisen.

(5) Die Antworten in jedem Prüfungsfach sind vom Fachprüfer und vom Zweitprüfer zu bewerten; dem Zweitprüfer darf die Bewertung des Fachprüfers bekannt sein. Fach- und Zweitprüfer addieren die für die einzelnen Antworten festgesetzten Noten und teilen die Summe durch die Zahl der Fragen. Aus diesem Teilungsergebnis beider Prüfer ist bis zu einem Unterschied von 1,00 eine Durchschnittsnote zu bilden, darüber hinaus entscheidet der Prüfungsausschuß, falls sich die beiden Prüfer nicht einigen. Bei jeder Art von Teilung sind nur zwei Dezimalstellen zu berücksichtigen. Die so ermittelte Note ist die Fachnote.

(6) Gibt der Prüfling die Antworten in einem Prüfungsfach nicht oder nicht rechtzeitig ab, so erhält er für dieses Prüfungsfach die Note 6.

(7) Die Ergebnisse des Prüfungsabschnitts „Schriftlicher Teil" werden dem Prüfling, unbeschadet des § 8 Abs. 3 Satz 4, weder vor noch während des Prüfungsabschnitts „Mündlich-praktischer Teil" bekanntgegeben.

§ 11
Prüfungsabschnitt „Mündlich-praktischer Teil"

(1) In diesem Prüfungsabschnitt, der zu einem Teil im Gelände durchgeführt werden soll, hat der Prüfling Fragen und Aufgaben aus den vier Prüfungsfächern (§ 3 Abs. 2) mündlich zu behandeln. Dabei müssen die Fragen und Aufgaben so beschaffen sein, daß der Nachweis praktischer Kenntnisse, die ein Jäger im Revier benötigt, vom Prüfling erbracht werden kann. Für den Nachweis praktischer Kenntnisse sind insbesondere Kenntnisse der

Biotoppflege, der häufigsten Baum- und Straucharten einschließlich der Äsungspflanzen, des heimischen Wildes, der wichtigsten Pirschzeichen, der Fährtenbilder und Geläufe und im sicherheitsbezogenen Umgang mit der Jagdwaffe im Revier erforderlich.

(2) Es wird in zwei Prüfungsgruppen vom Fachprüfer und dem Zweitprüfer geprüft; der Vorsitzende ist abwechselnd bei den Prüfungsgruppen anwesend. Wenn es die Zahl der Prüfungsteilnehmer zuläßt, kann die Prüfung vom gesamten Prüfungsausschuß abgenommen werden. Die Fragen in den einzelnen Prüfungsfächern sind vom jeweiligen Fachprüfer zu stellen, der Zweitprüfer oder der Vorsitzende können sich beteiligen. Die Prüfung soll je Prüfling und Prüfungsfach nicht länger als 15 Minuten dauern. Es dürfen bis zu sechs Prüflinge zusammen geprüft werden.

(3) Die Fachnote für die Prüfungsleistungen dieses Prüfungsabschnitts ist für jedes Prüfungsfach einzeln zu ermitteln. Sie ergibt sich aus dem Durchschnitt der von den Prüfern erteilten Noten; § 10 Abs. 5 Satz 2 gilt entsprechend.

§ 12

Bewertung

(1) Die Prüfungsleistungen sind wie folgt zu bewerten:

1 = eine fehlerfreie und vollständige Leistung,

2 = eine gute, erheblich über dem Durchschnitt liegende Leistung,

3 = eine befriedigende Leistung, die in jeder Hinsicht durchschnittlichen Anforderungen entspricht,

4 = eine ausreichende Leistung, die trotz einzelner Mängel durchschnittlichen Anforderungen entspricht,

5 = eine Leistung mit erheblichen Mängeln,

6 = eine völlig unbrauchbare Leistung.

Zwischennoten bis auf zwei Dezimalstellen sind zulässig.

(2) In jedem Prüfungsfach zählt die im schriftlichen Teil erzielte Fachnote eineinhalbfach, der Prüfungsabschnitt „Mündlich-praktischer Teil" einfach; der Durchschnitt ist auf zwei Dezimalstellen zu errechnen und stellt die Endnote für das Prüfungsfach dar.

Anhang 12 **JPrO**

(3) Der Prüfungsausschuß stellt die Endnoten in den einzelnen Prüfungsfächern im Beisein des Schriftführers fest.

§ 13
Prüfungsergebnis, -zeugnis und -bescheid

(1) Die Prüfung hat nicht bestanden, wer nicht in jedem Prüfungsfach mindestens die Endnote 4,0 erreicht hat.

(2) Kann unmittelbar nach der Prüfung festgestellt werden, wer dem Kreisjagdamt für die Erteilung des Prüfungszeugnisses zur Erlangung des ersten Jagdscheins vorgeschlagen wird und wer dafür nicht in Betracht kommt, teilt der Vorsitzende des Prüfungsausschusses diese Feststellung den Prüflingen mit.

(3) Der Vorsitzende des Kreisjagdamts stellt endgültig fest, wer die Prüfung bestanden hat und wer nicht.

(4) Hat der Prüfling die Prüfung bestanden, so erhält er ein Zeugnis nach dem Muster der Anlage 1, das von den Vorsitzenden des Prüfungsausschusses und des Kreisjagdamts zu unterzeichnen und mit dem Dienstsiegel des Kreisjagdamts zu versehen ist.

(5) Hat der Prüfling die Prüfung nicht bestanden, so erteilt der Vorsitzende des Kreisjagdamts hierüber einen schriftlichen Bescheid.

§ 14
Niederschrift

(1) In die Niederschrift (§ 2 Abs. 1) sind insbesondere aufzunehmen:
1. die Namen der Mitglieder des Prüfungsausschusses und deren Stellvertreter, soweit diese bei der Prüfung mitgewirkt haben, und die Namen der Prüflinge;
2. die Ergebnisse des Prüfungsabschnitts „Jagdliches Schießen";
3. die in den Prüfungsabschnitten „Schriftlicher Teil" und „Mündlich-praktischer Teil" erzielten Fachnoten, die Summe der eineinhalbfachen Fachnote im Prüfungsabschnitt „Schriftlicher Teil" und der Fachnote im Prüfungsabschnitt „Mündlich-praktischer Teil", die Endnote im einzelnen Prüfungsfach und das Prüfungsergebnis;

4. Entscheidungen des Prüfungsausschusses und dessen Vorsitzenden.

(2) Die Niederschrift ist von allen Mitgliedern des Prüfungsausschusses, die an der Prüfung teilgenommen haben, und vom Schriftführer zu unterzeichnen.

§ 15
Rechtsfolgen bei Täuschungsversuch und Verstößen gegen Sicherheitsvorschriften

(1) Unternimmt es ein Prüfling, das Ergebnis der Prüfung durch Täuschung oder Benutzung nicht zugelassener Hilfsmittel zu beeinflussen, oder verstößt er im Prüfungsabschnitt „Mündlich-praktischer Teil" erheblich gegen die einschlägigen Sicherheitsvorschriften der DJV-Schießvorschrift, so kann der Prüfungsausschuß für das betreffende Prüfungsfach die schlechteste Note erteilen oder den Prüfling von der weiteren Teilnahme an der Prüfung ausschließen. Erfordert die Aufrechterhaltung der Ordnung oder die Sicherheit ein sofortiges Eingreifen, so kann der Vorsitzende des Prüfungsausschusses den Ausschluß mündlich verfügen. Im Falle des Ausschlusses gilt die Prüfung als nicht bestanden.

(2) Erweist sich nachträglich, daß eine der Voraussetzungen des Absatzes 1 vorlag oder daß der Prüfling seine Zulassung zur Prüfung durch falsche Angaben erreicht hat, so kann das Kreisjagdamt, im ersteren Fall nach Anhörung des Prüfungsausschusses, die Prüfung für nicht bestanden erklären und das Prüfungszeugnis einziehen.

§ 16
Wiederholung der Prüfung

Wer die Prüfung nicht bestanden hat, kann sie wiederholen. Die erste Wiederholung ist frühestens im folgenden Jahr möglich.

ZWEITER TEIL

**Jägerprüfung für Falkner
(eingeschränkte Jägerprüfung)
und gleichgestellte Prüfungen**

§ 17

**Jägerprüfung für Falkner
(eingeschränkte Jägerprüfung)**

(1) Die Vorschriften der §§ 1 bis 16 gelten vorbehaltlich der nachfolgenden Absätze für die Durchführung der Jägerprüfung, die Bewerber um den Falknerjagdschein nach § 15 Abs. 7 Satz 1 des Bundesjagdgesetzes ablegen (eingeschränkte Jägerprüfung).

(2) Die Bewerber haben bei der Anmeldung nach § 4 Abs. 3 zusätzlich eine Erklärung beizufügen, daß sie an der eingeschränkten Jägerprüfung teilnehmen wollen.

(3) Die eingeschränkte Jägerprüfung umfaßt in den Prüfungsabschnitten „Schriftlicher Teil" und „Mündlich-praktischer Teil" die Prüfungsfächer des § 3 Abs. 2 Nr. 1, 3 und 4. Der Prüfungsabschnitt „Jagdliches Schießen" entfällt.

(4) Hat der Prüfling die eingeschränkte Jägerprüfung bestanden, so erhält er ein Zeugnis nach dem Muster der Anlage 2, das von den Vorsitzenden des Prüfungsausschusses und des Kreisjagdamts zu unterzeichnen und mit dem Dienstsiegel des Kreisjagdamts zu versehen ist.

§ 18

Gleichgestellte Prüfungen

Als Jägerprüfung gelten auch:
1. die bestandene Diplomvorprüfung im Rahmen des Studiums der Forstwissenschaft an der Albert-Ludwigs-Universität Freiburg in Verbindung mit der bestandenen Prüfung im jagdlichen Schießen einschließlich der Waffenhandhabung und der bestandenen, in der Diplom-Prüfungsordnung der Universität vorgeschriebenen Zusatzprüfung,
2. die vor dem Inkrafttreten der Diplomprüfungsordnung vom 28. Januar 1987 für Studierende der Forstwissenschaft an der Albert-Ludwigs-Universität Freiburg bestandene Vorprüfung

im Rahmen des Studiums der Forstwissenschaft an der Universität Freiburg,
3. die bestandene Prüfung im Fach Jagd und Fischerei an der Fachhochschule für Forstwirtschaft in Rottenburg am Neckar und an deren Vorgängereinrichtungen,
4. die vor dem Inkrafttreten der Ausbildungs- und Prüfungsordnung für den mittleren Forstdienst in der Kommunalverwaltung vom 14. Januar 1983 (GBl. S. 65) bestandene Laufbahnprüfung für den mittleren Forstdienst,
5. die bestandene Revierjägerprüfung.

DRITTER TEIL

Übergangs- und Schlußbestimmungen

§ 19

Übergangsregelung

Für die im Jahr 1990 stattfindenden Jägerprüfungen gelten die bisherigen Bestimmungen. Die nach den bisherigen Bestimmungen berufenen Mitglieder der Prüfungsausschüsse bleiben für den Rest ihrer Amtszeit bestellt.

§ 20

Verordnung zur Durchführung des Landesjagdgesetzes

Die Verordnung des Ministeriums für Ernährung, Landwirtschaft, Umwelt und Forsten zur Durchführung des Landesjagdgesetzes vom 5. September 1980 (GBl. S. 562, ber. 1982 S. 71) wird wie folgt geändert:
(siehe bei § 19 dort berücksichtigt)

§ 21

Inkrafttreten, Außerkrafttreten

(1) Diese Verordnung tritt am Tage nach ihrer Verkündung in Kraft.

(2) Gleichzeitig tritt die Verordnung des Ministeriums für Ernährung, Landwirtschaft und Umwelt über die Jägerprüfung (Jä-

gerprüfungsordnung) vom 26. November 1973 (GBl. S. 459), zuletzt geändert durch die gemeinsame Verordnung zur Anpassung des Landesrechts an das Landesverwaltungsverfahrensgesetz und zur Aufhebung entbehrlicher Rechtsvorschriften vom 19. März 1984 (GBl. S. 281), außer Kraft.

**Anlage 1
(Zu § 13)**

Kreisjagdamt ....

PRÜFUNGSZEUGNIS
zur Erlangung des ersten Jagdscheins

Herr/Frau ....

wohnhaft in .... Stadt-/Kreis ....

geboren am .... in .... Kreis ....

hat die Jägerprüfung gemäß § 15 Abs. 5 des Bundesjagdgesetzes und § 22 Abs. 1 Nr. 2 des Landesjagdgesetzes am ....

bestanden.

...., den ....

Prüfungsort

Der Vorsitzende Der Vorsitzende
des Kreisjagdamts des Prüfungsausschusses

Dienstsiegel

....

**Anlage 2
(Zu § 17)**

Kreisjagdamt ....

Zeugnis über das Bestehen
der eingeschränkten Jägerprüfung

Herr/Frau ....

wohnhaft in .... Stadt-/Kreis ....

geboren am .... in .... Kreis ....

hat die eingeschränkte Jägerprüfung gemäß § 15 Abs. 7 des Bundesjagdgesetzes und § 22 Abs. 1 Nr. 2 des Landesjagdgesetzes am ....
bestanden.

Dieses Prüfungszeugnis berechtigt nicht zur Lösung eines Jahres- oder Tagesjagdscheins.

..............................., den ....

Prüfungsort

Der Vorsitzende Der Vorsitzende
des Kreisjagdamts des Prüfungsausschusses

Dienstsiegel

....

Sachregister

Die Zahlen geben die Seiten an

A

Abfangen
- von Schalenwild 158

Abfedern
- von Federwild 158

Abführen
- von Jagdgebrauchshunden 156

Abhandenkommen
- von Schußwaffen und Munition 282

Ablieferung
- von Wild durch Nichtausübungsberechtigte 20, 21, 28

Abnahmerecht 98, 101

Abnicken
- von Schalenwild 158

Abrichtung
- auf Schärfe 156

Abrundung
- von Jagdbezirken 25 ff.

Abschlagen
- von Hasen und Kaninchen 156

Abschußliste 77, 79
Abschußplan 75 ff.
Abschußregelung 75

Abtrennung
- von Grundstücken 24 ff.

Abwurfstangen 18, 20, 56, 60, 69
Alarmschüsse 108

Amputation
- an Tieren 160

Anbindehaltung
- von Hunden 167 ff.

Androhung
- des Schußwaffengebrauchs 108

Aneignen
- von Abwurfstangen 18
- von Eiern des Federwildes 18
- von Pflanzen und Früchten 214, 218
- von Wild in Jagdbezirken 18 ff.
- von Wild in befriedeten Bezirken 28 ff.

Anfahren
- von Schalenwild 20, 21

Anfechtungsklage
- als Rechtsmittel 135

Angliederung
- von Grundstücken 24 ff.

Anhalten
- von Personen 98, 100

Anhalterecht 98 ff.

Anschießen
- von Jagdwaffen im Revier 290

Anzeigepflicht
- beim Abhandenkommen von Schußwaffen und Munition 282
- beim Anfahren von Schalenwild 20
- bei Abschuß kranken und kümmernden Wildes außerhalb der Jagdzeit 87
- bei Änderungen des Jagdpachtvertrags 44

Sachregister

- bei Erteilung entgeltlicher Jagderlaubnisse 48
- beim Erwerb erlaubnispflichtiger Schußwaffen 259 ff.
- von Jagdpachtverträgen 43 ff.
- bei Inbesitznahme von Wild durch Nichtjagdausübungsberechtigte 20
- von Wildseuchen 92

Artenschutz
- Ziele und Grundsätze 195
- Programm 196
- Ausnahmen 208

Aufbewahrung
- von Schußwaffen und Munition 282 ff.

Aufsuchen
- von Wild 19, 20

Ausbildung
- von Jagdgebrauchshunden 156

Ausländische Jagdscheine 255

Aussetzen
- von Gamswild 113
- von gebietsfremden Tieren 112, 155
- von Tieren (nach Tierschutzrecht verbotenes) 155
- von Tieren vor deren Bejagung 69
- von Muffelwild 113
- von Schwarzwild 112
- von Sikawild 113
- von Wildkaninchen 112

Austausch
- von Grundstücken 24 ff.

Austauschlauf 243, 245, 262

Automatische Waffen 67, 69

B

Bäume
- Bruthöhlen 198
- Horste 198

Bearbeitung
- von Schußwaffen (nichtgewerbsmäßig) 281

Bedürfnisprüfung 265

Beförderung
- von Schußwaffen 261, 271, 273

Befriedete Bezirke 27 ff.

Befriedetes Besitztum 30, 271, 289, 290

Befugnisse
- der Jagdschutzberechtigten 98 ff.

Begehungsschein
- siehe Jagderlaubnis

Beiräte
- bei den Naturschutzbehörden 222

Beizjagd 56 ff.

Belohnungen
- für Abschuß und Fang von Federwild 68

Berufsjäger 96 ff.

Beschlagnahme
- polizeirechtliche 106
- strafprozessuale 106

Beschränkungen
- der Hege 112

Beschußpflicht 243 ff.

Beschußzeichen 245, 250

Besitzdiener 19, 262

Bestätigte Jagdaufseher 96 ff.

Bestätigung
- des Abschußplanes 75 ff.

Beunruhigen
- von Wild 72
- von Tieren, die nicht dem

Jagdrecht unterliegen 198, 201
Betretungsrecht
- Abgrenzung 211
- Aneignung von Pflanzen und Früchten 214, 218
- Beschränkungen 211
- der freien Landschaft 210
- des Waldes 218
- Reiten im Wald 219
- Reiten in der offenen Landschaft 217
- Sperren 213, 220
- Zelten 211, 216, 218

Betreuung
- von Tieren 154

Biotop
- Hege 195 ff.
- Schutz 195 ff.

Brackenjagd 68
Brutstätten
- von Wild 72

Brutzeit 81 ff.
Büchsenpatronen 67
BundeswildschutzVO 125
Bußgeldvorschriften
- siehe Ordnungswidrigkeiten

D

Drückjagd 91
Durchsuchung
- von Personen und Sachen 105

E

Eier des Federwildes
- Aneignung 18
- Sammeln 82

Eigenjagdbezirke 30 ff.
Einfuhr
- von Schußwaffen und Munition 251 ff.

Eingriffe
- Ausgleich 184
- in Natur und Landschaft 183
- in Feuchtgebieten 186
- an Wirbeltieren 158

Einstecklauf 243 ff., 257
Einziehung
- von Gegenständen 141, 165, 301
- des Jagdscheines 65

Entziehung
- des Jagdscheines 142

Erbfolge
- bei Tod des Jagdpächters 49
- bei Waffen und Munition 258, 263

Erholung
- in Natur und Landschaft 209 ff.

Erlegen
- von Wild 18, 66, 70, 75 ff.

Erlöschen
- des Jagdpachtvertrags 51

Ermächtigungen
- Bund 123
- Land 126

Erteilung
- von Jagdscheinen 58

Erwerben
- Begriff 239
- von Munition 262
- von Schußwaffen 257 ff.

F

Falknerjagdschein 56, 59
- der DDR 58

Falknerprüfung 57
Fallenjagd 71, 73
Fallgruben 68

Sachregister

Fallwild 18, 78
Fanggeräte 68
Fanggruben 68
Fangschuß 67, 70
Federwild 22, 68
Feiertage 71
Fernhalten
– des Wildes 111
Feststellungsklage
– als Rechtsmittel 135
Feuchtgebiete
– Eingriffe 186
– Schutz 186
Fleischbeschaupflicht 128
Fleischhygienerecht 128, 386 ff.
Forstbeamte
– als Jagdschutzberechtigte 96 ff.
Fotografieren von Wild 72
Friedhöfe 27
Führen
– Begriff 239
– von Schußwaffen 270 ff.
Fütterung
– des Wildes 93

G

Gebäude 27 ff.
Gehege
– Genehmigung 206, 362
– als befriedeter Bezirk 28
– Wildschaden 115
Gelege des Federwildes 82
Geltendmachung
– von Wild- und Jagdschaden 118 ff.
Gemeinschaftliche Jagdbezirke 33 ff.
Geschosse 235
Gesellschaftsjagd 62

Gestaltung der Jagdbezirke 24 ff.
Gewässer 196
Gewehrscheinwerfer 275
Gift 68
Greifvögel, Haltung 324
Grünbestände
– geschützte 192 ff.

H

Haarwild 21, 128
Haftpflichtversicherung 63
Halbautomatische Waffen 67
Haltung
– von Tieren 154 ff.
– von Hunden im Freien 166 ff.
Handfeuerwaffen 237
Hausgärten 27
Hege
– Begriff und Inhalt 18
– Beschränkungen 112
– Hegegemeinschaften 39
– Hegeziel 18
Hegegemeinschaften 39 ff.
Herstellung
– nichtgewerbsmäßige von Schußwaffen 281
Hetzjagd 68
Hiebwaffen 267, 275
Hilfsbeamte
– der Staatsanwaltschaft 96, 104
Hochwild 23
Hofräume 27
Hohlspitzgeschosse 277
Hunde
– wildernde 99, 109
– in Jagdbezirk freilaufende 140

Sachregister

Hundezwinger
– Anforderungen 169

I

Identitätsfeststellung 105
Inhaber des Jagdrechts 23
Inhalt des Jagdrechts 18
Inhalt des Jagdschutzes 93
Instandsetzung
– nichtgewerbsmäßige von Schußwaffen 281

J

Jägernotweg 54
Jägerprüfung 56 ff.
Jägerprüfungsordnung 396 ff.
Jagdaufseher 96 ff.
Jagdausübungsberechtigte 32, 34, 42, 96
Jagdbehörden 130
Jagdbeiräte 131
Jagdbeschränkungen 66 ff.
Jagdbezirke 24 ff.
Jagdeinrichtungen 55
Jagderlaubnis 48 ff.
Jagdgast 48
Jagdgenossen 35 ff.
Jagdgenossenschaft 35 ff.
Jagdhütten 55
Jagdhunde 91, 99
Jagdjahr 42
Jagdnutzung 36
Jagdpacht 41 ff.
Jagdpachtvertrag 42 ff.
Jagdpächter 41 ff.
Jagdprüfung
– in der DDR 57
Jagdrecht
– Inhalt 18

– Inhaber 23
Jagdschaden 117 ff.
Jagdscheinarten 56
Jagdscheinerteilung 58 ff.
Jagdscheinpflicht 56
Jagdschutz 92 ff.
Jagdschutzberechtigte 96 ff.
Jagdvorstand 35, 38
Jagdwilderei 20, 29, 30, 308
Jagdzeiten 80 ff.
Jugendjagdschein 61

K

Katzen
– Töten von 99, 110
Katzenwürgen 157
Kennzeichnungspflicht
– für Schußwaffen 241 ff.
– für Munition 241 ff.
Körperbehinderte 68
Körperliche Eignung 63, 264
Körperliche Gewalt
– Anwendung 107
Kraftfahrzeug
– Schießen auf Wild 68, 70
Krankgeschossenes Wild 87 ff.
Kreisjagdamt 133, 135
Kümmerndes Wild 88
Künstliche Lichtquellen 67
Kürzen
– der Rute von Welpen 159

L

Landesjagdverband 136
Landeswaldgesetz 369 ff.
Landschaftspflege
– Ziele und Aufgaben 179 ff.
Landschaftsschutzgebiet 189, 194

Lappjagd 67
Lockenten 70
Lockvögel 70

M

Mehrzahl von Jagdpächtern 47
Mindestgröße
– von Eigenjagdbezirken 32
– von gemeinschaftlichen Jagdbezirken 33
Mindestpachtzeit 42
Mitpächter 52
Möweneier 82
Muffelwild 113
Munition
– Aufbewahrung 282 ff.
– Begriffe 235
– Erwerb 262
– Einfuhr 251 ff.
Munitionserwerbschein 262

N

Nachstellen
– von Wild 18
Nachsuche 90, 91
Nachtzeit 68
Nachtzielgeräte 67, 275
Naturdenkmale 191, 194
Naturparks 190
Naturschutz
– Grundsätze 179
– Ziele und Aufgaben 177
Naturschutzbehörden 220
Naturschutzdienst 222
Naturschutzgebiete 187, 194
Netzjagd 68
Nichtigkeit
– von Jagdpachtverträgen 43, 49
– von Jagderlaubnisverträgen 49
Niederwild 23
Niststätten
– von Wild 72
Notstand 20, 104, 304 ff.
Notwehr 103, 306
Notzeit 68, 93

O

Obere Jagdbehörde 130
Oberste Jagdbehörde 131
Öffentliche Anlagen
– befriedeter Bezirk 28
Örtliche Verbote 74
Örtliche Zuständigkeit
– der Jagdbehörden 134
Ordnungswidrigkeiten
– Jagdrecht 137 ff.
– Naturschutzrecht 225 ff.
– Tierschutzrecht 162, 172
– Waffenrecht 295 ff.
Organe
– der Jagdgenossenschaft 35 ff.

P

Pacht
– siehe Jagdpacht
Pachthöchstfläche 42
Patronen
– Büchsenpatronen 67
Personenfeststellungsrecht 98 ff.
Pflanzen
– Aneignung 214, 218
– allgemeiner Schutz 197 ff.
– besonderer Schutz 199 ff.
– Verkehrsverbot 201 ff.

Sachregister

Pflege
- von Tieren 154
- von Hunden 171

Pflichten
- bei der Jagdausübung 66 ff.

Pistolenmunition 67, 70

Polizeirechtliche Beschlagnahme 106

Polizeirechtliche Durchsuchung
- von Personen und Sachen 105

R

RabenvögelVO 94
Raubwild 93
Raubzeug 93
Rechtsmittel
- gegen Verwaltungsakte 135

Rechtsstellung
- der Mitpächter 52

Rehwildrichtlinie 342
Reiten
- in der offenen Landschaft 210
- im Wald 219

Revolvermunition 67, 70
Rotwildrichtlinie 334
RotwildVO 331
Ruhen der Jagd 27 ff.

S

Sachkundenachweis 265
Sachliche Verbote 66 ff.
Sachliche Zuständigkeit
- der Jagdbehörden 134

Säugetiere 204
Satzung
- der Jagdgenossenschaften 36 ff.

Saufänge 68
Schadensersatzpflicht
- bei Wild- und Jagdschaden 113 ff.

Schalenwild
- Abschußplan 75 ff.
- Anzeige beim Überfahren 20
- Begriff 23
- Bejagung zur Nachtzeit 67, 70
- Treibjagd 71

Schalldämpfer 238, 257
Schießen 288 ff.
Schießstätten 284 ff.
Schlingen 68
Schreckschußwaffen 248, 260, 262
Schußapparate 234, 257
Schußbereitschaft 271, 273
Schußwaffen
- Ausüben der tatsächlichen Gewalt 239, 257, 259
- Begriff 234
- Erwerb 257 ff.
- Einfuhr 251 ff.
- Führen 270 ff.
- Kennzeichnung 241 ff.
- nichtgewerbsmäßige Bearbeitung und Instandsetzung 281
- Schießen 288 ff.
- Schußbereitschaft 271
- Überlassen 267 ff.
- Verlust 282
- Zugriffsbereitschaft 271, 273

Schußwaffengebrauch
- Voraussetzungen 107 ff.
- gegenüber Personen 108 ff.

Schutz von Tierarten
- die dem Jagdrecht nicht unterliegen 195 ff.

Schutzvorrichtungen

Sachregister

- gegen Wildschaden 116
- **Schwarzwild**
- Beschränkungen der Hege 112
- **Schwerkrankes Wild**
- Erlegen 88, 89
- Wildfolge 89 ff.
- **Selbstladewaffen** 67, 237, 258, 261
- **Selbstschußapparate** 68, 234, 237, 246
- **Setzzeiten** 81
- **Signalschüsse** 108
- **Signalwaffen** 248
- **Sperren**
- von Grundstücken 212 ff.
- von Wald 220
- **Springmesser** 275
- **Staatseigene Jagden** 134
- **Stören**
- von Wild 72
- von Tieren, die nicht dem Jagdrecht unterliegen 198 ff.
- **Straftaten**
- Jagdrecht 137
- Tierschutzrecht 161
- Waffenrecht 292 ff.
- **Strafvorschriften**
- Jagdrecht 137
- Tierschutzrecht 162
- Waffenrecht 291 ff.
- **Suchjagd** 68, 91, 117

T

Tagesjagdschein 56
Teilmantelgeschosse 277
Teilung
- gemeinschaftlicher Jagdbezirke 33 ff.

Tierarten
- allgemeiner Schutz 197 ff.
- besonderer Schutz 199 ff.
- bedrohte 199 ff.
- die dem Jagdrecht unterliegen 21
- die nicht dem Jagdrecht unterliegen 200
- Verkehrsverbot 201 ff.

Tierartenschutz 203 ff.
- Abschußerlaubnis 205

Tiergärten 27, 206, 209

Tierhaltung
- artgemäße Nahrung und Pflege 154
- Bewegungsbedürfnis 154
- Unterbringung 154
- Einziehung 165
- verbotene Handlungen 155, 171
- Verbot der 165

Tierkörperbeseitigung 367

Tierschutz
- Grundsatz 153

Tierschutzgesetz 153 ff.

Tierschutzrecht 151 ff.

Tierseuchen 349
- Anzeigepflicht 351

Tod des Jagdpächters 49

Töten
- von Wirbeltieren 157

TollwutVO 357

Treibjagd 71, 72

Trichinenschau 129

Trophäenschau 77, 140

U

Überfahren von Schalenwild 20

Überlassen
- Begriff 239
- von Schußwaffen und Munition 267 ff.

420

Sachregister

Übungsschießen
- im Revier 289, 290

Umfang der Ersatzpflicht
- bei Wildschaden 115

Unfallverhütungsvorschrift „Jagd" 381

Unmittelbarer Zwang 96, 106 ff.

Unterbringung
- von Tieren 154

Untere Jagdbehörde 133

V

Verbot der Jagdausübung 143

Verbotene Fanggeräte 68

Verbotene Gegenstände 274

Verbotene Handlungen
- bei Tierhaltung 155

Verbotene Schußwaffen 274

Verbotene Zielhilfen 67, 275

Verbrechen 108

Vereinigungen der Jäger 130, 136

Vergehen 108

Verfahren
- in Wild- und Jagdschadenssachen 119

Vergiften
- von Wild 68

Verhinderung
- von übermäßigem Wildschaden 112

Verlust
- der Schußwaffeneigenschaft 237 ff.
- von Schußwaffen und Munition 282

Verpachtung
- von Jagdbezirken 41 ff.

Verpflichtungsklage
- als Rechtsmittel 135

Versammlung der Jagdgenossen 38

Versagung
- des Jagdscheines 62
- der Waffenbesitzkarte 264
- des Waffenscheines 272
- des Munitionserwerbscheines 264

Verwendung von Jagdhunden 91

Vögel
- durch Naturschutzrecht geschützte 205
- ungeschützte 205

Vorläufige Festnahme 101 ff.

Vorverfahren
- in Wild- und Jagdschadenssachen 119

W

Waffenbesitzkarte
- Begriff 257
- Ausnahmen 260
- Gültigkeit 257

Waffenschein
- Erlaubnispflicht 270
- Ausnahmen 271 ff.
- Gültigkeit 271
- Versagungsgründe 272 ff.

Waidgerechtigkeit 19, 63, 130

Waldgesetz 369

Wechsel
- des Grundeigentümers 53

Wechsellauf 260

Wegerecht 54

Widerspruch
- als Rechtsmittel 135

Wild
- Ablieferung durch Nichtjagdausübungsberechtigte 20

- Begriff 18
- Beunruhigen von 72
- Fernhalten des 111
- Recht zur Aneignung von 18

Wildbestand 18, 75

Wildbret
- lebensmittelrechtliche Vorschriften 128

Wilderei 20, 29, 30, 308

Wildernde Hunde 99, 109

Wildfolge 90 ff.

Wildfütterung 93

Wildkammern 130

Wildschaden 113 ff.

Wildschadensverhütung 18, 111

Wildschutzgebiete 73

Wildschutzräume 116

Wildseuchen 92 ff.

Wirbeltiere
- Amputation von Körperteilen 160
- Eingriffe 158

Wochenendhäuser 28, 29

Wohnstätten
- von Wild 75

Z

Zelten 211, 216, 218

Zieleinrichtungen
- verbotene 67, 275

Zufluchtstätten
- von Wild 72

Zugriffsbereitschaft
- bei Schußwaffen 271, 273

Zulassungszeichen
- für Handfeuerwaffen, Einstecklaufe und Schußapparate 246, 251
- für Schreckschuß-, Reizstoff- und Signalwaffen 248, 251

Zusammenhang
- von Grundflächen 30, 33

Zusammensetzung
- von Jagdbezirken 30, 33

Zuverlässigkeit 63, 240

Zwingerhaltung
- von Hunden 169 ff.

Waffenkunde im Überblick.

Alle, die über Waffenrecht und Waffentechnik Bescheid wissen müssen, bekommen mit diesem Buch eine leicht verständliche und unkonventionelle Arbeitshilfe. Der Band richtet sich gleichermaßen an Lernende und Lehrende. Er enthält Fragen und Lösungsantworten zu allen Gebieten des Waffenrechts und der Waffentechnik.

Waffenrecht und Waffentechnik

Ein Lehr- und Lernbuch für Polizeibeamte in Ausbildung, Jagdscheinanwärter und Waffenscheinantragsteller
von Ulrich Bury und Wolfgang Molzahn
1989, 128 Seiten, DM 28,–; ab 25 Expl. DM 25,–; ab 50 Expl. DM 22,50
ISBN 3-415-01381-2

Notwendiges Wissen wird dadurch erarbeitet, daß der Lernende durch Abdeckung der Seitenhälften die Fragen zunächst selber beantworten und dann die richtige Antwort nachlesen kann. Je nach Lernfortschritt und Wissensstand eignet sich das Buch vorzüglich zur Wiederholung der einzelnen Gebiete im Schnelldurchgang.
Die Fragen stammen von Praktikern, die sich seit Jahren dienstlich und privat mit Waffen, der Jagd, dem Bau von Waffen, dem Sportschießen und den damit verbundenen Rechtsvorschriften befassen.
Das Werk vermittelt Polizeibeamten, Sportschützen und Teilnehmern an Jungjägerlehrgängen das technische und rechtliche Wissen in allgemeinverständlicher Form.

Oktober 1990

Zu beziehen bei Ihrer Buchhandlung oder beim
RICHARD BOORBERG Verlag · Scharrstraße 2 · 7000 Stuttgart 80

Rückgabe spätestens am		
0 7. Feb. 1992		
1 4. JUL. 1992		
0 4. NOV. 1992		
1 4. NOV. 1992		
0 8. JAN. 1993		
0 8. JAN. 1993		
0 2. FEB. 1993		
2 3. März 1994		

FZ DIN 1500   ekz Best.-Nr. 806642.1